本著作为 2014 年度中共湖北省委重大委托课题"推进省级治理体系和治理能力现代化研究"成果

国家治理
研究丛书

华中科技大学国家治理研究院
总主编 ■ 欧阳康

省级治理现代化

欧阳康 ■ 主编

中国社会科学出版社

图书在版编目(CIP)数据

省级治理现代化/欧阳康主编.—北京：中国社会科学出版社，2016.5
(国家治理研究丛书)
ISBN 978-7-5161-8169-0

Ⅰ.①省…　Ⅱ.①欧…　Ⅲ.①省—地方政府—行政管理—研究—中国
Ⅳ.①D625

中国版本图书馆 CIP 数据核字(2016)第 095813 号

出 版 人	赵剑英
责任编辑	喻　苗
责任校对	朱妍洁
责任印制	王　超

出　　版	中国社会科学出版社
社　　址	北京鼓楼西大街甲 158 号
邮　　编	100720
网　　址	http://www.csspw.cn
发 行 部	010-84083685
门 市 部	010-84029450
经　　销	新华书店及其他书店

印刷装订	北京君升印刷有限公司
版　　次	2016 年 5 月第 1 版
印　　次	2016 年 5 月第 1 次印刷

开　　本	710×1000　1/16
印　　张	24.75
插　　页	2
字　　数	368 千字
定　　价	88.00 元

总 序

促进国家治理研究的视界扩展与视域融合

欧阳康[①]

党的十八届三中全会提出推进国家治理体系和治理能力现代化，标志着中国共产党治国理政的新境界。响应中央领导关于建设中国特色新型智库的号召，在教育部和湖北省省委领导的关心支持下，华中科技大学国家治理研究院于 2014 年 2 月成立，致力于国家治理的理论研究和实践探索，并编辑出版《国家治理研究系列丛书》。

华中科技大学国家治理研究院将立足中国现实，借鉴国际经验，按照"国家急需、世界一流、制度先进、贡献重大"的要求，以"服务国家需求，聚焦重大问题"为宗旨，致力于研究中国国家治理和中国未来发展的重大问题，探索中国和平崛起的科学发展道路，为完善中国特色社会主义制度，推进国家治理体系和治理能力现代化提供理论参考和决策咨询。研究院还将面向世界积极宣传中国和平发展战略，积极参与全球问题探索和全球治理，以更加宽广的视野观察世界、思考中国，在深度参与国际对话中提升话语权，让世界更加全面、客观地了解中国，为世界和平发展和人类文明进步贡献中国智慧。

国家治理是个总体性概念，需要面对当代中国的现实世情、国情、社情和党情。国家治理体系与社会价值状态之间具有双重的关系，一方面是国家治理体系的构建必须依据和顺应社会价值多元化的现实状态，具有客观性和科学性；另一方面是要通过正当和有效

---

① 欧阳康，华中科技大学国家治理研究院院长，哲学系教授。

的国家治理来引领和规范社会价值状态，使之趋于合理化和健康化。从宏观上看，当代中国最为突出的现实是价值多样性和多元化，而"善治"作为国家治理的根本目标，一方面要因应中国社会多元化的现实来制定使各方面都能适应的社会总体治理体系，让各方面各层次各群体都能各居其位、各司其职、各尽所能、各得其所；另一方面要强化社会价值的合理性，引领社会向着更加健康的方向转型和发展。

"法律是治国之重器，良法是善治之前提。"依法治国是当代中国国家治理的根本特征和基本方向，"良法善治"引领社会价值多元化发展的根本途径。

一方面，要努力以良法汇聚社会共识。良法依据于中国的国情，最大限度地体现和反映人民利益和意志，体现着社会主义核心价值，为不同方面、不同阶层和不同人群的价值与利益提供必要的空间，规制其合理范围和有效程度，实现权利公平、机会公平、规则公平，因此既是法治的价值标准，也是社会的理想追求，有可能获得多数民众的信仰和遵从，成为社会的最大公约数，规制和引领社会的价值发展方向。

另一方面，要努力以"善治"推行良法。善治是最佳的法治运作模式和实现方式，它依据于良法，要求最大限度的正当性、公开性、公平性、公正性，呼唤最高的责任、互动与效率，在最大的范围内实现人民当家做主。"良法"与"善治"的有机结合，构成了现代法治，尤其是社会主义法治的精神和精髓，也是国家治理最为根本的依据和实现方式。

从研究者的角度看，则要努力推进国家治理设计与研究中的"视界扩展"和"视域融合"。国家治理是一种高度自觉的主体性行为，需要极为自觉的顶层设计，科学决策，实现多元主体的价值追求，为此要努力打破施治者、被治者和研究者之间的价值诉求、身份隔离和角色眼界，推动他们各自的视界拓展，促成他们之间的视界融合，形成最大限度的共识，把治理变成自理，通过制度化、规范化、程序化，让所有成员各知所需、各居其位、各司其职、各尽其能、各得其所，发挥出最大的潜能和创造性，从而化治理于无形，这就是"善治"。"善治"的最高境界可以说是无为而治，这是中国治理思想和实践的最高境界，也是提高国家治理能力现代化的崇高目标。

《国家治理研究系列丛书》将以开放的心态，引进评介全球治理和国家治理的先进经验和优秀案例，深入探讨中国国家治理的理论与价值，反思中国国家治理体系与政策，探讨国家治理的评估体系及其实施方案，构建国家治理的信息采集与数据处理，探讨国家治理的决策支持系统等，并在此基础上就当代中国国家治理的重大问题提出决策咨询与对策建议。

我们期盼着来自各方面的指导与赐稿！诚挚欢迎大家的批评与指教！

前　言

省级治理的定位与使命
——在国家治理与基层治理之间

欧阳康

开展省级治理研究是当前国家治理研究的重要领域和必要层次。迄今为止，国内关于治理问题的研究，大都从全球治理、国家治理入手，然后直接进入到社会治理、企业治理、城市治理、乡村治理等，很少有人专题研究省域治理。相应地，在省级治理研究方面有影响的成果也非常少，这给该领域的研究增加了难度，也带来了困惑。而在中国的实践中，省级治理是国家治理中由中央到地方下移的非常重要的层次，也是地方治理的高端层面。没有正确和有力的省级治理，国家治理无法落实，地方治理失去统摄，其他各方面的治理都无法实际和有效地展开。从这个意义上来说，推进省级治理现代化对于推进国家治理体系和治理能力现代化具有极为重要的意义，也正是由此，开展省级治理研究对于当代中国治理问题研究具有极为重要的理论和实践意义。

一　关于省级治理的定位

国家治理有狭义和广义之分，各自有不同的内涵与覆盖面。广义的国家治理指整个国家空间和权力范围内的所有层次和方面的治理，包含社会治理、企业治理、城市治理、乡村治理等，狭义的指国家层面的治理，甚或就是中央治理，指以国家为单位的顶层设计和宏观治理问题。无论是从广义还是从狭义，只要一涉及国家治理的层级问题，省级治理的地位就鲜明地凸显出来了。尤其是在中国的治理体系中，以中央为主体的国家治理要落实和延伸到三十多个省市自治区的行政区划，而全国的经济、政治、社会、文化与生态都要通过省、市、自治区的行政区划与自然地理空间来加以组织、协调、统计和实施。在中国，中央的国家治理在很大的成分和程度上是通过省域治理和省级治理来实现的。这里的省域概念也许更多地侧重于由行政区划而确定的自然地理和空间地域，省级概念则也许更多地强调省级党政领导和权力级别问题，又区别于省级以下的地市县乡各级政府。本书中，省级治理是以省级党政领导为主体的省域治理体系的总和，它作为中央政府在地方的最高派出机构，要忠实有效地贯彻落实中央的国家治理意图、理念、法律、政策；又要创造性地组织省域行政区划内的所有事务，承担着极为重要的国家治理责任，是中国国家治理体系的极为重要的内在有机组成部分。在不同的国家，中央与地方的关系有所不同。与西方地方治理相比，中国的省级治理处于国家治理与基层治理之间，发挥着极为重要的作用，具有鲜明的中国特色。

二　当前中国省级治理的分类

省级治理的分类可以从不同角度来考察，最直接的是与各国省市的行政区划相关。与中国地方行政区划和权力授予相关，当前中国的省级治理具有多种复杂类型：第一类是直辖市与相关的直辖市治理。当前中国的北京、上海、天津和重庆四个直辖市直属中央，与中央联系更加密切，与其他省市自治区相比，直接享受更多的国家权力赋予和政策支持，承担更多的国家责任，普遍发展较快较好。第二类是少数民族区域自治区与相关的民族区域自治。我国是一个多民族国家，历来重视和支持少数民族保存和发展少数民族文化，自新中国成立以来即在部分少数民族较多的地区实行民族区域自治，先后成立了广西壮族自治区、宁夏回族自治区、新疆维吾尔族自治区、西藏自治区、内蒙古自治区等，他们在干部配置和民族行政赋权上享有特殊权力，承担着民族管理和民族文化建设的更多责任。第三类是其他的省份，有相似的行政建制和权力配置，这些省份分布在祖国的四面八方，各有自己的自然资源、经济社会状况和历史文化特点，需要分别研究，因地治理。第四类是特别行政区和特区治理。目前中国的香港特别行政区和澳门特别行政区，在《基本法》的统摄下实行的港人治港，澳人治澳，高度自治。第五类是宝岛台湾，处于更加复杂的政治关系之中。以上不同类型的省域治理之间既存在很多共同之处，也存在较大差异，需要分门别类地加以研究。

三　省级治理的特殊使命

省级治理既是中央治理的继续和延伸，又应当是其在特殊地域和环境条件下的创造性展开，承担着多位一体的复杂使命。

第一，严格贯彻落实中央对国家治理的宏观战略和总体布局。省级治理作为中央治理的必然延伸和国家治理的权力传递，必须在思想上、政治上、组织上、行动上与中央治理和国家治理保持高度一致，自觉地成为其内在的组成部分。省级党政组织在这方面必须保持高度的政治敏感性和组织服从性。而国家治理也必须最充分调动所有省域治理的主动性和积极性，方能得到最佳落实和最全面实现。

第二，最大限度地创造性地运用中央和人民的赋权，做好省级治理。各级各类省级治理不应是中央治理的简单逻辑延伸和被动权力传递，而应是其在特殊地域和环境条件下的创造性实践和开拓性建设，应在国家法律和中央党政授权许可的最大范围内和最大程度上创造性地运用好中央和人民的赋权，做好省级治理。这里有很多工作可以做：首先，要认真研究省级权力体系与中央权力体系的合理对口与有机衔接问题，保证从中央到地方的指示与政令畅通，从地方到中央的需求与信息通畅；其次，要研究省级治理体系的科学性和合理化问题，例如，省级党委政府、人大、政协的权力分布和融合如何进一步科学合理化，以达最佳效能？省级各类职能管理部门如何科学设置、相互协调、合理运行达到功能最佳？政府、市场、社会这多元治理主体之间如何实现良性、健康的互补互动？如何从政府治理到民众自治？再次，要研究从省级治理到地市治理、县域治理、乡镇治理直到村社治理之间的内在贯通性和相对独立性，各级治理的党政合理赋权与创造性实现机制；又次，要研究省域范围内经济、政治、社会、文化、生态和党建等各方面治理的内在协调，等等；还次，要研究省域治理及其绩效的评估体系，使不同省市自治区的治理体系和能力优劣通过客观科学合理的指标体系直观地反映出来，并为其改进提供可供把握的对策建议。

第三，充分运用省级人大的立法权，为省级治理提供最充分的法律保障。依法治国必须落实到依法治省、治市、治区。良法是善治的前提。各省市自治区均享有一定的立法权，应当在国家宪法和总体法律体系允许的范围内，制订最贴近地方实际和人民需求的地方法律法规，为省级治理提供最科学完备、最切实有效的法律法规体系。所谓良法，从根本上来说不是一个笼统看来合法和正确的东西，而是要更加科学具体和可行的。根据依法治国的要求，目前有两个对官员与民众的看来似乎背反的要求：一是对于官员来说，法无授权不可为；法律授权必须为。那么，法律法规给官员们授了什么权？哪些事必须为？哪些事不能为？这直接涉及法律清单清晰不清晰？负面清单到底有多大？二是对于老百姓来说，法不禁止即可为。那么法律禁止什么，不禁止什么，禁止得是否全面、准确、科学？百姓是否知道？途径是否有效？如果这方面的法律法规不完善，要么是不可能的万能政府，要么是不可靠的无能政府；要么是无所事事的不作为官员，要么是胡作非为的盲动官员；要么是压抑无助的社会民众，要么是为所欲为的刁民。中央领导多次指出，自中央八项规定出台以来，有部分官员不见面，不吃饭，不送礼，但是也不干活了。这部分官员已经成为阻碍中国未来社会经济发展的重大障碍。这里涉及的重要前提性问题就是法律法规政策是否清晰明确和科学合理，这对于法律法规本身也是极大挑战。

　　由此可以看到，推进省级治理体系和治理能力现代化在当代中国具有极为重要的意义。优秀的省级治理不仅可以造福一方民众，也可以为国家宏观治理提供先行先试的宝贵借鉴和先进个案，塑造优秀政治家，丰富国家治理体系，提升国家治理能力，甚至引领国家治理和改革发展方向。

目　录

实践篇

绪　　论

一　研究背景与过程

2014年5月4日，中共湖北省委书记李鸿忠一行调研华中科技大学国家治理研究院，召开专题工作会议。会后形成了省委专题办公会议纪要《关于支持华中科技大学国家治理研究院建设的会议纪要》，充分肯定了华中科技大学国家治理研究院"聚焦重大问题，服务国家战略"的宗旨，认为研究院开展国家治理重大理论问题和实践问题的研究，必将为推进国家治理体系和治理能力现代化，推动湖北"建成支点，走在前列"提供有力的智力支持。会议还以湖北省委、省政府名义委托国家治理研究院对湖北治理体系和治理能力建设问题开展研究，并提供80万元研究经费。

"推进省级治理体系和治理能力现代化"，是推进国家治理现代化的题中应有之义，然而目前学术界要么从宏观、抽象层面研究国家治理问题，要么从微观、具体层面研究基层和乡村治理问题，很少有学者或学术机构专门关注省级治理。李鸿忠书记提出这一时代课题，弥补了国内学术界、政治界的空缺，充分体现了卓越的政治眼光和深厚的学术素养。

受命研究省委下达的重大研究课题，国家治理研究院同仁深感使命光荣，责任重大，组成了以国家治理研究院院长欧阳康教授为首席专家的课题组，积极整合力量开展研究。2014年5月到6月，研究院详细制订了研究计划，并于7月16日正式开题。中共湖北省委副秘书长、省委政策研究室（省改革办）主任赵凌云，湖北省人民政府研究室副主任覃道明，湖北省社会科学界联合会副主席刘宏兰，湖北省社会科学院副院长杨述明，武汉大学政治与公共管理学院唐皇凤教授作为专家组成员参加了开题论证会。大家认真听取了首席专家欧阳康教授的研究构想汇报，对进一步做好省级治理体系和治理能力建设问题的研究提出了许多很好的意见和建议。

从 2014 年 7 月到 2015 年 2 月，华中科技大学国家治理研究院"省级治理现代化"研究团队经过半年的潜心研究，经历了十多次研讨，数易其稿，初步形成了推进省级治理体系和治理能力现代化的研究成果。

本书是华中科技大学国家治理研究院研究团队集体智慧的结晶。院长欧阳康教授为首席专家，参与研究和执笔的团队成员有欧阳康、杜志章、吴毅、齐海滨、张建华、吴畏、饶传平、李翔、曹志刚、张俊超、杨成林、杨昂、楼宗元、张豪、王誉霖、魏程林等。本书从架构到章节，从观点到行文，都经过团队成员多次研讨和细心打磨，凝聚了团队成员的汗水和智慧，也彰显了团队合作的精神和力量。全书由欧阳康教授统稿，杜志章负责文字整理工作。研究院的其他成员王晓升、陈刚、王国华、钟瑛、栗志刚、杨治等老师和全体博士生参加了课题的设计和研讨。

中共湖北省委政研室赵凌云主任、综合处鲁民处长等对本课题研究给予了亲切指导和大力帮助。

二　研究的总体构想

关于"省级治理体系和治理能力现代化问题"的研究，既包括国家治理的理论问题，也包括治理实践的现实问题；既包括中国省级治理的一般问题，也包括湖北治理的特殊问题。因此，在"破题"和"研究框架"的确立时，我们尤其应注意如下几个"问题域"：

第一，国家治理的一般理论研究。这是开展省级治理的基础和前提。只有在将什么是国家治理、什么是国家治理体系、什么是国家治理能力、国家治理现代化的标准是什么、如何对国家治理予以评估等问题弄清楚之后，才能对省级治理、省级治理体系和省级治理能力做出准确的界定，才能为推进省级治理体系和治理能力现代化提出可行性方案。

第二，省级治理的特殊性研究。省级治理作为国家治理的重要组成部分，在性质和任务上是一致的。但省级治理作为区域治理，相对于国家治理而言，其治理范围、治理主体、治理体系、治理评估等又有诸多特殊性。同时，省级治理相对于更低层次的地（州）、市（县）、乡（镇）的治理，有许多不同之处。因此，省级治理在纵向上与国家治理以及地市县乡的治理究竟是什么关系？在横向上不同地区、不同自然或社会条件下的省级治理各有什么不同？这是研究省级治理的特殊性必须解决的问题。

第三，湖北治理的理论和实践问题研究。湖北省与中国其他省、市、自治区比较，有哪些特色和优势？又有哪些问题或不足？湖北省在中国国家治理中的地位和作用如何？湖北省各省级部门（党委、政府、人大、政协四大家及其他各职能部门）在治理当中的地位和作用如何？其关系如何协调？这些都是湖北省级治理研究需要回答的问题。此外，湖北治理的历史和现实，又有许多经验教训需要总结和提升；湖北治理实践中又有诸多问题需要面对和解决。因此，本课题也将关注湖北治理一些重点领域现实问题的研究，并提出相应的对策。

基于上述问题域的阐述，课题组拟定了如下研究框架：①国家（省级）治理基础理论研究；②国家（省级）治理体系及其现代化研究；③国家（省级）治理能力及其现代化研究；④国家（省级）治理评估指标体系及实施方案研究；⑤省级治理的特殊性及其合理化方案研究；⑥湖北治理的历史回顾与反思；⑦湖北治理的理念概括与提升；⑧湖北治理中的协商民主问题研究；⑨湖北经济创新能力提升和产业转型升级研究；⑩湖北农地制度改革及新型农业主体培育研究；⑪湖北新型城镇化问题研究；⑫湖北省地方高校转型与区域经济协调发展研究。

三　后续研究构想

本课题成果只是我们关于省级治理研究的第一期成果。鉴于省级治理在国内外都是全新课题，加之时间紧迫，我们本期研究的主要目标在于规范研究论域，探索科学构架，梳理重大问题，构建基本理论，提出研究思路，提炼科学方法，为更加全面系统和持久深入的研究奠定尽可能坚实的基础。由于时间关系，我们的研究成果还非常初步和粗糙。我们清醒地认识到，省域治理作为国家治理的特殊层次和重要组成部分，在国家治理体系和治理能力现代化中扮演着极为重要的角色，也极为复杂和多样，有许多极为重大的理论问题和实践问题需要深入研究。

我们的下期研究目标是，在听取各方面意见和全面评估第一期研究成果的基础上，继续在以下方面努力：

第一，全面系统深化省级治理的理论研究，形成比较完备的具有世界视野、中国特色和湖北品格的省级治理理论体系，为省级治理提供可供指导和借鉴的理论；

第二，深入比较研究世界各主要类型的国家中省级/州域治理的格局、模式和经验，为中国的省级治理提供必要的国际参照；

第三，深入研究中国30多个省、市、自治区和特区等的治理类型、特点和相关性，为不同类型甚至个体研究提供直接或间接的理论指导，努力发挥思想理论的引领作用；

第四，深入研究作为省级治理内在组成部分的地市治理、县乡治理、企业治理和乡村治理等，为中国国家治理和省级体系和治理能力的全面系统多层次构建提供理论和对策建议；

第五，深入研究湖北治理的历史和现实，在古今/上下/左右/内外/道术等复杂关系中对湖北治理中紧迫而又重大的问题开展直接的实证性和对策性研究，提供必要的对策性意见和建议，努力为湖北治理和湖北发展做贡献。

为进一步落实省委专题会议纪要（2014第8号），把国家治理研究院建成湖北省 2011 协同创新中心，研究院将以"推进省级治理体系和治理能力现代化"若干重大理论问题和实践问题为研究重点，联合中共湖北省委政策研究室、湖北省政府研究室、湖北省社科联、湖北省社会科学院、中国社会科学院法学研究所、国家发展和改革委员会社会问题研究所等研究机构，开展协同研究。

我们希望继续得到中共湖北省委和湖北省政府的政策和经费支持，使省级治理研究成为华中科技大学国家治理研究院的长期研究任务，也成为湖北智库建设的重要特色和优势，并使之在中国的省域治理中发挥引领和辐射作用，为中国的省域治理现代化发挥更加积极的思想库作用。

理论篇

第一章

国家治理基础理论

人类走到 21 世纪，不同文明的国家都面临道路选择和制度设计的难题。欧洲的没落、东欧剧变和苏联解体、拉美困境、非洲贫困、伊斯兰动荡，唯有北美和东亚尚充满生机。但无论是北美的美国和加拿大，还是东亚的中国和日本，也都面临诸多新问题和新挑战。中国要成功走向世界、走向未来，必须对历史传统和人类文明予以清理和反思，也必须对未来发展做出理性选择和顶层设计。为顺应这一世界大势，党的十八届三中全会郑重提出"完善和发展中国特色社会主义制度，推进国家治理体系和治理能力现代化"的时代课题。2 月 2 日，习近平在一次重要讲话中系统阐述了国家治理的战略部署，把全面建成小康社会、全面深化改革、全面依法治国、全面从严治党有机结合起来，系统推进。虽然"国家治理现代化"已成为当前中国的普遍共识，但仍然有诸多问题有待深入研究。

一 治理的概念及含义

英文 governance 源自法文 gouvernance，虽然有着现代启蒙的传统，但治理一词主要出现在国际治理（或全球治理）、国家治理、合作治理、地方治理和公司治理等与主体密切相关的语境中。从全球这个宏观范畴到公司这个微观范畴的对象序列当中，治理一词的不同含义和具体用法，有没有共同的规定性和意义的连续性？笔者通过对治理出现频次很高的语境——西方国家的政治科学（包括广义的管理科学）的考察，以及对治理使用范围最广领域——国际组织的分析来说明治理的一般概念。

罗兹（R. A. W. Rhodes）通过对作为福利国家的英国进行政治改革和倡导公共管理的分析后认为，在政治科学与政治变革领域，治理表明了政府一词意义的变化，它主要指的是管制（governing）的一个新过程，或者是原有规则变化的条件，或者是管制社会的一种新方法。在此意义上，至少存在六种分别使用治理的情况：（1）作为最小国家；（2）作为共同治理；（3）作为新公共管理；（4）作为"善治"；（5）作为社会—控制系统（socio-cybernetic system）；（6）作为自组织网络。[①] 在这六种情形当中，显然都是把政府作为不言自明的治理主体，只不过强调了政府的基本理念、管理模式、运行机制等方面的变化。

在国际关系层面，自从世界银行在 1989 年用"治理危机"描述当时的非洲形势以后，"治理"一词被广泛使用，它与发展政治，特别是与后殖民世界的发展密切相关。这个词语通常简单地等同于单个国家内的"可治理性"（governability），但很明显它力图寻求新方式来描述国际关系的一部分，这种国际关系不仅包括国家，也包括非国家和公开的非政治团体（特别是在国际货币机构和多国合作组织中的）。[②] 这种用法所包含的具体背景是世界银行试图禁止讨论"意识形态和政治"问题，并使之与关于经济和效率的技术思考分离开来。可以说，世界银行关于"治理"的这种用法具有一定的范式意义，并影响着其他的国际组织和研究机构（见表1—1）[③] 关于治理的理解和定义。显然，这些治理定义都隐含着把国家作为治理的首要主体，因而也就可以把它们当作关于国家治理的定义。

---

① R. A. W. Rhodes, "The New Governance: Governing without Government", *Political Studies*, 1996, XLIV, pp. 652-667.

② Anthony Pagden, "The Genesis of 'Governance' and Enlightenment Conceptions of the Cosmopolitan World Order", *International Social Science Journal*, 1998, 155, pp. 7-15.

③ Thomas G. Weiss, "Governance, Good Governance and Global Governance: Conceptual and Actual Challenges", *Third World Quarterly*, 2000, Vol. 21, No. 5, pp. 795-814.

表 1—1　　　　　　六个国际组织和研究机构关于治理的定义

世界银行	联合国开发计划署	全球治理委员会	经济发展与合作组织	国际管理科学研究所	渥太华治理研究所
管理一个国家经济和社会资源的权力运行方式。治理有三个不同的方面：1. 政治体制形式；2. 当局为了发展而管理国家的经济和社会资源的运行过程；3. 政府设计、制定和实现政策，以及简政放权的能力	治理被视为是通过行使经济的、政治的和管理的权力来管理各方面的国家事务。它包括公民和团体表达利益、行使合法权利、履行义务、消除差异的机制、过程和建制	治理是由个人与机构、公共部门与私人部门管理其共同事物的各种方式所组成的。它是一个调整相冲突或多样化的利益，并采取合作行动的连续过程。它包括加强正式的制度和政权来保证服从，以及人民和机构根据自身利益所同意或认可的非正式安排	治理概念意指行使政治权力和执行社会控制来为社会和经济发展而管理资源。这种宽泛定义包含公共权力在确立经济运行环境、决定利益分配中的角色，以及统治者与被统治者之间关系的本质	治理指的是社会各构成要素实施权力、权威和影响，落实有关公共生活、经济社会发展的政策和决策的过程。治理是一个比政府更宽泛的观念。治理包括正式建制和民间组织之间的相互作用	治理包括决定权力怎样行使、影响社会的重大决策如何制定，以及在决策中各种利益如何定位等社会当中的建制、过程和惯例

注：根据托马斯·韦斯（Thomas G. Weiss）的表格翻译。

　　在这六种定义当中有四个共同的关键词。首要的一个关键词是权力，它主要包括政治、经济、社会、管理等方面的权力，但治理所强调的不是要把权力仅仅归属于政府，而是强调由社会的其他构成部分能够参与权力分配和运作方式进行调整或创新。第二个是制度（建制），它涉及一个国家的权力、利益分配和社会、经济运行的各个方面的制度的建立、完善和实施，其核心是政府分权、社团自治和公民参与的基本建制。第三个是管理，管理作为内部权力运行的一种现代方式，已经把其应用范围扩展到包括经济、文化、社会和人权等方面的权利保障和利益分配。第四个是决策，决策是任何人类活动和社会实践的一种基本机制。治理意味着国家决策的主体可以分别是政府、私人部门和个人以及它们以某种方式的组合，其主旨是决策的合理化。此外，魏斯奥普特（J. Timo Weishaupt）给出了一个十分简洁的答案："治理可定义为权力把公共法律转化为行动的制度结构。"① 它强调了治理的实践本质。

二　国家治理的概念及含义

1. 国家治理的概念

何为"国家治理"？从概念上讲，治理总是意味着拥有公共权力的主体对治理对象的规制、调整和管理的行为。但是公共行政或公共政策学所理解的治理，其核心并不在于治理主体针对治理对象如何发出其治理行为并达成治理目标；相反，公共治理的核心问题在于如何设计和构建作为治理主体的公共权力或者社会组织体自身内在结构，从而使治理所关注的焦点不再是治理对象而是治理主体自身。治理意味着按照"善治"的要求重构治理主体和治理机制：通过吸纳社会组织与公民的广泛参与实现治理主体的多元化；通过治理权能的分化和转移实现多元主体的责任共担；通过治理方式的民主化重构实现治理机制和治理关系的根本转化，达到多元共治的和谐关系状态。那么，在此视野下审视前述三个概念，则可以对其作如下区分："国家治理"的核心问题在于重构作为传统政治统治主体的国家——构成国家这一整体性公权系统的三大子系统都必须按照"善治"的要求予以重构，此即福山所言的"国家构建"②；就此而言，国家治理与政府治理的重心不在于治理对象而在于治理

---

① J. Timo Weishaupt, "A Silent Revolution? New Management Ideas and the Reinvention of European Public Employment Services", *Socio-Economic Review*, 2010 (8), pp. 461-486.

② 福山所谓的"国家构建"（State building），就是"在强化现有国家制度的同时，新建一批国家政府制度"。其目标在于建设"在有限范围之内具有必要功能的、强有力并且有效的国家"，以克服国家弱化和国家无能导致的灾难性后果。

主体自身，"国家构建"和"政府再造"才是其焦点所在。而按照传统的理解，"治理"体现的是治理主体对治理对象的权力输出。

在"善治"视野下，"国家治理"的概念则因为治理主体的重构而面临着根本性的意义转换：不再存在绝对二元对立意义的治理主体与治理客体的划分，鉴于治理主体已获重构或再造，公共治理主体和公民之间毋宁是一种"主体间性"的交互关系，它们相互结合构成了多元主体双向互动关系意义上的自主性网络，国家治理过程于是在某种意义上转化为治理主体的"自我统治"，多元共治成为国家治理的一个突出特征。

从范围上讲，国家治理是相对于更大范围的全球治理（Global governance）和更小范围的地方（区域或基层）治理（Regional governance）而言的国家层面的治理（National governance）。国家治理不是狭义的政治治理（Political governance），而是它包含了一个民族国家内部政治、经济、文化、社会、生态在内的多方面的治理；不是狭义的中央治理（Central governance），而是包括中央、地方、基层在内的多层面的治理；不是狭义的政府治理（State governance），而是包括政府、市场、公民社会及公民个人在内的"多元主体"治理。

2. 国家治理主体和客体

（1）国家治理主体

国家治理主体是指主导、参与及推动国家治理活动个体、团体及群体的总称，治理主体回答和解决"谁来治理"的问题，是国家治理体系的核心。一个常态的国家，必定要形成"统治"或"治理"的核心力量，支撑和推动国家及社会系统的有序运行。传统国家是专制、集权的社会，统治阶级掌握国家政权，围绕"君主"形成庞大的官僚体系，自上而下贯彻统治阶级意志，统治、管理人民大众。这是社会分工简单、社会结构单一的传统国家所形成并依赖的一元主体、单一中心的国家"统治"模式，一切归属于国家，一切也依赖国家，可称之为"国家或政府中心主义"。现代国家建立在人民主权的逻辑之上，工业化、信息化促进社会不断分工、分化，民主化、市场化催生人民不断自立、自治；主观上已形成国家和人民、政府和市场、政党和企业等多中心、多主体共生的格局。客观上，社会问题及社会矛盾的错综复杂，一切依赖政府单打独斗式处理，已是不能承受之重，"政府要在公共管理中扮演催化剂和促进者的角色"，是"掌舵"而不是"划桨"。因此，从单一的统治向多元的治理转变，治理主体不仅是公共机构，而且还有私人机构，这种发展方向可以称为"公民或社会中心主义"。笔者认为中国的国家治理主体应当包括以下几方面的内容：

第一，国家层面：党领导人民对国家和社会事务进行有效控制与管理的制度体系，包括经济、政治、文化、社会、生态文明和党的建设等各方面的体制机制和法律法规，党政机关在国家治理中应当发挥"火车头"作用，各级党政机关是国家治理中的中流砥柱，各种国家事务要靠各级党政机关予以处理。是否能做到合法、合理、高效、便民至关重要。

第二，市场方面：市场是国家治理中一只看不见的手。发展社会主义市场经济，市场是主要的角色之一，很大程度上市场发展得如何经济就发展得如何，所以，在国家治理的主体上，市场也是其中之一。

第三，社会层面：社会层面又包括社会组织和公民个人。社会组织包括各种基层性群众组织如社区服务中心等，以及各种全国性质的社团如文联、妇联等。群众自发组织的具有一定社会影响力的组织。公民个人作为构成社会的原子，能否实现国家治理能力现代化并最终达到善治，公民个人起到了至关重要的作用。正如俞可平所言，在社会主义民主政治的条件下，人民群众当家做主不仅表现在领导机关应始终按照人民的意志行事，而且更大量地表现在人民群众亲身参与国家政治事务。

（2）国家治理客体

国家治理客体是国家和社会公共事务，其包括政治性公共事务、经济性公共事务和社会性公共事务。从社会公共事务的顶层制度设计而言，国家治理的客体包括以下五大方面：政治军事问题、社会生活问题、经济差距问题、文化教育问题、生态环境问题等。

由于这些问题属于社会公众的共同问题，因此，多元的治理主体在相互合作基础上共同参与顶层的政策规划和制度安排。比如，政府通过合同的形式在公共领域引入市场机制，实行"准市场化"治理；建立政府部门与第三部门的合作关系，以弥补政府能力和财力的不足；政府授权社区并鼓励社区建立各种公共事业，以改进社会基本服务及预防和控制犯罪活动。从社会公共事务的底层制度执行而言，社会公共事务的一切要素皆来自于社会，包括了社会组织和公民个人共同利益的所有社会性事务，其物化表现形式体现为社会成员日益增长的物质文化需求和精神需求。社会公众可以通过一定的渠道，参与或影响政府对政策的执行，从而实现社会协商对话机制，建立起政府与社会共建共治的国家治理格局。①

3. 国家治理体系、国家治理能力和国家治理绩效

（1）国家治理体系

国家治理体系是指在党领导下管理国家的制度体系，包括经济、政治、文化、社会、生态文明和党的建设等各领域体制机制、法律法规安排，是一整套紧密相连、相互协调的国家制度。② 除了体制机制、法律法规之外（中观层面），还应包括形而下的物质基础、技术手段，以及形而上的治理理念和价值原则。但由于治理理念不便于评估，而治理的物质基础和技术手段往往被视为治理能力的范畴，因此在本课题中国家治理体系仅仅指制度层面体制机制和法律法规。

（2）国家治理能力

国家治理能力是指运用国家制度管理社会各方面事务的能力，包括改革发展稳定、内政外交国防、治党治国治军等各方面。③ 由于党的十八届三中全会提出全面深化改革的重点是"处理政府与市场的关系，使市场在资源配置中起决定性作用和更好发挥政府作

---

① 金荣：《政府在国家治理体系中的角色定位及改革趋势》，人民论坛，http：//theory. gmw. cn/2014-03/21/content_ 10735602. htm，访问时间：2014 年 3 月 20 日。

② 《习近平论治国理政》，外文出版社 2014 年版，第 91 页。

③ 同上。

用"，言下之意就是划分"政府"与"市场"的边界。显然这里的
"政府"和"市场"各自所代表的"政府机构"和"企业"是治理
的主体，除此之外，社会组织（公民社会）也是治理的重要主体。
因此，本课题所讨论的治理能力是把政府、市场、社会各主体在运
用中国国家治理体系实施治国理政的能力。

（3）国家治理绩效

国家治理绩效是指国家治理的最终效果，由于国家治理的范围
包括"治党治国治军"，因此对国家治理绩效的评估也就是看在这
些方面的治理成效，具体包括以下几个方面：政治绩效、经济绩
效、文化绩效、社会绩效、生态绩效、治党绩效、军队建设和国防
建设方面的绩效。

三　中国国家治理的概念及含义

中国国家治理的概念必定有着自己独特的历史源流、客观基础
和现实问题，党的十八届三中全会提出了"完善和发展中国特色社
会主义制度，推进国家治理体系和治理能力现代化"这一全面深化
改革的未来指向。

1. 关于中国国家治理的定义的多维思考

（1）应该弄清楚国家治理所要面临的特殊问题

与现代国家的发源地欧美等国的政治发展逻辑不同，中国国家
治理面临四个特殊的"中国问题"。一是"超大型崛起"。经过改
革开放三十多年的全面发展，中国已经具有超大型的人口规模、经
济规模、社会规模、城市规模和生态问题。二是"非均衡化发展"。
当代中国存在着经济与社会发展不平衡的突出问题，所存在的东西
部差距、城乡差距、行业差距、贫富差距等，容易导致社会的裂变
和分化。三是"跨越式转型"。当代中国发展承载着许多非现代的
历史和文化负担，缺乏治理体系理性化的积累和治理方式民主化、
法治化的传统。而当下中国改革又步入攻坚期和深水区，面临着一

些重大的转型危机和治理风险。四是"全球化战略"。随着全球化的推进，中国已经成为一个对国际政治、经济、文化和社会发展起着举足轻重影响的大国，如何化解地缘政治风险和全球化矛盾，构建国际政治经济新秩序，重构全球治理模式，成为中国国家战略的一个重点。①

（2）要通过对中国国家本质属性的政治学分析来把握国家治理的论域

周平认为，既然政治形式、政治共同体和政治地理空间单位构成了国家的三重本质属性，那么，国家治理也必须着眼于和体现于这样三个既紧密联系又有区别的方面，从而构建起国家治理的三大领域。首先，国家治理必须充分运用好国家这种政治形式，构建起有效而又有限的国家权力体系，并运用国家权力去解决各种社会问题，保障社会的有序运行，满足人民的利益需要，增进人民的福利；其次，国家在治理中，必须运用国家权力将社会成员整合于统一的国家共同体之中，避免国家的分裂，维持国家政治共同体的统一和稳定；最后，国家在治理中，还必须巩固国家的疆域，对国家的疆域进行统筹规划和整体谋划，尤其是要妥善划定国家的核心区域和边缘区域，根据国家发展的状况来制定国家的边疆战略，加强国家的边疆治理，促进国家的整体发展。②

（3）还可以根据当代中国的政治体制和权力运行方式来分析中国国家治理的构成要素及其系统结构

陈亮提出了国家治理的政治生态要素及其结构的观点（见表1—2），具有一定的创新意义。但也存在以下几个问题：一是把中国共产党与政府分开来作为两个不同的政治生态要素不太合适，二者从中国的政治权力和行政权力的特殊结合来看是高度统一的；二是简单地规定不同主体的治理地位不太准确，因为治理地位是根据

---

① 吴汉东提出了前三个特殊的中国问题，其实第四个问题对于当代中国国家治理来说同样重要。（参见吴汉东《国家治理现代化的三个维度：共治、善治与法治》，《法治与社会发展》2014 年第 5 期，第 14—16 页）

② 周平：《国家治理须有政治地理空间思维》，《探索与争鸣》2013 年第 8 期，第11—16 页。

不同的治理对象和内容而变化的；三是不同的要素本身就对应不同的治理领域，所谓优势领域的提法没有太多意义。关于国家治理的构成要素及其系统结构的分析应当侧重于治理的制度建构。

表1—2   国家治理的政治生态要素分析①

生态要素	治理地位	权力运行	治理方式	优势领域
中国共产党	领导、组织者	自上而下	政治、思想、组织	全局性、方向性
政府	元治理	自上而下	科学、民主、依法	全局性、分配性
市场	重要主体	内部：垂直运行 外部：平行运行	法律、契约	资源配置领域
社会	重要主体	更多是平行运行	法律、民主、契约、习俗、礼仪等	基层

（4）还应当弄清楚国家治理与其他相关概念的概念边界

何增科基于对三组概念（第一组是治理、公司治理、国家治理，第二组是国家统治、国家管理、国家治理，第三组是国家政体与国家治理）的辨析，将国家治理定义为：国家治理（state governance），它是国家政权的所有者、管理者和利益相关者等多元行动者在一个国家的范围内，对社会公共事务的合作管理，它的目的是增进公共利益，维护公共秩序。这个国家治理概念在国家理论中增加了三个内容：第一，它凸显了国家政权的所有者或者叫主权的拥有者与受委托的职业管理者的授权和问责关系；第二，它强调的是多元行动者之间的合作管理，所有者、管理者与利益相关者都要出场而不能缺位；第三，国家治理本身把增进公共利益与维护公共秩序这两个目标并重。② 这种定义把概念的内涵定位在社会公共事务，显得有些过于简单，也没有考虑中国国家治理的特殊性。

---

① 陈亮：《理解国家治理：政治生态、主题意蕴与实践路径》，《内蒙古社会科学》（汉文版）2014年第6期，第13—18页。
② 何增科：《国家治理及其现代化探微》，《国家行政学院学报》2014年第4期，第11—14页。

还有学者直接根据党的十八届三中全会的精神，把国家治理界定为政府、市场、社会组织、政党、公民等多元主体一起对整个国家的经济、政治、文化、社会、生态文明、党的建设等各领域所进行的系统性、整体性、协同性、法制性管理的理念以及管理实践。[①] 借鉴以上国内学者从不同角度对国家治理的界说，参照不同国际组织关于治理定义所包含的关键词，结合中国的历史发展和当下情势，对国家治理可做出如下定义：国家治理是以政府为主导力量的多元主体，基于一定的政治制度、法律体系、经济体制、社会结构和历史文化，通过一定的协同机制和管理模式来对国家的权力运行、资源配置、利益分配、权利保障、公共秩序等方面进行制度建构、机制创新、合理决策并付诸实施。

2. 中国国家治理的系统性内涵

中国国家治理的系统性内涵，究竟应当包括哪些基本的系统、结构和层次呢？这个宏观体系又应当如何来建构呢？关于国家治理体系的系统、结构和层次的问题，首先是一个国家结构体系与国家治理结构体系的关系问题。从本体论上说，国家治理结构体系与国家结构体系具有同构性。许耀桐、刘祺就是从这种同构性出发，认为国家治理体系是由政治权力系统、社会组织系统、市场经济系统、宪法法律系统、思想文化系统等系统构成的一个有机整体。[②] 但是国家治理结构体系与国家结构体系又具有一定的异质性，这种异质性源自国家治理更为关注国家结构体系的制度建构和运行机制。俞可平就十分关注国家治理的制度建构方面，他认为："国家治理体系就是规范社会权力运行和维护公共秩序的一系列制度和程序。它包括规范行政行为、市场行为和社会行为的一系列制度和程序，政府治理、市场治理和社会治理是现代国家治理体系中三个最重要的次级体系。更进一步说，国家治理体系是一个制度

---

① 李战刚：《公平正义与社会治理理论创新》，《科学社会主义》2014 年第 1 期，第 40—44 页。

② 许耀桐、刘祺：《当代中国国家治理体系分析》，《理论探索》2014 年第 1 期，第 10—19 页。

体系，分别包括国家的行政体制、经济体制和社会体制。……现代的国家治理体系是一个有机的、协调的、动态的和整体的制度运行系统。"①

从国家治理的运行机制也可以对国家治理体系进行系统分析。如果把国家治理体系界定为一个国家有效形成秩序的主体、功能、规则、制度、程序与方式方法的总和，并且包括自发秩序的生成体系和组织秩序的生成体系两个基本方面，那么从国家治理体系的内在逻辑层面看，国家治理体系的结构包括治理主体体系、治理功能体系、治理权力体系、治理规则体系、治理手段或治理方式方法体系、治理绩效评估体系等诸多方面。治理功能体系则包括宏观规划功能、组织动员功能、资源配置功能、协调控制功能、系统整合功能和稳定发展功能；治理权力体系则主要指国家权力与社会权力、公共权力与知识权力及资本权力、正式权力与非正式权力的相互支撑、相互制约的有效协作体系；治理规则体系包括国家意识形态、法律、道德、治理文化、习惯、习俗、惯例、明显的规则和默会规则、正式的规则与非正式规则等；治理手段体系由行政手段、经济手段、教育手段、法律手段等组成，除了这些常规手段外，还有信息技术手段、标杆管理、网络规划等现代管理手段；治理绩效评估体系包括绩效评估主体、评估标准、评估指标、评估方法、评估技术等内容。②

按照应然与实然相一致的逻辑，关于国家治理体系的界说应当与体系建构原则问题联系起来。建构原则是贯穿于整个体系建构的总纲，并使各个不同的次级体系以及不同层面有机联系起来。如果从前面提到的当代中国所面临的四个大问题出发来看问题，构建现代中国治理体系，其核心是理顺国家与社会、政府与市场、中央与地方、政治权力与公民权利四大关系。围绕上述四大关系，国家治理方式的现代化构造必须把握以下三个原则：多元共治；和谐善

---

① 俞可平：《论国家治理现代化》，社会科学文献出版社2014年版，第3页。
② 徐邦友：《国家治理体系：概念、结构、方式与现代化》，《当代社科视野》2014年第1期，第32—35页。

治；文明法治。① 关于中国国家治理体系的建构原则可以分别从依法治国方略和善治理念两个方面来理解。从依法治国方略来看，应从公共领域、私人领域和社会领域三个维度入手并最终回归到良法善治这一基本方略上来构建国家治理体系。而国家治理体系的基本要求是：公域治理的透明性和高效性，私域治理的自治性和自觉性，社会治理的参与性和互动性，依法治理的逻辑性和问责性。② 而社会公平作为治理的首要善治原则，需要良法善治和有效政府两个条件来保障。在国家治理范畴内，社会公平主要包括权利公平、机会公平、规则公平、司法公正。③ 在中国语境中，"善治"远远超出了西方学者赋予"善治"的语义，其基本特质一是以人为本，二是依法治理，三是公共治理。如果从更为一般的角度来看，国家治理体系的建构原则主要有：科学治理原则、民主治理原则、制度治理原则、中国特色原则④。

四　中国国家治理综合评估体系

西方治理理论在中国被广泛借鉴，随着深入对其的研究，"治理评估体系"逐渐成为学术界、企业界和各级政府部门普遍关注的话题。现将国内外关于"治理评估体系"的研究现状综述如下：

1. 国内外治理评估研究

（1）国外治理评估

目前世界上常用的治理评估体系约有 140 多种，包括数千个单项指标。其中影响较大的有世界银行的"世界治理指标"（World-

---

① 吴汉东：《国家治理现代化的三个维度：共治、善治与法治》，《法治与社会发展》2014 年第 5 期，第 14—16 页。

② 汪习根：《国家治理体系的三个维度》，《改革》2014 年第 9 期，第 13—16 页。

③ 张文显：《法治与国家治理现代化》，《中国法学》2014 年第 4 期，第 5—27 页。

④ 许耀桐、刘祺：《当代中国国家治理体系分析》，《理论探索》2014 年第 1 期，第 10—19 页。

wide Governance Indicators）、联合国人类发展中心的"人文治理指标"（Humane Governance Indicators）、联合国奥斯陆治理研究中心的"民主治理测评指标"（Measuring Democratic Governance）等。此外，部分西方国家和一些重要国际民间组织也根据各自的价值取向或特定的需求制定了各种评估指标，如美国国际开发署的"民主与治理评估框架"（Democracy and Governance Assessment Framework）、英国国际发展部的"国家治理评估"（Country Governance Assessments）、荷兰国际关系研究所的"治理与腐败战略评估"（Strategic Governance and Corruption Assessment）等。在各种治理评估指标中，世界银行"世界治理指标"所体现的善治原则具有一定的范式意义，影响着其他国际组织和研究机构对于善治的理解。多维润（Veerle Van Doeveren）将世界银行、欧盟、经合组织、联合国等机构和海登（Hyden）、史密斯（Smith）、韦斯（Weiss）等学者的善治原则进行了对比分析，发现"问责""效能/效率""开放性/透明度""法治"是共识程度最高的原则，这也是西方多数治理评估体系的核心指标。受国际组织和西方机构的影响，一些主权国家也开始自主研究适用于本国的治理评估体系，如菲律宾、蒙古、马拉维等国。

由于治理评估体系具有批判现实和引领未来的功能，上述各治理评估体系在全球治理过程中曾发挥过积极的作用：第一，提高了被评估国家的政府管理水平和行政效率，有效预防或遏制了腐败，改善了投资环境，提升了国际投资和国际援助的效益；第二，一定程度上改善了被评估国家的民主、自由和人权状况；第三，推动了被评估国家的经济增长和社会发展，一定程度上减少了贫困，提高了人们的生活水平；第四，"善治"逐步成为一种世界共识，"治理"和"治理评估"作为一种工具和方法，被一些非西方国家学习和借鉴。但是，由于这些治理评估体系多数是西方发达国家从自身立场出发对发展中国家的评估，不可避免地带着西方中心主义的有色眼镜，居高临下，毫不顾及这些国家在地域、种族、宗教、经济水平以及意识形态等方面的差异。因而，在评估的实施过程中很难得到被评估国家的配合，难于掌握可靠数据，其评估结果受到严重质疑。

（2）国内治理评估

西方治理理论输入中国之后，一些学者尝试着用"治理"话语建构中国的治理评估体系。在治理评估研究方面，最早且影响最大的是俞可平及其团队。他在世界银行和联合国开发计划署等国际组织的善治原则基础上把"善治"（good governance）标准概括为十个基本要素：合法性、法治、透明性、责任性、回应、有效性、参与、稳定性、廉洁、公正。据此，他制定了"中国治理评估框架"，列出十二个评估指标，每个指标又包括若干评估项，多达115项。俞可平及其课题组还提出了"中国社会治理评价指标体系"和"中国民主治理的主要评价标准及指标"。这是目前国内关于国家治理评估最有影响的研究之一。香港中文大学的王绍光早在1993年就提出了八个方面的基础性国家能力：强制能力、汲取能力、濡化能力、规管能力、再分配能力、国家论证能力、吸纳能力和整合能力。兰州大学的包国宪提出了"中国公共治理绩效评价指标体系"，包括法治、参与、透明度、责任、效能、公平、可持续性七大指标。天则经济研究所制定了"中国省市公共治理指数"，包括公民权利、公共服务、治理方式等指标。厦门大学的卓越在试点县市的评估实践中，建立了"政府绩效通用指标体系"。浙江大学的胡税根和陈彪从输入、过程、输出、结果四个环节入手，提出了"治理评估通用指标"。山东大学的王永制定了社会治安综合治理评估体系。

运用西方治理理论研究中国的"治国理政"，无疑具有重要意义。正如江必新所说，"从统治、管理到治理，言辞微变之下涌动的是一场国家、社会、公民从着眼于对立对抗到侧重于交互联动再到致力于合作共赢善治的思想革命；是一次政府、市场、社会从配置的结构性变化引发现实的功能性变化再到最终的主体性变化的国家实验；是一个改革、发展、稳定从负和博弈、零和博弈再到追求正和博弈的伟大尝试。"这表明"治理"理论援引到中国，正在引起中国治国理政诸多领域的变革。然而，我国治理评估体系的研究尚处于起步阶段，还存在诸多不足之处：第一，过多拘泥于西方治理评估体系的研究范式，固守西方治理的价值原则和研究方法，导致对中国治理现状的评估失效，或对中国的治理现状失望；第二，研究多停留在理论层面，所制定的评估体系多为一些善治原则，缺乏针对性和可操作性；第三，多侧重于某一方面的专项治理评估，如民主治理、社会治理、公共治理、政府治理、公司治理等，综合性不强，缺少对国家治理层面的综合评估体系研究；第四，评估指标在层次和类别上逻辑不够清晰，且多为不完全罗列，缺乏系统性。

（3）中国国家治理综合评估的重要意义

党的十八届三中全会把"完善和发展中国特色社会主义制度，推进国家治理体系和治理能力现代化"作为全面深化改革的总目标。这表明"治理"话语已被引入中国"治国理政"的视阈，上升为国家意志。推进国家治理现代化，是中国改革和发展的必然要求，也是人类社会发展的必然趋势。究竟如何实现国家治理现代化？需要有明确的国家治理目标，也需要有可信的国家治理评估。因此，建构中国特色社会主义语境下的国家治理评估体系，是推进国家治理体系和治理能力现代化的题中应有之义。

中国特色社会主义语境下的国家治理评估体系，不同于西方，也不同于传统，而是面对当下中国环境，针对中国对象，解决中国问题。一是因为作为国土面积广袤而且拥有世界最多人口的超大型国家的治理，其复杂程度是西方国家不能比拟的；二是因为在当前中国价值多元化背景下的治理，需要适应各方面、各阶层、各地域、各行业之间的差异性，寻找其共性，其困难程度也是西方国家单一价值体系下的治理所不能比拟的；此外，目前国内关于治理评估体系的研究多停留在理论层面，或介绍西方治理理念，或探讨治理的价值原则，离中国的现实以及中国国家治理评估实践有较大距离。鉴于此，本课题将着力于推进西方治理理论中国化，建构中国特色社会语境下的国家治理评估体系，使其既体现世界普遍性，又体现中国特殊性；既凸显理论性，又凸显实践性。具体包括以下几个方面：

第一，治理价值中国化。将西方中心主义价值观，诸如自由、民主、人权等价值，置于当前中国特色社会主义的语境中，实现中国化诠释和创造性转化，充分体现"民族振兴、国家富强、人民幸福"的价值目标。

第二，治理原则具体化。把抽象的善治原则，诸如合法性、法治、透明性、责任性、回应、有效、参与、稳定、廉洁、公正等，具体化为治理的政策、措施和方法，便于实践，也便于评估。

第三，治理评估系统化。在全面梳理当前各种单项治理评估体系的基础上，建构既包括治理过程评估又包括治理结果评估的国家治理综合评估体系。该体系由国家治理体系评估、国家治理能力评估、国家治理绩效评估三部分构成。

2. 中国国家治理综合评估指标体系

国家治理体系、国家治理能力和国家治理绩效的关系，实质就是"结构""功能"与"效果"的关系，三者相互影响，紧密相扣。人们通常理解的"国家治理评估"更多的是指"国家治理绩效评估"，即治理结果的好坏。事实上，依据结构功能主义，治理结果的好坏取决于治理体系是否健全以及治理能力是否强大。如果只注重治理结果的评估，往往会陷入"为评估而评估"的圈套，不容易使人反思治理体系和治理过程本身。即使评估者也许会意识到治理体系和治理能力对治理结果的影响，但由于缺少对治理体系和治理能力的评估，也很难找到影响治理绩效的根源。因此，即使是以改善国家治理绩效为目标的治理评估，也不能局限于国家治理绩效的评估，还要对国家治理体系和国家治理能力予以评估。

（1）国家治理体系评估体系

对国家治理体系进行评估，主要任务是评估党领导下的国家制度体系是否健全；评估经济、政治、文化、社会、生态文明和党的建设等各领域体制机制、法律法规是否完善；评估国家治理的方式和手段是否科学；评估国家治理的观念是否先进；还要评估国家治理体系各要素之间是否相互协调、是否切实有效。基于此，课题组在二级指标"国家治理体系评估"下面设立"价值体系""制度体系""法治体系""技术手段体系"四个三级指标。

（2）国家治理能力评估体系

对国家治理能力进行评估，主要任务是评估政府、市场和公民社会等各治理主体运用国家治理体系管理国家和社会公共事务的能力，包括改革发展稳定、内政外交国防、治党治国治军等各方面的能力。由于国家治理各方面都有政府、市场和公民社会的参与，因此课题组在二级指标"国家治理能力评估"下面设立"政府主体能力""市场主体能力""社会主体能力"以及综合层面的"国家基础能力"四个三级指标。

（3）国家治理绩效评估体系

对国家治理绩效进行评估，主要任务是对"治党治国治军"各个方面的实际效果予以评估，包括政治绩效、经济绩效、文化绩效、社会绩效、生态绩效、治党绩效、军队建设和国防建设方面的绩效。由于共产党是执政党，党的治理是国家治理的前提，因此对国家治理绩效评估不应包括"治党绩效"。基于此，课题组在二级指标"国家治理绩效评估"下面设立"政治绩效""经济绩效""社会绩效""文化绩效""生态绩效""国家统一和国家安全"六个三级指标。（如表1—3所示）

表 1—3　　　　　　　中国国家治理综合评估框架

1级评估项	2级评估项	3级评估项	4级评估项	5级评估项	权值
国家治理评估	国家治理体系评估	价值体系	善治理念		
			核心价值		
		制度体系	制度安排		
			决策机制		
			执行机制		
			监督机制		
		法治体系	立法体制		
			执法体制		
			司法体制		
			守法机制		
		技术手段体系	现代技术		

续表

1级评估项	2级评估项	3级评估项	4级评估项	5级评估项	权值
	国家治理能力评估	国家基础能力	国家统一和安全能力		
			国家强制和规管能力		
			资源掌控和配置能力		
			意识形态的主导能力		
			协同政府、市场、公民社会的能力		
		政府主体能力	决策能力		
			执行能力		
			监督能力		
		市场主体能力	资源市场配置能力		
			市场主体优化能力		
		社会主体能力	社会组织行动能力		
			公民个人参与能力		
	国家治理绩效评估	政治绩效	民主程度		
			法治水平		
			行政效率		
			廉洁程度		
		经济绩效	GDP 增长率（含人均）		
			经济结构及经济增长方式		
			通胀（消费指数）		
			分配（基尼系数）		
			国际收支状况		
		文化绩效	主流意识形态认同程度		
			文化产业的比重		
			公共文化服务体系完善程度		
			文化产品数量与质量		
		社会绩效	社会公正		
			社会保障		
			公共安全		
			社会参与		
			社会稳定		
			人的发展		
		生态绩效	人均自然资源占有量		
			单位 GDP 排放（固、水、气）		
			土质、水质、大气质量		
		国家统一和国家安全绩效	祖国统一		
			军队建设		
			国防建设		

第二章

省级治理基础理论

省级治理是国家治理的重要组成部分。对省级治理的研究既要充分体现国家治理的基本要求，又要找准其在国家治理体系中的合理定位。在当代中国国家组织形式和基本政治制度的框架下，省级治理有两个显著特点：一是在国家治理体系中，它处在省级行政区划垂直序列（省、市、县、区、乡镇）中党委和行政领导关系的最高端，各级行政区划的政府机构设置上与中央政府直接对应；二是在市场和社会的扁平结构中，它又必须面对跨地区、跨行业、跨国界的市场体系和社会结构所提出的、国家治理所不能解决的各种具体问题。因此，省级治理的基础理论研究，一方面需要综合各种治理理论的成果和各种治理实践的成功经验，另一方面必须明确自己特定的治理主体、治理对象、治理原则、治理方法和治理指标。

一 省级治理的概念及内涵

省级治理是省级政府①在其行政辖区范围内，按照省级治理体系和治理能力现代化的目标，以政府机构为治理核心，同时依托于社会团体、企业和公民等各种组织化的网络体系，共同应对辖区内

---

① 作为一个共产党长期一党执政（其他八个民主党派联合参政）的社会主义国家，共产党的核心领导是我国政治制度的本质特色，也是我国社会主义事业兴旺发达的根本保证，因而在讨论省级治理的概念时，只有将省级党的领导机构纳入其中，才能真正把握省级政府的真实运作逻辑。在此意义上，省级政府自然指的是包括省委、省政府、省人大、省政协等在内的所有省级党政领导机构的总和。

的公共问题，从而对省域范围内包括政治、经济、社会、文化、生态等领域进行自觉的、有计划的组织、引导、规范和协调的活动，即走出传统由政府单一治理的模式，实现包括政府、社会、企业、公民在内的官民合作与协同共治，并最终实现省域内经济社会文化等事业的可持续发展。具体指的是省级政府与中央政府、其他地方政府间的分权与合作以及省级政府和各方治理主体之间的良性关系，即省级政府与市场、社会乃至公民之间的良好互动与合作。

根据俞可平的观点：政府治理、市场治理和社会治理是现代国家治理体系中三个最重要的次级体系。这说明政府、市场和社会是国家治理的三大对象和领域。而国家治理的制度体系，分别包括国家的行政体制、经济体制和社会体制，它们构成了国家治理的建制内容。省级治理必须厘清与国家治理中政府治理、市场治理和社会治理的在立法、司法和行政等方面的权限和职责的上下位关系，并在政府、市场和社会三者的相互关系中寻找到合理的定位，才能弄清其基本内涵。一般来说，省级治理的基本内涵包括省级政府治理、省级市场治理与省级社会治理。

构建有效的政府是政府治理的基本原则之一。当前的省级政府治理主要包括合理转变政府职能与优化政府组织结构两个方面的内容。对省级政府而言，行政体制的问题交给中央来解决，转变政府职能就是省级行政体制改革的核心。政府的主要职能有：一是抓好顶层设计、发展规划、市场培育等方面的工作；二是向社会、向市场、向下级政府简政放权；三是加强社会治安、食品药品安全、困难群众救助、环境保护、城市管理等方面；四是加强教育、卫生、住房、就业、社保等各项社会事业，建立起普惠型的公共服务体系和社会保障体系。优化政府组织结构省级行政体制改革的重要内容。一是建立市场治理和社会治理的协调性或主责机构；二是结合"大部门制"改革、"省直管县"改革等举措，优化权力配置及运行系统；三是创新行政管理方式、加快事业单位改革等，推动行政机构设置和职责配置的优化。

省级市场治理的主要内容包括提供市场法治的制度供给和完善市场监管的协同机制。省级政府在市场法治的制度供给当中，具有很多实践性和操作性的创新空间。全国人大的法律以及国务院及其部委的行政法规和规章关于市场经济及其运行的国家法，都为省级的法治制度性构建提供了较为完备的上位法依据，省级政府应当根据这些上位法规定的原则和规则，结合各省的实际需要进行制度的衔接和配套，在实施细节及操作规范等方面先行先试并进行一定范围内的制度创新。在市场成为资源配置的决定性力量的情况下，省级市场治理一方面要通过制度供给来维护市场本身的开放性、多元性和平等性，另一方面需要加强市场监管（尤其是土地和资本市场），防止市场失灵现象的发生，维护市场秩序。

省级社会治理的主要内容包括完善各级政府社会治理职责和社会治理体制的创新。社会治理是以实现和维护群众权利为核心，发挥多元治理主体的作用，完善社会福利，保障改善民生，化解社会矛盾，促进社会公平，推动社会有序和谐发展的过程。① 因此省级社会治理要理顺各级政府社会治理的职责关系，明确省、市、县、乡各级政府社会治理的主要职责。省级政府主要负责工作规划、政策法规和标准规范制定，指导监督全省社会治理工作，统筹全省社会治理资源。② 对于省级政府而言，社会治理体制的创新关键在于改进社会治理方式，创建一个多中心、协同性的治理模式，实现政府治理和社会自我调节、居民自治良性互动。政府掌舵，制定社会治理的相关规则，明确多元主体的主体地位、职责和手段，协同好政社关系，协调好多元主体之间的利益关系，积极地致力于维护社会秩序，保障社会的有序运行，保证社会的和谐稳定，为社会的良性运行提供基本的秩序，同时提高基层和底层参与社会事务的能力，引导社会组织在治理中的积极作用，构建一个多中心的具有协同性的治理体制。③

---

① 姜晓萍：《国家治理现代化进程中的社会治理体制创新》，《中国行政管理》2014 年第 2 期。

② 张林江：《社会治理的政府之维：现状、挑战与转型》，《中国党政干部论坛》2014 年第 4 期，第 51—54 页。

③ 李新廷、朱凯：《刍论国家治理与社会治理的关系》，《大连干部学刊》2014 年第 4 期，第 8—11 页。

二　省级治理的结构

国内关于治理结构的研究有两条主要的理路。一个是权力体系及其运行结构的研究理路。另一个是组织学及组织行为学的理路。第一条理路是基于中国国家治理的基本权力体系及其运行的实践逻辑"党委领导、政府主导"，因此需要分析中国各级政府的政权结构和组织形式所决定的省级治理结构。

中国是单一国家，中国政府的组织结构是按照职能来设计和划分的，一般可以分为两种权力结构形式：纵向权力结构和横向权力结构。中国政府的纵向权力结构是将政府划分为五个级别，最高级别是中央政府，其余的划分为四级地方政府：省级政府、市级政府、县级政府和乡级政府。权力派生是中央政府授权给省级政府，省级政府授权给市级政府和县级政府。或者省级政府授权给市级政府，市级政府再授权给县级政府，最后，县级政府授权给乡镇政府。在政府官员的任命上也遵循了这一结构形式。政府的横向权力结构则是结合国家管理和行政权力行使的事权领域划分为不同的行政部门，大致可以分为四大板块，其中又可细分为若干具体事物的执行部门（如图2—1）。

在政府的纵向权力结构当中通常很少引入治理及其结构的问题。但是在政府横向组织结构当中却存在治理及其结构的很多问题。例如李万福、曹丽梅指出，政府横向治理结构由三部分构成：一是权力配置及运行系统；二是任务确定及资源分配系统；三是问责系统。三个部分作用如下：权力配置及运行系统主要是确定治理主体及其权力和责任；任务确定与资源分配是确定治理主体履行职责的具体事项和任务，并根据事项和任务分配资源；问责机制的目的是监督治理主体是否恰当地使用权力，是否正确履行职能以及考核任务的完成情况，问责机制的主要目标是抑制治理主体的机会主义行为。① 政

---

① 李万福、曹丽梅：《政府权力的自我约束与规范：困境与超越》，《福州大学学报》（哲学社会科学版）2015年第5期，第15—23页。

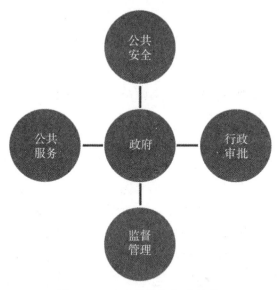

图 2—1   政府的横向权力结构

府权力配置、职责及其特点根据中国宪法和地方组织法，除了中央政府拥有外交、国防和宏观调控等特殊职能以外，从中央、省、市、县级行政单位直至乡镇，列举的政府事权（权力）、职能基本相同，即我国政府治理结构在设计上存在"职责同构"的特点，不同层级的政府在纵向间职责和机构设置上高度统一，不同政府层级（除了中央政府的特殊职能之外）之间只存在权力的管辖范围差异。

组织及组织行为学的理论则关注治理结构的构成要素和实践特征。例如郑吉峰就从较为宏观的层面定义了现代国家治理体系的基本结构。它是由价值、制度和行动三个层面构成的一种具有超稳定性、流动性的橄榄型的循环往复的闭合结构。国家治理体系是一个由价值、制度与行动构成的橄榄形结构。其基本的层次表现为制度居于两者中间的核心位置，价值居于顶端，行动则位于底端。其中价值包括民主、法治、科学三大基本价值理念，制度涵盖行政体制、经济体制、社会体制三部分，行动则细化为政策制定和政策执行。① 施雪华也从组织学和组织行为学角度来分析国家治理和社会治理的组织结构问题，认为，一个组织的治理结构可以分为四个部分：一是价值和理念；二是组织体制；三是运行机制；四是方式方法和技术手段。② 他还进一步说明了国家治理结构和社会治理结构的具体内容。③

国家治理事务被以地域为单位加以分割，由上级政府层层交给下级政府。因此从总体上说，这种制度架构既规定了中央与地方之间的关系及其互动特征，又形成了地方政府独特的激励机制和行为逻辑。20世纪90年代以来的集权化趋向的改革有效地提升了中央的治理能力。通过上述改革，中央政府扭转了80年代分权改革所导致的中央权威弱化及其不良的政治后果，塑造着地方政府的行为逻辑，这其中不对称的财政收支结构和以经济增长为导向的考核机制具有决定性影响。中央与地方关系的调整将塑造着地方政府在治理活动中的激励机制和约束条件，对地方政府治理产生决定性影响④。通过进行选择性集权化改革，中国正在逐步克服此前国家治理的弊端，从而有效地克服了国家治理面临的危机和挑战。

省级治理的基本结构因此可以分为内部和外部结构。内部结构

---

① 郑吉峰：《国家治理体系的基本结构与层次》，《重庆社会科学》2014年第4期，第18—25页。

② 施雪华：《论传统与现代治理体系及其结构转型》，《中国行政管理》2014年第1期，第12—14页。

③ 现代"国家治理体系"的内部结构由以下几个部分构成：（1）国家治理的价值和理念：自由、平等、民主、人权、法治、公法人、公共人格、公共利益、公共财政、公民、治理、服务、妥协、协商、合作等；（2）现代国家治理的组织体制：立宪体系、选举体系、立法体系、行政体系、司法体系、军事体系、政党体系、压力集团体系、公共经济体系、公共文化体系；（3）国家治理的运行机制：现代决策机制、执行机制、监督机制、协调机制、服务机制；（4）国家治理的方式方法和技术手段：顶层设计方法、现代信息科学技术（如电子政务、网络技术等）、统计科学方法与技术等。现代"社会治理体系"的内部结构是：社会治理的价值和理念，包括自由、平等、服务、妥协、协商、合作等；社会治理的组织体制，包括个人体系、家庭体系、营利性组织体系（如工厂、公司、合作社等）、非营利的公益组织体系（如各种慈善组织、基金会、文化协会、学会等）、基层社区体系（如村、社区等）；社会治理的运行机制和技术，包括决策机制和技术、执行机制和技术、监督机制和技术、协调机制和技术、服务机制和技术。

④ 宋琳：《选择性集权与国家治理转型》，《陕西师范大学学报》（哲学社会科学版）2013年第4期，第121—126页。

是指省级政府治理的结构，它可以分为四个部分：一是核心价值；二是组织体系；三是运行机制；四是科学工具。省级治理的外部结构则取决于政府治理、市场治理与社会治理三者之间的关联和互动模式，它一方面受国家治理体系的直接制约；另一方面又离不开省域的历史的、文化的、现实的因素的具体影响。

三　省级治理的原则与方法

善治概念与治理概念形影相随。正如任何组织的治理结构当中都包含理念和价值、方法与手段的基本构成一样，省级治理也应当有自己的理念和价值、方法与手段。鉴于省级治理是中国国家治理的一个子系统或组成部分，省级治理的理念和价值、方法与手段是应与国家治理相一致，还是应当有着自己的鲜明特色呢？显然，相对于国家治理而言，省级治理的主要问题、现实条件、实践要求等方面的差异必定会反映到省级治理的原则和方法上，使其具有一定的特殊性。

1. 善治的一般原则

善治的一般原则源自善治的本质。俞可平认为："善治就是使公共利益最大化的社会管理过程。善治的本质特征，就在于它是政府与公民对公共生活的合作管理，是政治国家与市民社会的一种新颖关系，是两者的最佳状态。"① 西方的一些机构和学者有时并不在意给善治做出实质定义，而是给善治提出一些需满足的条件，并把它们当作善治原则。多维润就以表格形式列举了由不同国际组织和学者提出的善治原则②（表 2—1），这说明善治原则并不是一些先验原则，而是可能包括更为丰富的内容。

表 2—1 所显示了善治原则的认可程度高低，从认可度最高的前

---

① 俞可平：《论国家治理现代化》，社会科学文献出版社 2014 年版，第 26—27 页。
② Veerle van Doeveren, "Rethinking Good Governance — Identifying Common Principles", *Public Integrity*, 2011, Vol. 13, No. 4, pp. 301–318.

四项（问责、效能与效率、开放性/透明、法治）来看，它们似乎并不涉及关于由政治、经济、社会、文化以及历史等因素所构成的国家系统及其运行机制，而是通过简约化的方式来设置一些可分析和评价的原则。另外，善治的行动主体也没有明确，行动主体的关系结构问题也被遮蔽。但这并不妨碍把善治原则作为一个分析范畴，以对一些项目的评价为基础通过反向推理去评判国家系统的基本结构、运行机制和最后结果的一些状况或情况，其中政治体制和权力运行方式被赋予了较高的权重。

表 2—1　　　　　　　　　　　**善治原则比较**

原则	欧盟	经合组织	联合国	世界银行	海登（Hyden）	史密斯（Smith）	韦斯（Weiss）
问责	√	√	√	√	√	√	√
效能与效率	√	√	√	√	√	√	
开放性/透明	√	√	√				√
法治		√	√	√	√	√	√
腐败控制		√		√		√	
平等与包容		√	√				
人权						√	√
分权						√	√
融合	√						
回应			√				
共识			√				
监管质量				√			
政治稳定和非暴力				√			
公正					√		
政治多元						√	
非歧视性法律							√
高效、无偏、快速的司法程序							√

续表

原则	欧盟	经合组织	联合国	世界银行	海登（Hyden）	史密斯（Smith）	韦斯（Weiss）
多党选举							√
司法制度							√
议会							√

注：根据多维润所列的表格翻译而来。

　　之所以把它们作为善治原则，是因为在这些项目下可以开列很多具体的评价指标来进行测度。确立怎样的原则直接关系到治理指标体系的建构。但是这些原则的理论来源和实践基础并不十分明确，而且它们对应怎样的政治、经济、社会、文化发展状况也不清楚，由此造成了这些原则彼此之间的内在逻辑关联是什么也不清楚。其实，俞可平所指出善治的十个基本要素：合法性，法治，透明性，责任性，回应，有效，参与，稳定，廉洁，公正①，与西方所提出善治原则在本质上并无差别。

2. 省级治理的基本原则

　　随着国家治理体系与治理能力现代化的宏观布局和整体推进，省级治理既是承上启下的关键环节，又是实践创新的主要平台。需要立足于当前发展的省情、政情、社情、民情，健全法规制度架构，完善市场经济体系，创新社会治理模式。面临经济发展新常态和社会转型期的复杂形势和状况，省级党委和政府需要立足高远、扎根现实，把省级治理作为全省的经济、政治、文化、社会、生态文明等领域的体制机制改革和五位一体发展的实现形式。如何立足于当前发展的省情、政情、社情、民情，健全法规制度架构、完善市场体制机制、创新社会治理模式，需要确定省级治理的四条基本原则，这些原则具有较为宽泛的适用性。

---

① 俞可平：《论国家治理现代化》，社会科学文献出版社 2014 年版，第 27—30 页。

（1）政府主导原则

顺应国家治理的治理主体多元化、治理方式民主化和治理过程动态化的发展趋势，省级治理应当确立的第一个原则是政府主导原则。省级党委是省级治理的制度设计者和实践领导者，省级政府是省级治理的主导者和执行主体。必须建构嵌入型党政关系新模式，即党委主要通过制度性嵌入、功能性嵌入、主体性嵌入、过程性嵌入等方式介入省级治理过程，[①] 充分发挥政府在经济建设、政治建设、文化建设、社会建设、生态文明建设中的主导性功能，推动省级治理的科学化、法治化、民主化、公平化的进程，实现"有效的政府治理"。政府主导主要体现为三个方面：第一，承担领导责任，肩负创新使命，确保制度供给，完善规则体系；第二，优化公共服务，保障公平竞争，加强市场监管，弥补市场失灵；第三，培育社会组织，引导社会价值，培养公共精神，推动社会参与。

（2）合作共治原则

省级治理既需要政府作为主导力量通过顶层设计来驱动，又需要市场作为基本机制通过资源配置来实现，还需要社会作为根本载体通过动员参与来保障，因此省级治理应当确立的第二条原则是合作共治原则。政府、市场、社会三方合作共治的前提条件是公共权力、市场机制和公民权利各司其职、各得其所。由政府来负责治理工作领导体系、社会组织网络建构、基本法律法规完善。由市场决定经济运行的基本机制、经济资源的有效配置、机会平等的合理分配。由社会来解决社会关系的协调整合、社会矛盾的有效化解、公民自治的功能完善。多元主体合作共治的基本运行机制是在自主、平等、互惠的基础上的网格化与扁平化协作与互动。

（3）协同创新原则

在全面深化改革的历史阶段，省级治理处于从国家治理到基层治理序列中的特殊位置。在社会组织、社会服务和社会治理的体制机制创新方面，条块分割的政府部门、不同层级的地方政府、不同

---

① 刘杰：《党政关系的历史变迁与国家治理逻辑的变革》，《社会科学》2011年第12期，第4—11页。

类别的社会组织都应当根据协同原则，致力于形成政社分开、权责明确、依法自治的现代社会组织体制，建构主体多元、机制灵活、覆盖广泛、开放竞争的现代社会服务体制，建立基于法治、人民本位、社会主体、协调利益的现代社会治理体制。在治理的理念、目标、内容、方法和手段的创新方面，各级政府应当积极探索协同政府的构建模式，自治组织则应当积极寻求开放协同的新路径。

（4）社会公正原则

社会公正和人民幸福是国家治理的根本价值目的。省级治理在省域范围内担负着协调社会冲突、稳定社会秩序、促进经济发展、推动社会进步、促进社会公平、提高幸福水平的现实重任。社会公正原则应当是对于社会各成员之间的权利和利益做出均衡合理的价值安排的基本准则。省级治理首先是在为每个社会成员提供公共物品和公共服务时，实现权利平等、机会平等、规则平等和分配平等；其次是要为每个社会成员的自由和发展，建立经济公平、社会公平、政治公平和文化公平的制度规则和机会资源，从而实现"公正的政府治理"。

3. 省级治理的基本方法

省级治理主要包括省级政府治理、省级市场治理和省级社会治理三个方面的内容，由于省级市场治理受国家治理的宏观决策影响很大，不太容易确定仅适用于省级行政区域的基本方法，或者说它们的治理方法主要由国家治理来决定，比如说经济政策中的税收政策和社会政策当中的人口政策。相对于市场治理而言，省级政府治理（或者说行政治理）和省级社会治理具有较大的相对独立性，因此这里主要讨论省级政府治理和省级社会治理的基本方法。

省级政府治理的基本方法应当根据中国的政治体制和制度安排和省域经济社会发展的现实问题和客观要求来确定。具体来说包括以下三个方面的内容。第一，高度嵌入国家治理体系。党政关系的内在领导和执行逻辑，决定了国家治理仍然会采用自上而下的体制结构和高效率的执行机制，并且会通过集中调配资源的方式突出解决国家治理中的优先事项。因此，省级治理一方面需要与国家治理的具体安排高度契合，另一方面要创造性地为国家治理提供合理性支持和实践性保障。第二，效率与公平并重。改革开放以来，省级政府奉行效率优先原则，来促进区域经济的高速发展，也产生了收入分配不公、贫富差距拉大、社会群体矛盾加剧等一系列问题。随着经济发展步入"新常态"，促进社会公平正义成为省级治理中的重中之重。寻求效率与公平之间的动态平衡，甚至在一定情况下突出强调公平，将成为省级治理变革的重要方向。第三，渐进式整体推进。渐进式改革是中国经济社会发展的总基调，推进国家治理能力和治理体系现代化也必须遵循这个总基调。以在资源配置中起决定作用的市场为核心的改革并未完成，"新常态"下经济增长方式转变也非一朝一夕之功。以经济体制改革为基础来推动政治文明、社会进步、文化发展和生态文明建设的整体性治理是省级治理的必然选择。

省级社会治理的基本方法应当根据省级政府治理模式的变迁（如协同政府建设[1]）和省域社会管理所存在的根本问题来确定。具体来说包括以下三个方面内容。一是体制和机制创新。随着我国社会转型的逐步推进，社会治理正朝着治理主体多元化、治理方式民主化、治理过程互动化的新型社会治理模式逐渐转变，其根本目的在于化解长期积累的社会矛盾、回应人民的多元诉求、实现社会的公平正义、激发社会的活力。通过体制机制的顶层设计，推进社会管理和社会服务相结合，推进维护社会稳定和保障社会公正相结合，推进社会多元治理和社会体制改革相结合。[2] 二是公平配置社会资源和社会机会。所谓"社会资源"，是指一个社会及其社会个体赖以生存和发展所需的人力、财力、物力、机会等生产和生活资料。社会资源是价值性、有限性和主体性的统一。[3] 中国的省级政

---

① 黄毅、文军指出了协同政府论促进社会治理机制优化的十六条具体途径。参见黄毅、文军《从"总体—支配型"到"技术—治理型"：地方政府社会治理创新的逻辑》，《新疆师范大学学报》（哲学社会科学版）2014 年第 2 期，第 35—44 页。

② 连玉明主编：《中国社会管理创新报告》，社会科学文献出版社 2012 年版，第 31 页。

③ 李战刚：《公平正义与社会治理理论创新》，《科学社会主义》2014 年第 1 期，第 40—44 页。

府掌握着省域范围内"社会资源配置"（上述各种资源在各种不同的使用方向之间的分配）的基本权力。只有选择合理的、高效的社会资源配置方式，才能使有限资源的开发利用达到最佳效果，从而达到各种资源在各种不同的使用方向之间的公平合理分配。社会资源和社会机会更加公平合理地配置和分配，是实现社会公平正义的重要手段。第三，完善公民社会自治。中国的公民社会自治主要指的是村民自治和城市居民自治。虽然完善社会自治的基本法律法规不是省级政府的职权范围，但对于健全基层群众自治机制、扩大基层群众自治范围、增强社会自治功能、实现政府行政管理与基层群众自治的有效衔接和良性互动负有直接的责任，并且有着广阔的实践创新空间。

第三章

省级治理体系及其现代化

我国是单一制的中央集权型国家，中央政府拥有最高行政管理权，省级地方政府的权限由中央直接授予，中央对地方的治理强调普遍性和统一性；而我国又是一个民族众多、幅员辽阔的国家，在各省政治经济文化发展极不平衡的现状下，中央又尊重和鼓励地方实行符合省域特殊性的治理模式，从而充分调动地方治理的积极性。因而，省级治理体系及其现代化须在央地关系的宏观治理结构下予以论述。如何既要衔接好国家治理的宏观布局，又要成功过渡到地方治理的微观操作，是省级治理体系及其现代化需要回答的重大问题。

一 省级治理体系的概念和内涵

1. 省级治理体系的概念

作为国家治理体系的下位概念，省级治理体系是党领导下在省域内管理省域事务的制度体系，包括经济、政治、文化、社会和党建等各领域体制机制、法律法规，它们共同构成一个紧密相连、相互协调的制度体系。省级治理体系的结构质量直接影响省级治理能力的实现，因而，构建科学、完整的省级治理体系是提高省级治理能力的基础和前提。省级政府处于中央与地方（市县地方政府）的治理结构的接点上，受中央政府委托和授权管理省域地方事务，督促一线政府部门人员积极完成各项政策、实现国家治理的目标，发挥组织、协调、监督功能，可见，省级治理既强调全国统一性，又强调地方特殊性。因而，在全国统一性之下强调特殊性、实践性和灵活性是省级治理体系的突出特点。

2. 省级治理体系的内涵

省级治理体系是由地方党政组织体系、市场经济体系、社会自治体系等各类政治、经济、社会、文化治理体系所构成的有机体，包括政府治理、市场治理、社会治理等一系列体制机制，因而，建设与完善省级治理体系应立足"政府—市场—社会"的三维结构，形成以公共权力为核心、各种治理主体分工协作的治理体系，推动省级治理体系和治理能力现代化。

（1）省域政府治理体系

地方政府在省级治理体系中发挥着重要的引导作用：首先，政府是社会治理规则的主导者和制定者；其次，政府是产权的界定和保护者，承担着使产权交易规范化、法制化的责任；再次，政府是社会秩序的维护者，以强制力为后盾促使社会形成稳定有序的治理结构；最后，政府是不同利益集团关系的协调者，避免各利益集团的过度冲突损害国家治理体系。需要说明的是，由于独特的近代革命史，中国共产党是执政党，各级政府接受同级党组织的领导，党组织人员和政府人员交叉任职，从这种独特的政治属性可知，党组织是省域政府治理体系的重要组成部分。

（2）省域市场治理体系

市场经济体系在资源配置中发挥着决定性作用，作为曾经实行计划经济的国家，中国及各省政府必须不断完善社会主义市场经济体制。在省域市场治理体系建构中，省府需要全面深化经济体制改革，处理好政府和市场的关系，坚持和完善基本经济制度，加快完善现代市场体系、宏观调控体系、开放型经济体系，推动经济更有效率、更加公平、更可持续发展，建设自由平等、竞争有序、诚实信用的省域市场治理结构。

（3）省域社会治理体系

社会治理可以弥补政府失效和市场失灵的空隙。省域政府应当在治理体系建设中围绕保障和改善民生、促进社会公平正义，培育社会组织力量，激发社会组织活力，引导公民有序参与，加快形成科学有效的社会治理体制；还应大力推进基本公共服务均等化，提高社会自治水平，构建和谐有序的省域地方社会治理体系。

省级治理体系是一个政府、市场、社会三元互动的制度体系，因而在构建省级治理体系时应超越孤立的市场治理、政府治理或社会治理体系，宏观地将政府、市场、社会有机结合起来，在政府、市场与社会之上实施综合、系统、协调性治理，建立适应地区经济与社会发展的多元治理形态，打造有作为的政府、有效率的市场和有秩序的社会。

二 省级治理体系的基本内容

1. 省级治理的主体

省级治理是多元主体参与下的共同治理，该结构具有开放性、包容性、公共性和灵活性等特征。执政党和政府以及众多的第三部门、市场企业组织和公民个人都是省级治理的重要主体，在各领域发挥着不可或缺的独特作用。

（1）党组织

前文已述，基于特殊的革命史历程和现实需要，中国共产党是执政党，在治理结构中居于核心和领导地位。推进国家治理体系和治理能力现代化，核心目标在于完善党的执政方式、提升党的执政水平、巩固党的执政地位。在构建治理体系中，必须将党的制度建设摆在关键位置，不断加强党的组织制度、领导制度、监督制度以及民主集中制建设，充分发挥党在治理体系中总揽全局、协调各方的领导核心作用。

（2）政府组织

政府是国家政策的执行者，政府的行政效力是国家治理能力的重要体现。我国政府在经济社会历史发展中长期居于主导地位，有着包揽一切的习惯。大政府或"全能型政府"在社会结构较为单一的情况下是有效的，而今中国社会经过多年转型已变得极为复杂，政府无法包办也无需包办所有社会事务。因而，政府需要进一步简政放权，强化市场和社会组织的作用，让渡部分治理权威和治理资源，提升自身的整体治理能力。

（3）市场和社会组织

市场组织和社会组织是现代市民社会的中坚力量，是省级治理的最为重要的非官方参与主体。市场企业组织或工商界各类联合会，在员工管理、社会管理、社会责任以及公共政策领域的作用举足轻重；各类以利益、兴趣、志业为基础的社会组织如业主委员会、城市管理志愿者、NGO 组织等，在社会事业发展、社会良性运转及政府政策制定中扮演着不可或缺的角色。积极培育市场和社会组织，分担国家治理任务，填补政府失灵，对省级治理体系的完善具有重要意义。

（4）公民个体

现代社会是一个民权社会，中国公民权利意识随着改革开放的到来获得质的飞跃，社会中的积极分子通过官方渠道逐步进入省级治理体系中来，例如各省市政府的"布衣参事"、高校学者、科技精英或者普通公民来访来信。公民参与意识的崛起标志着省级治理上了一个新台阶，省域政府应着重探讨如何保障公民的参与权利，建立畅通的公民参与和反馈机制。

在党政组织的领导和统筹下，积极培育市场和社会组织，支持和鼓励公民参与省级治理，从而形成一主多元的治理格局，形成牢固的省级治理体系。

2. 省级治理体系的组成要素

省级治理体系是由地方党政组织体系、市场经济体系、社会文化体系及将上述体系制度化的法律制度体系所构成的有机体，其中党政组织体系由各级党委、政府构成，在各区域内发挥着主导性治理功能，统摄、规范各级或跨区域的市场经济组织和社会文化组织；省级治理体系和治理能力现代化的主要体现在于其制度化社会民意和执行制度的能力上，因而，法律制度体系是省级治理体系不可或缺的一环。

（1）党政组织体系

共产党是中国的执政党，代表全国各族人民执掌政府机构，并创设了人民代表大会制度、政治协商制度充分汲取民意，团结一切可以团结的力量建设国家。在复兴中华民族的伟大进程中，党的领导地位绝不能动摇，这是由中国的革命建国史、和现实发展所决定的。党的十八大三中全会决定，在党的领导下，各级政府组织继续简政放权、加快职能转变步伐，赋予市场、社会和公民组织更大的自主权。党政组织是省级治理体系的组织基础，在省级治理体系中的主导性、基础性地位不容置疑。党政组织在省级治理中须要妥善处理两个关系，即党与法的关系，中央与地方的关系。

宪法序言在党与法的关系上做了如下三点明确：第一，承认并肯定中国共产党领导中国人民在新民主主义革命中取得胜利并建立人民共和国的历史地位，这种承认和肯定不仅仅是对政治现实的记载，而且是一种政治统治正当性的赋予；第二，承认并肯定中国社会主义建设的巨大成就是在中国共产党的领导下完成的，党的政治领导地位因它所取得巨大成就而巩固了其正当性；第三，明确了中国人民在中国共产党领导下的政治使命，即把我国建设成一个富强、民主、文明的社会主义国家。这意味着中国共产党的政治基础不是某种阶层或者团体的特殊利益，而是整个国家和民族的利益；不是眼前利益，而是长远利益；不是在市民社会意义上的财产利益，而是在宗教意义上的伦理和政治使命。正是这种政治使命，使得国家超越于利益集团，具有了独立的意志和尊严。

央地关系是省级治理体系中最核心的内容之一，因为它直接涉及国家的统一与分裂问题。无论单一制国家，还是联邦制国家，都会尽力加强中央权威，他们要么在政府运行的功能上削弱地方政府的独立，使得地方政府离开中央政府在政府功能上无法自行运作；要么强化中央对地方的控制能力，使自身成为全国人民的代表，从而在政治权威上高于代表各地方人民的政府。省府应当充分发挥组织、协调功能，既保证国家政策目标的完成，又照顾到地方的特殊性，妥善处理党法关系、央地关系。

（2）市场经济体系

改革开放以来，政府与市场之间的关系经历了一个渐进的转换过程，逐渐从"计划经济为主，市场调节为辅"过渡到"国家调节市场，市场引导企业"，继而为"使市场在社会主义国家宏观调控下对资源配置起基础性作用"，再到党的十八届三中全会提出的"使市场在资源配置中起决定性作用和更好发挥政府作用"。政府与市场关系的几次重大变化反映了我国经济治理模式的转换轨迹，"让市场在资源配置中发挥决定性作用"的决定为正确处理政府与市场关系、实现经济治理现代化指明了方向。

市场经济与生俱来的失灵效应要求政府积极介入经济治理，而市场经济体系自我的内在完整性、修复性和自主性又要求政府较少干预经济运行，因而，灵活而恰当的政府行为是对市场经济有效治理的重要途径。基于东亚国家尤其是日本在"二战"后创造的经济奇迹，查默斯·约翰逊提出了"发展型国家"或"发展型政府"（developmental state）理论①，这一理论强调了政府在经济发展过程中的主导作用，认为以经济发展为优先目标的政府对经济的干预可以避免资源错配、激励不足等市场失灵问题。中国是一个发展中国家，保证就业率和 GDP 稳步增长是各省政府的头等大事，也是中央调控地方、激励地方的有效手段②。当前政府往往通过政策制定、财政支持、区域扶持、货币调控等行为参与市场经济。

省是一个具有相当能量的经济体，这赋予省府足够的机会和空间去发展经济。完善市场经济治理体系，从省府的视角看需要作出以下努力：首先是改善宏观调控手段，应当充分运用市场调节机制、信贷金融政策和现代信息技术，灵活调控市场，避免运用一刀切的惯性思维；其次是区域协调发展，省域内不同市县的资源禀赋、交通区位、市场发育都不尽相同，协调区域发展、科学分布经济资源才能充分发挥省域经济结构的优越性；再次是调整和优化产业结构，各级政府在地方支柱产业、主导产业和新兴产业的选择上

---

① 查默斯·约翰逊：《通产省与日本奇迹：产业政策的成长（1925—1975）》，金毅等译，吉林出版集团有限责任公司 2010 年版。

② 周黎安：《转型中的地方政府》，上海人民出版社 2008 年版，第 88 页。

必须发挥重要作用；最后是鼓励高新技术产业。不可回避的是，省域经济体系仍面临着市场地方主义壁垒、市场规则混乱、市场监管体系不健全等弊端，需要"着力解决市场体系不完善、政府干预过多和监管不到位问题"。

需要指出的是，经李克强总理签批，国务院已于2015年4月批复同意《长江中游城市群发展规划》（以下简称《规划》）。这是贯彻落实长江经济带重大国家战略的重要举措，也是《国家新型城镇化规划（2014—2020年）》出台后国家批复的第一个跨区域城市群规划，对于加快中部地区全面崛起、探索新型城镇化道路、促进区域一体化发展具有重大意义。武汉是长江经济带三大跨区域城市群支撑之一，也是实施促进中部地区崛起战略、全方位深化改革开放和推进新型城镇化的重点区域，湖北省应以此为契机，大力发展基础设施工程，打造特色经济带，建立良好的省府合作关系，为经济发展创造良好环境。

（3）社会治理体系

无论是之前提出的创新社会管理模式，还是当下时兴的社会治理，都不可回避对当前中国社会性质的讨论与判断。中国社会仍处于从传统向现代的剧烈转型中，社会组织、社会文化和社会共识处于断裂重组时期。省府要实现经济发展中的社会稳定，就必须对当下社会组织与社会文化有个清醒的判断和把握。

工业化机器大生产深刻地改变、重组了传统社会，古典社会学家对转型时期的城市社会性质有诸多论述。马克思从资本生产所有者的关系，论述了当代资本主义生产体系的逻辑及其危机，他指出城市社会是一个阶级对抗的社会。涂尔干则关注了转型时期社会道德的分裂与沉沦，他呼吁"职业伦理与公民道德"的重构[1]。韦伯是古典社会学大师中唯一一个专门论述城市的学者，在《非正当性支配：城市社会学》[2] 中，韦伯论述了城市支配关系的历史变革，

---

① ［法］迪尔凯姆·涂尔干：《职业伦理与公民道德》，渠东译，上海人民出版社2006年版。

② ［德］马克斯·韦伯：《非正当性的支配：城市类型学》，康乐、简惠美译，广西师范大学出版社2005年版。

从传统的封建制度到中世纪的神权支配体系，再到近代的法理社会，城市文化经历了从身份到契约的转型①，法律的治理是现代城市社会的标志。韦伯特别强调行会、社团等社会组织的兴起对于现代城市公民社会的重要意义，他同时指出印度和中国的种姓、家族制度严重阻碍了现代公民社会的兴起。②

当今中国正处于快速城市化进程中，城市社会是由巨大的地理空间和众多的人员组成，个体日常接触到的都是陌生人，行为处事的准则除了道德自律外就是法律，村庄和家族规范早已不再适用。中国社会是一个个体化的、碎裂的社会，在社会共识上，除了传统的道德共识外很难说有其他共识，法治还未成为城市社会的治理规则。而在树木掩映之下的农村社会也在发生剧烈的变化，大量农民工进城，留守老人、留守儿童问题突出，政府和资本联合推动下的资本下乡圈地运动正在威胁着原本健康有序的城乡二元结构。

社会结构的变迁同样导致依附于其上的文化的变迁，而今中国社会思想文化的混乱已到了无可复加的程度，拜金主义、物质主义、享乐主义、消费主义思潮横行，传统孝道仁义沦陷，现代公共精神缺失，亟需政府介入文化治理，其中最为重要的是建构新的文化认同。文化认同是指人们在一个（民族/国家）共同体中长期生活所形成的对本民族/国家基本价值的体认，它是民族共同体生命延续的精神基础。在当今经济全球化的时代，作为民族认同和国家认同的重要基础的文化认同、价值认同不仅没有失去意义，而且成为综合国力竞争中最重要的"软实力"。

有鉴于此，政府需要有效介入公共文化事务治理，优化文化制度（体制机制）安排，塑造公民精神、构建现代社会，具体举措如下：首先，推动公共文化政策中的公民参与；其次，积极培育非营利社会文化组织；再次，以政府组织为基础，多开展雅俗共赏的文化活动，创造公共精神空间；又次，依托高校文化资源，积极扶持文化研究机构，提升省域文化品位；最后，提炼地方文化特征，凝

①　[英]梅因：《古代法》，高敏译，中国社会科学出版社2009年版。
②　[德]马克斯·韦伯：《非正当性的支配：城市类型学》，康乐、简惠美译，广西师范大学出版社2005年版，第45、101页。

聚省域精神口号。希望通过对文化的治理，最后形成基于文化的治理，将社会规则、社会精神内化到文化风尚之中，达致"中和位育"之社会氛围。

(4) 法律制度体系

党的十八大四中全会提出"依法治国"全面推进法治国家建设的目标，对于省级治理中的制度建设具有重要指导意义。省级法律制度体系主要发挥三重功能，第一将国家法律落实到省域范围，协调央地关系；第二将省域特殊性经验、问题和政策通过法律的形式表现出来，进而将地方特殊性转化为地方治理的统一性；第三将社会抗议和民间诉求制度化，回应社会转型期的突发问题，进而促进省级治理体系制度化、规范化、法治化。

省级制度体系是在国家制度体系下，以《宪法》、《立法法》赋予的地方立法权为基础，结合地方特殊性需求发展而成。我国地方立法的依据主要来自三方面：①宪法赋予地方立法权，地方立法不得与宪法相抵触；②《中华人民共和国地方各级人民代表大会和地方各级人民政府组织法》、《民族区域自治法》、《立法法》赋予地方的立法权，且地方立法不得与此类法律相冲突；③委托和授权也是地方立法权的一项来源，地方立法不得与授权权限、内容和目的相违背。

根据《立法法》相关规定，特以下图描述国家制度体系与省级制度体系之间的位阶关系：

根据《立法法》第七十二条，省、自治区、直辖市的人民代表大会及其常务委员会根据本行政区域的具体情况和实际需要，在不同宪法、法律、行政法规相抵触的前提下，可以制定地方性法规。省级制度体系的组成部分处于国家制度体系之下，从效力等级和适用范围而言，均为国家制度体系——宪法、法律、行政法规的下位法，因此，省级地方法规、省级政府规章的制定、实施、修改，均不得与国家制度体系相抵触。但是，随着地方社会、经济生活的发展，地方立法权在行使的过程中，难免发生与国家立法权相抵触的情形，导致行政管理、公共服务、司法体制运转的困境。理顺省级制度体系与国家制度体系的功能、内容分殊，是省级制度体系建设中的一个重要问题。

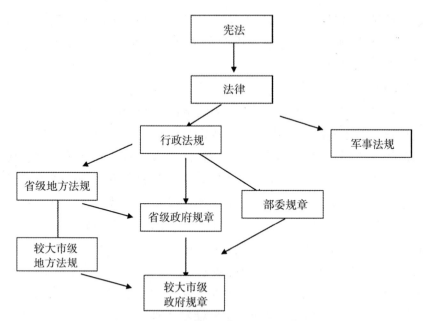

图 3—1 国家制度体系与省级制度体系的位阶关系

1956 年毛泽东发表的《论十大关系》，在处理中央地方关系上提出发挥"两个积极性"的思想，即"应当在巩固中央统一领导的前提下，扩大一点地方的权力，给地方更多的独立性，让地方办更多的事情。这对我们建设强大的社会主义国家比较有利。我们的国家这样大，人口这样多，情况这样复杂，有中央和地方两个积极性，比只有一个积极性好得多。"① 毛泽东特别强调："中央要注意发挥省市的积极性，省市也要注意发挥地、县、区、乡的积极性，都不能够框得太死……总之，可以和应当统一的，必须统一，不可以和不应当统一的，不能强求统一。正当的独立性，正当的权利，省、市、地、县、区、乡都应当有，都应当争。"② 中央和地方，省市和省市之间的关系要按照"商量办事"的原则处理。"商量办事"、发挥"两个积极性"的政治智慧为省级法律制度体系建设提

---

① 毛泽东：《论"十大关系"》，《毛泽东文集》，第七卷，人民出版社 1999 年版，第 31 页。
② 同上。

供了思路，在原则性问题上毫无疑义的与中央保持一致，在中央允许的情况下可以先行先试，为全国性法律和制度体系探路。

三 省级治理体系现代化

省级治理体系现代化的本质是通过优化治理结构增强结构活力，为地方政治、经济、文化事业提供良好的发展环境，市场经济体系与社会文化体系的现代化在上节已述，本节主要探讨省府公共组织治理的现代化，具体有以下三部分：党政组织公权力运行的现代化（监督机制）、省府制度建设的现代化（制度化能力）和省府制度执行的现代化（制度执行力）。

1. 公权力运行的现代化

省级治理的效果很大程度上取决于公权力运行的状况，而无限制公权力的运行必然会侵犯社会、损害自身权威，因而，加强对公权力运行的监督是深化政治体制改革、发展社会主义民主政治的客观需要[1]，接下来笔者将论述当下已有的监督体系并提出优化监督机制的建议。

（1）八项监督制度

第一，党内监督。特指中国共产党的党内监督，重点监督的内容有：遵守党的章程纪律，贯彻执行党的路线方针政策和上级党组织决议、决定及工作部署的情况；遵守宪法、法律，坚持依法执政的情况；贯彻执行民主集中制的情况；在干部选拔任用工作中执行党和国家有关规定的情况。

第二，人大监督。指各级人民代表大会及其常务委员会代表人民对其他国家机关进行的监督，其监督范围有：宪法、法律和法规的实施情况；行政法规、规章、决定和命令的实施情况；国民经济、社会发展计划、财政预算的编制和执行情况；各级政府组成人

---

① 王珉：《健全权力运行制约和监督机制》，《求是》2009年第21期。

员的重要人事任命情况。

第三，政协监督。作为我国监督体系中的一个重要部分，政协民主监督的主要功能是通过提出建议和批评协助党和国家机关改进工作，提高工作效率，克服官僚主义。

第四，行政监督。指行政机关内部上下级之间以及专设的行政监察机关对行政机关及其公务人员以及国家行政机关任命的其他人员的监督，主要对国家行政机关及其国家公务员在执行公务和履行职责时的失范行为和失效行为进行监督。

第五，司法监督。指由司法机关对行政主体作出的管理行为实施的监督，在整个监督体系中与其他监督制度相互作用。

第六，审计监督。指审计机关对行政机关职权行为涉及的财政财务收支活动进行审查核算的行为，其职责主要为：对本级政府各部门和下级政府预算的执行情况和决算，以及预算外资金的管理和使用情况进行审计监督；对政府部门管理的和社会团体受政府委托管理的社会保障基金、社会捐赠基金以及其他有关资金、财政后置进行审计监督。

第七，社会监督。指社会团体组织和公民个人以批评、建议、检举、申诉、控告等方式对各种官方权力主体进行的一种自下而上的监督，主要包括公民监督、社会团体监督以及舆论监督。

第八，舆论监督。指个人或组织通过大众传媒或其他舆论形式，对党政机关及其工作人员、社团和社会生活中的不良现象提出批评和建议，促使其向好的方向转化的监督活动。

（2）行政问责制度

行政问责制度，是指上级或同级行政机关对行政机关工作人员进行责任追究的制度，行政问责制度有惩罚和教育、安抚和补救、警示和预防三项功能。要对行政人员进行合法的规制、评价和有效的激励与责任追究，应当从以下两方面入手：第一，科学划分职责权限，应以行政职能的充分、高效实现为出发点，科学分配问责权力；第二，问责精准化有效"治庸问责"，将问责精准到具体问题的监控，从而保证公共权力的规则运行，促进政府与公民的良性互动，选优任贤，优化干部队伍。

（3）监督机制常态化

克服"运动型"治理，构建常态化监督机制，有效和持久规范公权力运行应从以下三方面做出努力。第一，监督机制常态化的载体是治理主体多样化。在党委、政府等公共组织之外，政府应当积极引导和鼓励市场组织、社会组织、公民个人和媒体，加强对公务员和公共权力组织运行的监督，实现政府与社会的良性互动；第二，监督机制常态化的生命在于标准化治理。标准化监督体系建设是提高常态治理的重要环节，通过构建监督标准体系，促进监督工作科学化、标准化、规范化；第三，监督机制常态化的保障在于长效化治理。对权力运行的监督必须长效化，将之纳入省级政府机关的日常工作流程中，纳入地方政府绩效考核体系中，还要善于总结经验，做到务实管用，为解决新问题提供指导。

2. 省级制度体系建设的现代化

省级治理必须坚持法治先行，发挥法律的引领、规范作用，建立完备的法律制度体系。制度化社会问题、抗议、诉求的能力已成为衡量和评价省级治理体系现代化的重要标准。而完备的省级制度规范体系应符合统一性、整体性、协调性、适应性、精细化五个方面的标准。

（1）省级制度体系应理顺与国家制度体系的位阶关系

在省级治理体系的建构过程中，必须注意结构与内容的优先或保留，并兼顾地方的特殊需求。因此，省级治理体系中制度建构是地方立法权的具体实现，必须遵照中央制度设计与地方制度探索的统一，国家战略与地方需求的统一，确保国家法制统一、发挥地方积极性、实现地方自主权。省级法律规范体系的架构及运行，即省级行政区的地方性法规、政府规章、规范性文件的制定、实施和修改，均不得与国家制度体系相抵触。

（2）省级制度体系应强调地区制度的整体性

系统作为由若干相互作用的要素组合而成的整体，本质属性是整体性。整体性原则是法律规范体系的基本标准。从这一原则出发谋划省级治理体系的现代化，即以一种整体性视角解决好省级法律规范体系与中央、市县制度体系的关系，实现治理环境中各要素（地区和部门）的统一。

（3）省级制度体系性应强调各领域制度之间的协调性

省级地方法规、政府规章在省级法律规范体系中处于最高层次，省级制度体系是治理行为的依据，是各地市州地方法规、政府规章和规范性文件的参照样本，而不同类型法律制度之间、不同区域法律制度之间的协调性很大程度上决定了省级法律规范体系结构优势的发挥。

（4）省级制度体系应具备契合上下级行政环境的适应性

省级制度体系的适应性是国家统一性与地方特殊性的内在需求，是保障国家整体有序发展与地方积极性充分发挥的必然选择。省府应当在国家制度体系之下，根据地方特殊性和地方立法权可以先行先试政策，积极应对特殊的省情，及时总结地方治理创新经验并将之上升为制度。

（5）省级制度体系应强调立法精细化

随着大规模立法时代的结束，由粗放型立法走向精细化立法已成为地方立法的必然路径。省府应当积极探索精细化立法的路径和方法，把立法计划、起草调研、审议修改、立法后评估等各环节做得更深、更细、更实，由综合性、系统性向单行性、专项性转变，力求地方立法精细化。

3. 省级法制（政策）执行的现代化

福山[1]指出政府能力就是政府"制定并实施政策和执法的能力，特别是干净透明的执法能力"，由此可见，省级治理体系现代化的核心问题是建立透明高效的执法体系，这需要以下条件。

（1）科学立法是基础

地方立法应遵循基本立法原理、立法规律，建立常态立法工作机制。首先是立法过程科学化，它要求：在立法前，要制定科学合

---

① ［美］弗朗西斯·福山：《国家构建——21世纪的国家治理与世界秩序》，黄胜强、许铭原译，中国社会科学出版社2007年版，第1、7页。

理的立法规划，建立立法项目论证、立法成本效益分析、社会风险评估和实施后评估机制等；在立法起草阶段，应当强化人大及其常委会在立法中的主导作用，扩大人大牵头组织起草法规草案范围，建立社会各界参与立法的机制，防止地方保护和部门利益法制化；在立法审议阶段，应当规范审议流程和机制，提高审议质量；在立法公布阶段，充分利用政府公报、政府网站、新闻发布会及报刊、广播、电视等途径向社会公开、宣传。

其次是地方立法内容科学化，它要求：及时创设与上位法配套的执行性法律，同时推进体现地方特色的创制性立法；紧紧围绕省委、省政府确定的治理战略，加强经济治理方式转变、保障民生和发展社会事业等重点领域的立法；同时还要实现立法权上的三大转变，即从侧重经济立法转向经济和社会立法并重①，从侧重实体立法转向实体和程序立法并重，从管制型立法转向服务型立法。

（2）严格依法行政是关键

省级制度体系的有效实施是省府治理能力的重要体现，核心在于建设法治政府、推动依法行政。

首先，省府应当坚持行政程序的法定性。推行政府权力清单制度，依法界定和规范经济调节、市场监管、社会管理和公共服务的职能，同时将行政权力纳入制度化、规范化、程序化的轨道；减少行政执法层次，适当下移执法重心。

其次，省府应当坚持文明规范执法。健全监督约束机制，狠抓执法纪律和职业道德教育，全面提高执法人员素质，提高运用法治思维和法治方式解决执法中突出矛盾和问题的能力；针对行政许可、行政处罚、行政强制、行政征收、行政收费、行政检查等执法行为，制定具体执法细则、裁量基准和操作流程，切实做到步骤清楚、要求具体、期限明确、程序公正，提高行政执法效率；积极推行行政指导、行政合同、行政调解、行政奖励等一系列颇具灵活性的新型行政行为；

---

① 张斌：《地方立法科学化的三大要求》，《成都日报》2014 年 2 月 25 日第 01—02 版。

再次，继续推进地方政务公开化，逐步实现政务信息公开的科学化、规范化和常态化，落实《中共中央关于全面推进依法治国若干重大问题的决定》关于坚持以公开为常态、不公开为例外原则的要求。

（3）公正司法是生命线

公正是法治的生命线，也是政府行政的生命线，为了更好维护社会公正，充分发挥司法对社会公正的引领作用，有必要建立公正高效权威的司法体系。当前司法体制改革的目标，是实现国家对司法机关的全面统筹管理，司法机关的省级统管是实现全国统管的初步尝试，因而具有过渡性、基础性和探索性①，因而需要在以下两个问题上有所作为：

第一，确保人民法院、人民检察院依法独立行使审判权、检察权。中央在《全面深化改革的若干重大问题的决定》指出，要确保审判机关、检察机关依法独立公正行使审判权、检察权，此要求具有两项内容：一是推动省以下地方法院、检察院人财物统一管理，在人事、财政、业务三方面直接对省委省政府负责；二是探索与行政区划适当分离的司法管辖制度。全力贯彻《关于开展行政案件相对集中管辖试点工作的通知》的政策精神，在部分中级人民法院辖区内开展行政案件相对集中管辖试点工作，依据相关法律规定和司法解释，通过提级管辖和指定管辖公正审理跨行政区划的民商事案件和环境保护案件，改变目前司法权过度依赖行政权的现状，避免地方主义对司法的干扰。

第二，坚持司法为民，增强司法机关的公信力。为此需要妥善解决群众合理合法诉求，保障人民群众参与司法调解、司法听证、涉诉信访的权利，加大司法救助力度，解决人民群众反映强烈的"门难进、脸难看、事难办"和"立案难、诉讼难、执行难"等问题。同时，自觉接受人民群众的批评和监督，不断满足人民群众日益增长的司法需求；拓宽人民群众有序参与司法的渠道，通过审判流程公开、裁判文书上网、执行信息公开三大平台，并用电视、报

---

① 谢鹏程：《司法省级统管改革路径》，《人民检察》2014 年 08 期。

刊、网站、微博、微信、新闻客户端等全媒体，加大司法公开力度、促进社会公平。

四　省级治理体系的优化方案

1. 健全风险评估机制促进省府决策科学化

（1）重大行政决策风险评估机制的提出

行政决策不仅包含政府的方针、政策等具有普遍约束力的决定，还包括行政机关在行政管理过程中针对特定对象、问题或事件所作出的重要决定①。行政主体在决策过程中，难免需要在不同的行为模式、行为过程、行为结果之间进行权衡，以期达到最符合行政目的的最优选择。由于这一过程中依赖于决策者的主观认识能力，因此其结果具有不确定性，进而导致重大行政决策的实施能否达到预期目的存在风险，风险评估由此产生。

重大行政决策风险评估机制，是指在重大行政决策制定和执行过程中，行政决策机关按照法定职权和程序进行组织，由包括行政咨询论证系统和社会公民在内的社会主体广泛参与，运用科学的评估方法，对该重大行政决策可能产生的后果、可能面临的危险，以及存在的缺陷、对社会、经济和环境带来的影响、引发风险的可能性等方面，进行综合评价和估量，为重大行政决策在执行、调整直至停止这一完全生命周期中的每一步骤的行为，提供科学、客观的决策依据。

国务院于 2010 年 10 月发布的《关于加强法治政府建设的意见》提出重大行政决策的制定应以公民参与、专家论证、风险评估、合法性审查以及集体讨论为必经程序，所有重大行政决策必须经过风险评估以实现效果可控、风险可控，进而确保重大行政决策的行政效益和社会效用。在省级治理体系的建设过程中，应重视重

---

① 杨海坤，李兵：《建立健全科学民主行政决策的法律机制》，载《行政管理体制改革的法律问题——中国法学会行政法"学研究会 2006 年年会论文集》，中国政法大学出版社 2006 年版，第 145 页。

大行政决策风险评估制度的建设，以形成决策分析、风险控制、效益保证机制，提升省级治理体系和治理能力的水平。

（2）省级行政决策风险评估机制的现状

第一，制度建设层面的缺失。我国目前关于重大行政决策风险评估的制度建设或立法，无论在中央层面还是在省市县等地方层面都较为欠缺，至今无专门的法律、法规对重大行政决策风险评估制度的具体内容予以规范。省府应当充分认识到重大行政决策风险评估制度在省级治理中的功能与价值，这不仅可以弥补国家治理体系对地方治理问题重视的不足，也能结合本地实际情况完善省级治理体系，用制度来确保省级治理主体与客体之间的良性互动。第二，评估主体单一。虽然重大行政决策风险评估的主体在各地政府的提倡中呈现出多元化发展趋势，但在实践操作中，仍表现出行政机关过于强势，其他社会主体参与评估的充分性、有效性无法保障等问题。第三，专家论证沦为形式。现阶段，专家论证和专业机构测评尚未充分发挥应有的作用，其对决策评估的参与通常表现为形式性的、点缀性的作用，实质影响极为有限。在省级重大行政决策风险评估制度的建设中，应在制度上落实专家的选拔方式、参与方式，并明确专家参与过程中的权利、义务和论证效力，将专家论证从软性、形式化的制度变为硬性、实质化的制度。

（3）尽快建立健全省级行政决策风险评估机制

鉴于当前制度空白的现状，省府应当尽快建立健全省级行政决策风险评估机制，这应包含以下四个方面的内容。第一，评估主体。指依照法律规定对重大行政决策产生的风险进行评估的人员。查考从中央到地方的相关文件，均将重大行政决策风险评估作为决策机关的法定职责。除省级治理主体中的决策主体外，还应鼓励社会公民、专家广泛参与，汲取民智民意完善省级重大行政决策。第二，评估范围。《国务院关于加强法治政府建设的意见》在原则上确定了重大行政决策风险评估的范围，即只要是关于经济发展和人民群众切身利益的重要项目、重大行政决策以及大额度资金的使用等决策事项都应当进行风险评估。

第三，评估内容。《国务院关于加强法治政府建设的意见》强调，对重大行政决策要在合法性、合理性、可行性以及可控性四个方面予以评估。1. 合法性评估。对重大行政决策合法性的评估侧重在两方面，即重大行政决策的程序合法和重大行政决策的内容合法。2. 合理性评估。它要求评估主体在合法的前提下，依照具体情况，分析重大行政决策是否与科学发展观的要求相吻合、相适应，是否符合本地区的规划目标，是否与社会稳定性、地区平衡性以及发展持续性等问题相协调，是否参考了利益相关人的意见和建议并兼顾了各方利益等。3. 可行性评估。它要求评估主体分析重大行政决策的制定是否经过可行性论证研究，是否符合地方实际，是否符合当地的经济发展水平，实施决策的物资、资金保障是否已到位，是否在群众可接受程度范围内等。4. 可控性评估。它要求评估主体应分析决策是否会对社会治安造成影响，是否会引发重大安全隐患，是否有利于环境保护与资源节约，是否制定了与风险配套的防范与矛盾化解措施，以及该措施的制定是否严格、周密，是否制定了应急处置预案等。

第四，评估方法。应通过多元参与的方式建构评估机制，以实现决策过程的科学性、客观性。《国务院关于加强法治政府建设的意见》明确规定，通过民意调查、舆情跟踪、会商分析、召开听证会等形式，对重大行政决策可能引发的风险进行预测分析和研究判断，以此测定风险级别，并制定对应的应急处理措施。省府应进一步鼓励多元主体参与评估，充分发挥纠错功能，具体方式如下：首先，民意调查，通过随机抽取代表，并就重大行政决策的风险问题对之进行常规性调查，或者召集代表就重大行政决策风险的问题进行观点陈述；其次，召开听证会，听证会制度为社会公民提供了参与风险评估的机会，有利于维护公民的个人权益，同时能够预防行政独裁、协调不同利益群体之间的冲突、实现公共利益最大化；最后，专家论证会，以重大行政决策的科学性、必要性与可行性为内容，召集相关领域的专家予以研究论证。

2. 建立法治保障体系加强地方制度供给

法治是省级治理体系现代化的基础，是省域治理的合法性保障，是地方特殊性治理的有序表达。建立法治保障体系，加强地方制度供给是省域持久发展的必由之路。

（1）加强全省法治工作主体建设

推进省级治理体系现代化，需要一个有力的法治保障体系，必须造就更加优秀的现代化法治工作主体，推进法治专门主体正规化、专业化、职业化，提高从业者素养和专业水平。

第一，加强立法主体建设，推进立法工作主体的正规化、专业化、职业化；编制立法人才主体建设规划，坚持高层次人才引进和基层人才培养两手抓，建立法律后备人才库；对立法工作人员特别是重要岗位做到提前规划、及时引进、重点培养。

第二，加强行政执法主体建设，推进行政执法主体的正规化、专业化、职业化。深化公务员分类管理改革和公安专业化改革，加大职位细分力度，结合各部门职能特点和管理需要划分职组职系；加强对新入职执法人员的试用期管理，尽早出台新招聘人员试用期管理办法；强化考核力度，深化分类考核，强化绩效考核，强化考核结果在执法人员职务晋升中的作用；对任职时间较长的执法人员有计划、有重点、有步骤地进行跨地区、跨部门轮岗交流。

第三，加强司法主体建设，推进司法主体的正规化、专业化、职业化。深化和推进法院工作人员分类管理和法官职业化改革，推进检察机关工作人员分类管理和检察官职业化改革；完善司法辅助人员管理制度，探索将法官助理、检察官助理单列管理的制度；逐步加大对下一级人民法院、人民检察院中优秀法官、检察官的遴选晋升力度；探索建立从政法专业毕业生中招录法院、检察院干部的规范便捷机制。

第四，加强以律师为主的法律服务主体建设，推进律师行业的规范化。科学设置实习人员和执业律师的培训课程；建立公职律师管理体系，扩大公职律师试点范围；探索建立现代法律服务制度和管理体制，加强对律师业的扶持力度。

（2）借鉴他省经验，探索"法治湖北"道路

1979年，当习仲勋等同志向邓小平等中央领导汇报工作并提出建设特区时，邓小平指出："中央没有钱，可以给些政策，你们自

已去搞，杀出一条血路来"。① 1992 年"南方谈话"之后，全国开始了具有深远意义的制度性放权。近年来，在国家法制统一的大框架下，各省（自治区、直辖市）相继出台了推动地方法治建设的"决定"、"规划"、"纲要"或"意见"，并进行了大量具有鲜明地方特色的实践探索。"法治湖南"、"法治广东"、"法治浙江"等已经成为人们耳熟能详的热门词汇，地方法治作为地方发展战略的重要组成部分正逐渐成为我国法治建设乃至国家建设的重要"试验田"。对于省域法治试验，周尚君②总结了三种类型，其中有程序型法治（湖南），自治型法治（广东）和市场型法治（浙江），下面分别简述之。

程序型法治：湖南实践

2010 年，湖南省委作出"建设'法治湖南'"的决策，"法治湖南"从依法执政、科学立法、依法行政、有效监督等方面形成了地方法治试验体系，其鲜明特色在于两大程序制度的创立。第一，首创党内规范性文件备案审查制度。党的机关的公文（俗称党的"红头文件"）在治国理政的过程中发挥了重要的作用，但对于其内容是否符合宪法和法律、法规，则并未建立起一套可操作的备案审查制度。在相应的备案审查制度建立之前，我国地方上的"红头文件"仍然存在不少乱象，例如，2009 年湖南省石门县委宣传部以公函的形式向国家新闻出版总署等单位发文，称《中国妇女报》湖南记者站的工作人员成某某有违法违纪行为，发文中竟然包括"疯狗"、"瘟神"、"丧家之犬"、"黄鼠狼"等字眼。③ 有鉴于此，在《法治湖南建设纲要》中，湖南省委明确提出建立党内规范性文件的备案审查制度，健全党委文件的制订程序，并要求"对超越权限、同法律法规或者中央的方针政策相抵触的，应当作出处理"。从党的地方省委层面提出对党的"红头文件"进行备案审查，开风气之先。

---

① 转引自丁补之、陈伊玮《习仲勋："杀出一条血路"》，《南方周末》2008 年 12 月 28 日。

② 周尚君：《国家建设视角下的地方法治试验》，《法商研究》2013 年第 1 期。

③ 申欣旺等：《党委红头文件也要审》，《中国新闻周刊》2011 年第 31 期。

第二，为权力行使提供"正当法律程序"。法律程序的主要目的，就是限制程序运行中的恣意现象，达到良好的程序运行效果。湖南省率先确定了规范性文件的自动失效制度，即确定规范性文件的有效期为 5 年，标注"暂行"、"试行"的规范性文件的有效期为 2 年，有效期满的，自动失效。湖南省还通过控制源头、建立规则、完善程序、制定基准、发布案例等多种方式，对行政裁量权进行系统规范，要求全省各级各类行政机关制定裁量基准，到 2011 年 3 月，全省各市、州、省直机关单位完成规范权力运行制度的制定和汇编，公布了"权力清单"。

"自治型法治"：广东实践

在过去 30 多年的发展中，广东省充分发挥了改革开放"窗口"和"试验田"的作用。从 1979 年 7 月中共中央要求广东省"尽快制定一些必要的经济法令、条例和规章制度，除应由中央统一制定颁布的以外，属于地方职权范围内的，广东要抓紧制定并颁布实行"，① 截至目前，广东省的地方性法规总量、法律服务机构数和律师数都居全国前列。"法治广东"的亮点在于：

第一，鼓励和引导基层的民主法治实践。早在 2008 年，广东省《关于认真贯彻〈中共中央关于推进农村改革发展若干重大问题的决定〉进一步加强我省农村基层民主法治建设的通知》，要求各单位围绕依法维护农村金融秩序、促进土地流转、维护农村社会和谐稳定等方面，加强农村基层的民主法治建设。2011 年的《法治广东建设五年规划（2011—2015 年）》规定，健全基层党组织领导的充满活力的城乡基层群众自治机制，实现政府行政与基层群众自治的有效衔接和良性互动。

第二，大力培育社会自治组织。2011 年 7 月，广东省委发布《关于加强社会建设的决定》，其中明确提出"培育壮大社会组织，提升服务社会能力"的任务要求，推进政社分开、管办分离；推行政府向社会组织购买公益服务项目；编制社会组织名录及考核办

---

① 葛洪义主编：《广东法制建设的探索与创新：1978—2008》，华南理工大学出版社 2009 年版，第 27 页。

法，给予资质优良、社会信誉好的社会组织承接公共服务优先权；拓宽依法参政议政渠道，鼓励有条件的市、县政协设立新社会组织界别。近年来，广东省通过各种方式逐渐明确政府和社会组织的各自边界，鼓励把社会组织培育成社会治理的主体；在工商经济类、公益慈善类和社会服务类社会组织中推行"去行政化"和"去垄断化"改革；建立省、市两级社会组织扶持发展孵育基地，制订扶持发展专项计划。

"市场型法治"：浙江实践

2011 年浙江省的国内生产总值达到 32000 亿元人民币，成为全国 4 个省级国内生产总值"3 万亿俱乐部"的成员之一。经济的快速发展对浙江省的社会和谐、稳定提出了更高的要求。2006 年 1 月，《浙江省国民经济和社会发展第十一个五年规划纲要》明确提出建设"法治浙江"的战略任务。与湖南省、广东省相比，浙江省法治建设的特点是：

第一，探索经济发达区域的"先行法治化"。"先行法治化"是浙江省法学界首次倡导的学理概念，这一提法同时也得到地方相关部门的重视和肯定。"先行法治化"是指我国东部地区在其经济和社会"先发"的基础上，在国家法制统一的原则下，率先推进的区域法治化。"先行法治化"试图解决的是法治转型的路径问题，其实质乃是探寻法治建设的初始动力和初始路径而非最终成果。[①] 就当前法治建设动力受限的状况而言，时序化的法治发展模式有利于从实践中探索出一条实现我国法治建设的多元化路径。

第二，积累与市场经济相适应的社会法治经验。改革开放以来，以民营经济为主的浙江省市场经济的发展非常迅速，其民营经济总产值、销售总额、社会消费品零售额、出口创汇额以及全国民营经济 500 强企业户数等 5 项指标多年位居全国第一，并形成以"温州模式"为代表、以市场为取向、以民营经济为主体的浙江模

---

① 孙笑侠、钟瑞庆：《"先发"地区的先行法治化———以浙江省法治发展实践为例》，《学习与探索》2010 年第 1 期。

式。① 为促进市场经济尤其是民营经济的全面可持续发展，浙江省率先制定了《浙江省农民专业合作社条例》、《浙江省村经济合作社组织条例》、《浙江省保护消费者合法权益条例》、《浙江省禁止赌博条例》等创制性的地方性法规，并且创设了生态效益补偿制度、工资支付保证制度、著名品牌保护制度等促进民营经济健康发展、符合浙江省经济发展要求的一系列制度，通过法律手段促进民营经济的持续健康发展，为其提供良好的市场环境，在法治化的进程中进一步提升浙江省的体制优势。②

湖南案例坚持从行政权力切入，为行政权力提供"正当法律程序"；广东案例以"培育壮大社会组织，提升服务社会能力"为己任，降低准入门槛，探索公益慈善类、社会服务类、工商经济类等社会组织直接申请登记制，充分调动民间资源参与社会建设；浙江案例则重视对市场法制的建设培育，很大程度上推进了市场社会的成熟。湖北省应基于自身经济、文化、资源的特殊性，着力建设法治湖北，在中央未做或无力法治化的领域形成建树，以法治促发展。

3. 激发社会活力重塑省府治理模式

治理与管理最根本的区别在于前者强调治理中的社会与公民参与。在实践中公民很容易参与到国家公共政策的讨论中，也容易参与到社区、乡镇街道治理的活动中，但在省府这一"上不上、下不下"的单位治理域中却存在参与力度不足、参与机制不畅等问题。促进省级治理体系现代化，有必要从公民参与的视角出发，激发社会活力重塑省府治理模式。

（1）公民参与的必然性

社会参与指公民在公共事务的决策、管理、执行过程中拥有知情权、监督权等参与性权利，能自由地表达立场、意见和建议，能

---

① 陈柳裕等：《论地方法治的可能性——以"法治浙江"战略为例》，《浙江社会科学》2006年第2期。

② 万斌总编：《浙江蓝皮书：2007年浙江发展报告（法治卷）》，杭州出版社2007年版，第17页。

合法地采取行动维护个人、社会利益。在省级治理体系中，公民参与的必然性缘由如下：

第一，在省级治理体系建设中强调公民参与，是省级治理思想观念革新的必然要求。在省级治理中，须坚持以人为本，加快推进以改善民生为重点的社会建设，完善公共服务体系。省府应提供多元便捷的途径促进公民参与社会治理，使得省级治理的决策、执行更多集中民智民意。

第二，在省级治理体系中强调公民参与，是省域发展市场经济、社会事业的必然要求。市场组织和社会组织是省级治理体系的直接参与主体，它们的有序参与，不但能够给出最直观、具体的评价，还能够促进省域政治、经济、社会政策的完善，推动社会主义市场经济和社会事业的健康发展。

第三，在省级治理体系建设中强调公民参与，是建设社会主义法治国家的必然要求。法治建设必须反映社会需求，只有在省级治理体系中切实保障人民群众对立法、执法、司法运行的知情权、参与权、表达权、监督权，才能有效推进社会主义法治建设。

（2）公民参与机制的优化

当前省域治理中的公民参与，存在民主参与意识水平和层次较低，参与渠道（方式）单一，信息不对称，法律政策不健全，政府不重视等多方面问题，为此必须改进治理方式、加强相关制度建设，才能真正推动省府治理中公民参与的常态化和制度化。

①改进社会治理方式

从强制力主导型治理向现代技术型治理，是省级治理体系现代化的必走路径，为此省府应注重信息管理系统的构建和先进技术手段的应用，以智慧城市为例，该管理系统的充分利用了现代信息技术，是信息化、技术化治理的具体体现。

信息系统是当今政府进行整体性运作、提供公共服务的重要工具，该系统的基本原理就是通过信息技术把政府的各层级、各部分信息有机整合起来，向公民和社会提供充分的信息服务。它有两大优势：一是大量的个人信息与服务可以通过跨部门协同的方式得到及时处理；二是为公共服务主体协同治理提供了便利条件。而今省府面临的具体任务是：打破信息资源的孤岛状态，以社会需求为导向，采用科学方法，实现公共信息资源的充分共享，推进政府信息服务和治理过程系统化、规范化。[1]

②加强公民参与的制度建设

除完善公示制度，落实听证制度，推动社会组织建设外，推动政府服务市场化、社会化更是一条加强公民参与的道路。推动机关事务管理工作的社会化、市场化改革，具体而言有四个方面：第一，分类管理，区分保障型、服务型和公益型工作，向专业化、社会化管理过渡；第二，市场化管理，推进后勤服务商品化、市场化，组建后勤集团走产业化道路或开放机关后勤服务市场引入竞争机制；第三，坚持市场导向、多元并存的机关服务战略，打破垄断格局，发掘后勤服务的经济效益；第四，先分后离，由社区到社会是后勤社会化的主要方向，最终要将机关后勤单位推向市场。

---

[1] 谭海波、蔡立辉：《"碎片化"政府管理模式及其改革——基于"整体型政府"的理论视角》，《学术论坛》2010年第6期，第29—35页。

第四章

省级治理能力及其现代化

省级治理是国家治理的重要组成部分，省级治理的任务和目标是国家治理任务和目标在省市自治区的具体化。除了国防和外交之外，国家治理的各项任务在省级治理中都有体现。因此省级治理能力与国家治理能力在本质上是一致的。本章以国家治理能力为书写的重点。

一　国家治理能力的概念与类型

1. 国家治理能力的概念

国家治理能力主要是指作为主要治理主体的国家改造自身体制、与社会组织和公民相结合共同建构自主性治理网络的能力，它本质上是一种治理主体自我重构的能力；而从国家治理体系能力输出的角度来看，国家治理能力表现为在体制和机制上获得重构的国家治理体系实施公共治理、达成治理目标的能力。前者表现为国家治理体系的一种自我改革再造的能力，后者表现为国家治理体系向具体的治理对象推行其治理意志的能力，这两种层次的能力对致力于达成"善治"的现代国家而言都是必不可少的，国家治理体系自我改革和重构的能力构成了其强化输出能力、实现治理目标的基础和前提。由此，国家治理能力就是国家通过自身制度构建打造强能力结构体系，并据此向社会输出其治理举措、达成治理目标的行动力。打造强能力的国家治理体系是推进国家治理能力建设的基本目标所在。在现代民族国家条件下，为了完成秩序建构和权利保障的重任，"我们接受一个拥有强大的提取、渗透、规制和分配能力的国家——也就是强国家——的正当性"①，但国家自身必须改变，以适应"善治"的要求并有助于履行治理职责。②

2. 国家治理能力的类型

研究国家治理的目的之一就是要提升国家治理能力。所谓国家治理能力，是指国家在管理社会政治、经济、文化事务过程中，为实现国家治理的战略目标，分配社会利益并实现对社会生活的有效控制和调节的能量及其作用的总称。国家治理能力包含了丰富的内容，体现在国家治理的整个过程和各个方面。

对于国家治理能力，不同的机构和学者有不同的分类。世界银行"世界治理指数"将国家治理能力分为六个方面，分别是：公民表达与政府问责、政治稳定与低暴力、政府效能、管制质量、法治以及控制腐败。③ 王绍光教授认为，基础性国家能力是国家治理的基础，并概括出八项基础性国家能力：（1）强制能力；（2）汲取能力；（3）濡化能力；（4）认证能力；（5）规管能力；（6）统领能力；（7）再分配能力；（8）吸纳与整合能力。前三项是近代国家的基本能力，中间四项是现代国家的基本能力，最后一项是民主国家的基本能力。④。

本书认为，上述国家治理能力的划分大都从国家和政府层面进行划分，而没有充分考虑到市场、社会组织和公民的作用，特别是都没有体现出市场作为国家治理的主体作用，所以不够完整。结合国家治理的目标——善治，随着现代化的发展，要确保国家治理的顺利进行，并尽量保证最大多数人的福祉，国家治理能力的类型划

---

① ［美］乔尔·S. 米格代尔：《强社会与弱国家》，张长东、朱海雷等译，江苏人民出版社 2012 年版，第 17 页。

② 魏志勋：《"善治"视野中的国家治理能力及其现代化》，《法学论坛》2014 年 3 月第 2 期。

③ 包刚升：《"国家治理"新思路》，《南风窗》（双周刊）2013 年第 24 期。

④ 石德华：《汇聚各方智慧共议国家治理——"国家治理体系和治理能力建设高峰论坛"综述》，《华中科技大学校报》第 28 卷第 3 期。

分应从国家治理的主体出发,分为政府主体能力、市场主体能力、社会主体能力。各个主体能力结合其治理的对象,又具有不同的子能力:政府的三个基本事务是立法、行政、司法(这里的政府为广义上的政府——国家),所以政府主体能力就包括立法能力、行政能力和司法能力,除此之外,政府的决策是否正确、是否及时对政府治理本身有重要影响,所以政府主体还要具备决策能力。市场最重要的作用就是资源配置,所以市场必须具备资源市场配置能力。市场是由很多个体组成,包括各种社团法人、非法人组织、自然人,有时还包括国家,哪个个体能进入市场,又如何退出,进入后如何在市场中顺利完成交易,合理配置资源?这就要求市场还要具备市场主体优化能力。社会主体包括社会组织和公民个人,这是国家治理主体中不可或缺的角色,特别是公民个人,其力量相对弱小,但治理的结果又涉及其利益本身,所以,公民个人有参与国家治理的必要,即公民个人要具有参与能力;而社会组织则需要行动能力,发挥在政府为主要治理主体之外的一些补充、辅助,甚至监督的作用。

而除却各个国家治理主体的能力之外,国家本身还应具备一些基础能力。对国家的基础性能力,王绍光教授概括了八项,具体如上文。他的这一分类还是比较完整系统地概括了国家的基础性能力的,但划分过细,有些可以整合起来,有些方面则没有提到,应添加进去,如安全能力。综上,结合王绍光教授对基础性国家能力的划分,本书认为国家基础能力应包括:国家统一和安全能力、国家强制和规管能力、资源掌控和配置能力、意识形态的主导能力。国家统一和安全能力即是王绍光教授提出的统领能力,在此基础上应还要具备安全能力;国家强制和规管能力与王教授提出的相同,只是把两者结合起来;资源掌控和配置能力即王教授所提出的再分配能力、吸纳与整合能力的概括;意识形态的主导能力则是汲取能力、濡化能力和认证能力的概括。

如此,本书从国家治理的主体出发,结合国家本身应具备的基础能力,将国家治理能力划分为如下四类:(1)国家基础能力,包括国家统一和安全能力、国家强制和规管能力、资源掌握和配置能力、意识形态的主导能力；（2）政府主体能力，包括决策能力、立法能力、行政能力、司法能力；（3）市场主体能力，包括市场资源配置能力、市场主体优化能力；（4）社会主体能力，包括社会组织行动能力、公民个人参与能力。

二　影响国家治理能力的因素

1. 民主与国家治理能力

（1）民主与司法能力

我国宪法赋予公民依法参与管理国家事务的权利，司法事务是国家事务的重要组成部分，实行人民陪审员制度是人民群众参与司法活动最直接、最重要的形式，是健全社会主义民主政治制度的重要内容，是我国社会主义司法民主的重要体现。司法民主是确保司法公正的政治民主。首先，完善、规范与落实陪审制度将有利于增强司法权威。其次，完善、规范与落实陪审制度将有利于保证司法廉洁。最后，完善、规范与落实陪审制度将有利于促进司法公正。

（2）民主与行政能力

公民广泛参与公共事务是民主体制的特征之一。注重群众广泛参与，健全网状覆盖的监督机制，拓宽群众监督的渠道、丰富群众监督的方式、形成群众监督的长效机制，是提升行政能力、加强行政效能建设的重要保障。

（3）民主与社会协调

民主制度有利于协调好各种利益关系，让人民群众切实享受到社会改革发展的成果，维护社会稳定，促进社会和谐。在新的形势下要协调好各种利益关系，需要在以下两个方面下功夫。一方面，政府部门要在政策层面坚持统筹兼顾、公平公正，不断提高科学决策、民主决策的本领。另一方面，对每一项政策的出台都要充分研究、论证，必要时要进行试点或者模拟，随时纠偏，杜绝出现从部门和行业利益出发制定政策的现象，防止不公平、不公正的决策引起社会矛盾和冲突。

（4）民粹主义与司法能力

民粹主义正在席卷我国司法领域并形成了史上罕见的民粹主义司法现象。民粹主义司法的主要表现形式是利用现代网络平台如微博等实施舆论审判。民粹主义司法堪称毒树之果，它导致程序公正的应然司法观在我国的确立和巩固阻碍重重。民粹主义袭击司法领域，它盯上的案件的司法裁判常常被迫偏离正常的法律程序轨道，导致判决结果与同类案件有一定出入甚至完全相反。民粹主义司法虽然赢得了个案的实质公正，但却人为地制造了同案不同判的劣质司法形象，严重侵蚀了司法的社会信任根基，其代价可谓不菲。[①]

（5）游说势力与决策能力

游说是民主政治生活中一个十分常见的现象。根据"美国说客联盟"（ALL）的定义，说客的工作是为客户提供当前法案或将要在国会进行投票表决的法案的信息，并为了客户利益而寻求法案条款的修改。

随着资本主义经济的发展，金钱和美女借助游说的掩护进入政治过程，滋生了层出不穷的腐败现象。游说腐败的主要表现，就是利益集团通过说客向政客提供便利、享受或者资助来换取政客在立法方面的关照和偏向。在这一过程中，说客与被游说者相互勾结，钻现有法律的空子或干脆置法律于不顾，为了各自的私利相互利用。游说本身虽是合法的，但不管大众的利益是否受到侵害，采用非法手段进行游说都是不允许的。游说活动造成的问题，其根源在于说客所代表的各种利益集团在政治运作中通过不当手段获得失衡优势，它极大地损伤了平等、公平竞争的政治秩序。

（6）政客虚假承诺，上台后拒绝改革

民主国家大选本来应该是突出政治见解，但在电视时代，美国大选沦为了政客的政治作秀。美国大选的特点是高度突出候选人个人，实际上是以个人为核心。其政党的作用其实有二：第一，找到一个人；第二，帮助其竞选。在这种情况下，为了赢得选举，只能靠个人演技。美国大选现在好像是在比谁说话更吸引眼球，而不是

---

① 刘练军：《民粹主义司法》，《法律科学》2013 年第 1 期。

谁更有办法。大选时什么都可以说，选后什么都不办。很多问题在选举时显得很严重，但选后却无人过问。

2. 法治与国家治理能力

（1）法治与司法能力的关系

在法治的框架内实现司法公正。法治是公民民主权利和自由的最重要的保障。在法治的框架内，法律既明确规定了人的行为界限，也为每个人在这个界限内享受自由提供了保障，尤其是保护这种自由不受他人和政府的干预和侵犯，实行的是法律面前人人平等的法治原则。可见，在自由、平等方面，法治和国家治理能力具有共同的价值理念。

（2）法治与行政能力的关系

行政能力的实施不是独立于法律之外的政治运作，而是一种制度体系化或制度结构。行政能力的制度化、法律化，既是行政能力的存在形式，也是行政能力的实现条件。而这种制度化、法律化最可靠、最主要的方式，就是法治。对行政能力的运作必须加以限制，也就是说，政府应当接受对其合法活动范围的限制。政府的立法范围受到而且应当受到法律限制。总之，行政能力只能在法治机制内生成、存在和发展。

（3）法治与市场资源配置能力的关系

市场经济，被认为是迄今为止最有效的资源配置机制，尽管如此，它还是会出现失灵的状况，所以需要政府进行适当的干预和纠偏，这个过程，被称为宏观调控。但政府调控也会失灵，所以需要遵循一些原则，比如实事求是、法治精神、市场规律以及符合社会公共利益和最广大人民的长远利益和根本利益等。

3. 科学技术对国家治理能力的影响

科学技术是不断发展和完善着的人们关于自然、社会和思维的知识体系，是人们在社会实践中积累下来的经验的结晶。科学着重回答"是什么""为什么""能不能"的基本问题，属于认识领域。技术则着重解决"做什么""怎么做"的实际问题，基本上属于实践领域。① 科学技术对国家治理能力具有重大的影响。

（1）科学技术与行政能力

行政执行的内容是否优良，是否理性，一条重要的标准就是它是否体现客观规律并便于人类掌握客观规律。前者表明法律与客观世界的关系，后者表明法律与人类自身的合理性的关系。一方面，好的国家治理能力要达到善治，就必须既合乎规律，又合乎人性，而对于规律和人性的认识均要依赖于科学。另一方面，由于科学的发展促进道德标准的发展变化，因此，科学也通过道德的发展来影响行政能力的评价标准。

（2）科学技术与国家强制与规管能力

在创造、应用和推广新技术过程中必然产生大量新的社会关系，比如科学研究关系、技术成果权关系、技术合理利用的关系。这些新的社会关系基本都需要国家治理能力的调整，国家治理调整范围的扩大将引起市场调控体系的变化。

（3）科学技术与司法能力

科技的发展对司法公正的提高有重要影响，因而对司法制度也产生影响。比如侦破案件的手段和技术手段，从古代的"神判""天罚"发展到运用机械物理破案，从而大大提高了司法公正力。

4. 政党对国家治理能力的影响

政党作为国家治理的主体之一，是区别于传统政治的重要标志，也是现代政治生活得以展开的核心要素。在现代政治框架下，政党职能的合理界定和边界的合理划分，会影响国家治理的质量。即合理界定政党权力体系，是实现现代国家"多元治理"的关键环节。

中国实行的政党制度是中国共产党领导的多党合作和政治协商制度，它既不同于西方国家的两党或多党竞争制，也有别于一党制。这一制度在中国长期的革命、建设、改革实践中形成和发展起来，是适合中国国情的一项基本政治制度，是具有中国特色的社会

---

① 张文显：《法理学》，法律出版社 2007 年版，第 157—158 页。

主义政党制度，是中国社会主义民主政治的重要组成部分。[①]

中国的政党制度基本特点是坚持共产主义政党的长期稳定领导，同时发挥多党合作的作用及监督作用。这种政党制度既具备一党制的政局稳定、发展高效的优点，同时其他党派和社会群体的监督，能共同促进国家的国家强制和规管能力、行政能力以及社会协调力的发展。中国的政党与中国的社会结构与现代化逻辑相契合，而且与人民民主和国家建设相契合，形成了政党、国家与社会三方的有机互动，[②] 也就是说，中国现行的政党制度具有其合理性与合法性，因而有利于国家治理合法化能力的提高。

5. 宗教对国家治理能力的影响

宗教在当代社会中长期存在，其文化功能中最重要的是整合功能。涂尔干认为，宗教的社会整合功能通过信仰来发挥作用，社会是需要信仰的，有信仰，社会才能成为一个真正有机团结的整体，成为一个具有持久活力的社会。[③] 从而增强民众的凝聚力，有利于社会协调力的发挥。但宗教也给人民套上"锁链"，如果是邪教，可能会利用人们来干扰国家的治理，扰乱社会秩序，不利于政府行政能力的增强。

宗教的道德教化功能，较为人们所熟悉。佛教、基督教、伊斯兰教等世界上发展成熟的各大宗教，各有一套道德理论体系。无论是基督教的"末日审判"，还是佛教的"因果报应"，或者伊斯兰教的《古兰经》经文，都道出了一样的信念。这些思想的实践，对于达到社会主义和谐社会中所需要的公平正义、诚信友爱不无帮助，有利于构建人和自然和谐相处的社会主义和谐社会。

宗教的经济功能是指蕴含在各宗教内部的经济伦理思想。比如基督教关于奉献的思想转化为历史上与当今虔诚的教徒们做义工和

---

① 中华人民共和国国务院新闻办公室：《中国的政党制度》2007 年，第 1 页。

② 林尚立：《政党、政党制度与现代国家——对中国政党制度的理论反思》，《中国延安干部学院学报》2009 年，第 5 页。

③ 尹广文：《宗教的社会功能及其社会角色扮演——涂尔干的宗教社会学思想研究》，《江南社会学院学报》2009 年，第 5 页。

捐献的热情，人们做各种各样志愿者，有的还走出国门，惠及别的国家与民族。从经济眼光看，在一个存在着贫富差别的社会里，捐献和义工，以转移物化劳动和活劳动的形式，为缓解社会矛盾、促进社会和谐做出了贡献，[①] 也促进了社会组织行动能力和公民个人参与能力的进步。

6. 国家权力结构对国家治理能力的影响

国家治理的过程就是权力运行的过程，权力结构的不同也会对国家治理能力产生相应的影响，以下是从权力的纵向结构和横向结构两个视角进行的分析。

（1）国家权力结构与国家治理能力的关系

权力的结构是影响国家治理能力的关键变量，不同的权力模式将直接影响国家的秩序治理与经济发展的长期绩效。总统制国家实行三权分立，从制度上保证防止国家权力被滥用的危险，是守护民主的有效手段，[②] 有助于推进国家治理的合法化能力的实现。但总统制权力结构需要各个机构之间的相互配合来提高政治体系的整体效率，而在制度运作过程中，各机构独立有余、合作不足，不利于国家政治决策的制定。议会制的突出特点是议行合一，政府对议会负责，政府的政策在立法机构得到支持，提高了政府效率，避免了政变发生，有利于国家治理的强制和规管能力实施，但容易形成行政专制，很难实现合法化治理，权力过大，主体责任不清，政局混乱，影响执行能力的发展。委员会制实行集体领导，制度全面，会考虑到社会各阶层的利益，实现治理的合法化，促进社会保障力的发展。委员会是独立决策机构，实现了决策和执行的分离，有助于国家治理行政能力的提升。但委员会制容易引致行政领导的权责不清晰，甚至委员之间可能会互相推卸责任，从而降低政治决策和行政执行的效率。君主制的权利集中，提高了决策的效率，同时有利

---

①　高惠珠：《论宗教与社会主义和谐社会的构建》，《上海师范大学学报》2005年，第8页。

②　谢岳：《总统制与议会制：民主巩固的体制视角》，《上海交通大学学报》2005年，第2页。

于政权稳定和社会安定，促进社会协调力的进步。君主制的缺点是权力过分集中，容易导致专制，君主为了维护其专制统治，对人民进行残酷的剥削和压迫，造成制度的不合理、不合法。

联邦制的中央权力由地方让与，所有的州都有制宪权，联邦和各州共同行使主权，这意味着联邦国家的"主权"不只是由全体人民掌握，而且也为各州人民所分享。在这种分权下，各种因素"得到精确调整并处于恰好平衡的状态"。① 各主体相互制约，可以防止权力滥用、保障民主和公民自由的真正实现，联邦制可有效地促进国家治理的合法化和社会协调进步，但是也要防止过度的分权使国家支离破碎，从而影响到行政执行能力的发挥。单一制地方的权力由中央授予，具有集权的价值取向，更有利于维护国家统一，也有利于政府的国家强制和规管能力，促进其行政能力的效益。但过度的集权可能会吞噬个体的自主能动性，影响国家和社会的良性互动，不利于社会协调功能、社会保障功能的发挥，并且权力主体缺乏监督，会出现不公正、腐败等现象，从而削弱国家的司法公正力。

（2）中国的国家权力结构与国家治理能力

中华人民共和国的政权组织采用全国人民代表大会领导下的"一府两院制"，主权属于人民所有，人民通过选举全国和地方各级人民代表大会行使主权，国家行政机关、审判机关、检察机关都由人民代表大会产生，对它负责，受它监督，这个权力体系是自下而上的，地方遵循中央的统一领导，充分发挥地方的主动性、积极性。即"主权"属于分散在各地和各民族的"人民"，主权的行使则由中央和地方人大所分享。②

在人民代表大会制下，全国人民代表大会作为立法机关，人民代表大会与同级行政、司法机关之间是分权制衡关系；作为权力机关，与行政、司法机关之间是产生与被产生、监督与被监督的关

---

① ［美］乔治·萨拜因：《政治学说史》（上册），邓正来译，上海人民出版社 2008年版，第 193 页。

② 张千帆：《主权与分权——中央与地方关系的基本理论》，《国家检察官学院学报》2011 年第 2 期。

系，对国家强制与规管能力和行政能力有提升的作用。人民代表大会制实现了集权与分权的辩证统一，充分促进了合法化能力的进展，同时保障了司法公正力的实施。中国的人民代表大会制以"一切权力属于人民""民主集中制"作为原则，目的始终是维护好、发展好广大人民群众的根本利益。① 这对社会保障和社会协调有一定的催化作用。人民代表大会制最符合中国的实际国情，这种自上而下的模式使权力受到有效的监督和制约，发挥了国家治理的调控能力，权力的有效集中和分散可以更好地促进国家制度的制定、实施能力的提升。

三　国家治理能力的内涵

1. 国家基础能力

（1）国家统一和安全能力

祖国统一是华夏儿女千百年来共同的愿望。只有保证国家领土完整，才能使人们能更好地投入到现代化建设中。但是国家统一需要有强有力的国家治理能力予以实行。强有力的国家治理能力需要有适合国家的政策。

香港、澳门的顺利回归，证明了"一国两制"在处理祖国统一的问题上是一个可行的方案。现有的"一国两制"方案在处理香港、澳门问题上是可行的，但是在处理台湾问题上却不一定可行。因为香港、澳门问题是中英、中葡之间的关系，是国家间的关系，是不平等条约强加在清政府头上的结果，新中国成立后，废除了一切不平等条约。所以，香港、澳门的回归也就变得理所当然。

台湾问题不同于香港和澳门问题，中国人民经过了 8 年的艰苦卓绝的斗争，终于在 1945 年取得对日法西斯作战的全面胜利，《波茨坦公告》《开罗宣言》等文件废除了日本对中国的不平等条约，

---

① 黄远：《人民代表大会制与总统制比较研究——以中国和美国为例》，博士学位论文，福建师范大学，2012 年，第 38 页。

台湾光复。抗日战争结束后，国民党反动派不顾全国人民的反对，悍然发动内战。古语有言"得道多助，失道寡助"，不到四年时间，共产党就取得了内战的胜利，在收回台湾过程中遇到了美国第七舰队的阻挠，至此遗留下台湾问题。

准确地说，台湾问题是中国的内政问题。如果台湾问题真的能够得到解决，那么两岸统一之后的道路如何走下去将成为重点解决的问题。"一国两制"的概念也要赋予其新的内涵。

适用于未来台湾地区的、正在形成的最新统一标准。这个标准同样建立在"一国两制"原则基础之上，它将最大限度地扩充"一国"的概念，最为宽松地解释统一的含义，形成更具有弹性的统一观。但是，这第三套统一标准能否最终形成和实施，取决于两岸统一的方式。如果是和平统一，这套新标准肯定可以成形和实施。反之，如果最后不得不采取武力实现统一，那么两岸将不得不采取第一套统一标准实现最终统一。运用"一国两制"解决香港问题是思想解放和理论创新的结果。鉴于两岸问题的复杂性、独特性，要防止台湾向"独立"的泥潭越陷越深，促进国家早日实现完全统一，更需要解放思想，大胆进行理论探索和理论创新。大陆方面要解放思想，台湾方面也需要解放思想。中华民族是充满智慧的民族，相信当代两岸中国人有足够的聪明才智解决这个千古难题。[①]

另外，国家的发展需要有良好的外部环境和内部社会秩序的稳定，要做到这些，国家就需要统一和安全的能力。

（2）国家强制和规管能力

法律的正常运转需要有国家强制力作为强有力的后盾。与西方家现代化进程中的国家强制能力建设主要表现为"向上收"的基本经验不同，以合理协调中央与地方行政为特征的"统分结合"，以及综合运用国家力量与群众力量的"专群结合"，才是中国国家强制能力建设的基本特征。在中央的效能得到强化后，如何更好地发

---

① 王振民：《"一国两制"下国家统一观念的新变化》，《环球法律评论》2007年第5期。

挥中央的角色是国家稳定工作的下一步任务。[①]

濡化能力是作用于人们的内在信念，而规管是规管人们的外部行为。不管内部信念如何，外部行为如果违反了某些规矩的话，就得被规管。规管的意义就在于改变个人和团体的行为，使他们的行为符合国家制定的规则尤其是在工业化、城市化、商业化的背景下，信息的不对称和权力的不对称使得国家在规管现代社会当中变得非常重要。在现代国家，规管几乎无所不在。可以这样讲，哪个国家规管得比较细，哪个国家就会比较有秩序；哪个国家规管得比较粗放，哪个国家就显得比较乱。很多国家不规范，可能就是管得过细。[②]

（3）资源掌握和配置能力

国家的发展尤其是工业化时代中国家的发展，离不开各种各样的生产资源。能否物尽其用，做到有限资源的最合理配置也是国家治理中所面临的问题。

资源配置（resource allocation）是指对相对稀缺的资源在各种不同用途上加以比较做出的选择。资源是指社会经济活动中人力、物力和财力的总和，是社会经济发展的基本物质条件。在社会经济发展的一定阶段上，相对于人们的需求而言，资源总是表现出相对的稀缺性，从而要求人们对有限的、相对稀缺的资源进行合理配置，以便用最少的资源耗费，生产出最适用的商品和劳务，获取最佳的效益。资源配置合理与否，对一个国家经济发展的好坏有着极其重要的影响。[③]

由于中国各地区的社会经济发展呈现出明显的地带性差异特点，因此，科技资源配置的重点和配置方式也应有所不同。中国目前科技资源配置的战略重点，总体上可以从东部地区和中西部两大

---

① 樊鹏、汪卫华、王绍光：《中国国家强制能力建设的轨迹和逻辑》，《中国社会体制比较》（双月刊）第33期。

② 王绍光：《国家治理与基础性国家能力》，引自《华中科技大学校报》（社会科学版）2014年第28卷第三期。

③ 引自百度百科，http://baike.baidu.com/link?url=718Qc_FjOS17Tr3w77ir7czNLFiI3pGO2e01R_h5-uX7WTVXML1AmNKKatcKDOlmmQinGiDac8HuFCWWUwqUoK。

宏观区域入手。东部地区，由于社会经济基础条件较好，对科技的投入规模和投入强度较大，比较注重科技成果的转化和应用，资源的配置效果较为显著。今后应进一步挖掘科技资源的潜力，在巩固现有投入和稳步提高科技投入的基础上，进一步优化科技资源的配置，把科技资源配置的重点放在对较为长远的、战略性技术的支持上，更加注重科技投入的长期效果，以增强这些地区的发展后劲，提高该地区参与国际竞争的能力。中西部地区，尤其是西部地区，由于历史的原因，社会经济基础比较薄弱，对科技的投入较少，并且对科技成果的转化和吸纳能力较弱，资源的配置效果也较差，但是其科技资源配置结构优化程度和资源利用的效率，并不逊色于东部地区。因此，今后要在提高科技资源配置效率的前提下，加大科技投入的规模和力度，并特别注重科技投入的显性效果，加强技术成果的应用推广和现有技术的集成开发，这样一方面可以影响决策者的投资心理，有利于增加科技投入；另一方面可以切实发挥科技在西部开发中的先导作用，依靠科技促进现阶段西部经济、社会的发展。①

（4）意识形态的主导能力

从我国目前意识形态问题处理的总体状况来看，依然存在一些需要克服和解决的问题。概括而言，我们比较习惯于采取显性、直接、理论、正面、阵地战的方式来处理意识形态问题，而较少通过隐性方式处理意识形态问题；较多采取刚性方式处理意识形态问题，而较少采取弹性方式处理意识形态问题；较多采取强制性手段处理意识形态问题，而较少通过耐心细致、潜移默化等方式处理意识形态问题。因此，要学会采用辩证的方法，以显性与隐性、直接与间接、理论与活动、正面与迂回、阵地战与游击战等相结合的方式来处理意识形态问题。我们既要认真总结、长期坚持，并在实践中不断丰富和发展党在处理意识形态问题上的宝贵经验；又要善于在处理意识形态问题过程中创新方式方法，积极探索有利于破解工作难题的新举措、新办法，切实提升处理意

---

① 徐建国：《我国区域科技资源配置能力分析》，《中国软科学》2002 年第 9 期。

识形态问题的能力。①

　　中国目前正处在世俗学意识形态向国家意识形态转变的阶段，并且中国的意识形态正沿着健康的道路前行，中国的意识形态必将为中国社会的发展提供强大的理论支撑。袁三标在《从话语权视角看国家意识形态的现代性转化》中指出，中国主导的意识形态在面对西方意识形态以及文化的强势冲击下已经岌岌可危，中国的主流意识形态必须接受现实，积极转型，争夺意识形态的话语权和主动权，在其他国家中发出中国的声音。中国的意识形态在面对现代化转型过程中应该始终坚持合法性和世俗化的原则。国家意识形态只有先具备合法性，然后通过世俗化的方式融入公众的生活当中，赢得大家的情感认同，才能真正成为中华民族的精神支柱。②

　　意识形态具有鲜明的阶级性和政治性，在任何国家、时代和社会形态中都是如此。忽略或放弃了对意识形态这一本质属性的把握，就会丧失意识形态工作的领导力和主动性，从而也就会失去意识形态工作的领导权和主动权，并将导致严重后果。与此同时，意识形态工作也并不完全等同于纯粹的政治斗争，它包含了复杂、丰富的政治、经济、社会和文化因素，与社会结构的诸多层面都有内在的联系。从中国革命、建设和改革以来的历史经验看，加强党对意识形态的领导是中国革命取得胜利的法宝，也是中国社会主义建设与改革取得成就的保障。改革开放使得中国社会从表层组织到内部结构都开始发生变革，在与外部社会环境发生日益广泛的接触中，意识形态工作将会变得更为复杂，更加困难。加强社会主义和谐社会的意识形态工作需要从多方面着手，其中最为根本、最为重要的一个方面是加强党对意识形态工作的领导。加强党对改革开放进程中意识形态工作的领导，首先，需要始终把握中国社会主义意识形态的本质属性和指导思想，坚持马克思主义的指导地位并与时俱进地发展马克思主义，同时坚持运用马克思主义的立场、观点和

---

　　① 余双好：《切实提升处理意识形态问题的能力》，《光明日报》2015年2月26日第16版。

　　② 谢成宇：《当前我国社会思潮与国家意识形态安全研究》，博士学位论文，华中师范大学，2014年。

方法科学处理并妥善解决意识形态领域的各种问题，特别是要处理好马克思主义的指导与意识形态多样化的关系，在坚持"主心骨"的同时尊重思想差异、包容多样思维、化解思想矛盾、消除观念冲突，创造意识形态的和谐局面；其次，要充分增强党对意识形态领导的合法意识与理性责任，除了从思想、理论、政策、纲领、路线等方面推进党在意识形态建设中的理论贡献外，更要努力发挥党在意识形态实践创新中的作用，切实保障党对意识形态的领导由"形而上"的务虚转化为"形而下"的务实；最后，要通过加强党的先进性建设和执政能力建设工程来提高党领导意识形态工作的实际能力和真实水平，改进党的领导方式和方法，改善党的领导作风，转变意识形态工作中的陈旧思维和落后观念，打破僵化、教条的思想束缚，消除对过去传统做法的顽守。①

2. 政府主体能力

（1）决策能力

不管是在蛮荒的时代还是在自由民主的时代，决策自古而有之，决策在一个组织、一个国家都是处于最核心地位的，谁掌握了决策权，谁就掌握了最高权力。随着科学技术的不断发展，社会分工越来越精细化，决策也从简单变成了复杂。决策具有广义与狭义之分，狭义的决策指在几种方案中做出抉择；广义的决策还包括在做最后抉择之前必须进行的一切活动。② 简单地说，决策就是选择。决策权对于一个组织、一个国家是极其重要的，拥有了决策权就意味着拥有了一个组织或国家的最高权力；于是一项决策的正确与否、有效与否，就直接决定着一个组织或国家下一步的做法或未来的走向，甚至是命运的兴衰。但由于不可测的环境、人物、事件等因素，决定了决策的不可测性，也决定了决策会出现偏差，乃至是愚蠢和错误的。随着历史的不断向前发展，决策也越来越民主化、科学化和集体化。一个组织，尤其是国家的决策权除了掌握在领导

---

① 宇文利：《改革开放与社会主义和谐社会意识形态的构建》，《北京大学学报》（哲学社会科学版）2009 年第 1 期。

② 李景治、罗天虹：《国际战略学》，中国人民大学出版社 2003 年版。

层手里之外，也慢慢地受到来自民间力量的影响。尤其是在西方国家，国家的决策就常常受到民间智囊团、利益集团、新闻舆论等民间力量的影响，甚至是左右。

公权力的授权关系与政府管理的使命决定着政府决策能力的本质。从应然状态看，政府决策能力的本质，是政府能够使用其所动员、获取、整合和配置的决策资源实施高效理性决策，以实现政府服务社会的使命之能力量度。或换言之，是政府以有效促进和维护公共利益为宗旨，依据人民的意志，运用政治的、法律的、经济的和管理的理论与方式，民主运用公共权力并以科学的方法进行决策，制定促进经济社会发展和维护国家利益的目标、战略、规划及各种相关制度政策的能力。因此，政府决策能力直接影响和制约着政府的政策导向、政府的制度与政策供给的效率与效能，政府对所面临国内外重大挑战包括各种公共危机的回应效度，对政府能否有效行使职能实现使命以维护、实现和增进公共利益，能否维系增强其合法性至关重要。

据公权力的性质，政府决策是"对全社会的价值所作的权威性分配"。这是一种应然状态。而从实然状态审视，政府决策所导致的价值分配能否有效，是否真正具有权威性，一方面取决于政府决策能力之量度及其配置与运行效度，另一方面还取决于政府对相关决策的执行力。政府决策是政府行为取得合法性的核心路径。"制定一项政策就是要使某种理由或主张合理化。这些理由或主张包括两方面：即对一个所面临的难题的认识和解决这一难题的方案。政策界定问题并指出应该如何去做。一项政策是提出一种理论或原则，基于这些理论和原则，某种需要取得合法性的要求得以实现。"政府通过其掌控的公权力之决策输出，使政治家或政府、政府职能部门的某种主张得到至少是形式上的合理化或合法化，即符合法律要求的输出。之后，政府的决策是否拥有实质上的合法性，则需要得到实践的证明，即要看决策本身及其所产生的后果是否得到公众出自内心的拥护与支持。①

（2）立法能力

我国目前正在致力于建设社会主义法治国家。成为法治国家的基础就是要有完整的法律体系和完善的法律制度。而一个国家的法律制度的好坏从根本上取决于这个国家的立法能力。

立法能力又取决于国家立法机关的组织能力和立法机关组成代表的素质。为此，要想提高我国的法律的整体质量，就必须提高代表的素质。

（3）行政能力

行政能力又叫行政执行能力，行政执行是指国家行政机关为主体的多元社会组织，为了落实和实施国家意志、国家目标，依法贯彻法律、法规、公共政策诸活动的总称。主要包括以下几个方面：

第一，组织协调能力。行政执行中的组织协调力，就是设计行政组织的结构和配置执行组织资源的能力。政府作为一特殊组织，其组织体制与运行机制是息息相关的。没有组织的队伍就是一盘散沙。执行力只有存在于组织之中，才能发挥其强大的综合力量的效应。另外，行政活动要求机构之间、人员之间、财物之间以及他们互相之间形成一种有机结合，达到最佳的合理安排。② 政府组织协调力对行政能力显得至关重要。不恰当的政府组织行为方式可能导致政府"缺位""错位"和"越位"等问题，不仅影响到政府效率，还会影响政府形象。目前，我国政府在组织协调力上存在的问题主要表现在：职能不明、职责不清、权力不均，一些政府部门之间缺乏系统协调，互不配合，甚至相互拆台，导致政策执行的整体效果不尽如人意，甚至在一些需要不同部门共同执行的任务中，会出现各个部门都不执行的状况，更有甚者会出现故意设置障碍阻碍执行的事情，人财物资源配置不合理。在这些情况下，执行力度根本无从谈起。

提高政府组织协调力，首先，可以从设计组织结构入手。其

① 黄健荣：《论现代政府合法性递减：成因、影响与对策》，《浙江大学学报》（人文社会科学版）2011年第1期。

② 卓越：《行政协调论》，1993年10月第2卷第5期。

一，明确管理目标。我们说组织是因共同的目标而编制在一起的，明确管理目标，根据新的目标构建组织机构、划分工作职能，不同层级承担不同职责。使得权责达到统一。强化组织力，不是针对个体成员的执行力，而是解决各公务员人员之间、各岗位之间、各部门之间的分工责任问题。对于机构庞大的政府系统而言，统一的目标是发挥执行力的基础。其二，理顺部门之间、上下层之间的职能。政府执行力具体体现在中央政府部门与地方政府部门执行的关系上。解决部门之间、上下层之间职能交叉、责任不清、事权分离的问题，实现政府职责科学化、规范化、法定化格外重要。优秀的执行组织，其构架必须是合理、高效的。其次，行政组织协调力要求对资源有强大的调控能力。要想达到各项事务能有条不紊地进行必须将行政管理流程制度化，这里所说的流程不仅是指对事的管理，也指对人的管理。事物是普遍联系的，社会中存在的各种矛盾也是相互交织的，对于各项接踵而来的行政事务难免会存在冲突。在对事方面，政府要合理配置资源，创造"一方有难，八方支援"的和谐状态，使得物尽其用是必不可少的。要明确各项事务之间的联系，分清轻重缓急。在对人方面，改正"官大一级压死人"的陈旧思想，将执行规范加以制度化，用制度来管人。处理好领导者与被领导者、领导者与领导者之间的关系尤为重要。

第二，实施力。行政执行更多表现在实施力上。实施力就是一种能按时按量按质完成某项任务的能力。执行力如何，就是要看完成任务的程度如何。将法律政策实践到待解决的问题上，对社会生活中各类大小事务处理后所产生的实效。"上有政策，下有对策"，看似一句玩笑话，却道出了行政执行过程中的"玄机"——政策来了干一干，政策淡了停一停，政策走了吵一吵。行政部门在执行政策的过程中，对于完成任务、应付交差的思想大家都心照不宣——实施力度不够，实施强度不大，实施时间不长。应对这些问题，需要建立问责机制和公开机制。

2006 年温家宝总理在《政府工作报告》中明确提出"建立健全行政问责制，提高政府执行力和公信力"。党的十六届四中全会通过的《中共中央关于加强党的执政能力建设的决定》把依法实行问责制作为加强对权力运行的制约和监督，保证把人民赋予的权力作为为人民谋利益的重要途径。"权力必然导致腐败"，没有问责就没有执行力。强化监督机制，创建问责制度对于行政实施非常重要。推行行政问责制度实施通常是与负责人紧密相连的，提高行政实施力必须规范政府问责机制，一方面避免滥用职权造成过度实施，另一方面，建立实施考核、评估机制，避免玩忽职守不实施。

我国的行政公开制度建设从 20 世纪 80 年代初期就已经开始了，其中最早推行的是全国农村基层组织的村务公开制度。随后，一些地市以及省级机关、国家职能部门相继进行了政务公开以及相关制度的研讨与试点。2008 年 5 月 1 日《中华人民共和国政府信息公开条例》施行以来，政务公开情况确有改善。如地方听证会、信息公开栏、政务微博等公开方式成为潮流。公众对此的关注度也大大提高。强化政务公开意识，将政府及其实施主体的所作所为公之于众，接受公众监督，有助于实施行为在阳光的监督下避免变质。

实现行政能力的现代化还需要其他方面的建设：树立执行理念，建设行政执行文化，树立"执行至上"的意识[1]非常重要。行政执行文化是贯穿整个行政执行活动全过程的原则、态度、制度、价值观、心理倾向等方面的总和。[2] 公务员是我国政府职能的具体承担者，也是一切行政活动的具体实施者，他们在行政活动过程中起着组织、协调和服务等作用，其执行能力将直接决定着政府行政执行的效率，影响政府形象的建立。[3] 培养和提高公务员的执法能力是提高行政能力的一个重要途径。对公务员执法的首要要求是要遵循法律的规定。行政不作为和滥用职权是执法过程中最大的问题。培养公务员的执法能力，可以从三个方面进行把控：健全公务员人事管理机制。这其中涉及公务员的聘用问题以及岗位设置；健全基层公务员绩效管理考评机制；健全基层公务员行政监督监察机制。

---

① 徐疾：《提高行政执行力的难点及对策》，《消费导刊—理论广角》2007 年第 11 期。

② 李丽：《论行政执行理念的价值及其实现》，硕士学位论文，吉林大学，2012 年。

③ 樊革霞：《我国公务员行政执行能力提升研究》，硕士学位论文，陕西师范大学，2013 年。

另外，组织相对于个人更能发挥强有力的作用，提升行政能力要求重塑有执行力的组织。首先，重塑行政组织机构及其岗位，使得责、权、利明晰。治理国家中的大小事务，都需要通过设立部门、岗位来执行。组织机构的制定过程，是对工作内容分配职责，而部门职责的明确与公式不是一成不变的，国家可以根据需要进行调整以适应时代发展的需要。其次，明确工作流程与制度。明确组织的权力、责任以后，规范化的制度是组织运行的前提。制度中要明确相关工作的流程、工作标准，甚至是可执行的工作模板，确保工作的有效执行。

（4）司法能力

司法是维护社会秩序、保障法律实施的最后一道防线。而司法公正是检验一个国家司法能力的重要指标。司法能力在国家治理中的作用：第一，司法公正是保障国家法律秩序正常运行的消防员。公正的司法对于良好秩序的建立至关重要，反之，不公的司法不仅达不到维护稳定秩序的目的，反而会使得统治秩序变得更加糟糕。第二，司法公正是合法行政的助推器，司法公正又需要合法行政的催化作用。司法与行政之间是相互制约、相互促进的关系。行政机关及其工作人员在做出行政行为时，如果滥用了手中的行政权力，碰触了法律划定的禁区，则会影响行政相对人的合法利益，进而影响社会秩序的稳定，此时需要司法对行政行为加以依法束缚、对行政裁量权加以限制、对行政人员加以监督。合法行政也是司法公正的催化剂，只有合法行政的确立与实施，才能进一步保证司法公正。第三，司法公正是司法的核心。中国共产党十八届四中全会中提出，全面推进依法治国，总目标是建设中国特色社会主义法治体系，建设社会主义法治国家。法治国家需要的是公平公正的司法体制，在司法、行政活动中保证司法的公正是社会主义法治国家所必须的。第四，司法公正树立社会成员的法治理念，捍卫法律尊严。基于封建时期较长、社会人情观念过重、经济发展水平落后等原因，我国公民的法律意识比较淡薄，法律素养偏低，一定程度上阻碍了建立法治国家进程。① 司法活动的公正对提高公民的法律修养，树立良好的法律理念有直接的效果。

促进司法公正、维护司法权威，是落实社会主义政治文明建设任务的必然要求。只有以司法公正提升法制的公信力，以司法权威保障法律的权威，努力实现法治文明，才能保障经济发展、社会进步、政治稳定，才能保障人民的基本权利得以真正实现。②

3. 市场主体能力

党的十八届三中全会提出了国家治理能力现代化的概念，其含义是运用国家制度管理社会各方面事务的能力，包括改革发展稳定、内政外交国防、治党治国治军等各个方面。可见，国家治理包含了国家对经济、政治、文化、社会、生态、国防、军队等各方面的治理。而国家治理中的"国家"并非单一指的是政府的治理，也包含了社会治理、市场治理等多方面治理主体。这与国家治理中的"治理"的概念相对应。"治理"的发展经历了"统治"和"管理"的历程，相对于前两个概念，第一，治理的主体更加多样化，各个主体之间不再是上位与下位的关系，而是具有平等性；第二，治理对象不同，其对象更加广泛，既包括有行为的主体，也包括无行为的主体；第三，治理手段不同，法治和规制是治理的主要手段，而且是各种主体所共同认可的。③

市场由供求关系的变化引起的价格变动对社会经济活动进行调节。调节社会劳动力和生产资料在各个部门的分配，调节生产和流通。符合商品经济的客观要求，能够比较合理地进行资源配置，使企业的生产经营与市场直接联系起来，促进竞争。而提高市场这一治理主体的能力，能更好地发挥市场配置资源和主体优化的功能，

---

① 刘永旭：《浅谈社会主义法治理念——以司法实践为视角》，《中国法院网》2010 年 5 月。

② 忠仪、万泉：《促进司法公正、维护司法权威——市高院党组提出十条措施》，《上海人大月刊》2004 年第 4 期。

③ 石德华：《汇聚各方智慧　共议国家治理——"国家治理体系和治理能力建设高峰论坛"综述》，《华中科技大学学报》2014 年第 3 期。

从而提高国家治理能力。在治理市场主体能力又可以分为两个：资源市场配置能力和市场主体优化能力。

（1）资源市场配置能力

党的十八届三中全会明确提出：要紧紧围绕使市场在资源配置中起决定性作用深化经济体制改革，坚持和完善基本经济制度，加快完善现代市场体系、宏观调控体系、开放型经济体系，加快转变经济发展方式，加快建设创新型国家，推动经济更有效率、更加公平、更可持续发展。这说明，市场的决定者不再是政府，而是市场。但市场配置资源具有盲目性的一面，因而有必要加强政府的宏观调控。所以，资源市场配置能力可以看作是政府对市场进行必要性干预、引导、调节和管理的能力。

按照《中共中央关于全面深化改革若干重大问题的决定》（以下简称《决定》）的精神，市场的决定作用，是对资源配置而言的，也就是说，在资源配置方面，市场能够而且应该起决定作用。资源配置有两个层次，一个是微观领域的资源配置，即企业这个层次运用各种资源进行生产经营活动；一个是宏观领域的资源配置，这就是我们常说的宏观调控的内容，包括总需求与总供给的平衡、主要经济部门的比例关系的平衡、产业结构的调整等。市场应该主要是对微观领域的资源配置起决定作用，而宏观领域的资源配置则恰恰是政府的职能所在。① 如何把市场对资源配置的决定作用同政府的职能有效结合起来，是提高资源市场配置能力的重点。

在当今社会，人们已经逐渐走出了市场和政府的两个极端，把市场和政府辩证地结合起来是世界经济发展的趋势。著名诺贝尔经济学奖获得者米德指出："实际上，到底是采取自由放任的市场竞争，还是采取对个别经济行为进行必要的社会控制？这两者之间常常发生冲突，要抉择何者更优是不可能的。"② 当我们把责任完全推给市场或者完全交给政府时，二者均保留出了自身的缺陷。这就启发我们，过分地迷信市场、排斥政府，或者过分地依赖政府、抑制

---

① 张曦：《我国政府与市场资源配置的历史演进与思考》，《现代经济信息》2014年第14期。

② 邱本：《市场法治论》，中国检察出版社2002年版。

市场都是不可取的。

如何正确处理政府与市场的关系？

第一，市场在资源配置中起决定性作用。当今摆在我们眼前的问题应该是：政府与市场二者如何结合，各占多大比重，市场与政府治理的界限何在。党的十八届三中全会明确提出：要紧紧围绕使市场在资源配置中起决定性作用深化经济体制改革，坚持和完善基本经济制度，加快完善现代市场体系、宏观调控体系、开放型经济体系，加快转变经济发展方式，加快建设创新型国家，推动经济更有效率、更加公平、更可持续发展。这说明，市场的决定者不再是政府，而是市场。

使市场在资源配置中起决定性作用，并没有否定政府作用。同样地，十八届三中全会公报还提出"更好发挥政府的作用"。当前的国家治理模式，在朝着一个"小政府、大社会"的方向前进，"小政府"意味着国家要把一些权力交还给市场、社会等主体，政府的控制范围缩小，从"统治者""管理者"向着"治理者"转型。但这并不意味着"小政府"等同于"弱政府"，政府的强大也不等同于规模的扩张。相反，政府应当在一个受限制的范围当中更加强有力，在范围内进行有效、高效的治理，形成"小而强"的政府，才是未来的发展趋势。着眼于政府与市场的关系，在市场起决定性作用的同时，政府绝非被动地起到"查漏补缺"的辅助性作用。我们不仅要从市场经济条件下政府的一般性功能出发，来看待"更好发挥政府作用"的"一般性"；更要从我们的特殊国情出发，来理解和更好发挥社会主义政府的作用。

第二，市场与政府职责的界定。政府与市场作用是经济体制改革的核心问题，要使市场在资源配置中起决定性作用，必须首先界定政府这只手应该伸向哪里、可以伸多长。如果政府作用无拘束，仍是直接决定资源配置、时不时地伸出手来干预一下，市场就难以发挥决定资源配置作用。① 所以《决定》当中明确指出：政府的职

---

① 杨伟民：《如何使市场在资源配置中起决定性作用》，《中直党建》2013 年第 12 期。

责和作用主要是保持宏观经济稳定，加强和优化公共服务，保障公平竞争，加强市场监管，维护市场秩序，推动可持续发展，促进共同富裕，弥补市场失灵 。"法无授权不可为"，《决定》明确限制了政府在市场当中的活动范围，超出这个范围的活动就是"违法的活动"。只有界定好政府的职能和作用，政府不越位，才能使市场在资源配置中发挥决定性作用，才能解决目前政府职能越位、缺位和不到位并存的问题。

鉴于上述关系，提出以下建议：

第一，整合工商、质监、药监、物价等相关行政执法职能，组建统一的市场监管部门，实行统一的市场监管体制。统一的市场监管部门不仅有助于有效提升执法力度，简化审批手续和行政流程。

第二，降低市场准入门槛。国务院颁发的《关于促进市场公平竞争维护市场正常秩序的若干意见》当中明确规定：凡是市场主体基于自愿的投资经营和民商事行为，只要不属于法律法规禁止进入的领域，不损害第三方利益、社会公共利益和国家安全，政府不得限制进入。这是"法无禁止即可为"的体现。在降低门槛的同时，应该引入"负面清单"模式，即国务院以清单方式明确列出禁止和限制投资经营的行业、领域、业务等，负面清单的模式在法律上明确了哪些行业和企业能进入，哪些不能进入，增加了企业的自由度和回旋余地，适合于现代企业面向市场的经营方式。而对于公共事业、公共基础设施领域实行特许经营，引入竞争机制，放开自然垄断行业性竞争。

第三，简化前置审批手续。改革工商登记制度，使工商注册便利化。尽量减少前置审批、简化手续，缩短审批时限。建立健全政务中心、网上办事大厅，集中办理行政审批，这样可以减少中间环节，提高办事效率。另外，严禁违法设定行政许可、增加行政许可条件和程序。

第四，建立多元化监督机制。在当今国家治理现代化的主题下，政府应当解放思想，摒弃计划经济时代遗留下来的旧思想，将某些可以由行业、社会监管的领域大胆交给其监管。政府要承认和尊重行业、社会自治组织的独立性，并且有计划地培育其行业自治能力。另外，行业协会也要参与到市场监管中，主动参与制定和推行合同示范文本，为工商提供专家资源调解处理疑难消费纠纷，并举报行业内涉嫌违法违规企业。而新闻媒体、社会公众也应该发挥其对政府的监督功能，提升市场监督政策及其执行的合法性、有效性。

（2）市场主体优化能力

历史和现实经验已经证明，构建现代市场体系的关键在于激活市场的活力。而激活市场活力最重要的就是市场的优化。市场优化首先要具备自我优化能力，具体为市场环境的自我净化能力和市场机制自我优化能力；各市场主体也要具备一定的能力，具体包括遵纪守法、诚信经营的能力、担当国家使命和社会责任的能力、协调与政府及社会等其他治理主体关系的能力。

①市场主体能力

这里的市场主体是指市场内的各个参与主体，而不是将市场作为一个大主体。体现社会经济生活中市场主体，大体有如下四类：个人，是社会经济生活中的最基本的元素；企业，是社会经济活动的细胞；中介组织，即以协调社会经济生活中各种纠纷、提供信息咨询为主要业务的媒介组织；政府，既是社会经济活动一个主体，又是管理、协调社会经济运行的权力机构。

第一，市场主体遵纪守法、诚信经营的能力。

完善市场经济体制的首要任务就是塑造符合市场经济内在要求的市场主体。市场主体是否合法到位，各市场主体能否自觉地按市场经济的要求规范自己的行为，是市场经济机制能否充分发挥作用、市场经济能否有序运行的基础和前提。也就是说，各市场主体能否按规定有秩序地从事生产、分配、交换、消费活动是市场经济有效运行的基础和保障，更是国家实施治理的基础。① 这就要求市场经济活动要在现有的法律框架下进行，做到遵纪守法，这样市场内部的各种活动才能有序进行，市场的活力才能激发。

---

① 蒋克欣：《市场主体定位问题的思考》，《法学论坛》1999 年第 3 期，第 17—18 页。

市场主体除了遵纪守法，还要诚信经营。经济生活，必然离不开交易活动，交易活动就是在生产者和消费者、卖者和买者之间的商品交换。在商品交易过程中，我们每一个人时刻面临着诚信问题。诚信成为市场经济有效运行的必要条件，不仅在市场经济产生、发展、完善过程中起着关键的作用，而且对构建统一、开放、竞争、有序的市场经济新秩序有着重要的影响。诚信作为市场经济的道德基础，不论在东方还是西方，在人类个体生活和社会生活中均有极其重要的价值。

在现代市场经济中，诚信的内涵主要体现在以下两个方面：普遍信任和契约信用。当生产主体双方进行交换时，首先要相互信任，这种信任包括对交往的结果会达成预期利益的信心和交往双方会有助于这一利益实现的信心。契约，是市场交易的双方或多方之间，基于各自的利益要求，所达成的一种约定，它依靠法律强制力保障。契约的核心是一种承诺或承诺交换，这种承诺或承诺交换借助法律保障，以使承诺得以履行和兑现。因此，契约实质上是明确信任关系、保证诚信行为的某种形式上的"凭证"，是诚信的外化形式。[①]

市场经济是物质利益所驱动的经济活动，市场主体在市场经济强大的物质利益的引诱下非常容易产生"见利忘义"的主观冲动，在客观条件具备时，欺诈行为就随之产生。诚信是市场经济领域中基础性的行为规范，市场主体只有坚守诚信才能使自己的活动遵循市场规则，才能使自己的逐利行为保持合理性、合法性，才能有效避免假冒伪劣和欺诈行为的发生。[②]

第二，市场主体担当国家使命和社会责任的能力。

市场主体是市场经济发展的基本条件，也是市场经济的重要组成部分。而市场主体是否担当国家使命、是否履行社会责任，无论对市场经济的发展还是对构建和谐社会，都有重要的意义。市场主体担当国家使命，国家的使命得以完成，才能更好地建设国家，国

---

① 王婷婷：《中国市场主体诚信问题研究》，硕士学位论文，东北大学，2008 年。
② 同上。

家得以建设，反过来又会使市场主体更好地发展自己，这两者是相互影响、相互作用的关系。在不同的时期，市场主体的国家使命是不同的，市场主体应注意调整。同样，市场主体要履行自己的社会责任，市场主体的发展生根于社会，得益于社会，所以市场主体有必要履行社会责任。各市场主体明确自己的社会责任并切实做到，就具有了担当国家使命和社会责任的能力。

政府的社会责任：今天政府依法行政也就意味着政府应该承担应有的社会责任。政府的权力和责任是紧密联系、不可分割的，不存在无责任的权力，也不存在无权力的责任。政府在权力的行使过程中，应时时被社会责任所制约，在强烈的社会责任心理的驱使下做好每一项工作。[①] 同时，政府的工作人员应提高办事效率、端正服务态度，要摆正心态，对自己作为人民公仆、服务群众有良好的认识。

企业的社会责任：随着社会的发展，企业规模的逐渐扩大，企业在社会中的重要性和影响力越来越大。企业作为经济活动的主体，是一国经济发展的动力，是社会发展和经济增长的决定性因素。企业的社会责任是指企业除了创造财富之外，还应对全体社会承担责任，一般包括遵守商业道德、保护劳工权利、维护消费者权益、保护环境、发展慈善事业、捐助公益事业、保护弱势群体等。企业的社会责任，不仅包括促进自身经济增长和发展，而且还包括促进社会经济福利的增加。因此企业主动、积极地承担社会责任，对构建和谐社会、加强国家治理能力的作用非同小可。

中介组织的社会责任：中介组织是市场经济条件下媒介政府与企业、企业与市场、政府与市场的重要主体。随着政府行政体制改革的实施，以行业协会等形式体现的中介组织越来越需要发展，并承担过去由政府承担的或未承担的某些职能，但其承担的方式不同于政府，而更多的是做协调、组织、规范的工作。其社会责任就是充分发挥对行业内外产生强有力的深入行业业务的组织、协调、规范

① 李双龙：《市场经济条件下市场主体的社会责任与和谐社会》，《经济研究导刊》2009 年第 10 期。

作用。

个人的社会责任：个人作为消费者每时每刻都要消费，在市场经济中，消费行为是一个人重要的行为。不同的消费行为，对社会造成不同的影响。因此，个人的社会责任就是消费者责任。消费者责任是指消费者在购买、使用、消费商品获得商品价值、满足心理需要、得到感官享受的时候，应该承担与消费该商品有关的连带责任，这些责任包括保护环境的责任、保护资源的责任、维护社会公德的责任等。[①]

第三，市场主体协调与政府、社会等其他治理主体关系的能力。

市场主体是众多国家治理主体之一，各种国家治理主体在国家治理中是相互交错、互有交集、谁也离不开谁的。在此基础上，为了更好地发挥各国家治理主体的治理能力，市场主体与政府、社会等治理主体之间或者和其他治理主体之间，协调好彼此的关系是很重要的。因为首先治理主体之间就有交叉，比如政府自身是国家治理主体，但同时也是市场主体的一部分；其次，在治理对象上，各主体的治理对象交叉情况更多，所以协调好各自的关系，才能更好地发挥各治理主体的能力。

②市场主体自我优化能力

第一，环境自我净化能力。

环境，相对于中心事物而言的背景。这里，我们便可以给市场环境定义，即相对于市场主体而言的背景。市场环境有三大特征：一是整体性。市场环境的各个组成部分和要素之间构成一个有机的整体，有着相对确定和相互作用的关系，从而具有相对稳定的结构。各组成部分和要素之间相互影响、相互制约，但在整个系统的运行过程中又保持相对的独立性。二是区域性。在不同的层次或不同空间的地域，市场环境的各组成部分和要素之间的结构方式、组织程度，以及各要素流动规模和途径都有其特殊性。就我国而言，东、中、西三部存在明显的梯度差。同是沿海地带，南方与北方，

---

① 李双龙：《市场经济条件下市场主体的社会责任与和谐社会》，《经济研究导刊》2009年第10期。

甚至南北内部都表现出强烈的地域性。就农村和城市而言，深刻的二元结构又是一个明显的例证。三是变动性。在自然环境的胁迫下和人类社会的不断发展的过程中（主要是这一方面），市场环境的内在结构和外在状态必然发生不断的变化。实际上，从短期来看，折射这一时期经济发展状况。从长期来看，是市场不断成长、不断发育成熟的历程。①

一个好的市场环境，是竞争充分、公平、有效的，而这样一个好的市场环境，其自我净化的能力才强，不然只是依靠政府的宏观调控，是很滞后的，其自身的监管也很难面面俱到。而要整顿市场秩序，从根本上就要夯实与市场经济相协调的文化基础。具体要做到如下几条：

构建良好的市场秩序，反对不正当竞争：竞争是市场经济的核心机制。竞争可以使经营者能力与努力程度的信息充分显示出来，从而降低监督与激励经营者的成本。竞争具有优胜劣汰的筛选机制，经营者为了生存，只有努力工作，提高企业效率。要做到公平竞争，包含两个缺一不可的要素：一是企业的预算硬约束；二是公平的竞争条件。② 企业要做好自己的预算，并且是固定的、强制性的，不能随意变动，不然寅吃卯粮，拆东墙补西墙，不利于企业的长期发展。除了公平竞争，还要创造一个有效的、充分的竞争环境，鼓励大家多竞争，但要注意度，多竞争非恶性竞争。

加强市场规则的法治建设：法治是现代市场经济的基础。法治通过两方面经济作用为市场经济提供制度保障：一是约束政府行为，减少政府对经济活动的任意干预；二是约束经济人行为，包括产权的界定和保护，合同和法律的执行。我国目前制定了很多调整市场各主体关系的法律，比如《反不正当竞争法》《反垄断法》等，包括《合同法》等调节市场交易主体关系的法律。但这些法律制度还不够完善和全面，还要继续加强建设。

构建与市场经济相适应的道德文化体系：任何经济机制的运行

---

① 郁中华：《试论市场环境与市场主体》，《经济问题探索》1993 年第 7 期。

② 陈德亮、王爱君：《有效市场竞争环境建设的理性选择》，《河南师范大学学报》（哲学社会科学版）2003 年第 30 卷第 3 期。

都需要适当的道德基础。我们认为市场经济的道德基础应当是以"己所不欲，勿施于人"为基本原则、以保护每个人的"产权"为核心的一套行为准则或是非标准，是对相互尊重产权的共识以及信任关系，它包括诚实信用原则，自愿、平等、公平、维护商业信誉、恪守诺言、遵守合同等商业道德。①

第二，市场机制自我优化能力。

对社会资源进行有效配置是经济社会追求的目标。市场机制是实现资源优化配置的有效手段。在市场经济环境中，市场机制发挥着基础性的资源配置功能。其作用是通过机制要素的变化调节市场经济活动，使市场总供给和总需求不断趋于平衡，实现生产要素的合理流动和有效配置，保证社会再生产顺利进行和宏观经济效益的提高。②

市场机制的作用主要体现在价格机制、供求机制和竞争机制的作用上。首先，价格机制是市场实现对资源有效配置的最主要机制。它具有传递信息、资源配置、提供竞争与激励、收入分配的决定与调节等功能。同时，价格机制也是国家进行宏观调控的重要手段。其次，供求机制是市场平稳运行的重要方面。在供求力量的矛盾运动中，市场价格上下波动，最终会形成一个均衡价格，在这个价格上，供给数量等于需求数量。此时的市场既无过剩又无短缺，是一种十分理想的市场运行状态。最后，竞争机制是市场机制不可缺少的组成部分。它按照优胜劣汰的基本法则调节市场运行，提高经济效益。市场竞争不仅是形成企业活力和动力、促进企业技术进步和效率提高的重要因素，而且有效竞争保证了价格机制内在调节作用的发挥，刺激了生产，促进了资源的合理流动。③

传统市场机制在资源配置中存在缺陷，这需要政府的制度安排加以改进。其实，市场机制在资源配置上的缺陷，实质就是市场调

---

① 陈德亮、王爱君：《有效市场竞争环境建设的理性选择》，《河南师范大学学报》（哲学社会科学版）2003 年第 30 卷第 3 期。

② 李云燕：《论市场机制在循环经济发展中的地位和作用》，《中央财经大学学报》2007 年第 10 期。

③ 同上。

节资源配置的缺陷，两者虽然有不同的地方，但解决的方向是一致
的。而完善的市场机制可以使其自我优化能力增强，从而能直接促
进经济的发展，同时也加强了国家治理能力。

4. 社会主体能力

当前中国进入改革深化阶段，社会结构发生深刻变迁，社会内
部分化为具有不同利益诉求的社会群体，包括社会组织和公民个人
在内的各类社会主体自主权逐渐扩大，资源配置与利益分配日益明
确化。各种社会力量不断分化、定型并逐渐形成具有利益诉求的结
构因素，若相应的利益诉求表达渠道缺位以及社会协调能力弱化，
加之精英集团对社会决策权的操控，由此极易激化社会矛盾，引发
社会失序。在现代化过程中，原有利益格局被打破，与社会阶层结
构出现断裂、失衡危险，社会秩序亟待重构，而在这一过程中，社
会群体利益意识萌发，利益诉求多元化，由此必将推动社会治理主
体的多元化。

（1）社会组织行动能力

社会组织包括各种基层性群众组织如社区服务中心等，以及各
种全国性质的社团如文联、妇联等。群众自发组织的具有一定社会
影响力的组织。提高社会组织的治理能力对国家治理有重要的意
义，这其中包括：社会自组织能力、社会组织的诉求影响政府决策
的能力、社会组织的自我生存和壮大的能力、社会组织参与社会自
治的能力、社会组织提供公共服务的能力。

第一，自组织能力。

自组织是一个来源于自然科学和工程技术的概念。组织是自然
界和人类社会中事物的一种有序化的过程和构成方式。事物从无序
走向有序或从较低级有序到较高级有序的进化有两种方式：一种方
式是自我组织起来实现有序化，这种方式称作"自组织"；另一种
方式则是"被组织"或"他组织"，即在外界指令下被动地从无序
走向有序。[①] 在历史推进过程中，人们发现，市场和政府都不是万

---

① 杨贵华：《自组织与社区共同体的自组织机制》，《东南学术》2007 年第 5 期。

能的，二者各有自身的局限性，也都有起作用的范围和边界。在此背景下，人们对国家与社会之间的紧张关系进行反思，以求走出"政府失灵"和"市场失灵"的两难困境。当国家从本不该涉足的社会领域退出后，谁来管理社会？社会自组织和第三部门正是适应这一要求而兴起的。市场、国家、社会作为三个既相互关联又相互区别的领域（这里的社会不是广义上的概念，而是特指非政治、非市场的"第三域"）。如何在合理分工的基础上实现三者之间的良性互动，这是经济、政治、社会协调发展的重要条件。① 这就要求社会组织在不需要外部力量的强制性干预下，通过自身就可以实现自我管理、自我教育、自我服务、自我约束，进而实现有序化。

第二，反映诉求影响政府决策的能力。

由上文可知，社会（这里的社会是广义上的概念）对国家治理有重要作用，它弥补了政府和市场的不足。社会组织作为社会的重要一员，它产生于社会的需求，扎根于社会本身，所以，社会组织是最贴近社会的。正因为社会组织与社会的关系，社会组织有向政府反映其诉求的责任。这是其与生俱来的责任。政府在治理社会时，要做到有所为有所不为，这是两者协调的结果。如有冲突或不足，作为社会重要载体的社会组织就应该有反映诉求影响政府决策的能力。他们对某一问题的态度、看法形成合意，借助于代表自身利益的团体、组织，充分表达自己的意愿，从而影响了政府公共决策的产生、实施。

第三，自我生存和发展壮大的能力。

在很长一段时间内，我国对社会组织一直存在忽视、限制、控制乃至敌视的观念。要使社会组织具备自我生存和发展壮大的能力，首先，要改变这一观念。其次，要健全法律法规体系。法规政策滞后是制约社会组织健康发展、发挥作用的重要因素。② 目前《民法通则》规定的法人，"只有企业、机关、事业单位和社会团体法人四种，没有按照大陆法系设立社团法人和财团法人，已经不能

---

① 杨贵华：《自组织与社区共同体的自组织机制》，《东南学术》2007 年第 5 期。

② 廖鸿、石国亮：《中国社会组织发展管理及改革展望》，《四川师范大学学报》（社会科学版）2011 年第 5 期。

适应新的社会组织形态的发展，因而基本法系中的法人体系需要予以完善和修改，以符合新的社会秩序"。① 因此，应加快修订相关法律。再次，要构建培育扶持政策体系。国家除了从观念上改变对社会组织的看法，更要从实质上帮助社会组织成立和发展，使社会真正成为国家治理的主体。复次，社会组织要想自我生存和发展壮大，还要健全其治理结构。健全权责明确、协调运转、有效制衡的法人治理结构，明确会员大会、理事会、监事会和管理层的职责，推行理事长兼法定代表人制度，适度控制理事会规模，强化章程的核心地位，健全议事、选举、机构、财务、人事等各项制度。② 最后，完善社工队伍人才机制。社会组织的发展亟须一批专业化、职业化的社工队伍，但是目前我国这方面的情况并不理想。据有关学者对南京市的调查显示，目前南京市社区社工队伍年龄偏大（41 岁以上社工占 81.4%），而且以女性为主（占整个队伍的 70% 以上），文化程度偏低（高中及其以下占 60.6%）。而因为社会工作者社会认同度不高，社会工作者的待遇、地位低等原因，对具有系统的社会工作专业知识和专业技能的大学毕业生吸引力不大。为此，建议政府要及早出台社区社会组织服务机构员工就业、社会保障等方面的政策和法规，完善社会组织税收及从业人员的人事、工资、福利、职称、医疗、养老等社会保障措施，增强社会组织对优秀人才的吸引力，提高社会组织的发展能力。③

第四，参与社会自治的能力。

我国社会组织参与社会自治，具有先天的优势。因为我国的社会主义制度是人民当家做主的制度，制度本身就需要人民群众参与到社会管理当中来。我国人民群众对社会事务的参与，是体现人民当家做主的重要环节。从参与的基本方式看，参与可以是公民个体的参与，也可以是通过某一社会组织来实现的。又因为社会组织在产生渊源上的民间性、社会组织成员参与的自愿性和志愿性、社会

① ［美］阿尔蒙德：《公民文化》，浙江人民出版社 1989 年版。

② 同上。

③ 高红：《社区社会组织参与社会建设的模式创新与制度保障》，《社会科学》2011 年第 6 期。

组织形成目的的公益性，使得社会组织比起政府来说具有更强的号召力，从而既可以更有效地动员、整合社会力量和社会资源，其活动范围又可以延伸到政府管理难以顾及的领域、层面和环节，而其所具有的自治性又使其在具体活动领域、具体活动对象、活动的方式和方法等方面更具有灵活性，更易于促进社会沟通，获得社会认同，激发社会活力和创造力，重塑社会价值，最大限度地实现社会自治功能。①

第五，提供公共服务的能力。

公共服务是为实现公共利益和普遍福利目的，政府运用公共权力或者政府以外的其他主体运用公共资源为不特定个体或组织提供的服务。公共服务理论的产生可追溯至 19 世纪末 20 世纪初自由主义在英国的分裂；从那时起到 20 世纪 70 年代的福利国家理论认为，国家（政府）一直享有提供公共服务的专有权。② 国家（政府）之外的其他组织都没有被纳入提供公共服务的主体范围。到 20 世纪 80 年代，"新公共管理"运动的兴起，使公共服务实现了从提供主体单一化到多元论的跨越。这其中，社会组织，特别是其中的公益性社会组织成为了提供公共服务的一员。社会组织向政府反映诉求、参与社会自治，这本身就是一种广义上的公共服务，做到上述两点，就意味着社会组织已经能很好地提供公共服务了。社会组织要提供好公共服务，还要完善相应的问责机制，依靠社会组织提供公共服务也会存在风险。社会组织提供公共服务时也可能出现各种"志愿失灵"现象。为了防止或矫正公益性社会组织失灵，我们可以运用一种或多种手段即工具进行问责。当前公益性社会组织提供公共服务的问责工具主要有三种类型：自上问责工具，包括信息披露、现场监测、财务审查和第三方组织者评估；横向问责工具，即独立第三方评估；自下问责工具，只有质疑与投诉。③

---

① 杜艳玲：《我国社会组织参与社会管理的理论与实践研究》，硕士学位论文，河北师范大学，2011 年。

② 李军鹏：《公共服务学》，国家行政学院出版社 2007 年版，第 26 页。

③ 傅金鹏：《我国公益性社会组织提供公共服务的问责逻辑》，博士学位论文，复旦大学，2012 年。

（2）公民个人参与能力

现代社会由于权利意识的觉醒和国际比较的透明化，民众对政治参与度的要求和个人权利发展的需求都空前增长；但同时社会阶层的分化以及特定利益集团对国家政治生活的影响力的扩展，又必然导致两个不平衡，即民众实际享有的个人权利与其政治参与需求之间的不平衡；民众之间对政治权利的享有呈现不均衡。而现代社会权利斗争的一个显著特征却是：权利越是平等化，民众对哪怕些许的不平等就愈加敏感和难以忍受。[①] 此外，在当今许多发展中国家中，广泛存在着利益集团垄断政治生活、居民收入差距急剧扩大、基本权利屡遭侵犯的现象，群体性事件频繁发生、社会秩序不稳等问题。和谐社会的重要表现之一就是人与人之间的和谐。人构成社会主体，只有人对社会的认可度和满意度达到一定的程度时，人与人之间、各阶层和群体之间才会形成良性互动的局面。对一个社会来说，危险根源于社会内部人与人之间的冲突和紧张，内部的紧张和冲突可导致社会动荡，乃至社会失序。这要求公民个人也必须具备一定的治理能力：

第一，公民遵纪守法、诚实守信的能力。

公民个人是社会最基本的构成要素。在现代社会，公民个人不能离开社会独自生存，而社会又赖于无数公民的共同组成。国家是由人成立的，没有了人，国家将不复存在。也正因如此，公民个人也应参与到国家治理中去。公民个人要实现国家治理，首先要遵纪守法、诚实守信，这与市场主体相一致。公民个人的权利要想得到声张和保护，其本身就应该先遵守规则。正如法谚所云：没有限制的自由就是不自由。而诚实守信对公民个人的重要性如同诚信经营对市场主体的重要性，具备了遵纪守法、诚实守信能力的公民个人，才能更好地治理国家。

第二，公民个人自我生存和发展的能力。

现代社会发展的速度很快，典型如互联网行业，真可以说是日

[①] ［美］罗伯特·昂格尔：《现代社会中的法律》，吴玉章、周汉华译，译林出版社 2001 年版，第 167 页。

新月异。在如此社会中，个人如何生存和发展是一个很重要的议题，也是一项很重要的能力。现代社会压力大，不少人因承受不了这种压力而走向了自杀的道路。如何面对这些压力，如何更好地生存下去，这不仅是一个社会问题，也是国家问题。而如果连生存都是问题，就很难要求公民去治理国家。所以，公民个人要有自我生存的能力，且这种能力在出生之初可能依赖父母、他人，但在之后，应该是依靠自己也能生存下去。生存之后的问题是发展问题。个人不能停留在生存的层面上，如何提高自己、发展自己，使自己的社会价值得以体现，才是最终的目的。公民个人没有自我发展的能力的话，他最后还是无法适应社会的。因为社会是在变动的，如果个人停止不动，就会被甩在后面。如上文提到的社工问题，要想进入社会组织，更好地服务于社会，公民个人需要具备一定的能力，而这种能力是靠自我发展得来的。所以，公民个人要参与国家治理，要具备个人自我生存和发展的能力。

第三，公民志愿服务的能力。

一个公民，遵纪守法、诚实守信，且能自我生存和发展，但是如果他没有志愿服务的意识，他还是无法参与国家治理的。参与国家治理本身就应该是志愿的，如果被强迫，并不能期望他能很好地治理国家，他可能还会从中捣乱，破坏其他主体的治理。所以，公民个人参与国家治理还要有志愿服务的能力。

第五章

省级治理的特殊性及合理化方案

我国是一个超大规模的发展中国家，不同地区的社会、历史、自然等资源禀赋差异极大，因而深入推进国家治理体系和治理能力现代化，除了要注重国家层面的顶层设计之外，更重要的还在于因地制宜，充分发挥地方治理实践的主体性、积极性和创造性。而省级治理作为沟通地方治理实践与国家治理体系"顶层设计"中承上启下的中间环节，必然在推进我国国家治理体系和治理能力现代化的过程中扮演着极其重要的决定性作用。然而在当前学界有关治理的研究中，宏观层面的国家治理和微观层面的基层治理受到的关注较多，而介于二者之间的地方治理则相对较少，尤其是作为地方治理最高层级的省级治理，实际上处于严重缺位的状况。这一省域治理视角的缺乏很容易便造成国家治理与地方治理之间的衔接断裂，从而不能很好地整合既有研究，导致宏观理论与具体经验之间的相互脱节。同时，在既有的地方治理研究中，乡村治理等基层治理、具体问题治理以及政府自身治理等着墨甚多，这就使得相关研究零散杂乱，缺乏一定程度上的整体性、系统性和协调性，从而更反衬出作为中观治理的省级治理在推进国家治理体系和治理能力现代化中的重要作用。

"省级治理的特殊性"体现在两个方面，即省级治理相对于国家治理和基层治理的特殊性，以及作为地方治理最高层级的省级治理相对于一般意义上的地方治理（相较于中央和基层而言，而非省级治理突出强调省级这一层面）的特殊性。这一比较意义上的特殊性实际上正是省级治理自身运作逻辑的特殊性的外在化，因而我们便可以循此路径，通过对省级治理自身的地位、功能、类型、结构及其运作机制等进行考察，进而深入探究省级治理的特殊性。同时，笔者还引入国际比较的视角，通过比较不同政体背景下省级治理的异同，进而深化对于中国省级治理特殊性的认识。

一　省级治理的特殊性

1. 省级治理在国家治理中的特殊地位

我国的行政关系结构决定了省级治理是国家治理承接的首要环节，在地方治理的具体实践中，省级治理无疑担当着领导作用。市场经济改革以来，社会结构的剧烈变化所带来的治理危机使省级治理成为地方治理创新的关键推手和现代国家治理转型的中坚力量。

（1）国内治理承接的首要环节

在推进国家治理体系和治理能力现代化过程中，中央政府重在发挥统揽全局、协调各方的领导作用，负责全面深化改革事业在宏观层面的顶层设计，制定改革任务的路线图和时间表。然而国家治理体系和治理能力的现代化不仅指一套系统完备、科学规范的现代制度体系，更重要的还在于制度的贯彻与执行。省级治理作为贯彻落实国家治理任务的总承包方，是落实中央大政方针的第一个环节，是中央政策地方化实施的第一步。各省在承接到国家治理的任务之后，将有关全面深化改革的任务"分包"给地方实施，辅之以相应的改革绩效考核机制，从而把各级地方政府的工作重心转移到全面深化改革事业中来，通过官僚竞争机制层层分解、层层施压，确保改革不走形式，不走过场，最终由基层政府具体执行实施，从而完成国家治理的整个过程。

（2）省域治理实施的领导平台

中国是具有超大规模的发展中国家，不同地区历史、社会、自然等资源禀赋差异巨大，发展的非均衡性导致不同地区在治理的起点、需求和能力等方面存在多样性，这使中央层面的国家治理不可能成为直接意义上的第一治理者。省级治理作为国家治理体系的二级单位，相对于国家治理而言无疑属于中观治理范畴，但相对于其下的地方治理，尤其是基层治理而言，无疑又具有一定程度的宏观性，是中央一致性施政和地方差异性施政的最佳结合点，也是省域治理的主导者和规划者，更是省域治理实施的领导平台。一方面，省级治理将国家治理"顶层设计"的普遍原则与本省的特殊省情相结合，从而破解超大规模国家因信息不对称和治理能力匮乏而产生的国家治理困境；另一方面，省级治理可以立足主位，因地制宜地制定省级治理的科学实施方案，突出重点，整合优势，循序渐进、积极稳妥地推进全面深化改革事业。

（3）地方治理创新的关键推手

1978 年以来的历史变革，除了源自政府工作重心的转移，更多的是特定历史背景下底层自下而上的"边缘革命"和政府自上而下的"双轨结构"共同推动的结果。家庭联产承包责任制、经济特区等"边缘革命"所意外带来的巨大成功和示范效应，使"基层创新+中央推动"成为 80 年代中国改革创新的基本模式和主要经验，并进而推动中国经济的超常规发展。90 年代以来，贫富差距扩大、维稳压力陡增等社会现实使原有"基层创新+中央推动"的改革模式难以撼动改革过程中所形成的新旧利益群体。在此背景下，直接由中央政府推动治理创新风险太大，而县—乡—村层级的治理创新因治理权威和资源不足，无法推动规模化发展并解决大面积矛盾。相比之下，省级治理这一具有权力自主性和适宜的中观治理实体恰好为突破我国当前的改革困境提供了可能，省级治理既有一定权威和资源，又可结合自身实际和突出问题，适时推动省级治理迈上一个新的台阶，使其从基层治理为中心转变为以省级治理为中心，从"基层创新+中央推动"的旧改革模式转变为"中央推动+省级创新"的新改革模式。

（4）国家治理转型的中坚力量

1949 年新中国成立以来威权体制和治理有效性之间的矛盾使运动式治理成为国家治理的重要方式，强大的绩效合法性压力又使国家对运动式治理形成强烈的路径依赖，并呈现出间歇爆发的周期性现象。即便改革以来中国生活走向常规化，但它亦以运动的方式进行。运动式治理下权力格局的错置与官民行为的悖论，使基层治理的实践生态陷入赤裸裸的"力"与"利"的摩擦与碰撞之中，进而使进入政治过程的各方都陷入某种缺乏合理性和合法性的恃强凌弱或反过来的"恃弱凌强"。时值当下，运动式治理因其治理绩效的整体低下、与现代社会的科学、民主和法治理念不兼容以及政治化动员的不可控等风险而面临深刻危机，国家治理实践亟待转型。"全面深化改革总目标"和"依法治国"意味着国家治理机制必须在法治化和制度化等现代政治文明的轨道上运行，回归到常态社会的常态治理中来，在"省级创新+中央推动"的新改革模式下，以中央全面深化改革精神为指导，以省为单位进行多元竞争的试错方式，立足中国本位与中国国情，借鉴国际治理先进经验和人类政治文明的优秀成果，直面当前国家治理实践的深层次困境，勇于探索，大胆创新，恰可为社会主义政治文明的发展做出历史性贡献。

2. 省级治理在国家治理中的特殊功能

省级治理可以巩固省级党政执政地位，进而推动国家层面党的执政地位的巩固。省级治理还担负着推动省域经济社会发展、社会稳定和谐与省际区域交流的功能。

（1）巩固省级党政执政地位

党的核心领导是社会主义现代化建设胜利的根本保证，更是顺利实现中华民族伟大复兴中国梦的根本保证。党的十八届三中全会以整章篇幅提出"加强和改善党对全面深化改革的领导"，将党的建设与政治、经济、社会、文化、生态等并列为全面深化改革的六大领域，其最终目的正是为了巩固党的领导这一根本宗旨。我们党是以马克思列宁主义、毛泽东思想、邓小平理论和"三个代表"重要思想为指导的先锋队政党，唯有坚持解放思想、实事求是，坚持用发展着的马克思主义指导各省社会主义建设，坚持推进省级社会主义民主，坚持立党为公、执政为民，始终保持党同人民群众的血肉联系，才能不断增强社会主义的生机和活力，才能从根本上巩固党的执政地位，这也是省级治理加强和改进省级党的执政能力的根本目的所在。作为省级治理的规划者和主导者，各省可以充分发挥主体性，结合自身实际，积极推进政治、经济、社会、文化、生态领域的全方位改革，以加强和改进省级党的执政能力建设，省级治理是巩固党的执政地位的重要基石和中流砥柱，省级党的执政地位的巩固则同时意味着国家层面党的执政地位的巩固。

（2）推进省域经济社会发展

改革开放以来，中国经济取得举世瞩目的成就并创造出世界经济发展史上的伟大奇迹，在经过 30 多年的快速增长之后，中国所积累的结构性风险也逐渐凸显和释放，其所倚赖的人口、资源、环境等发展红利也渐次丧失，加之世界经济"大调整""大过渡"等诸多不稳定因素的叠加，致使近几年 GDP 增速逐步回落，经济面临结构调整与转型升级的巨大压力，中国经济开始进入发展的"新常态"时期。面对经济发展新常态的现实国情，正统马克思主义语境下的"发展才是硬道理"仍不失其历史唯物主义发展逻辑的高度合理性，而对省级治理来说，在中国经济新常态"稳增长、调结构、促转型"的大背景下，其首要任务就在于推进省域经济社会平稳较快发展，通过自主制定省域经济发展中长期战略规划，积极创新省级宏观调控方式；加快推进省级国有企业深化改革，积极推动混合所有制经济发展；努力调整省域经济产业结构，实施省级创新驱动发展战略，促进省域内经济发展由要素驱动、投资驱动向创新驱动转变；同时以新型城镇化带动新型工业化、信息化，促进产业转型升级；积极培育战略性新兴产业等新的经济增长点，保持经济在合理区间运行；鼓励省级外向型经济发展，提升省域经济对外开放水平，积极利用外资和国际先进技术经验，努力做到"稳增长、调结构、促转型"兼顾，坚持稳中向好、稳中有进、稳中提质，进而在此基础上以多元试错的方式为中国经济下一个黄金三十年探索各种可能途径。

（3）统筹省级治理改革深化

开放无疑是 20 世纪下半叶中国命运实现大翻转的伟大抉择，但当前改革已经进入深水区和攻坚期，具有帕累托改进效应的改革基本都已完成，需要解决的都是难啃的硬骨头。在此背景下，党的十八届三中全会做出涵盖政治、经济、社会文化、生态和党的建设六大领域的全面改革，但改革过程中的诸多问题错综复杂又脆弱敏感，牵一发而动全身，由此也不断引发改革的方向、路径乃至成败等问题的激烈争论。因此，必须注重改革的主体性、系统性和协同性，最大限度地化解既往改革所留下的后遗症，最大限度地减少改革中出现新问题。省级治理的改革深化，就是要在党的领导、人民当家做主和依法治省有机统一的基础上不断深化，加快推进省级民主政治的制度化、规范化、法治化和程序化，努力提升依法治省、依宪行政的能力和水平，进而发展更加广泛、更加充分、更加健全的人民民主。

（4）实现省域社会稳定和谐

改革开放以来中国发展的历史经验表明，社会稳定是改革和发展顺利进行的必要条件和基本保证。面对 1990 年代以来社会贫富差距的急剧扩大、社会不稳定因素潜滋暗长的社会现实，和谐社会的提出即为中国共产党面对中国发展的新情况新问题而提出的一种因社会发展野蛮扩张而被迫产生的旨在自我保护的"反向运动"。省级治理承担着维护省域社会稳定和谐的重要作用，省级治理主体需以解决省域内人民群众最关心、最直接、最现实的利益问题为重点，特别是针对民众反映强烈、严重危害省域社会稳定和谐的犯罪行为，以及涉及征地拆迁、信访维权等突出问题，积极运用法治思维和法治方式，切实维护民众的根本利益，从而正确处理改革、发展与稳定之间的关系。省级治理主体需把省域内改革的力度、发展的速度和社会可承受的程度统一起来，把不断改善省域内人民的生活水平作为处理改革发展稳定关系的重要结合点，在保持省域社会稳定的前提下妥善推进省级治理的全面深化改革，通过省级治理的全面深化改革来促进省域社会的稳定与和谐，从而牢牢掌握推进省级治理体系和治理能力现代化的主动权。

（5）推动省际区域交流合作

全球化和区域一体化是世界发展的主要潮流，加快构建开放型经济新体制，大力推进自由贸易区建设和经济区域协同发展，更好地统筹利用国际国内两种关系、两种资源和两个市场，积极提升对内对外开放水平是大势所趋。对省级治理而言，构建省级开放型经济新体制，就是结合自身实际，加强区域内外互联互通，引入更多竞争机制，促进要素资源的跨区自由流动，培育参与和引领国际经济合作竞争新优势，提升省域全方位对外开放水平，推进省域及周边区域协同发展进程，以打破地方保护壁垒，优化区域发展环境，共谋区域协同发展的新篇章，形成着眼长远、特色鲜明、优势互补、互惠互荣的区域一体化发展新格局，从而增强区域整体竞争实力和发展潜力，助力区域转型发展。推进对内对外的省际区域交流合作远不止于经济层面，加强对外文化、艺术等软实力交流合作亦是省际区域交流合作的重要组成部分。概括言之，推动省际区域交流合作，构建省级开放型经济新体制，进而以此为先导推进省域经济社会全面深化改革，是以"鲶鱼效应"倒逼中国经济社会发展转型和结构调整的优先路径，也是创新区域发展模式的重要载体。

3. 省级治理的结构特殊性

省级治理结构是指中央政府与各省及地方政府之间的权力配置和运作，以及在此过程中所形成的各种关系的总和。具体应包括三个维度：同一等级政府组成机构之间的横向关系、不同等级政府之间的纵向关系以及政府与市场、社会等其他治理主体之间的相互关系。

（1）央省关系结构

我国是中央集权的单一制国家，中央是省级政府权力的终极来源，省级治理由中央授权并接受中央的统一领导和监督。这种中央可控纵向分权模式的基本价值在于实现中央权力的有效垂直延伸，破解因规模问题而产生的信息不对称和治理资源匮乏等难题，进而实现中央对各省的有效控制。但若就此认为央—省之间是一种纯粹的领导与被领导关系，则显然忽略了改革开放以来央—省关系在复杂的利益博弈进程中的变异与再生。随着计划经济向市场经济的转变，发展主义超越单一的政治忠诚度成为新的意识形态，在经济发展的过程中，以财政包干制为特征的财政分权为标志，省级政府在经济发展中的地位愈益重要，在与中央政府的利益博弈中，各省逐渐获得权力自主性，与中央形成一种类似"行为联邦制"的经济权力格局，在这一权力格局下，各省只要与中央精神保持一致，便可灵活制定符合自身实际的地方性政策，或在中央默许下自主进行政策创新，为中央政策的变化做探索性工作。"行为联邦制"这一央—省关系格局是省级治理结构特征的最重要体现，也是省级治理权力自主性的来源，但其非制度化的倾向使央—省关系的博弈充满变数，因而亟须进行制度方面的创新实践。

（2）省级权力结构

"行为联邦制"下的央—省关系格局使各省成为省域治理的规划者和主导者，但就省级权力结构而言则是典型的"轴心辐射模式"。首先，这一"轴心辐射模式"体现为整个省域内的政治生活有且仅有省级政府这一领导核心，在省级政府中又始终存在省委常委会和省委书记这一领导集体和领导核心；其次，"轴心辐射模式"是一种单中心、多层次的政治治理体制，在横向上，省域内每一级地方政府都有其唯一的轴心，整个政府的运转以轴心为圆点，从而对本辖区内的社会事务起着全方位的领导作用，并按照治理对象的不同性质而实行分工负责，在纵向上，轴心又是多层次的，存在多个次轴心，且严格执行下级服从上级的领导原则，这就使下级政府紧紧围绕上级政府的领导核心运转，如同辐条"悬"在轮轴的周边。就横向意义上的省级权力结构而言，同样是一种"轴心辐射模式"。在这一模式中，以省委常委会和省委书记为轴心，省政府、省人大、省政协以及两院围绕省级轴心，按照各自的领域分工，共同治理省域内各项事务。事务性最为繁忙的省政府亦为"轴心辐射模式"，以省政府办公厅为轴心，进而辐射到以财政厅、商务厅、公安厅、交通厅、教育厅等为主要代表的机构组成之中。实际上，省级权力结构的"轴心辐射模式"是一种分级治理的控制模式，是党的核心领导在省域的投影和复制，深刻反映了中国特色社会主义政治的本质特征，同时这一模式也是整个国家治理体系中"条块关系"纵横交叉首要的也是最重要的结合点，这一双重特性使得省级治理可以其较大的政治权威和治理资源胜任省域内"条块矛盾"的协调与仲裁。

（3）省地关系结构

省地关系结构指的是省级政府与各级地方政府之间的权力关系及运作逻辑。尽管各省因"行为联邦制"的运作逻辑而获得较大的权力自主性，但就整个国家行政体系纵向的分级治理来说，各省终究是中央政府治理任务相对被动的承接者；而在省—地关系结构当中，各省介于承上启下的央—地关系之间，对于省域内的各项事务则扮演着相当主动的第一位角色。这一被动与主动转换的背后，实际上是各省对国家治理任务与自身特殊省情的灵活对接与变通，也是各省权力自主性的生动体现。各省接包中央治理任务后以"总承包人"的角色，按照属地原则和任务性质层层发包给各级地方政府，呈现"行政逐级发包制"的色彩。但各省作为省域治理的总发包方，虽可自主决定发包的方式和内容，但因行政逐级发包的每一级"承包方"只对直接的上一级政府负责，这使省级政府对其下各级地方政府的监督能力逐级减弱，从而直接影响省级治理的绩效。为此，各省需要在省级治理层层承包—发包过程中，通过"压力型体制"的层层传导对各级地方政府进行政绩考核和晋升激励，以有效解决"行政逐级发包制"因监督能力逐级下降而产生的基层政府间的"共谋现象"。

（4）政府—市场关系结构

省级治理中的政府—市场关系结构是指省级政府与省域内市场经济主体之间的关系结构及运作逻辑，其实质是政府与市场两大现代范畴在省级治理中的投射。政府与市场的关系问题伴随改革开放而生，在计划经济时代，基于生产资料公有制的社会主义意识形态，市场因素被改造殆尽。当计划经济向市场经济转变，我国的基本经济制度也开始向多元化发展，非公有制经济迅速成长为我国经济的重要组成部分。当前省级治理中的政府—市场关系结构与国家视域下的政府—市场关系结构具有同构性，其特殊在于因省情不同而表现出的不同面向和侧重，集中表现为市场经济时代的省级政府运作逻辑与市场经济运行规律之间的突出矛盾。一方面，由于计划经济向市场经济的转变并不彻底，省级政府依然控制着大量经济资源，更在省域内的经济运行中占据主导地位，带有明显的计划经济时代特征；另一方面，市场经济要求各种经济要素自由流动，但现实中省级政府职能的越位、缺位等使市场经济规律不能很好地发挥作用。同时，省级政府行为的法治化和制度化水平较低，省域内市场经济的发展预期也往往充满不确定。

（5）政府—社会关系结构

省级治理中的政府—社会关系结构实质为国家与社会关系在省级治理中的投射。建政以来，中国共产党建立的是一个总体性社会，国家垄断全部重要资源并由此建立对人民全面而严格的控制，相对独立的、带有一定程度自治性的社会自然也就不复存在。政治机构的权力可以随时地无限制地侵入和控制社会的每一个阶层和每一个领域，这使国家对社会生活的控制具有任意性的特点。以改革开放为界，政府与社会关系发生根本变化，国家逐渐从全能主义的社会控制方式后退，社会开始成为一个相对独立的提供资源和机会的源泉。但基于意识形态的约束，社会并未获得完全独立的自主地位，国家依然在牢牢地控制着"政治领域"和"公共领域"。面对各类社会组织可能对国家造成的冲击，国家根据其挑战能力和提供的公共物品，对不同的社会组织采取不同的控制策略，进而实现对社会的全面控制。国家通过"分类控制"的方式允许公民享有有限结社自由和一些社会组织存在，但不允许它们独立于国家之外，更不允许它们挑战自身权威。同时，国家也有意识地利用各种社会组织提供公共物品的能力，使其发挥"拾遗补阙"的作用，通过建立"分类控制体系"，国家有效地控制了社会的组织化进程，从而确保了社会的总体稳定。这一经验也表明，国家与社会关系并非分离和对立，而是相互融合的关系，国家始终居于主导，社会则深深地嵌入国家权力的运作逻辑之中。

4. 省级治理的机制特殊性

政府治理机制指的是政府治理主体在特定场域内，在某种动力的驱使下，通过某种方式趋向或实现治理目标的过程。① 据此，省级治理机制则可视为在省级行政辖区范围内，以省级政府为治理主体，同时依托省域内的社会团体、企业和公民等各种组织化的网络体系，通过综合运用多种治理方式或手段，以最终实现省级治理体系和治理能力现代化的过程。

（1）核心统领机制

中国超大国家的现实国情使中央始终面临治理有效性困境，这导致中央必须依赖各省以实现治理的有效性。换言之，各省作为一级政府，其权力很大程度上独立于中央。在分析省级治理的机制特征时，应看到中央和省的关系以及省和省内辖地关系的两层互动，当我们把省作为分析单位，我们将会看到完全不同的博弈发生，就如世界政治中的双重博弈。而自上而下的研究视角，通常将各省治理主体看作功能型专家，认为各省代表中央实施全国性政策，但各省不仅仅对特定的功能领域负责，作为一级政府它需要负责省域范围内的所有事务，它不仅要代表中央实施政治、经济、社会等所有治理政策，更需发挥核心统领作用，通过制定和实施因地制宜的政策，来治理所属辖地。省级权力结构是以党委为中心的治理体制，从横向上讲，省委党委构成省一级治理主体的中心，省域内每一级地方政府的运作都以此中心为原点，并对辖区内公共事务进行领导，在这一模式中，以省委常委会为中心，政府、人大、政协以及两院围绕省委党委，按照各自领域分工共同治理省域内各项事务。从纵向上讲，党委构成每一级地方政府的中心，按照下级党委服从上级党委决定的民主集中制原则展开日常工作，这使下级政府紧紧围绕省级政府领导核心运转。在所属行政辖区内，省级党委通过党管干部的任命制度来如确保自己的核心统领地位，在实施其对所属地级市的治理时，党管干部原则是最重要的原则，构成省级治理核心统领机制的精髓。1984 年干部任命制度下放以后，在分级管理制度下，地市一级领导人不再是由中央而是由各省来任命，干部任命

---

① 霍春龙：《论政府治理机制的构成要素、涵义与体系》，《探索》2013 年第 1 期，第 83 页。

制度下放更是确保了各省在自己省域范围拥有的核心统领地位。

（2）分包竞争机制

中国传统的地方治理模式有四个基本要素：行政逐级分包、属地管理、财政分层与地方官员的竞争机制，四者又可以概括为"纵向分包"和"横向竞争"的统一。各省是中央发包的所有事务的"总承包方"和第一行政责任人，在"承包"中央所有事项之后分包给下级政府，基层地方政府最终承包并执行实施。为突出接包人的行政责任，各省指定下级政府行政首脑为第一责任人，所有打包下放的权力最终集中于此人，在实际运作过程中，下一级政府行政首脑的任命权通常掌握在上级政府手里，每个上级政府凭借手中掌握的人事任命权或举荐权在多个下属进行"政治锦标赛"，以鼓励下级为上级所看重的目标而努力。这使得同一级别的各地区行政首脑之间形成晋升竞争关系，从最基层的政权组织到县、市、省，铺设了一个严格的金字塔式的晋升阶梯，基层公务员从金字塔的底部出发，其仕途的晋升依赖于每一阶段激烈竞争的胜出，任何一次的失败和出局就意味着永远失去未来晋升的机会。上述两个要素之间相互依存，相互支持，构成了一个内在一致的整体。各省把接包任务分包出去，存在于下级的竞争机制使得各省的行政分包成为可能，而没有省级政府对下级官员的人事任命权以及衍生的官场竞争，行政逐级分包就可能衍化地方逐渐做大乃至与省级对抗的局面。从防范最坏可能性的角度看官员晋升竞争的意义，晋升竞争使得省级向下级政府放权而不担心失去控制；从积极的方面看，官场竞争促使官员为获得提升而尽量投上级政府所好，使自身行为最大限度接近各省所期望的目标。通过持续不断的分包和竞争，省级治理任务得以全面完成。

（3）整合平衡机制

社会整合对各种社会关系的平衡，其实质是对各种利益关系的平衡，通过平衡消弭各利益主体因利益问题而产生的矛盾、冲突，甚至斗争，实现社会的一体化。就各省整合平衡机制而言，一是各省整合完善的平衡机制；二是文教宣等部门紧抓不懈的意识形态工作；三是公检法等部门牢牢抓好的综合维稳；四是社会组织充分发挥的社会凝聚作用。在组织体系上，各省在属地范围内建立公平公正的利益分配机制，使广大普通劳动者能分享到改革发展的成果；建立均等化的基本公共服务制度，弥合初次分配中收入差距过大的问题；同时建立以政府为主导，充分发挥社会组织、社会群体整合平衡的多元组织体系。在意识形态上，文教宣等部门承接中央意识形态治理任务，探索执政党意识形态与社会意识形态良性互动的价值整合机制，在理论和现实的结合中深刻理解并灵活运用理论，通过马克思主义的普遍原理与中国特色社会主义实践以及中国文化传统相结合，使中国化的马克思主义等主流意识形态与普通社会成员更为贴近，使之真正起到解释现实、解决问题、指导建设的作用。在综合维稳上，各省把社会整合与政治整合严格区分，对涉及经济社会利益诉求的，运用利益平衡的简单化机制，对于威胁政治稳定和政治安全的问题，则坚决运用公检法等暴力手段果断处理。在多元合作上，各省发挥社会组织、社会群体等社会力量的社会凝聚作用，来更好地凝聚人心、团结力量、发挥正功能的作用。

（4）协同治理机制

协同治理机制是指政府树立多元共治理念，综合运用行政、法制甚至市场机制等多种方式和手段，与社会一起构建各种制度化的沟通渠道和参与平台，建立健全各种机制，发挥社会在自主治理、参与服务和协同治理等方面的作用，着力加强对社会的支持培育，最终形成政府主导、社会协同、共治共建共享的社会治理新格局，实现充满活力、和谐有序的社会治理目标。转型期社会问题的复杂性决定了省级治理一方面要有中央的统一决策；另一方面，各省面临千奇百怪的治理问题，必须勇于创新，加强所属省域的顶层设计。由于社会已随着市场化改革的推进而变得多元，纯粹依靠命令和压制进行管治，只会削弱政府决策的合法性，即便对于中国这种政府权力大、制衡机制弱的社会，政府仍然必须选择一定的机制以纳入民众参与，回应社会诉求。为提高政府部门的响应性、问责性和决策质量，政府在特定的政策项目当中，开始让更多民众参与到政府治理过程中，在两者互动过程中，地方政府更多地发掘到民众的真实偏好，接收到更多的决策信息，最终提高了决策的质量和认受性，这无疑提高了治理绩效与社会稳定，也使更多的地方政府有更多动力来使用这样的治理技术，公众参与方式被越来越多的地方政府运用，逐渐形成政府与民众协同治理地方社会的稳定机制。在这种机制下，政策议程和最终决定权依然被地方政府所掌握，但决策过程可以引入公众参与而变得更透明和开放，同时由于这种协同治理机制只应用于特定项目，所以不会构成对政府整体的"民主化"压力，正如社会的萎缩和弱小绝不意味着国家的强大，随着公民力量的理性培育和各类制度化的协同治理机制的健全，社会主体的日渐成熟也绝不意味着它将成为对抗国家的力量，它们将成为促进善治的力量，并帮助政府超脱"划桨者"或者是"掌舵者"的角色争论，更好地扮演监督者和仲裁者的角色，从而不但提升政府掌控全局的能力，改善自身治理绩效，而且提高政府存在的公信力和合法性。当然，在没有民主制度的保障下，协同治理到底在多大程度上能够实现各省的治理意愿，并最终提高治理绩效，依然取决于一系列的现实因素，更为重要的是，从短期的治理效果来看，协同治理机制有助于中国整体的稳定，但长期的效果却可能成为"民主化"的助力。

5. 省级治理的类型特殊性

我国当前共有 34 个省级治理单位，在长期的治理实践中，基于历史与现实的需要，而不断发展形成了普通型、中央直辖型和民族区域自治型①等三种不同的省级治理类型。

（1）普通型

普通型的省级治理最早可以追溯到元朝时初创的行省制度，行省作为中央政府的临时派出机构，代表中央政府对地方进行治理，并在长期的治理实践中逐渐演变成为中央政府之下的二级治理单位。行省制作为中央政府应对超大规模国家的治理难题而做出的

---

① 一国两制下的"特别行政区"是中国政府为了实现国家的和平统一，在历史与现实的双重考量下而做出的审慎而明智的制度设计，一国两制最初针对的是台湾，但率先在香港和澳门得到实践，其本质上是一种特殊的联邦制，这一点与前面提到的单一制下的三种省级治理类型有着根本的不同，故而此处存而不论。

制度创新，对后世的政治制度尤其是地方行政区划产生了深远的影响。

新中国成立后，我国承袭了这一行省制的历史遗产，但由于计划经济体制的全面推进，使得省级政府的权力自主性相对较小。就一般的省级行政单位而言，各省作为中央代理者，无疑具有行政代理人的特点，在经过 20 世纪 80 年代以来的经济与分权改革之后，央—省之间在经济上呈现出"行为联邦制"的色彩，但各省作为中央在当地履行各地职能代理的角色并没发生变化。从事权上讲，宪法赋予国务院的事权达 18 项之多，除少数如外交、国防、进入紧急状态等专属中央政府外，各省事权几乎是中央翻版，但在单一制、集权型的治理结构之下，央省之间的领导关系以行政领导的方式出现，这种领导一方面体现在中央对各省的直接领导，另一方面是中央主管部门对各省工作部门的领导与业务指导，而省级各工作部门又是省级政府的组成部分，因此中央对各省的领导是双重、垂直的领导关系。这种强有力的领导加上事权划分的偏差，导致省级治理者长期以来处于弱而无力或相对弱势的地位。从组织人事上讲，中央通过党管干部形成层层控制的干部人事控制网。中央直接管理省、自治区、直辖市一级的领导干部，省、自治区、直辖市的厅、局级和地、市级主要领导干部虽由各省管理，但必须定期向中央汇报，中央在紧急状态下直接决定省、自治区、直辖市主要领导干部的代理人选，同时各省领导职务的代理也必须由中央批准，各省因工作需要增设机构而任命干部时必须报中央批准。可见，相对于中央而言，各省的人事任免权要微弱得多，因此，从央—地治理权力划分看，各省接受中央统一领导，权力由中央政府授予，无论是从事权还是从人事任免权来看，国家都是独立的主体，中央和各省政治关系的基本框架没有被触动，中央政府仍具有极强的政治行政控制权，通过人事任命、行政职权控制等对省级治理形成有效制约。

（2）中央直辖型

中央直辖型的省级治理指的是中央政府通过直接管辖某些建制市而形成的省级行政区，一般称为直辖市。直辖市通常有较多的居住人口，在全国的政治、经济和文化等各方面具有极其重要的战略地位。目前，中国共有四个直辖市，分别是北京、上海、天津、重庆，直辖市的市委书记一般由中央政治局委员兼任，直辖市的特殊性表现在其政治上的"杠杆作用"以及经济上的"龙头地位"。①

从政治治理的视角来看，现有行政建置当中，直辖市发挥着核心辐射作用，形成跨越行政区域的城市发展圈，这大大消除了各省市之间乃至省辖市与其他市之间在地方保护主义之下产生的隔阂，使部分特大城市的地位进一步提高，进而在各省内部逐步建立起新型治理权力制衡体制；同时，直辖市将中央与各省之间的治理关系进行有效调控与整合，绘成一幅中央、省及以直辖市为主的特大城市相互牵制、相互依存又共同发展的治理格局。此外，直辖市对于减少治理负荷、增强治理效率与简化委托—代理关系当中的委托链条方面也起到关键作用，直辖市的设置减少了行政级别，在同级地方政府间，架构起一类与纵向权力秩序相交的、相互制衡的横向治理权力关系，形成相应的治理权力关系网络，使中央与地方之间的治理关系更加和谐。从经济发展的视角来看，直辖市的"龙头地位"十分显著。环渤海地区5800多公里的海岸线上，以北京和天津为中心的庞大城市群成为中国乃至世界上城市区、工业区、港口区最密集的地区之一；长三角一体化发展确立上海核心地位的同时使区域发展的认识达到新的高度，围绕上海形成诸多亚都市圈，亚都市圈环环相扣并互相融合，大大促进了长三角的整体城市化进程；重庆作为西部地区唯一具有水、陆、空三位一体交通条件的枢纽城市，已成为长江上游经济带的核心，其经济发展辐射周边五省，市场潜力无法估量。世界经济发展史表明，一个区域的发展往往依托于经济基础较好的"点"，再通过这些增长"点"辐射扩散，从而带动整个区域经济的崛起。在环渤海经济圈、长江三角洲经济圈、长江上游经济圈等"经济版图"中，京、津、沪、渝四大直辖市已开始领跑中国的区域经济。②

---

① 罗天昊：《改革中国的直辖市模式》，《南方周末》2010年4月22日。

② 《凸现"龙头"作用　四大直辖市领跑中国区域经济》，新华网，http：//news.xinhuanet.com/fortune/2005-10/12/content_3606903.htm。

（3）民族区域自治型

民族区域自治型的省级治理指的是在国家统一领导下，通过在各少数民族聚居的地方设立省一级的自治机关，进而保障少数民族充分行使民族自治权。这一制度源于马克思主义语境下的民族解放与民族自治思想，并最早在十月革命后的苏联得到实施，同时也充分考虑到我国民族政策的历史传统，以及国家统一与安全的现实需要。我国第一个民族自治区是内蒙古民族自治区，于1947年成立，早于新中国成立两年。当前我国共设有新疆、西藏、内蒙古、广西和宁夏5个省级自治区，自治区设置的重要治理目标之一在于维护少数民族地区的和谐稳定，更好地维护少数民族的合法权益。

在维护地区稳定的特定治理目标下，民族自治区表现为立法上享有自治立法权、经济上"多予少取"、组织人事任命上侧重的特点。在立法与法律变通权限上，民族自治区在享有地方性法规制定权力的同时也享有自治立法权，从既有立法实践来看，5个民族自治区都结合民族区域实际，出台了大量具有民族特色的地方性法律。在经济财政与对外政策上，中央制定了一系列促进少数民族和民族地区经济社会发展的优惠政策。以新疆为例，由于"新疆不安全、不稳定、不确定的因素依然存在，维护社会大局稳定的任务异常艰巨繁重"，中央采取"5·12"特大地震灾区重建模式对新疆进行对口扶持，要求19个发达援疆省份建立全方位对口援疆的有效机制，努力维护新疆稳定。北京市四年内仅支援和田地区和兵团农十四师就需拿出72亿多元资金，国务院要求央企在"十二五"期间对新疆的投资额需超过1万亿元。在组织人事任命上，出于维护少数民族合法权利和维护社会稳定的需要，《宪法》和《民族区域自治法》规定民族自治区主席、自治州州长、自治县县长等由实行区域自治的民族的公民担任，少数民族人大代表要占一定比例。中央同时要求各级干部和专业技术人才，机关、企事业单位录用工作人员时，对少数民族人员给予适当照顾。

需要指出的是，当前的民族区域自治是将一个族体的生存方式和一块边界明确的土地，以及在一个特定的行政区域内的政治上的自我治理，不可分割地联系在一起。这种治理合乎逻辑却不可避免地把族属意识导向了构建统一的政治实体的需求。在当前三股势力（极端宗教主义、分裂主义和恐怖主义）甚为猖獗的大背景下，我们更应积极反思以进一步完善我国现行的民族区域自治政策。

总的来说，普通型的省级治理作为历史上行省制度的自然延续，是相对于中央直辖型和民族区域自治型而言的，后两者在国家的发展战略中占有特殊的地位，因而是在普通型省治基础上的一种权变，更是一种丰富和发展。

6. 省级治理的国际比较

就可比性而言，美国作为联邦制国家的典型，其在国土面积、人口、州的数量以及区域的多样性与复杂性等方面与我国颇为接近，且作为总统制国家，联邦政府同样拥有较大的权威，但其下的各联邦"州"的运作逻辑与中国的"省"明显不同，故而我们可以将此二者（美国的"州"与中国的"省"）作为"省级治理的国际比较研究"的研究对象。此外，我们还以法国为例，比较同为单一制国家的法国在省级治理方面的成功经验，以兹对中国有更多借鉴。

（1）美国联邦制下的州（省）级治理

第一，权限划分。

以美国为代表的联邦制国家权限划分的一个最为显著的特点是：依靠宪法和法律明确界定，各治理主体间的权限划分十分明确。

就联邦制下的各州而言，其治理权限主要来源于保留权限，即宪法保留给州的治理权限，传统上这些权限包括制定州宪法和州法律、管理州内各项事务、批准联邦宪法修正案、举行选举等。美国各州一般具有以下五类治理权限：制定刑事和民事法典；负责高等教育、监禁罪犯、州民的健康以及地方政府的授权；提供并管理各州的公路系统和社会福利；应当由地方政府提供但是他们没有能力提供的服务，如对民用水、下水道、空气和水源的污染控制；税务管理以及税收资源的再分配。负责组织管理联邦一级和州一级的选举。①

同时，各州还与联邦政府共享某些治理权限。共有权限是指联邦和州共同拥有的治理权限，多数的共有权限只是在默示意义上有，在宪法中并没有明确说明。② 征税权即共有治理权限，各种税收属于各级政府来征收，州不可以征收关税，联邦政府不能对不动产征税，两者都不能对对方的设施征税。其他的共有治理权限包括借贷、设立法院以及向银行和公司发放许可。当然，即使在共有的治理权限上，各治理主体也存在较为明确的分工。③

此外，美国宪法还明确了联邦不得行使的权限、州不得行使的权限以及联邦和州都不得行使的权限，禁止权限是为了保障各治理主体的权限互不侵犯，自主运行。④

第二，层级关系。

美国实行的是三级政府架构，即联邦政府、州政府和地方政府。在州政府以下，不论大小，都是地方政府。⑤ 每一层级治理主体都由本区域内的选民选举产生，具体机构设置也由本级议会或是行政领导产生，这就导致美国政府虽有层级划分，却没有"级别"的概念，更不存在行政上的隶属关系。因而，各层级政府之间是相互分离和分工负责的关系，州与联邦政府和地方政府在各自的权限范围内平行存在，保持相对独立，并由宪法和法律予以保障实施。

---

① 陈瑞莲、刘亚平等：《区域治理研究：国际比较的视角》，中央编译出版社 2013 年版，第 127—128 页。

② 游腾飞：《美国联邦制纵向权力关系研究》，博士学位论文，南开大学，2013 年。

③ 如提供退休金、失业补助金等社会保障只能以联邦政府为主，州政府为辅，地方政府参与。

④ 禁止联邦行使的权限主要有：不经有关州的同意不得改变其疆界，不得剥夺州在参议院的平等权；国会不得确立国教或禁止信教自由，不得剥夺言论自由或出版自由或剥夺人民和平集会和向政府请愿申冤的权限。宪法禁止州政府行使的权限主要有：缔结任何条约，参加任何同盟或邦联；颁布捕获敌船许可证；铸造货币；发行纸币；使用金银币以外的任何物品作为偿还债务的货币；通过任何公民权限剥夺法案、追溯既往的法律或损害契约义务的法律或授予任何贵族爵位；任何一州不得制定或实施限制合众国公民的特权或豁免权的任何法律；不经正当法律程序，不得剥夺任何人的生命、自由或财产；在州的管辖范围内，不得拒绝给予任何人以平等的法律保护。

⑤ 高新军：《美国地方政府治理——案例调查与制度研究》，西北大学出版社 2007 年版。

就州政府本身而言，其与联邦政府和地方政府之间没有"对口"的机构设置，即便是相同或名称相似的结构，其职能也划分得很清楚；州政府与联邦政府和地方政府之间没有上下隶属关系，各自通过各自的机构负责自己承担的事项，州政府很少受到联邦政府的行政控制，同样州政府也不能随意干预或影响联邦政府或地方政府的工作，这一关系格局使得各层级政府之间很少存在命令、指示和"请示工作"等行为。① 州政府只对任命它的州议会负责，也即对本州的选民负责，在此意义上，州政府的施政尽量唯下（选民）而不必唯上（联邦政府），也无须唯上（联邦政府），这就使得州政府的施政行为具有明显的主体性和"在地化"特征。

当然，州与联邦政府和地方政府间的合作与控制关系也不能忽视，虽然州与地方政府原有的权限依然存在，但其权限的内容和实施越来越多地受到联邦政府政策的影响和左右，联邦各部与州和地方政府以及州的职能部门与地方政府之间也存在着越来越多的相互依赖、合作、渗透、协调和控制。联邦政府对州没有行政上的监督权，但可以依法通过司法途径，授予联邦各部对各州实施法律监督的权限。同时，技术控制也是一种重要的监督和控制手段。

第三，运行机制。

美国是典型的三权分立制国家，即行政权、立法权与司法权之间的相互制约与平衡。自新中国成立以来，这一三权鼎足而立的格局一直是美国国家治理的基本运作形态，其联邦制下的州（省）级治理自然也不例外。而我们前述的州政府仅限于这一三权分立的行政层面，这里我们特地引入立法和司法层面，以求更为全面完整地考察美国联邦制下的州（省）级治理的运作机制。

行政机制：由于议会程序受行政当局的控制，行政的作用就格外突出，涉及行政的政府间机制，从制定书面协定到政府官员间的非正式往来，其正规程度存在很大差别。"联邦内政府间的契约具有道德和政治力量，但其法律效果却不确定，而且不同类型的协定

---

① 吴量福：《运作、决策、信息与应急管理——美国地方政府管理实例研究》，天津人民出版社 2004 年版，第 7 页。

可执行性也不尽相同。正式契约通常在法庭上具有约束力，受当事人所在地法律约束，但政府间发生纠纷时，更可能采用一些特殊程序或司法协定。有些协定被法庭视为纯政治性的，则不动用司法解决。"① 美国采取的是"政治问题"原则，当事情交由政府部门解决更为恰当，则司法不参与裁决，此时政府间协定的价值就只剩道德和政治力量。

当然，中央和地方行政部门间的非正式关系，或许比政府间的正式协定更为重要。现代治理经常需要各级政府采取协调战略，以便有效达到政策目标。协调大都发生在职能部门之内，这种协调在最高层产生于中央和地方各政府的部长会晤，中层有政府间同一领域部门官员的定期会晤；最底层则可以是政府各部门工作人员就具体问题进行的非正式电话交谈。这类非正式协定尽管有效，但达到政策目标过程中的透明度和有效性不足。

立法机制：中央和地方字斟句酌地制定了协定，而要获得预期的一致性、协调性或互惠性，则需立法机构协同行动。立法方案可能通过互惠或互补方案、镜像立法和具体的法律实施办法使政府的正式协议具有法律效力。在联邦体系里，互惠是一种屡试不爽而层次相对较低的协调形式，这种方案使加入协定的各辖区一方面各行其道，另一方面在互惠的基础上承认对方辖区规则，互惠成为各领域协调立法活动的基础。"因为其法律受地域限制，各地立法机构可能无法全面处理某一具体事务，此时可以采取互补性立法的办法，每个辖区根据宪法赋予它的权限，为'拼图'多添一小片，所有联邦成员的加入使'整幅画'可以拼成"。② 有时联邦内的行政部门就一份详细的法律草案中的条款达成一致，然后通过分别立法，在各自的辖区内实施，这种机制在制定伊始具有一致性，但地方立法者会根据独立做出政治判断进行修改，日积月累，开始时的一致性就逐渐消失了。③ 当然，为克服"镜像立法"难以长期保持

---

① ［澳］布莱恩·R. 奥帕斯金：《联邦制下的政府间关系机制》，《国际社会科学杂志》（中文版）2002 年第 1 期。

② 同上。

③ 这种做法布莱恩·R. 奥帕斯金称之为"镜像立法"。

统一的困难，美国有时先将一种法律在原辖区实施（原辖区立法中必须包含将要实施的全部实质性条款），然后其他辖区在同意的基础上实施，这样以后对方案进行修正时，只需在原辖区中修改立法，而其他辖区跟着变化即可。

　　有时，中央和各地方部门对具体政策意见一致，但在具体法律上有分歧，而这些政策又必须在各地立法机构通过适当立法得以实施。此种方式的政府合作，其规范性不如其他方式的协调合作，每个辖区在实施一致同意的政策时，都可以"根据喜好"选择具体办法。有些联邦宪法采用其他机制，使中央和地方政府共同解决因立法权的局限而引起的问题。这一规定的目的在于利用政府间协定，克服宪法在中央和地方政府权力分配上的僵硬性。[1]

　　司法机制：由于行政和立法部门扮演着重要角色，人们往往忽视法院在政府联邦制内部形成政府间关系过程中的作用。联邦法院在解决州际区域争端、州际政府和地方争端、地方政府与地方政府争端和冲突方面扮演了非常重要的角色，它"不控制所有的支配渠道和资源分配而能决定一项纷争"。[2] 法院的重要性表现在两个方面，一是法院为其他部门政府间关系的操作提供法律框架；二是中央与地方法院的相互关联，这本身就构成政府制度。

　　司法部门是政府的一个关键部门，它建立起一个框架，使行政和立法部门得以在其中进行政府间往来。司法部门之所以如此重要，是因为所有联邦都实行中央与地方政府分权，并且中央和地方政府都不能单独决定权力的划分。于是在划分权力时需要法院的监督，法院也因此需要决定政府其他部门进行政府间往来的条件。法院最适合承担这项工作，在公众眼中，法院是独立、公正的裁决者。司法功能就其性质来说也决定了法院影响的局限性。法院一般仅限于划定结构性范围，供联邦的成员政府在其中互相往来。这种影响有可能是起到负面作用，它可能限制政府权力；也可能起到正面作用，为在成文的宪法中找不到确定依据的政府间协定提供

---

　　① Hamilton A., "The Judiciary Department", The Federalist No. 78, 1787.

　　② ［美］文森特·奥斯特罗姆：《美国联邦主义》，王建勋译，上海三联书店2003年版，第198页。

帮助。

参与起草美国宪法的许多人认为，司法机构是宪法的卫士。[1]司法机构的一个关键功能，就是对立法和行政行为进行审查，确保它们符合宪法，否决不符合宪法的行为。司法审查的原则并非联邦制度所独有，现在单一制国家也普遍实行。大多数联邦接受司法审查的原则，它对政府间往来的框架产生了重要的影响。

（2）法国单一制下的大区（省级）治理

第一，权限划分。

历史上法国是中央高度集权的国家，第二次世界大战后法国进行了数次分权改革并取得明显成效。通过合理划分中央与地方之间的职责权限，法国得以在维护单一制国家结构的前提下，逐步向分权管理方向发展。

目前法国实行中央—大区—省—市镇四级行政区划，其中大区（法语：Région）是法国中央政府之下的第一级行政划分，相当于中国的省，而大区之下的省则相当于中国的地级市，因而我们这里所说的法国的省级治理实际上指的是大区治理。法国共有26个大区，其中22个位于法国本土（其中科西嘉地位较特殊，被称为"地方行政区域"，collectivité territoriale），其余4个则位于海外。

作为一个历史悠久的单一制国家，大区最初在法国的行政区划里并不是一个法律或规章意义上的自治体。从1982年颁布第一个地方分权法案起，大区才真正从法律上拥有行政区域的地位。大区由大区议会（conseil régional）管理。大区议会每六年由直接普选产生，议会参与经济和社会领域的大多数事务的管理和财政拨款。每一个大区还有一位大区主席（préfet de région），由政府提名，其职责是在各下辖省中代表政府，并负责该行政区域内各项社会事务的治理，例如统筹公共安全等。科西嘉地方行政区域的地位较特殊，跟一个大区相当，但拥有更多权力。

从法国各级政府的权限来看，中央政府主要负责国民经济宏观管理与战略发展规划，大区政府主要负责经济结构和地区布局的调

---

[1] Hamilton A., "The Judiciary Department", The Federalist No. 78, 1787.

整，各省主要负责社会福利和保障政策的实施，市镇政府提供最基本的公共产品和服务。大区在发展经济方面所负的责任，主要是制订大区基础设施等战略性项目的五年规划，并与中央政府有关部门磋商，以法律的形式确定规划。一般而言，与大区基础设施建设有关的项目，中央和大区各负担一半投资。

第二，层级关系。

世界上绝大多数单一制国家的政府间关系有几个特点：其一，这些国家中央与各省的关系并非等级节制性的关系，尽管中央起决定性作用，但平衡机制起着十分重要的作用；其二，与中国各级政府间的行政隶属关系不同，大部分的单一制国家并不存在上下级隶属关系，而是各自面对中央；其三，许多单一制国家在中央以下各层级存在两大行政系统，一套是中央政府在各大区或省的派出机关和机构，在法国，这类机构由区长（相当于中国的省长）领导和协调；另一套是各省和地方的地方自治机关，在法国是区议会、议长领导的执行局及各行政部门；其四，部分国家以功能为依据但不以地域为基础的专门机构，在各级政府都可以设立。这类机构享有不同程度的自由度，但一般而言其职能仅限于某个具体领域。

1982 年法国地方分权改革以来，中央与地方行政职责分工日益具体、明确。在欧洲其他国家一般只有两个或三个层级的政府，而法国有中央、大区、省和市镇四个层级的政府。其中大区、省和市镇为地方行政单位，彼此之间不存在隶属关系。大区设立于 20 世纪 60 年代，最初只具有经济发展区的性质，直到 1982 年国家下放权力的法案通过后才成为一级地方行政单位。

目前，绝大多数单一制国家都实施了地方层级的合理化，其主要形式是市镇合并，中央将其作为建立经济上更具有活力、能够提供地方服务的行政单位的一个途径。法国增强地方能力的办法是通过建立临近地方政府联合体来提供某些具体服务。在法国，1999 年一项关于加强和简化市镇间合作的立法，促进了市镇向具有征税权的联合体转交权力和职员，增加了联合体提供服务的数量，提高了担任管理职位人员的数量，因此截至 2005 年时，法国共有 20500 个市镇联合体，其中 2525 个具有自己的征税权。市镇间的这类合作大多属于自愿性，在法国框架内建立，共同的利益构成合作的基础，各市镇保持自己的身份，无论是合并还是联合，市镇或市镇联合体的政治和行政机关都经由直接或间接选举产生的议会领导。

第三，运行机制。

在一个充满活力的社会里，中央与各地的职责必须合理分工，如此才能运行良好。政治学大师托克维尔说过："一个中央政府，不管它如何精明强干，也不能明察秋毫，不能依靠自己去了解一个大国生活的一切细节。它办不到这一点，因为这样的工作超过了人力之所及"。就法国而言，其政治的良好运行机制，一是法治化制度基础；二是中央政府任命+地方的民主化治理。

首先，就权限划分的法治化而言，1982年3月法国政府颁布了《关于市镇、省和大区的权力和自由的法案》，对中央政府、大区政府以及地方各级政府之间的权限划分作了明确规定，奠定了法国现行的中央政府与地方政府权力配置关系的基本框架。1992年，法国颁布《关于共和国地方行政管理法》，再次通过法律建立起层级有效协调运行的合理机制。1982年以后的十多年间，法国政府先后颁布了70多项法案和700多个法令予以补充和完善，对中央政府与地方政府之间以及各级地方政府相互之间的职责权限作了更科学、更明确的划分。2003年法国修改宪法，对地方政府的功能和地位作了进一步界定和规范，确认和巩固了以前改革的成果。

其次，就地方民主化治理机制而言。在法国，大区和省级政府的职能逐渐向社会管理和公共服务方面发展，从法国地方政府的职责和机构设置看，大区政府对本地的选民负责，而不是直接对中央政府负责，各级行政机关互不隶属，各司其职；大区、省及其他地方政府不直接承担政治性职能，其主要职责是对当地与居民日常生活密切相关的社会事务提供公共管理和服务；地方政府承担经济职责较少，主要是通过提供良好的公共管理、基础设施，形成安定的社会秩序，为当地经济社会的可持续发展创造所需的环境。

在市场经济普遍规律的作用下，法国大区和省级政府职能不断向社会管理和公共服务方面发展，大区和各省政府特别是基层政府在经济方面将承担越来越少的直接职责，经济调控职责主要由中央政府承担，大区政府在这方面只发挥部分作用。具体地讲，法国大区政府职责只包含三个方面的内容：一是维护社会秩序稳定和促进社会事业发展。二是营造当地经济持续健康发展所需的环境。三是加强执法监督，维护市场秩序。从法国地方治理的机制来看，无论是中央政府还是地方政府，都是把职能的重点放在弥补市场不足、克服市场缺陷上来，在竞争性产业领域中，政府的职能大大减少，在市场失灵的领域中，政府的职能大大增加。

（3）中国单一制下的省级治理

第一，权限划分。

就权限划分而言，中国改革开放以来最重要的行政基础之一是中央行政和经济治理权限的下放和各省自主权的增强。中央向各省下放治理权限，把各省从计划体制的束缚中解放出来，使各省在发挥其信息优势的同时能够对当地的具体条件做出更好的回应。

1982年通过的"八二宪法"赋予了各省更为清晰的行政管理权限和立法权限，也为后续的中央和各省治理关系的重大调整提供了宪法基础。同时值得注意的还有中央和各省经济关系的改革。首先是财权下放，中央和各省施行财政包干制，各省对于留给地方的财政收入具有充分的自主权加以支配；其次是对各省下放一系列经济管理的权限，主要体现在基建计划的审批权、物件管理权、利用外资审批权、物质统配权，等等。原先集中于中央的基本建设计划的审批权有一部分下放给各省，大中型基建项目大部分仍然由中央政府有关部门决定，但小型项目可由各省规划部门在国家核定的范围内审定。同时，中央原来直接管理的一些企业也被下放给各省直接管理。

当然，由于对各省"松绑"的过程于中央部委而言是利益的受损过程，这就导致20世纪80年代的放权改革十分有限，许多重大决策和审批权仍然集中在中央各个部委。为了加大行政分权和改革步伐，当时的改革中的一个重要组成部分，就是对局部地区的倾斜和优惠政策，通过设立经济特区、经济技术开发区、沿海开放城市、计划单列市等特殊经济区域，实现地方放权改革的局部突破。

第二，层级关系。

在中国，按照中央政府统一领导、各级政府分级治理国家和社会事务的原则，中央政府在其下设置了金字塔式的逐级向下的地方各级政府。"地方政府结构又分为纵向的层级结构和纵横交错的条块结构。地方政府层级结构与条块结构的相互交错，构成了中国庞大而又坚固的地方政府治理体系"。①

与美国不同，在中国政府的层级关系下，中央和各省有直接的行政隶属关系，中央和各省所设立的职能部门和具体工作大体能一一对应，省级政府的领导人不是由地方政府选举，而是由中央政府直接任命，省级政府和中央政府在层级结构上的一个突出特点是一体性，这种一体性具体表现在三个方面。一是在治理权限各要素的配置上与中央政府大体上呈现出"同构"和"一体"的特色，基本上是中央政府中各权限构成要素及其相互关系的"投影"与"复制"。二是在机构设置上表现为中央有什么样的权限机构，省级政府也有相对应的权限机构。在中央层面的九大权限机构中，除国家主席和中央军委外，中共中央委员会、中共中央纪律检测委员会、全国人民代表大会及其常务委员会、国务院、全国政协、最高人民法院和最高人民检察院等国家权限主体在省级及以下地方政府均设有相对应的机构设置。三是省级设有几十个与中央政府部门相对应的职能部门。这些职能部门在业务上受到中央相关部门的指导、监督或领导，这种状况使每一级最主要的治理主体都是一个"小中央"。②

从实际政治运作来看，对中央过程影响最大的是各省。为保证重要决策的科学性，允许和重视省级政府的意见表达，是中国政治生活中的一个惯例。地级市政府、县政府和基层政府虽然也必须执行中央政府的决策和命令，但一般不和中央直接发生联系，对中央的决策影响有限。因为各地方一般不得越级请示和报告，乡镇政

① 谢庆奎等：《中国地方政府体制概论》，中国广播电视出版社 1998 年版，第 1 页。

② 周振超：《当代中国政府"条块关系"研究》，天津人民出版社 2009 年版，第 30 页。

府、县政府和地级市政府的意见需要经过各省的综合才能到达中央决策层。另外，各省对于地级市政府和行政公署的请示，认为有必要向中央汇报的，一般附上各省的处理意见。①

第三，运行机制。

省级治理的基本组织形式是官僚科层制，官僚科层制明确的权限关系、层次有序的等级组织结构；使得专业化的人员通过正式规章制度来贯彻落实自上而下的政策指令，从而实现省级的有效治理。当各省面对辽阔省域范围内多元的文化和民众时，官僚科层制就无法单独有效地实现其所承担的责任，解决面临的问题，当面临来自中央政府的分包压力时，各省需要运动式的治理机制来渗透和链接官僚科层体制所覆盖的各个层次和不同角落。

在转型社会，原有的动员体系日益弱化，社会与单位调控体系日益出现裂缝，权威性资源的流失也成为一个较为明显的现象。②虽然改革开放导致配置性资源大幅度增加，各省治理技术性的基础设施大大增强，但是就社会资源总量而言，各省治理资源的贫弱仍将是长期的历史事实。在我国，后发国家政治发展的内在逻辑与历史基础，决定了省级政府体系的脆弱与社会资源总量的不足，省级治理资源的匮缺导致常规化的治理体系经常运作失灵，尤其是支撑高效治理的基层组织网络很难有效地运转起来，这直接损害了各省的治理绩效。所以，各省必须通过间歇性的"运动式治理"来弥补这种结构性缺陷。

"运动式治理"在现代化治理体系当中的延续，既有各省治理方式与手段的"路径依赖"问题，更是现有条件下，各省治理资源瓶颈问题的典型体现。在绝大部分省份，有限的社会资源总量与超大规模社会对省级治理资源的大规模需求的矛盾将长期存在。对一个省级治理资源长期匮乏的社会来说，科层体制根本不可能调动足够的资源来实现全面的社会监控，底层社会长期的相对自主性是在

---

① 周振超：《当代中国政府"条块关系"研究》，天津人民出版社 2009 年版，第62 页。

② 唐皇凤：《常态社会与运动式治理——中国社会治安治理中的"严打"政策研究》，《开放时代》2007 年第 3 期。

特殊的资源限制条件下省级治理的理性选择，同样地，集中有限的资源运动式的治理解决突出的社会问题也将是省级政府面临治理资源瓶颈问题制约的理性抉择。

二　省级治理的合理化方案设计

1. 当前省级治理存在的一些不足

（1）省级治理的思想观念尚待解放

十八大以来，全面深化改革成为新的时代精神，党的十八届三中全会绘就全面深化改革的蓝图，明确提出了在新的历史条件下全面深化改革的目标和条件，特别强调"进一步解放思想、解放和发展社会生产力、解放和增强社会活力"。解放思想可谓是全面深化改革的前提和关键，思想解放的程度决定着深化改革的力度。思想不解放，就很难看清各种利益固化的症结，很难找准改革突破的方向和着力点，很难采取突破性的改革举措，很难增强改革的自觉性和主动性。解放思想永无止境，深化改革亦永无止境。越是深化改革就越要解放思想，集中表现为实事求是的思想品格和与时俱进、锐意创新、勇于突破的精神状态。

习近平总书记于十八大履新后首访深圳，重走小平同志当年南巡路线，即向外界展示了中央最高层深化改革的坚定决心。2015年新年伊始，习近平总书记又对深圳工作做出重要批示，批示指出，当前，我国改革进入攻坚期和深水区，经济发展进入新常态，国内外风险挑战增多。批示要求，深圳市要牢记使命、勇于担当，进一步开动脑筋、解放思想，努力使经济特区建设不断增创新优势，迈上新台阶。而李克强总理亦选择深圳作为2015年新年考察的第一站，对深圳的全面深化改革工作充满期许，希冀继续发挥深圳在改革开放初期先行先试大胆创新的特区精神，进而带动带活全国层面的深化改革工作。

然而，尽管十八届三中全会为全面深化改革设定了清晰的路线图和时间表，中央也为此成立了多个由习近平总书记亲任组长的全面深化改革领导小组，并相继出台了一系列的深化改革措施，但两年多来，在全国范围内这一全面深化改革的任务仍处于"喊多干少"的起步阶段，始终未能取得突破性的进展，关键的原因就在于省级治理这一层面的思想观念囿于旧的思维定式和利益定式，跟不上中央全面深化改革的精神指示，对其认识不到位、不深刻，亦步亦趋，存在求稳怕变和比较浓厚的等待观望情绪，从而未能充分发挥自身的主体性和主动性，未能将中央全面深化改革的精神和措施真正予以很好地贯彻落实。思想是行动的先导，"思之深，则行之远"。可以说，思想观念上的僵化保守已经成为当前省级治理进一步深化的最大障碍，也是我们必须首先予以克服的拦路虎和绊脚石。

（2）省级治理的权限划分亟须优化

联邦制下州（省）级治理的精髓在于"自治"，它衍生出三个方面的内容：分权、制衡与合作。分权，即联邦和州以宪法或法律明确各自治理事务范围并享有充分自主权；制衡，强调州政府有足够的宪政保障来抵抗联邦政府的随意干预，使之不能单方面随意削减州的治理自主权；合作，即联邦和州在某些事项上联合作业或混合财政。对于实行民主集中制的中国来说，分权值得商榷，因为分权不仅意味着权限的互相尊重、互不干涉，还意味着权限的来源和归属互不相同。[①] 在美国，无论是联邦还是州，其权限的来源都是美国公民，州政府的权限不是联邦政府下放或授予的而直接来自于一州的全部选民，因此联邦政府不可随意收回，联邦与州之间的权限之争会转化为权限之诉，由联邦最高法院根据联邦宪法而一锤定音。至于法国单一制下的大区（省级）治理，则是典型的中央任命制与地方民主化治理的相结合。

反观中国，民主集中制下中央政府与省政府之间是上下级关系，省级治理权限源自中央以行政方式的授予，其权限的尺度完全掌控在中央。尤其是改革开放以来，由于地方政府在经济发展中的

---

① 刘冰、杨静：《论联邦制与单一制政体下的中央与地方关系——以美国和中国为例》，《湖南农业大学学报》（社会科学版）2008 年第 6 期。

角色愈益重要，单一制下的中国省级治理开始表现出"行为联邦制"的运作逻辑，从而使得地方政府尤其是省级政府获得了较大的权力自主性。但受制于压力型维稳体制，近年来"行为联邦制"的弊端也愈益凸显，典型表现为省级治理的法治程度低和法制地方化倾向，从而使得省级治理的权限划分亟须优化，而这一切显然需要中央政府去大力完善现代国家治理制度。

（3）省级治理的法治框架有待完善

当前我国省级治理存在的最大问题依然是"人治色彩"较浓而"法治色彩"不足，从而导致我国至今依然没有真正意义上的地方治理协调机制。① 当前，我国省域内协调发展战略的实施依然停留在政策层面，主体功能区规划和地区发展规划没有确切的法律地位，省域地区合作、互助与扶持政策"碎片化"问题严重，这种状况加大了跨部门治理的成本，最终损害了省域政策的预期效益。各省域内的经济政策一般由省级政府或其职能部门根据自己的权限以决议、决定、规定等方式提出，缺乏立法依据和制度保障。结果造成政出多门或相互矛盾，导致各地方政府无所适从，要么束之高阁，要么以文件落实文件。②

从美国的经验来看，省域内各项政策的出台，大多经过立法程序完成，决策更为民主化、科学化，同时有严格的执行机制、监督机制和政策评估机制来保证政策的有效实施。由于缺乏像美国那样完备的法律规范和制度基础，使得我国省域政策的灵活性和变通空间非常大，往往使省级政策在执行过程中严重扭曲变形，"上有政策，下有对策"或"地方本位主义"严重，致使各省发展战略得不到有效实施。在我国各省政策的实施过程当中，"上有政策，下有对策"固然与地方最大化地追求自身利益有关，但归根到底主要还是由于各省缺乏省级区域政策制定过程中的民主参与机制和合理化的利益表达渠道，这在很大程度上加剧了省域地方政府间的经济政

---

① 陈瑞莲：《欧盟国家的区域协调发展：经验与启示》，《政治学研究》2006年第3期。

② 茶洪旺、李健美：《区域经济管理概论》，中国人民大学出版社2006年版，第240页。

治竞争。从一定意义上讲，省级区域政策的制定可能并不是各省与所属地方协商的结果，无法反映地方利益。因此，政策的执行得不到省域内地方的支持，失败自然也不可避免。在区域政策的制定过程中，协调纵向的省级政府和各地方政府关系和横向的各地方政府间关系都需要做到有法可依和有章可循，使各地方都能平等地参与各省政策制定的过程，并公平地分配各省政策的决策价值和基本利益，推进省域政策决策过程的民主化、科学化和规范化。

（4）省级治理的组织架构亟须加强

完善省级治理有大量工作要做，设置科学合理的省级治理组织机构是重点。省级政策的具体实施总是要依托于一定的管理机构及形成的制度，机构及相应的制度基础在很大程度上决定了各省政策的最终绩效。迄今为止，我国尚未有哪一个省有独立的分工合理、职能明确的省级治理机构。国内有学者断言："缺乏一套完善的运行与管理体制是各省治理失败的主要原因"。① 全面制定省级治理的核心内容有两个，即"谁治理""如何治"，但目前这个问题还没有明确。在以部门利益边界为基础的分散化治理思维下，在"谁治理"的问题上，各省治理政策机构存在"碎片化"和相关职能部门间协调难的问题，因为各省级政策实施机构不是立法的产物，所以各省并未形成完善的政策制度的坚实基础。省委及省政府有许多设计规划省级治理的部门，但却没有一个专门负责省级政策的权威机构，也没有建立健全部门间的协调配合机制。以湖北省为例，其中省政府办公厅和组成部门24个，省直属特设机构1个，直属机构16个，部门管理机构6个，直属事业单位13个，特殊经济组织1个，部分派出机构3个。许多厅局和机构都具有一定的资源，但却没有专门协调地方治理行动的机构，这使得省级政策从制定到实施到监督再到评估都没有形成一个系统的、制度化的、规范化的操作和管理程序。各省治理问题在解决过程中因不同机构之间相互扯皮、相互制约而无法顺利进行，以至于"出现好事事事有人管，出现麻烦事事无人管"的局面，部门间冲突不断，甚至将冲突延

_____

① 刘玉、刘毅：《区域政策研究的回顾与展望》，《地理科学进展》2002年第2期。

伸至基层政府，并因此引发新的矛盾冲突而导致新的问题。①

（5）省级治理的工具方法亟待创新

所谓"省级治理工具"，是指政府能够用以实现省级治理目标的一系列机制、手段、方法和技术，它是治理目标与治理结果之间的纽带和桥梁。省级治理需要有组织完善、设计精细、有的放矢的一整套省级治理工具作为保障框架。简单化和粗放型的政策工具难以应对省级治理问题的多样化治理诉求。所谓"省级简单化管理"，指的是在高度集权的计划经济体制下，由于省级官僚的缺乏理性而设计的一种"假、大、空"式的治理制度，在这种制度逻辑下，政策具有随意性，制度设计脱离实际却不具有可操作性和针对性。②简言之，省级简单化管理，就是官僚在过分自信的情况下滥用治理权限、对复杂治理问题简单化处理的一种制度安排。

新中国成立以来，各省都在较长一段时间内实施计划经济制度，压抑了市场经济、社会组织发挥作用的机会，形成了用行政命令手段和强制工具处理复杂社会问题的区域发展政策，但实施效果与既定目标却存在差距，一个重要的原因在于治理工具粗放，治理方法单一。就各省经济协调的治理手段和治理工具而言，我国没有美国那种设计精细的治理工具，也没有引入大量"第三方参与"，大多是在行政力量的干预下由各级官僚作为主体者进行治理，结果导致决策程序不规范，决策流程不透明，治理当中寻租分割严重等现象。

从体制机制和政策层面来看，市场经济是造成不同省区发展差距的重要因素，那么各省治理的政策重点应当是根据不同时期市场和社会的发育程度弥补市场机制、社会力量的不足，推进政府、市场和社会的资源及能力相互整合，构建政府、市场、社会三元协同创新驱动的省级治理结构系统。但由于缺乏必要的治理工具组合体系，不同政策工具之间的衔接性和协调性不强，通常会造成在局部

---

① 陈瑞莲、刘亚平等：《区域治理研究：国际比较的视角》，中央编译出版社2013年版。

② 陈瑞莲：《论区域公共管理的制度创新》，《中山大学学报》（社会科学版）2005年第5期。

地区的地区政策由于相关的配套措施没有跟上，或者与之相矛盾的其他政策措施同时存在，出现"政策互相打架"等情况，进而使得相关政策及其执行效果并不理想。

2. 优化当前省级治理的政策建议

（1）解放省级治理的思想观念：从缺乏主动到敢为人先

习近平总书记指出："冲破思想观念的障碍、突破利益固化的藩篱，解放思想是首要的。"深入推进省级治理体系和治理能力现代化，首要任务就是进一步解放思想。解放思想是全面深化改革的"先导工程"，必须把解放思想作为全面深化改革的"第一道程序"。当前，要进一步解放思想，应当从以下几个方面来推进。

首先，解放思想最根本的问题是人的因素的解放，关键是人的观念、理念的转换和变化。要转换思想观念，就必须以自我革新的勇气，跳出条条框框限制，克服部门利益掣肘；要更新文化土壤，就要清除封闭保守的、官本位的、不利于改革开放创新的文化土壤，大力弘扬发展文化、改革文化、创新文化，不断培育有利于解放思想、改革开放的文化土壤。进而造就一种敢于解放思想，善于解放思想，敢于创新、善于创新的舆论环境和氛围，形成人人愿意解放思想、愿意创新的局面。建立一套鼓励创新、宽容失败、惩戒无为的体制、机制和制度，培养、重用、造就一大批思想解放、敢于创新、善于创新的人才队伍。

其次，解放省级治理的思想观念最关键的问题还在于解放省级治理的组织领导工作，尤其是省委书记及其下的各级一把手。省委书记作为省级党委的第一责任人，自然在省级治理中居于核心领导地位。在中国当下的政治体制中，省委书记作为地方大员，可谓权重一方，在与中央精神保持基本一致的前提下，有着很大的权力自主性。这种自主性体现在两个方面：一是在贯彻中央方针政策的过程中，各省根据自己的特点，可以灵活地制定地方性政策和措施；二是在中央支持或默许下，自主地进行政策创新，为中央政策的变化做探索性工作。尤其是第二个方面的权力自主性，对于当下的省级治理来说尤为重要，这就需要以省委书记为核心的党政一把手在深入领会中央全面深化改革精神的基础上，放下顾虑，大胆地解放思想，积极探索，鼓励冒险，允许失败，敢为人先，从而真正为省级治理实现和治理能力的现代化干出一番事业。

（2）优化省级治理的权限划分：从放（分）权到"移权"

针对我国当前央省之间权力划分的实践困境，不少学者借鉴联邦制国家的实践提出"移权"这一概念来适应中国的现实需要。移权，即通过宪法和法律的形式将原属中央统管的属于省级的事务，并赋予省级政府较灵活的立法权限来制定本区域内主要的经济和社会政策；移交的权限一经宪法和法律确定，中央不得随意收回；同时要建立与之相应的监督审查制度来调控中央、各省、地方之间的治理纠纷，否则移权毫无约束力可言。美国联邦制的特色之一是司法权的介入和调控，借助司法的独立和权威来处理中央与地方的权限之争，树立了司法权威，在将政治司法化的同时又提高了全社会的宪政意识，可谓一举数得。

相较于分权和放权，移权具有自身的特点和优势。首先，移权不同于分权的是治理权限仍然归属于中央，避免了权限归属问题上由此引发的争端。权限的所有权仍然在中央，而只是将行使权从中央移交到省级，并没有打破中央与省级政府之间的行政隶属关系，这就避免了由分权所导致的"双重主权"下严重的地方保护主义的危机和尴尬。① 其次，移权不同于放权的是治理权限移交省级政府之后中央不得随意收回或调整，移权对于各省来说更具有宪政的保障。移权的提出很好地避免了放权所带来的中央政策的"朝令夕改"，虽然权限仍然是中央所属，但一经移交省级，中央不得随意变动，保证了省级治理主体平等、公正地参与国家的政治生活，同时，也能够将政府的行为纳入到法治化的轨道，推动区域经济的协调发展，实现中央与各省关系的优化。

需要指出的是，移权的首要条件是必须在宪法中明确中央与省级的治理权限范围，并不是笼统地扩大省级权限或削弱中央权限，

---

① 王希：《从美国联邦制的发展看中国的分权问题》，《当代中国研究》1995年第1—2期，第168—197页。

同时，根据宪法所确立的原则制定一部专门的法律来具体规范和调整中央与省级政府的关系。此外，移权的最大特点在于要求在合理界定中央治理权限和省级治理权限的基础上，设定特定的机关，设计相应的争议处理程序，以作协调中央与省级治理权限争议之用。美国的做法是让司法介入，联邦最高法院成为联邦政体强而有力的守卫者。① 在当前大力推进"依法治国"建设"法治中国"的时代大背景下，通过适当的司法改革，以司法形式规范调整中央与各省之间的权限划分，很可能将真正解决长期以来困扰中国的"放乱收死"这一央省矛盾的循环怪圈。

（3）健全省级治理的法治框架：从以法治理到依法治理

在现有政府权限主导型的省级治理结构框架中，省级政府掌握着发展经济和治理社会的超大权限，如果没有相关法律制度的支撑，各省公共事务的有效治理将会遭遇众多障碍。因此，在借鉴美国和法国省级治理法治化经验的基础上，我们必须首先完善省级治理的法治框架，加快省级治理的立法和修法工作，将跟省级治理相关的体制机制以法律的形式固定下来，构建省级协调发展型政策的立法体系、执法体系和监督评价体系，为政府依法行政、促进省级协调发展奠定坚实的制度基础。各省制定的法律、规章，应当加入促进区域经济社会协调发展、调控省内差距的条款。通过建立各省行政区域内治理发展的法律体系，为市（县）、乡级政府实施区域发展规划提供法律依据，维护各省行政区域内发展政策的权威性和稳定性。同时，应当明确各省级政府和其他治理主体的权限划分，避免政府权限混乱和随意的权限侵蚀现象，通过立法和完备的法律，规范各治理主体间的合作关系，消除区域政策执行过程中的随意性和主观性。

当前，省级治理的现代化体系建设还处在起步阶段，各治理主体存在着信息不畅、利益分配不规范、法律保障缺乏和体制环境不匹配等诸多问题，对此，各省应及时提供法律和政策上的服务和支

① 刘冰、杨静：《论联邦制与单一制政体下的中央与地方关系——以美国和中国为例》，《湖南农业大学学报》（社会科学版）2008 年第 6 期。

持，通过立法、修法和释法的综合运用，建立健全省级治理的法律法规体系，从而推进区域公共政策的法治化和制度化水平。①

然而在我国已初步建成具有中国特色的社会主义法律体系的大背景下，当前省级治理的法治框架存在的最大问题并非在于没有法律依据可循，而是法律不能充分行使最高仲裁者的权威，这一法律的工具化即是典型的"以法治理"。解决这一问题的根本之道就在于加快省级司法改革试点，真正从"以法治理"转向"依法治理"。

（4）整合省级治理的组织架构：从九龙治水到专门治理

当前，完善省级治理框架有大量工作要做，其中非常重要的一项就是设置科学、合理的省级治理结构。根据目前省级治理的实际，省级政府应该以整体型政府治理的视野，高度重视省级治理协调发展的政策决策体制、管理体制和组织机构建设，这样才能最大限度地消除"被官僚机构各自为政的职能陷阱训练出的思维方式"对跨地区、跨部门协作治理能力的侵蚀。② 也即行政管理中常见的"九龙治水水不治"的典型现象。当前，可以考虑设置管理省级治理的专职机构来实施区域综合开发和整体治理，实现跨区域、跨部门的协作，把省级治理的职能集中起来，避免各部门和地方在区域政策上各自为政、切块管理。本报告认为，可以通过整合现有的治理发展机构，设置专门的省级治理结构，规定这些机构的主要职能、人员编制、决策和预算管理制度。建议在人大设立治理发展委员会作为立法机构，省级政府设置地区开发署作为行政执行机构等省级治理的权威机构。按照 2012 年党的十八大关于"稳步推进大部门制改革，健全部门职责体系"的行政管理体制改革思路，根据省级治理政策比较完善的国家的经验，就省级治理机构改革的可能性而言，可以考虑成立松散型或过渡型的省级治理改革委员会，而从长远的省级政策协调来看，应以精简、统一和效能为原则，加强

---

① 陈瑞莲：《欧盟国家的区域协调发展：经验与启示》，《政治学研究》2006 年第3 期。

② ［美］拉塞尔·M. 林登：《无缝隙政府：公共部门再造指南》，汪大海等译，中国人民大学出版社 2002 年版。

省级治理领导机构的"顶层设计"，具体可由省级人大通过专门法案，成立由省级一把手（省委书记或省长）亲自挂帅的、以省级深化改革办公室为核心机构依托的省级治理委员会。

省级治理委员会的设置可以采取两种模式，一是联合职能模式，二是专门职能模式。[①]联合职能模式可作为过渡模式，即成立一个跨厅局的省级治理委员会，成员由各相关厅局的代表组成，以少数几个关键厅局为核心，如湖北省发展与改革委员会、湖北省民族事务委员会等，各厅局的资源使用必须征求省级治理委员会的意见，凡涉及多个地区的重大项目和决策必须征得省级治理委员会的同意。专门职能的设置，是在湖北省政府下设置一个独立的省级一把手（省委书记或省长）亲自负责的治理委员会，并由该治理委员会统筹协调省级治理的各项事务，以重新理顺、科学划分省级政府各职能部门的"权力清单"，该合并的合并，该撤销的撤销，真正做到建政放权，并结合各自省情，积极在某些关键领域和重要行业率先取得省级治理的重大突破，从而加快推进省级治理体系和治理能力的现代化。

同时集中现有的各种分散于各个部门的区域管理权限和政策资源，成立一个"省级治理发展基金"，使之成为省级治理委员会的主要调控工具。随着现代化、国际化、市场化和城镇化进程的加快，省级行政区内各地方的利益矛盾会越来越多，对政府调控的要求也越来越高，不设置统一的权威性的省级治理管理机构，就难以整合各方力量和协调各方利益，从而难以真正聚合省级行政区内各地方的发展。

（5）创新省级治理的决策方法：从行政命令到民主协商

省级治理的目的是促进社会良性运行与公民健康发展，通过那些符合社会长远利益的审慎且合法的"分配准则"使公民及其后代富裕起来，最终增进全社会的总体福利。要将协商民主要素引入省级治理过程，提升省级治理的科学化和民主化水平。

一个合理的政策，应当努力形成只有受益者没有受损者的"帕

---

① 张可云：《区域经济发展》，商务印书馆 2005 年版。

累托改进",而不应该以部分群体或阶层利益的受损为代价。当前省级公共事务治理过程中,明显存在着其他治理主体缺位的现象,由此衍生出的省级政策制定和实施中的一系列问题。在计划经济时代,省级政府是省级治理的唯一主体,省级政策的制定和实施都集中在省级政府手中,改革开放以来,随着自上而下的放权让利,各级政府作为"经济人"参与公共事务管理的动机和积极性都大大提高,因而也成为治理的最重要主体。但目前省级治理仍然是由政府主导,社会组织、私人部门与公民参与的广度和深度还远远不够。若是缺乏省级行政区内社会组织和公众的积极参与,省级治理很难具有坚实的合法性。从美国等发达国家来看,其省级治理的主体是多元化的,包括联邦政府、州政府、地方政府、非政府组织、私人部门与社区公众等,从而构成了多元利益主体协同治理的省级公共事务的开放式、网络化、协作性的公共管理格局。因此,借鉴美国等发达国家的经验,各省级政府应着力构建非政府组织、私人部门和社区公众参与省级公共事务治理的制度化渠道和机制。如建言献策制度、听证会制度、专家咨询制度、决策论证制度、决策过程旁听制度、信息公开制度等,广泛吸取省级行政区划内非政府组织、企业和民众的政策建议。

实践篇

第六章

湖北治理的历史经验与时代理念

国家治理虽然是新兴的概念，但"治理"这个词，不管是在中文里还是在英文里都耳熟能详，但是现在我们所理解的意思却被赋予了很多新的东西，这个之间几乎可以说不到十五年的时间。在20世纪90年代以前，中国所讲到治理的标的都不是人，而是物。"治理"在英文里其实也是个新东西，它是新自由主义潮流的副产品，在20世纪90年代初、中期被引入到中国。但是，"治""治国安邦"这些概念则历史悠久，中国历来都讲治国安邦，不管是孔孟、儒法墨道，都讲治国安邦。中国的历史学家其实都扮演着很重要的思想家的角色，可以看到《资治通鉴》是与"治"相关的，西方也是如此。所以"治理"这套概念体系是新东西，但"治""治国"却是老东西。① 国家治理有很多方面，我们有必要，也有可能从中国历史悠久的治理历史中汲取可供今日治理之用的思想与制度资源。党的十八大提出"国家治理体系和治理能力"，按照上述福山在《国家建构》中所描述的国家治理的成败标准，中国在历史上曾经长期强盛，而即使是在衰弱时期，其文明也从未断绝，显然其历史上的国家治理体系与能力有其成功之道。

一 区域治理与湖北治理

1. 区域治理

所谓"区域治理"，是指政府、非政府组织、私人部门、公民

---

① 王绍光：《中国·治道》，中国人民大学出版社2014年版，第2页。

及其他利益相关者为实现最大化区域公共利益，通过谈判、协商、伙伴关系等方式对区域公共事务进行集体行动的过程。

区域治理（Regional Governance）完全是一个"舶来"概念，它广泛流行于欧美学界，台湾地区学者较早与之接轨，但他们一般惯用跨界（域）治理（Trans-border Governance）、都市及区域治理（Urban and Regional Governance）等概念。实际上，区域治理就是治理理念或理论在区域公共事务管理中的具体运用。[①]

一般认为，区域治理具有三个基本特点：一是多元主体形成的组织间网络或网络化治理；二是强调发挥非政府组织与公民参与的重要性；三是注重多元弹性的"协调"方式来解决区域问题。由此可见，区域治理并非是无条件的，它必须有深厚的公民社会和公民参与传统、发达的非政府组织体系，以及公私合作与协商治理的文化。也正是在这个意义上，尽管前些年国内有些学者借用区域治理或区域管治概念来讨论我国的区域话题，但我们的基本看法是：由于政府仍然是我国区域公共事务治理的主导者，其他利益相关主体参与的广度和深度还不够，因此，对于区域治理概念的使用我们一直持审慎的态度。

杨毅、李向阳认为，区域治理是治理理论在区域层次上的运用，它通常就指在具有某种政治安排的地区内，通过创建公共机构、形成公共权威、制定管理规则，以维持地区秩序，满足和增进地区共同利益所开展的活动和过程，它是地区内各种行为体共同管理地区各种事务的诸种方式的总和。这一概念是从国家与国家之间的更大的区域出发来考察区域治理的，主要论及区域的经济和安全方面（如欧盟的模式），而没有涉及一个国家内部的区域层次的治理。[②]马海龙则认为区域治理是基于一定的经济、政治、文化和自然等因素而联系在一起的地域的政府、非政府组织以及社会公众对区域公共事务进行的协调和自主治理的过程。区域治理既不同于行政区行

---

① 陈瑞莲、杨爱平：《从区域公共管理到区域治理研究：历史的转型》，《南开学报》（哲学社会科学版）2012年第2期。

② 杨毅、李向阳：《地区主义视角下的治理模式》，《云南行政学院学报》，2004年第2期。

政，也不同于区域行政。区域治理不仅仅是一整套规则、一种活动，而且更是一个持续互动的过程；区域治理过程的基础不仅仅有控制，更重要的是协调；区域治理的主体既涉及政府（公共部门），也包括非政府组织（私人部门）和社会公众；区域治理不是自上而下的管理方式，而是上下互动、权力双向运行的自治过程。①

2. 湖北治理

湖北治理，是区域治理的层级中的一个层级，即省级治理。本章主要探讨湖北在历史上的文化发展与治理经验对今日湖北治理所能提供的经验与借鉴。由于湖北历史文化的悠久及其在中国治理近代化历史上的突出地位，湖北与武汉的治理已经成为国际学者关注的研究论题。

在晚期帝制时代，国家（官府）与社会（民间）在清末尤其是湖北新政以前，已经产生了分野，各自在其领域中运用权力发挥作用，共同构建起湖北治理的公共空间。对 19 世纪汉口城市治理，乃至汉口的发展在整个湖北与国家的社会发展中的地位与作用，美国学者罗威廉（William T. Rowe）认为，国家对于城市治理能力在 19 世纪的湖北，特别是汉口，发生了重要的变化，城市商业及以行会为主的民间社会组织的发展，导致湖北新政以前汉口公共领域的扩张，并由此引起了汉口社会控制与治理模式的变化。罗威廉认为，在 19 世纪的湖北，地方政府放弃了大部分地方活动的主动权，将它们交给地方社会自身，国家在市政管理、社会控制等公共事务方面的直接作用，主动作用不断衰退，实际上起着间接领导作用，乃至于清政府越来越显得无足轻重。与此同时，地方社会的能动作用不断增强，以至于形成了一个以行会为中心的实质层面上的城市治理机构。② 如果罗威廉的观察是深具洞见的，则可以想见在晚期帝制时期到近现代的历史进程中，湖北省与汉口等城市已经开启了从统治（rule）向治理（governance）转型的近代历程。

---

① 马海龙：《区域性治理：一个概念性框架》，《理论月刊》2007 年第 11 期。

② William T. Rowe, *Hankow: Commerce and Society in a Chinese City, 1796-1889*, California: Stanford University Press, pp. 11-13.

二　古典时期湖北的治理文化与文化治理

中国有着悠久的治理历史，对良治与善治的思考史不绝书，早在古典时期，即已积累了丰富的治理思想与治理实践的经验①。何谓良治？1997 年联合国开发计划署（UNDP）的一份报告将良治（good governance）概括为八个特征：公众参与、法治、效能与效率、平等与包容、回应性、透明、负责、共识导向。西方的这种良治思维，主要集中于探讨治理的方式与技术，大体属于治术层面。中国传统也有其良治思维，更为深刻地探讨治国之道，儒、法、道、墨四家都有各自学说，而治理良好的朝代往往是礼法合治、兼而用之。② 传统良治思想最为经典的就是"大道之行、天下为公"③的理念。在百家争鸣的古典时代，诸子百家中多有诞生、形成于荆楚大地，为荆楚文化所孕育生发者，如道家治理思想即发源于楚国。实际上基于楚国地方治理的历史实践而凝练出的区域治理思想，最终亦经过百家争鸣，而汇聚于古典时期华夏治道之中。

1. 从"荆楚"到"湖北"：区域概念的形成

作为地理文化概念的"湖北"，产生于宋元时期，而作为行政区域的湖北，则已晚至清代康熙朝。揆诸湖北治理史，这一区域概念的形成与建构，不惟以国家统治单位的形成为标志，在多元治理主体之中，逐渐形成省籍意识与乡土观念的士大夫阶层与绅商、乡民，其地域观念认同与政治资源投入都与他们对"湖北"这一区域地理概念的认知密切相关。另一方面，湖北区域的地理区位、山川湖泊、资源禀赋、水陆交通等因素，亦是形塑湖北政治、经济、军

---

① 景枫、武占江、武建敏、张振国编著：《中国治理文化研究》，中国社会科学出版社 2012 年版。

② 鄢一龙：《探求中国良治之道——读〈中国·治道〉》，《光明日报》2014 年 12 月 11 日。

③ 《礼记·礼运》。

事、文化等多方面属性与特征的重要条件。因此，有必要对从"荆楚"到"湖北"区域概念的形成与变迁做一历史地理的梳理。

俞可平认为，对治理历史的研究，可以引入两种进路，即比较历史研究分析（comparative historical approach）和治理分析（governance approach）。在他看来，可以把社会分成两个部分：政治社会（政治国家）和公民社会（市民社会），前者是公共政治领域，后者是私人社会领域和民间的公共领域。每个人事实上都同时生活在两个领域之中。以湖北为例，每个生活在这片土地上的人，既是户籍税负归属上的湖北人，又是文化籍贯认同上的湖北人。因此以下论述虽以较为明晰的统治行政区划为主，亦兼顾地理、文化、族群区域的划分。

湖北行政区划的沿革变迁，绝非仅仅是国家治理者随性而为的，而是与地方区域治理有着密切联系的，往往政区的设置与变迁与当时当地的军事经济形势密切相关。清代历史地理学家顾祖禹对此认识极为深切，他在《读史方舆纪要》中指山：

> 湖广之形胜在武昌乎，在襄阳乎，抑在荆州乎？曰：以天下言之，则重在襄阳；以东南言之，则重在武昌；以湖广言之，则重在荆州。①

顾祖禹之言虽然简单，但却高屋建瓴，站在全国视野下，从全国角度出发分析了湖北区域划分与各地治理重点之所在。

一定的地理区域及其地理、交通、资源、气候、作物形态、生产方式必然深刻地影响着当地的文化传统与区域性格。区域性格与区域治理关系的重要性在我国古代就已经引起人们的注意。虽然当时并没有区域性格这样一个概念，但人们已经意识到了这种现象并将其笼统地包容在"风俗"这一含义很宽泛的说法之中。②班固认为："凡民函五常之性，而其刚柔缓急，声音不同，系水土之风气，

---

① 顾祖禹：《读史方舆纪要》卷七十五《湖广总部》。
② 戴俊骋、韦文英：《区域性格与区域发展——区域性格研究》，《广西社会科学》2010 年第 9 期。

故为之风；好恶取舍，动静亡常，随君上之情欲，故谓之俗。"① 刘昼认为："土地水泉，气有缓急，声有高下，谓之风焉；人居此地，习已成性，谓之俗焉。"② 阎耀军提出了 "社区性格与社区治理" 的概念。他认为的社区性格与本文区域性格是一个概念的两种表述。他认为区域性格对区域政策决策主体、政策制定过程和政策执行有影响，并具有自发自动、众趋定向和中介传导的功能。③

从 "荆楚" 到 "湖北"，在两千多年的区域发展史上，生活在这一地区的人民与社群逐渐凝结了地方意识，形成了地方风俗，凝练出区域性的文化认同与治理传统。由于湖北居于中国中部，位于东西连接、南北贯通的枢纽位置，它的这种地域性格有着强烈的特殊性，并强烈地影响着区域治理的模式与文化。当作为国家行政区划管理的官僚首长与作为文化区域的地方社区中工商、士绅等治理主体结合之时，就逐渐形成了荆楚地区的治理文化传统与新兴的湖北公共治理空间。

张伟然认为，今湖北省境作为一个文化地域，已有一个可以依凭的独特的感觉文化区。这个文化区深深扎根于人们的意念当中。所谓 "感觉文化区"，又称乡土文化区，是文化地理学的一个重要概念，它是人们对于文化区域的一种体认，既存在于区域内居民的心目当中，也得到区域外人们的广泛承认"。而今湖北省境作为感觉文化区，又是和楚文化、荆楚文化这些概念分不开的。④ 这就意味着在官方行政区划的 "湖北省" 行政区外，还存在着一个地方居民与士绅认同之中的完整的湖北地域与文化概念。

对荆楚历史与湖北文化认同及其与地方治理的联系，梁启超的认识无疑是深刻而博大的。1922 年 9 月 4 日，梁启超在武汉大学作了题为《湖北在文化史上之地位及将来之责任》的演讲，指出湖北在中国文化地理上的重要地位：

---

① 《汉书·地理志》。

② 《刘子·风俗》。

③ 阎耀军：《文化区域与文化性格的识别》，《天津大学学报》（社会科学版）2007年第 2 期。

④ 张伟然：《湖北历史地理文化研究》，湖北教育出版社 2000 年版，第 12 页。

　　中国文化的发展，不是一元的，是二元的，一黄河，二长江。北方刚健笃实，南方优美活泼。代表两方文化的，在北方有河南山东，在南方有湖北江苏。但江苏是后起的，湖北居长江中心，完全是自己产生的，江苏不过受湖北的影响罢了……湖北不独能代表长江文化，并能沟通黄河文化。如山东河南，只能代表北方文化，不能传播南方文化于北方。湖北则容纳黄河文化，而传播于长江一带。一面自己产生文化，一面又为文化的媒介者，因其沟通南北，能令二元文化调和。在历史上看来，不能不说湖北所贡献及遗留的功劳是最大的。①

　　从任公论述中可见，荆楚地区的文化区域与行政区域既有重叠又有差异，两者共同影响着古典时期荆楚地区的治理文化，并将这一传统延续到后世，影响着帝制晚期以降直至近代早期的湖北治理文化。

2. 作为治理文化的荆楚文化

（1）治理文化的概念

　　所谓治理文化，可解释为"主要是指由国家积极地采取一定的手段或者默认民间社会采取一定的手段对国家和社会进行治理，以期达到和谐秩序的一种文化形态"。治理文化包括治理主体、治理手段、治理对象和治理目标等若干方面。一切文化都是具有精神的，不具有精神的文化，则是单纯的器物而已，此种文化必难成为人类文明的主导形态。治理文化作为人类重要的文明形态，有着自身卓越的治理理念，这些理念不仅在思想上论证着自身的合理性，而且以强大的对象化力量展现自身的存在合理性，而当理念的对象化获得一种对象性价值的时候，则治理文化不仅存在于精英阶层的思想论证之中，而且也存在于普通民众的朴实意识之中，当一种治理文化被社会民众所接受的时候，这种治理文化必将构成这个民族

---

　　① 梁启超：《湖北在文化史上之地位及将来之责任》，《汉口新报》1922 年 9 月 5 日。

文化的主导思想，甚至是主导的意识形态。①

中国治理文化的结构包含以下几个领域，即道德治理、法律治理和民间治理。道德在中国治理文化中具有根本性的地位，并且正是这种道德的存在使得中国治理文化卓然独具自身的特色，而这种特色永远都与大写的中国相连。皋陶之言亦有德，无德之文化乃荒蛮之文化。中国治理文化之所为德，到了西周形成了一种基本的精神理念。正所谓"以德配天""敬天保民""明德慎罚"者是也。在远古的夏商，帝王们为了维护自身的统治，也为了让人们明确自身的统治的合法性，当然更是为了实现永久的统治，他们总是从"上天"那里给自己寻找一种合法性的依托，这当然也可以看作是一种治理文化，但是相比于"民"与"德"的维度，祈求天的保护的合法性维度是一种外在论的维度，因为那样可以麻痹充满着原始宗教精神的中国百姓，但却难以真正从统治者自身推动中国治理事业的大发展。

中国的民间治理是非常发达的，无论是在治理主体方面，还是在治理模式方面，抑或是在治理的内容方面都有着自身鲜明的特点。在民间治理的主体方面可以说呈现出一种多元性的特征。

作为古典时期华夏文化的重要组成部分，荆楚文化中亦蕴含着丰富的治理文化的经验与智慧。楚人先民在治理这块土地时留下的思想与实践智慧无疑值得后世湖北治理者吸收与借鉴。

（2）荆楚治理思想与治理文化

如上文所述，荆楚大地的先民在治理这块土地的历史过程中形成了独特的文明风格，铸就了独特的文化特征，在制度、思想、器物等领域都贡献出自己的杰出智慧。其中有裨于治理的文化特点与文化内容可以归纳为如下几项。

第一，筚路蓝缕、敢于躐等、不甘坐困、勇于进取的文化。

楚人霸业虽然是庄王时期完成，但是霸业的种子却是早已种下的，其文化因素可以追溯到楚人立国之初。《楚世家》载：

---

① 景枫、武占江等编著：《中国治理文化研究》，中国社会科学出版社2012年版，第17页。

熊绎当局成王之时，举文武勤劳之后嗣，而封熊绎于楚蛮，封以子男之田，姓芈氏，居丹阳。……熊绎辟在荆山，筚路蓝缕，以处草莽，跋涉山林，以事天子，唯是桃弧、棘矢以共御王事。①

楚国的开创者熊绎不畏艰难困苦，在蛮荒的险恶之地为他的臣民创造了一个休养生息的安定环境。楚国先祖经过百余年的惨淡经营，到熊渠时已经基本上控制了江汉平原的广大地区，成为威震南方的实际统治者。而熊通因封地不足以发展，自立为武王，虽违周朝礼制，但却是自尊自信的标志。楚国霸业的完成对楚国来说并不是一个偶然的过程，在它的背后，有着很深的历史渊源。当楚人功劳虽大，但却被封于蛮夷之地时，楚人没有怨天尤人，而是发扬其筚路蓝缕的精神，艰苦奋斗，自力更生，在蛮荒的险恶之地顽强地生存了下去。蛮荒之地的艰苦没有磨平楚人的斗志，反而增强了其发愤图强的决心，伴随着实力的增强，顽强的楚人再也不甘于默默无闻，他们想的是用自己的实力来证明自己，取得与自己实力相对应的名号，维护自己先祖不曾得到的尊严。当熊通加位的要求遭到拒绝后，楚人喊出了"我自尊"的口号，这一点，无疑是对楚人自尊自信、顽强进取的精神的最好注脚。历代楚王正是在这一精神的指引下，前赴后继，沿着争霸这一条路线不停地走了下去，自尊自信亦成为实际上楚人争霸的内在动力。

楚人的这一传统，无疑提示着今日湖北治理者勿忘自力更生、自尊自信的精神，一方面不能忽视申请地方经济文化发展所需要的政策、资源，一方面又不能坐等政策，应同时靠自己的努力，提高治理水平，改善经济文化生活环境。②

第二，"抚有蛮夷，以属华夏"的奋斗而开放的精神。

春秋时代的民族思想主要有三家。一家以管仲为代表，主张

---

① 《左传·昭公十二年》，中华书局。
② 刘玉堂：《九头鸟·湖北佬·楚文化》，《学习月刊》1991 年第 6 期。

"戎狄豺狼，不厌也，诸夏亲昵，不可弃也"；一家以孔子为代表，主张"商不谋夏，夷不乱华"；第三家主要是以楚国君臣为代表，其主张主要是"抚有蛮夷，以属华夏"。这一思想反映了楚人文化中对民族认同的宽容、开放心态。是周平王东迁以后，以周天子为代表的华夏民族在受四边夷狄进犯的情况下，中原诸侯要求团结起来，以尊王捷克为号召，共同抵御外族，保护华夏文化的潮流，而桓公争霸也正是这一主张的具体实施。

虽然齐国的霸业随管仲齐桓公相继去世而告终结，但诸夏一体反击夷狄的格局早已形成。这使楚人面临的形势非常严峻，可以说不进则退。在这种状况下的楚人非常清醒，如楚庄王对居安思危、防骄备战的认识十分深刻，他认为：

> 楚自克庸以来，其君无日不讨，国入而训之于民生之不易、祸之至之无日、戒惧之不可以怠。在军，无日不讨军实而申儆之于胜之不可保、封之百克而卒无后，训之以若敖、盼冒筚路蓝缕、以启山林。①

楚庄王的这种精神无疑奠定了楚国政治文化上一方面对夷狄族群开放而吸纳的态度，一方面又居安思危、艰苦奋斗的开拓精神。这无疑是后世湖北治理活动中无论是主导官员，还是地方士绅大多开放达观，乐于引进各地文化习俗，而又能励精图治试图实现文化融合的精神的渊源。②

第三，不顽固守旧，敢于打破常规，与时俱进的精神。

春秋战国时期是一个人才辈出的时代，同时也是一个人才竞争异常激烈的时代，"争天下者必先争人"。五霸霸业的成功，从某种意义上说，就是各自用人思想和实践的成功。楚庄王时：

> 庄王过申侯之邑，申侯进饭，日中，而王不合。申侯请罪，

---

① 《二十五史别史·绎史》，齐鲁书社。
② 刘玉堂：《楚人精神与"支点"建构》，《世纪行》2012 年第 5 期。

曰："臣斋而具食甚洁，日中而不饭，臣改请罪。"庄王谓然叹曰："非子之罪也。吾闻之，其君贤君也，而又有师者王；其君中君"。有师者霸；其君下君也，而群臣又莫若者亡。今我下君也，而群臣又莫若不敖，不毁恐亡，自忧也。吾闻之世不绝贤，天下有贤，而我独不得，若吾生者，何以食为？①

可见在庄王心中，对人才的渴望是多么强烈。在这样的背景下，楚庄王加大了对人才的征召力度，如招徕孙叔敖等名臣，奠楚国人才基础。由于地利交通之便，本为人流物流辐辏之地，再加上不拘一格求取人才的政策氛围，此后楚国长期成为人才大国，汇聚全国各方人才。这无疑提示着今日湖北治理者在全球人才争夺的竞争战略中，不应忘记荆楚文化中固有的开放心胸与趋新精神。

第四，勇于斗争，面对旧势力绝不妥协退让的精神。

近代以来湖北成为革命首善之区，绝非偶然，而是与荆楚文化中勇于斗争、务求趋新、反对守旧的精神一脉相承的。楚庄王即位之初，楚国宗室贵族之间的权力斗争相当尖锐，楚人为了加强王权，采取了果断的措施：

> 楚庄王立，子孔、潘崇将袭群舒，使公子燮和公子仪守，而伐舒缪。二子作乱，城郢，而使贼杀子孔，不克而还。八月，二子以楚子出。将如商密，庐戢黎及叔麇诱之，遂杀斗克及公子燮。②

庄王九年，楚国最具实力的世家大族若敖氏的斗越椒反，楚庄王果断地出兵，一举将之剿灭，通过平息这两次大的武装政变活动，敢于争夺旧的王位的宗室贵族势力基本被清除，使得楚国的中央集权大大加强。这无疑是楚文化中斗争与革命精神的渊薮。

楚人的以上几种精神与文化传统，并不是昙花一现、随即消

---

① 《二十五史别史·绎史》，齐鲁书社。
② 《左传·文公十四年》，中华书局。

逝，而是一脉传承、绵延深远的；也并不是所谓的屠龙之术或者无本之木、无源之水，而是具有可操作性的利刃及深厚的基础。这在近现代都有很好的体现①。近代以来，荆楚成为全国风云际会之地，无论在军事上，还是在政治上，荆楚均为全国瞩目之中心区域。经过近代湖北精英的传承，荆楚文化的这些精神亦必将对今日湖北之治理，提供精神与文化上的丰富资源。如陆九渊"不信邪"的心学传统等楚文化思想的精髓，都能通过现代性转换而焕发出新的生命力。

综上所述，荆楚文化形成的古典时代，是湖北历史上治理文化与思想兴盛的巅峰时期，在这个时期，湖北先民在荆楚大地生产、生活与社会治理过程中，积累了宝贵的良治经验与治理思想。这些治理经验一部分随着制度化的行政区域建制的传承保留至今，奠定了今日湖北省区域治理格局的基本政区；另一部分治理思想与经验融入荆楚文化之中，通过荆楚大地人民日常经济与文化生活中参与地区治理活动时形成的种种有形无形的传统、习俗与风气，影响并提示着今日湖北治理的结构域与可能。楚人活泼感性的自由精神，筚路蓝缕、拓跋草莽的韧性精神，顽强不折、刚勇进取的奋发精神，更构成独具一格、无比珍贵的文化传统。② 所有这一切，为宋以后尤其是明清时期发展起来的湖北文化，提供了十分重要的文化基础和文化资源，是前者的重要源头③，也为今日湖北治理的各种主体，从政府到绅士、商民等提供了淳厚深远且绵绵不绝的政治与智识资源。

三　湖北治理史上的治理主体——"国家"

作为政权象征的"国家"或其代表实体"政府"，在帝制时代

---

① 徐涛：《楚人精神与楚国霸业及其他》，张锦高，袁朝主编《荆楚文化的现代价值》，崇文书局 2005 年版，第 298 页。

② 周积明：《文化分区与湖北文化》，《江汉论坛》2004 年第 9 期。

③ 关于湖北历史文化资源如何转换的问题，参见刘玉堂，黄南珊《湖北文化资源转化策论》，《湖北大学学报》2006 年第 6 期。

从来都是国家治理最重要的主体。"国家"与"政府"在湖北地方治理的历史上发挥着举足轻重的作用。这种作用的大小是随时而变的，对其历史演进历程的考察，可以揭示区域治理发展规律的面向。概言之：当中央集权帝国的国家权力高度集中的时候，地方政府体制（在明清时期为"督抚制"）作用较为隐晦不彰，此时全国统一的政令施行，财物流转划拨大多由中央控制，从而支配着地方治理的人力、物力、财力与方向；当中央集权帝国的国家权力日渐松弛的时候，往往权力旁落，地方督抚掌握大权，得以在所任之实行因地制宜的治理模式，或者根据主政者洞见与好恶，实行改革与新政。但值得注意的是：不论地方治理权力集中于中央，还是流布于地方督抚，两者都是"政府"或者说"国家"的代表，是代表国家行使治理权力的主体。

1. 作为治理主体的国家与政府

"国家"是国家治理的对象，政府则是最重要的治理主体。湖北作为地理方位上居于国中之省，有别于边疆省份的一点是，从先秦时期的楚国到宋元以后的湖广行省，它从来都是"中国"的核心区域，其领土主权从未归于异国之手，而治理权总是掌握在作为合法政权的中央政府手里。因此，就湖北治理而言，"国家"这一治理主体在内涵外延上具有高度的确定性，即历朝中国政权的中央政府。

在中国的先秦时期，称天子所治曰"天下"，诸侯所治曰"国"或"邦"，《周礼》记载，周代"惟王建国（城），辩证方位，体国经野，设官司分职以为民极。川量人掌建国之法，以分国为九州，营国城郭，营后宫，量市朝道巷门渠，造都邑亦如之"。这里的国指"国都"。卿大夫所治曰"家"。"国家"一词最初的时候显然偏重于土地这个因素，还不完全是一个政治概念。

在西方，"国家"这一概念经历了较长的演进过程。在古希腊的亚里士多德看来，国家指城邦范围内一切公共生活及其地域的总称。在古罗马，国家被理解为 Republic（共和国），共和国是指属于人民的共同事务。文艺复兴以后，随着近代民族国家的逐步兴起，一个能够不加区别地概括一切政体的总体名词"国家"（State）开始出现，在其名著《君主论》的第一句中，马基雅维利写道：

> 从古至今，统治人类的一切国家、一切政权，不是共和国就是君主国。①

到 17 世纪，自然法和社会契约论占据了思想舞台的中心，社会和国家的起源、政治合法性的基础等重大问题成为焦点。霍布斯常用的术语是 commonwealth（共和国）。他认为强制力是证社会生活正常运转的一个基本条件，作为权威象征的、以契约方式结合起来的国家所以才应运而生。这一时期，社会与国家有所不同、各有所侧重的思想已经深入人心。

在马克思看来，"国家的本质特征，是和人民大众分离的公共权力"。② 列宁也指出："国家这个有组织的暴力，是社会发展到一定阶段必然产生的，这时社会已分裂成各个不可调和的阶级，如果没有一种似乎凌驾于社会之上并一定程度脱离社会的权力，它便无法存在"。③ 在当代西方政治学界，较为通行的对国家的定义是由德国社会学家马克斯·韦伯做出的，即国家"是在某一特定的领土范围内能够宣称合法地垄断强制力的人类团体"。④

"政府"是代表国家施行政制的实体，政府是与"国家"这一概念有密切联系的一个概念，国家有时直接指政府机构。为了行文和表述的方便，本书在这一意义上使用"国家"一词，国家既包括中央政府，也包括地方政府。但是，严格说来，政府与国家是有很大区别的。卢梭指出："公共力量就必须有一个适当的代理人来把它结合在一起，并使它按照公意的指示而活动……这就是国家之中所以要有政府的理由；政府和主权者往往被混淆，其实政府不过是

---

① ［意］马基雅维利：《君主论》，刘志伟等译，商务印书馆1985年版，第3页。

② 《马克思恩格斯选集》第4卷，人民出版社1995年版，第116页。

③ 《列宁选集》第2卷，人民出版社1960年版，第600页。

④ Max Weber, *Essays in sociology*, Translated and edited by H. H. Gesthe. wright, London: Routllege and Kegan Paul, 1970, p. 78.

主权者的执行人。政府就是在臣民与主权者之间所建立的一个中间体，以便两者得以互相适合，她负责执行法律并维持社会的以及政治的自由。"① 因此，如果国家代表全体人民的意志的话，政府不过是这种意志的执行者，国家与政府的关系为委托—代理关系。由此可见，政府也是国家治理最重要、最直接的主体。这其中包含中央政府，也包括地方政府。就湖北而言，其行使国家权力的治理主体即前文所界定的各时期的湖北从州郡到行省一级的地方政府。

2. 督抚政治与区域治理

在湖北治理历史上，督抚的作用尤为明显。特别是近代以降，随着中央权力的逐渐松弛，地方督抚获得了更大的施政权力，从而在湖北地方治理上进行了大刀阔斧的改革，使得湖北在全国的政治、经济地位日益上升，居于重要地位。如张之洞等著名的督抚，就是在湖广总督任上实行近代化的治理模式而声誉鹊起，进而将湖北的治理模式推广，在晚清全国的洋务运动及之后的治理改革中取得了广泛的影响力。

总督、巡抚是省一级最高行政长官。督抚制度起源于明朝初年，初为临时差遣官，以后逐步向常设的地方官转化。清沿明制，并通过不断调整，使总督巡抚的设置趋于规范化。总督巡抚成为总掌地方军政、民政的封疆大吏。② 但必须认识到，督抚并非独立的权力结构，在清朝中央集权的皇权体制中，督抚只处于承上启下的中间地位。但就晚清而言，由于中央权力渐弱，实际上区域治理的很多方面的工作，很多时候是由主政湖北的督抚推动的。

伴随着督抚权力的扩大和相对独立的财政、军事权的取得，改变了原有的权力结构与关系。在中央，原来督抚各项职权受中央各部控驭的上下统辖关系转变为各部不得干预督抚权限的平衡关系；在地方，原来督抚与布政按察两司的大小相制关系转化为上下级相属关系，督抚成为权重一方的地方主义势力。在这种局面下，中央

---

① ［法］卢梭：《社会契约论》，何兆武译，商务印书馆1996年版，第76页。

② 刘伟：《晚清督抚政治：中央与地方关系研究》，湖北教育出版社2003年版，第11页。

不得不在内政外交的一系列问题上依靠地方督抚，而地方督抚也动辄以联电联奏的方式向中央提出要求，施加压力，"外重内轻"的局面逐渐形成。

清代的督抚制度沿明而来，至乾隆朝始确立完整的地方管理形态。在督抚的选任上，顺治一朝出于稳固新建政权的需要，各省督抚多用汉军八旗，康、雍两朝，开始以满人为督抚，但汉军仍占督抚的多数，乾隆以后，全国政局已稳，遂有大量任用满人督抚的局面。咸丰、同治时期，地方汉人督抚势力鹊起，他们以自己的实力影响了晚清政治格局的进程，在一定程度上体现了督抚与中央血脉相通的共存关系。①

面对近代中国社会的转型与变化，地方督抚中出现了一批识时务的官员。他们提出了一些超出传统政本治术之外的新思想、新观念，并积极推动清政府进行改革，成为统治集团中改革派的主流。同时，在洋务自强新政、甲午新政、辛丑—乙巳新政和预备立宪等各次改革中，督抚又成为地方改革的主持者，推动了各省经济、文化教育事业的发展。地方督抚成为中国近代化事业中一支不可忽视的力量。② 张之洞就是在这样的背景下，成为湖北治理历史上取得了耀眼成就的一位名臣。其治理湖北之经验，尤为值得今日治理湖北者所揣摩、借鉴。

3. 张之洞督鄂与湖北治理

1889 年至 1907 年，张之洞任湖广总督，驻节武昌。十八年间，他积极推进洋务新政，取得显赫实绩。湖北地区的经济社会发展成效显著，近代工业、商业、文教、军事初具规模，在全国居于领先地位。研究张之洞治理湖北历史的文献可谓汗牛充栋，然而最需注意的一点是：必须将张之洞的治理思想与其治理实践结合起来，方能理解其治理之效果及其对整个近代中国国家治理发展进程的影响。

---

① 王雪华：《督抚与清代政治》，《武汉大学学报》（社会科学版）1992 年第 1 期。

② 刘伟：《晚清督抚政治：中央与地方关系研究》，湖北教育出版社 2003 年版，第 2 页。

（1）放眼世界，立足湖北的眼光与格局

张之洞是晚清重臣中少有的深具世界眼光，能真正做到放眼全球的人。督鄂期间，他并未因为职事的限囿仅仅专注于地方具体事务的运作，而是自觉将湖北区域的发展纳入全国乃至世界文明进步的大格局中思考谋划。张之洞曾在黄鹤楼撰写一副楹联：

昔贤整顿乾坤，缔造先从江汉起；今日交通文轨，登临不觉欧亚遥。

此语最能表达他打通古今中西，致力于古老荆楚文化与现代文明"接轨"的宏阔眼光与襟怀。实际上，无论是筑路还是建厂，引进全球顶级优质资源以建设湖北，一直是张之洞的方针。湖北治理的历史证明，张之洞的经验并没有过时，一百多年后的今天，湖北怎样抓住"一带一路"战略带来的机遇，借助其发达的地理区位优势与现代化的交通设施建立新的经济模式，张之洞的见识颇具参考价值。

（2）注重整合农工商各界力量，以服务于实业

光绪二十七年（1901），清政府宣布实行"新政"，张之洞在《遵旨筹议变法谨拟采用西法十一条折》中再次分析西方国家富强的原因："世人多谓西国之富以商，而不知西国之富实以工。盖商者运已成之货，工者造未成之货，粗者使精，贱者使贵，朽废者使有用。"他强调工业在国民经济各部门中的枢纽作用："工者，农、商之枢纽也。内兴农利，外增商业，皆非工不为功。"[1] 但是，他又并非孤立地看待工业发展，而是以系统联系的观点看待近代产业之间的关系，"为政以利民为先，然必将农、工、商三事合为一气贯通讲求，始能阜民兴利"[2]；"大抵农工商三事互相表里，互为钩贯。农瘠则病工，工钝则病商，工、商聋瞽则病农，三者交病，不可为国矣"[3]。"农之利在畅地产，工之利在用机器，商之利在速行程、省

---

① 张之洞：《张之洞全集》，河北人民出版社 1998 年版，第 9756 页。
② 同上书，第 942 页。
③ 同上书，第 9757 页。

运费"。在他的推动下，湖北特别是武汉在他督鄂的 18 年里，传统商业优势进一步发挥，并由内贸型的商业重镇一跃而为国内屈指可数的国际贸易商埠，发展速度惊人，曾一度被人称为"东方芝加哥"。湖北成为了长江货流与华中地区货流网的中枢和海外商品交流的转运地。

督鄂期间，张之洞以武汉为龙头，以兴办实业为中心，使湖北迅速在全国崛起。汉阳铁厂是以当时世界第一大钢铁厂———德国的克虏伯钢铁厂为蓝本建设的，是亚洲第一家集开矿、采煤、炼铁为一体的大型钢铁联合企业。湖北枪炮厂无论从规模上还是技术上，无疑都居全国之冠。同时，他还努力促使湖北形成了布、纱、麻、丝等纺织工业体系，使武汉成为仅次于上海的中国第二大纺织中心。这些努力，使武汉从单一的商业中心转变为全国工业中心、商业中心。在推行新政兴办实业的过程中，他还不为常规所囿，大刀阔斧地进行变革，督鄂期间，设置各类新机构 36 个，其中 7 个是出于工作需要自主设置。[①]

值得注意的是张之洞整合各界力量的努力，并非如传统观点认为的那样仅仅是整齐划一模式的官督商办，而是采取一种积极治理、主动整合的姿态，将作为治理主体的政府与其他主体结合起来，以共同筹措湖北治理的各领域所需要的资源。

（3）发挥地理优势，振兴区位交通枢纽

张之洞将铁路之于国民经济的作用比喻为有如气脉之于人身，"气脉畅通而后有运动"，是开启士农工商兵五学之门的关键，"士有铁路，则游历易往，师友易来；农有铁路，则土苴粪壤，皆无弃物；商有铁路，则急需者应期，重滞者无阻；工有铁路，则机器无不到，矿产无不出，煤炭无不敷；兵有铁路，则养三十万精兵，可以纵横战守于四海"[②]。张之洞任湖广总督后，多次吁请清政府尽早恢复芦汉铁路建设。尽管他设想"萃四方之商力，注卢汉一路"，凭本国实力修路，但实际上困难重重，最后不得不向比利时借款，并受

———————

① 罗福惠：《湖北通史·晚清卷》，华中师范大学出版社 1999 年版，第 200 页。
② 张之洞：《张之洞全集》，河北人民出版社 1998 年版，第 9763 页。

俄、法等国左右。1905 年，卢汉铁路全线贯通，同时接通卢沟桥至北京一段，总长 1200 公里。验收之后改称京汉铁路。一个世纪以来，京汉铁路一直是我国腹地最重要的南北交通干道。1905 年，张之洞又奉旨督办粤汉铁路，在反对向国外银行借款的反抗浪潮尚未平息之时去世。

张之洞在铁路之外，亦重视发挥湖北水网纵横的水路交通运输的优势，在他的主持下，以武汉为中心的全省水路交通也进入新的发展阶段，主要方式为引进外资。1863 年，美国旗昌轮船公司的"惊异号"进入汉口港，开辟沪汉航线后，英、法、德、日等国的轮船公司也以汉口为中心，开辟长江航线，经营轮运。1905 年，日本大阪商船会社又开辟了汉口至神户、大阪的直达航线，使汉口港成为国际港。以轮运为主导的水路航路的开辟，使长江航道变成黄金水道，也使武汉自古以来的水运优势跃上一个新的台阶。张之洞督鄂以后，轮船航运与铁路运输的迅猛发展，使湖北的交通运输事业进入了一个新的阶段，武汉成了华中地区水陆运输的交汇枢纽，奠定了武汉交通业的基础。

何晓明指出，从交通业入手推动一个地区的现代化事业，是张之洞在湖北的活动有异于他人的一个显著特点[1]，这一观察颇有见地。这或许并不只是张之洞个人的睿见，毋宁更多的是湖北特别优越的地理条件所引导出的必然策略。

张之洞作为近代名臣，湖广总督，他对湖北的治理有如上业绩可循。尤为值得后人思考的是，在资本的筹措与税款的汲取方面，张之洞作为地方治理的主官，一直强调的是士农工商多元集团相互之间在政府领导下的通力合作。

四　湖北治理历史上的治理主体——"市场"

传统中国政治史上，"国家"作为治理者居于最核心的地位，

---

[1]　何晓明、何顺进：《张之洞治鄂论》，《湖北大学学报》（哲学社会科学版）2007 年第 6 期。

但随着近代工商业的兴起，"市场"亦成为一支重要的政治、社会力量，开始参与到国家治理活动之中，成为国家治理的主体之一。

"市场"的兴起与"城市"的兴起密切相关，古代城市有着政治、宗教、经济、军事等多重功能，而近代城市的兴起则多与工商、交通、物流关系密切，湖北最重要的城市武汉即由分别主导政治、文化、工业、商业的武昌、汉阳、汉口三镇组成。在湖北治理的历史上，作为治理主体的"国家"逐渐让渡出部分治理空间，交由"市场"来自我治理，实现繁荣，最典型的例子体现在商贸都市汉口的绅商自治等领域。

1. 城市的兴起与市场的形成

"有商贾贸易者谓之市，设官防者谓之镇。"① "以商况较盛者为镇，次者为市。"② 可见市场的兴起与城市的形成有着天然的联系。

在早期，"市"仅具有经济职能，"镇"则是镇守之地，具有军事、行政职能。宋代以后，市和镇之间的区分标准发生了变化，二者并无本质的不同，仅有量的差异而已。③ 赵冈认为，"中国的城市很早以前就已经分化为明显的两大类。一类是行政区划的治所。它们通常都有城墙或加上外部保护，城内有政府的行政机关。这一系统的最高层是京师，其中有宫殿及有关的衙门廨署，以下则是各省级、府级、州县级的治所。这一系统城市的政治意义很强烈，它们是全国性的行政网点。另一系统则是州治、府治、县治以外的市镇，它们大多数不是政府主动设置的，而是基于经济因素而自然形成的。不过，一旦发展达到相当规模，政府就正式在这些集居点上设市或镇，并派官掌理治安与行政。为了区别这两个系统，前者我们称之为城郡，后者我们称之为市镇。两个系统的总合，称为城市。④" 明清时期的新型市镇又有发展，这些市镇直接与远方市场发生联系，一旦发展到相当程度，俨然一个小都会，其规模甚至超过

---

① 乾隆《吴江县志》卷四。
② 民国《嘉定县续志》卷一。
③ 顾朝林等：《中国城市地理》，商务印书馆1999年版，第53页。
④ 赵冈：《中国城市发展史论集》，新星出版社2006年版，第3页。

附近城郡。傅衣凌指出，明清市镇"已不是单纯的恬静的乡村，而是一种具体而微的新型的小工商业城市"①。汉口即这类市镇之一。

张海英认为，"明清时期，在基层设立巡检司，在市镇设立府、县级官员以加强管理，以及州县衙署的直接领导，构成了这一时期江南市镇行政管理的主要模式"；"这种以治安、赋税征收为主要目的的行政管理模式，没有过多强制性地干预市镇商品经济的发展，给予了江南市镇商品经济一定的相对宽松的发展空间；另一方面，由于政府的行政管理始终缺乏主动意识，其诸多行政管理措施的出台在多数情况下是出于对已暴露出来的社会问题的被动应付，缺少与市镇经济发展需要同步配套的相应举措，政府在行政管理机制方面有诸多缺失，这最终也制约了江南市镇的进一步发展。"从机构、人员、财力、技术等方面看，官府在治理过程中，不得不向民间力量"让渡"一部分公共权力，这有助于明清市镇治理模式中的自治因素的生长。

2. 作为商业都会的汉口的兴起

在明清时期，汉口作为长江汉水交界交通发达的商业口岸，急速繁荣起来，成为全国乃至全世界重要的商业都市。与隔江相望的省垣武昌相比，如果对岸那座城市更多地由国家、政府治理的运作模式之下，汉口的地方治理则有着更多的市场参与的要素，这表明以汉口为代表的湖北治理，已经开始向近代治理模式转型。钱端升认为：

> 中国自周以降，虽立有市政，但历代都市均在国家行政隶属之下，无市自治之可言。中国之有近代都市行政与市组织，盖为三十年间事。市行政问题范围广泛，非所欲述，作者所述者为中国近代市之组织。近代之市，一方面为国家设置之行政区域，一方面保有相当之自治权利，已非如上古城市国家，亦非全然为国家行政之附属机关，近代市制盖为城方自治之一

---

① 傅衣凌：《明代江南市民经济试探》，上海人民出版社1957年版，第104页。

种。在中国，市自治之发端，系在光绪三十四年之《城镇乡地方自治章程》。①

关于中国城市，施坚雅认为，首先和最主要的驱动力是市场因素，同时也谨慎地指出政治在其中起着潜移默化的作用。例如，都城的重新定位，与都市及其所在区域命运攸关的对外贸易权与垄断权的授予或废止密切相关。②"韦伯根据西欧中世纪城市的特色，而判定中国历史上根本没有城市。汉口从码头发展为市镇以及近代城市，在这个过程中，它的兴衰与上述论断相符者甚多，如交通便利带来的市场优势，漕粮交兑、淮盐分销、开埠通商等政治因素的作用。汉口码头是一个有中国式自治因素的近代城市的基层空间，而市场的力量，则是这个自治空间中举足轻重的治理力量。罗威廉对汉口的经验研究表明，汉口的会馆、公所等民间组织在一定程度上行使了城市公共管理的市政职能。这就意味着，会馆、公所、商会等组织成为了城市治理的主体，这些社团的组建以商业目的为主，因此实际上，它们也就成了承担市场力量的治理主体。

在罗威廉看来，早在19世纪，各个行业的商会、行会就成为了举足轻重的治理力量。他认为：是行会，而不是地方官府和朝廷，在日常商业活动中发挥了基本管理机构的作用。例如，制定与维护度量衡标准，被公认是各个控制各自商品贸易行业的行会的职责范围；早在1678年，米市公所就公开宣告："凡米行中人，若以米市牙人身份与行商交易，必先赴公所申取大平、衡器，不可径自采用各有之器。"官府鼓励并支持行会主动采取这些措施，而且在某些情况下（比如钱业公所制定当地银两标准与银、钱兑换率）这些活动被看作半官方性质的。③

行会治理的内容十分详细，详细规定了吸纳新成员、培训雇员

---

① 钱端升等：《民国政制史》，上海人民出版社2008年版，第683页。

② [美] 罗威廉：《导言：长江下游的城市与区域》，[美] 林达·约翰逊主编《帝国晚期的江南城市》，成一农译，上海人民出版社2005年版，第5页。

③ William T. Rowe, *Hankow: Commerce and Society in a Chinese City, 1796–1889*, California: Stanford University Press, pp. 358–359.

以及生意运营方面的程序。直到 20 世纪初，一位日本驻汉口领事在描述商业交易的程序时，仍然提及汉口没有一整套商业行为的系统规范，而只有各个行会单独制定的规章制度。行会决定每年贸易季节的开市与闭市、每一个商店或商行的规模、成交与发货的程序、契约文书的形式以及其他相关事宜。茶业公所在试图制定汉口中外出口贸易的行为规章方面最终取得了成功，从而成为已有行会特权得到扩展的仅有范例。

罗威廉认为，国家既然奉行一种抑制贸易的家长主义政策，就必然要不断平衡商业与其他方面的关系。行会的限制日益增加，意味着官府直接干预市场的必要性越来越小，而行业内部领导者的集体责任则在不断加强。另一方面，行会势力逐渐增强，限制不断强化，则可能导致对其他贸易者的排斥，抑制商品的必要流通（在纳税的前提下），并危及市场价格的自由浮动，从而与官府的愿望产生抵触——官府希望确保向消费者提供适当的商品、向从事生产与运输的人提供适当的雇用机会。这样，行会与官府就必须达成某种互相包容与协调，只有在某些特殊情况下，比如 1886 年所发生的鱼贩公所事件，才需要明确的界定。

值得指出的是：市场作为治理力量的主体的形成，并非全由市场中的参与各方自觉自发而为，在这一过程中，政府放权，让出市场自治的空间，使市场可以参与到治理活动当中，这是至关重要的一点。朱英的研究表明："清政府推行地方自治的目的，尽管与当时社会舆论存在些微差异，但大体说来是相同的，即仿行西方国家的地方自治制度，自强救亡，为立宪奠定基础。"[1]

3. 民国后湖北商会与市场治理的发展

罗威廉认为，直到 19 世纪的最后 20 多年间，传统商业领域里尽管早已开始慢慢地出现由资本家或劳工组成的行会，但这种行会在所有的行会中仍只是极小的一部分[2]。行会组织作为湖北地方治

---

① 朱英：《晚清经济政策与改革措施》，华中师范大学出版社 1996 年版，第 224 页。

② William T. Rowe, *Hankow: Commerce and Society in a Chinese City, 1796–1889*, California: Stanford University Press, p. 308.

理的重要结构，与政府、士绅、富商巨贾、地方豪强、名门望族等共同维系着民国时期湖北工商社会的行业秩序。在上层，行会组织与政府、军阀、士绅构成了湖北治理的上层结构，而在基层，民间各行业的帮会组织则填充了基层治理的权力及运营空白，易江波对湖北基层行会，如长江汉江流域码头工人的研究，展示出后者在基层社会治理秩序中的严密、高效性以及在纠纷解决中的不可或缺性。①

革命时期的一大特征是秘密与暴力，在传统工商业为主的行业工会以下，随着湖北工商业的发展，代表着与工商业主对立的势力的湖北工人阶级逐渐兴起，而行会、帮会组织亦随之壮大，与这些基层工人阶级行会、帮会的合作、协商、交流、沟通、共治，成了这一时期行会与地方工商业治理格局发展的一个重要趋势。

基于对武汉工人阶级与基层社会行会的经验调查，瞿秋白指出，行会、帮会与秘密结社是中国劳动者的旧式组织："中国劳动者的组织，从前是一种神权的行会式的组织，这当然都是手工业的组织，其中雇工学徒和业主是混合组织的。业主在这些组织之中，自然是处于绝对的领导地位，这样组织的任务，实际上就是'同行工会'的任务，即所谓生产者对付消费者的组织"；"再则还有一种会馆式的组织，这种组织本是绅士阶级的组织。"② 前者是日益壮大的工商社会中新兴的治理结构，后者对应的是晚期帝制以降的传统治理结构。

除了湖北通商口岸城市工人阶级兴起导致的基层行帮势力的崛起以及基层治理结构的改变，民国时期湖北行会的另一个显著变化在于国家行会立法规章导致的工业与商业行会结构的分离。

1929 年国民政府颁布了《工厂法》，并于 1931 年实行，规定

---

① 易江波：《汉口码头工人与行会立法研究：1912—1937》，中南财经政法大学出版社 2011 年版，第 121 页。
② 瞿秋白：《中国职工运动的问题》，转引自邓中夏《中国职工运动简史（1919—1926）》，人民出版社 1949 年版，第 1 页。

了对工厂工会人数的限制，后来将人数从 30 人增加至 60 人。^①
1947 年国民政府又进一步颁布《工业会法》，即工业行会法，对同
业公会的性质、类别与规模做出规定。^② 这意味着行会制度的正规
化与法制化，行会、商会与工会成为正式的企业治理与工商业治理
结构中的重要组成部分。

五　湖北治理史上的治理主体——"社会"

政治力量与经济力量诚然是国家治理与区域治理的重要主导性
力量，但仅有这两种力量还不够，因为社会生活的公共空间中，尚
有大量超越政治逻辑与经济逻辑的公共部门，这就需要由一个超越
于政府与市场以外的治理主体来实现其治理。

根据王绍光教授对基础治理能力的归类，强制、汲取与濡化能
力是近代国家的基本能力，而认证、规管、统领和再分配则属于现
代国家的基础能力。如果这些方面的能力不足，治国理政就会麻烦
重重。^③ 在晚清的湖北，随着洋务运动的深入开展，尽管在强制、
汲取与濡化能力方面取得了长足的进步，湖北区域治理的效果之显
著一时声誉鹊起，全省政治经济文化能力跻身全国前列，但是认
证、规管、统领和再分配等治理能力建设的缺乏甚至退步，导致了
治理的失败，最终辛亥革命兴起于湖北，使湖北进入了新的历史时
期，而其区域治理亦面临着新的时代问题。

在国民革命的指导意识形态中，"革命"与"建国"是实现孙
中山《建国方略》中所擘画的国家建构（nation-building）事业的
一体两面。^④ 一方面，革命军队需要地方政府的汲取能力以获取革

---

① 中国第二历史档案馆编：《中华民国档案资料汇编》第五辑第一编"财政经济
（五）"，江苏古籍出版社 1991 年版。

② 武汉市档案馆藏：全宗号 119、案卷号 1—102。

③ 王绍光：《国家治理与国家基础性能力》，《华中科技大学学报》（社会科学版）
2014 年第 3 期。

④ 孙中山：《建国方略》，正中书局 1935 年版。

命战争与运动的财政支持、舆论响应与合法性论证；另一方面，地方需要革命政权保障其社会的安全与秩序，维持财政金融体系的稳定局面与工商企业的日常运作，维护基础设施，提供公共服务的基本能力，否则革命政权将枉论合法性。作为革命枢纽地区，在内战与外患的压力下，在社会治理的各个方面，湖北当局勉力维持局面，并力图利用国际国内政治经济局势来争取实现公共产品的供给与公共服务的升级。在作为湖北省域治理的主体的"国家"与"市场"两者以外，还需要有超越政治逻辑与经济逻辑的第三种治理主体，因此，作为治理主体的"社会"，在湖北近代以来治理史上的地位就显得日益重要。

1. 作为治理主体与公共空间的"社会"

在古代中国，"社"指的是土地之神，"社会"原指人们以祭祀为中心而进行的集会，后指以和睦为宗旨的各种集会。① 这当然与现代社会学中所指的社会有很大的差异。

社会是人类特有的组织方式。在西方，早在古希腊时期，柏拉图就作过分析。在柏拉图看来，由于不同的个人需要和不断发展的分工，人与人之间需要互相协调和补充，而社会正是这样的一种功能等级体系。② 不过，在近代以来的思想家那里，社会却一般是作为一个与国家相对应的概念来使用的，意大利政治学家波比奥（Noberto Bobbio）认为："在今天的政治语汇中，市民社会一般总是作为市民社会——国家这个对子中的一方来使用的，这就意味着不确定国家的概念也就无法确定社会的概念。"③ 也就是说，近代政治学对国家的研究总是与对社会的研究互为背景或者互为条件的。洛克这样的社会契约论者认为，社会指一种先于或外在于国家而存在的人类联系形式。而在波赞克（BernardBosanquet）这样的国家主义者看来，社会则表示一种与国家相对的无秩序的、无规则的状态。

---

① 陈宝良：《中国的社与会》，浙江人民出版社1996年版，第2页。

② ［美］博登海默：《法理学：法律哲学与法律方法》，邓正来译，中国政法大学出版社1999年版，第7—8页。

③ Noberto Bobbio, *Democracy and Dictatorship: The Nature and Limits of State Power*, p. 27.

因此，在西方近代政治思想家看来，社会是与国家相区别或者相对立的人类组织形式。根据这一思路，我们同样可以给社会下一个描述性定义：社会是指在特定地域范围内、以共同的物质生产活动为基础的人类共同体，它包括除国家层面的制度和组织结构外一切经济的、文化的、交往的规则、组织和制度。

2. 公共治理空间的重建

辛亥革命成功后，作为首义之区的湖北，兵燹之后，破坏严重。丁格尔（Edwin J. Dingle）描述了汉阳与汉口城市建设遭受了严重破坏①，路康乐（Edward J. M. Rhoads）则描述了由于排满意识而导致的族群分裂，荆州等地满汉对峙，社会空间割裂。② 由于旧的满汉二元官僚的崩溃，新的官僚体制尚未建立，公共空间亟须重建。俞可平教授指出：民国时期国民党政府的政治整合能力非常差，中央与地方、地方与地方之间缺乏有效的整合。一些军阀把持地方政权，不少地方势力强大到可以对抗中央政府，政令极不统一，中央权力的触角几乎到达不了广大的农村。③ 因此民国时期虽有完备的关于地方自治的全国性法规，但在实践中，湖北地方的治理，依然严重需要依靠政府官僚体系以外的社会力量与市场力量的多元参与。

民国初年，湖北城市重建问题是关乎近代中国城市社会发展的重大事件，它因辛亥革命而生，如果没有辛亥首义战争对汉口华界市区的严重破坏，也就无所谓民初汉口城市重建，它耸动国人视听，上至中央政府，下至湖北当局，均曾予以关注。这一重大事件，经过不断地发酵，商界参与，以及官商之间的不断斗争与妥

---

① Edwin J. Dingle, *China's Revolution：1911-1912*.

② Edward J. M. Rhoads, *Manchus and Han：Ethnic Relations and Political Power in Late Qing and Early Republican China，1861—1928*, Seattle and London：University of Washington Press, 2000.

③ 俞可平、徐秀丽：《中国农村治理的历史与现状：以定县，邹平和江宁为例》，社科文献出版社 2003 年版。

协，体现了辛亥革命对民初汉口商界的积极影响，[①] 不仅在物质上加速了湖北城市的重建与恢复，同样重要的是重塑了政商各界共同参与地方治理的公共空间，使各种维持、推动治理的力量再次整合起来，推动了湖北近代化的进程。

1912 年初，汉口战火方歇，代表绅商阶层的汉口商会即抢先提出城市重建计划，试图建立自主的市政机构。1912 年 1 月，以刘歆生、宋炜臣、李紫云、韦紫封为代表的汉口上层工商业资本家，汉口商会会董就议定了规复汉口市面的办法，规划将对从大董家巷起直至武圣庙止被毁弃的不下三千栋房屋修正并放阔街道[②]。

在这些绅商集团的构想中，市政设施重建将由新组建的股份制公司"汉口兴市建筑公司"筹集股本，募集建设资金，而规划图样则由"市政厅"核明方准兴工，以免式样分歧。一切建设措施将由各方商议制定章程规制。值得关注的是，所谓"市政厅"当时尚未成立，只是商会构想中拟议成立的市政治理机构。由此可见，湖北绅商阶层在重建革命后地方治理的公共空间的活动中居于一种积极主动的地位。

为了继续争取城市重建主导权，汉口商会各帮董于 1912 年 4 月议拟成立市政厅，并且多主张由巨商李紫云担任厅长。[③] 惟汉口商会的计划依附于黎元洪的湖北军政府，而遭到湖北省临时议会的掣肘，后者提出了自己的治理机构擘画，提议"筹办汉口建筑，宜从筹办市会入手，咨请政府实行"[④]。这里的市会即市自治会，是湖北省临时议会为掣肘黎元洪政府而设想的治理机构。

而政府与议会仅仅依赖于商人阶层实施重建的举措，引发了社会各界其他相关利益阶层的不满。进而汉口各界业主亦参与到重建规划之中，并成立了"汉口业主会"，以参与重建行动与发表维护自身阶层利益的声音为宗旨，针对政府漠视人民城市重建事务参

① 方秋梅：《从民间市政参与看辛亥革命对民初汉口商界的积极影响：以 1912—1915 年汉口城市重建为试点》，《湖北大学学报》2011 年第 2 期。

② 《规复汉口商场之硕画》，《申报》1912 年 1 月 26 日。

③ 《市政厅之组织》，《民立报》1912 年 4 月 16 日。

④ 《否决筹办市会之议案》，《国民新报》1912 年 7 月 14 日。

与权进行抗争。①

在公共治理空间重建的过程中，辛亥革命的合法性重塑，对重新整合官商绅民各阶层的信任与共识起到了重要作用。方秋梅教授指出民主共和观念在这一过程中的重要性："经过辛亥革命的洗礼，民主共和观念在民国建立之初激荡着汉口城市社会，民权意识进一步浸润着汉口城市社会。"② 汉口商界检讨着专制体制下商人漠视政治的缺点及由此导致的消极后果以及政府对商人政治权利的压制，呼吁商界发扬民主精神，积极参与政治，维护共和政体，实湖北治理模式的新型革命：

> 我国之岁入，其取之商税者，实驾田租地税而上之，故我等商人所负之义务既大，即所享之权利当然不小。惟我国商人素不与闻政事，日惟兢兢业业从事与贸迁之有无，一并权利弃如敝履，我商人既视应享受之权利为无足轻重，斯政府对于我辈商人若无物然，我等不自求胜，不自图强，无怪日夕陵夷，见欺于政府而莫可挽救，方今共和初建，民权始张，我辈既居国民之一大部分，自当振励精神，出其余力，以实行监督政府，拥护共和。③

由此可见，辛亥革命虽然象征着旧的治理秩序的瓦解与崩溃，但亦从中孕育出新的治理秩序并兴起。在民国时期不断的革命运动之中，湖北治理的模式与成就亦在摧毁、突破与创立中日渐积累，取得了值得后世瞩目与借鉴的成就。

3. 公共设施的建设、维护与公共服务产品的供给

自帝制晚期到近代早期以来，随着现代化进程的推进，湖北地方治理的效果日益积累，虽有政权更替与革命战争带来的中断与破

---

① 《汉口市政新谈》，《申报》1912 年 5 月 13 日。

② 方秋梅：《从民间市政参与看辛亥革命对民初汉口商界的积极影响：以 1912—1915 年汉口城市重建为试点》，《湖北大学学报》2011 年第 2 期。

③ 《汉口商界之奋起》，《民立报》1913 年 5 月 4 日。

坏，但毕竟现代性的进程已经不可逆转，公共治理的空间既经重建，则公共设施的建设、维护与公共服务产品的供给，将日益积累与更新，为日后湖北省地方的治理提供了物质基础与组织结构的经验。在行政区域的设置与整合，卫生、交通、电信、环境等基本公共服务产品的生产、供给与运营等领域，北洋政府与南京政府时期都在此前基础之上有所增益。

（1）作为公共服务产品的湖北公共交通事业的形成

在民国时期，湖北作为九省通衢的中部省份，武汉作为远近闻名的通都大邑，在全国交通枢纽的建设中都起着不可或缺的重要作用。长江、汉江水路随着轮船工业的发展而日益兴盛，陆地交通则随着平汉铁路与粤汉铁路的建成而更加巩固其枢纽地位。交通枢纽的建设对湖北省域治理的方式方法与项目内容带来了根本性的改变。

而在城市内部，随着现代性工商业的发展，市政交通建设也日益发展，市内交通秩序的维持与人流物流运输能力，是现代城市治理所必须提供的核心公共服务。湖北在这一方面亦有持续发展与进步。

在市政交通方面。湖北自办公共交通，走在了全国的前列。自清末民初，特别是 20 世纪 20 年代的市政建设运动后，汉口城市建设取得了较大成就，这为汉口公共汽车的创办奠定了一定的基础。由于一批市政专家的合理经营与管理，汉口公共汽车在创办初期得到了较好的发展。原先以水道交通为主的武汉内河航运体系，逐渐为现代化城市公共道路交通所替代。

除了作为千湖之省固有的水路船运交通外，清末民初这一时期湖北的城市交通体系依然是以轿子、人力车为代表的旧式交通占据绝对主导地位，但不可否认的是以有轨电车、长途汽车为代表的新式机械交通开始出现已经预示着一个新的交通体系时代的到来。而随着这一进程的继续，城市公共汽车在一些城市也逐步开办。

由于湖北向来为全国人流物流辐辏之地，因此武汉人口日益增加，从 19 世纪 90 年代的 80 万人到 20 世纪 20 年代的 85 万人，至

30 年代逐渐稳定为 80 万人①。人口密度之大，仅次于天津、上海。而前近代时期武汉的道路规划依山水湖泊流向自然形成，缺乏规划，交通功能严重不足。如水野幸吉在清季的观察：

> 街路颇狭隘，无论马车之通行往来为难。即人力车亦只得以二两并列。如汉口之支那街，自用人力车以外，若有禁一切之往来者。特两侧商店之招牌于道路之上，有为渡桥之奇观。②

　　繁荣的工商业与自然环境及规划历史所限带来的狭窄通行能力之间形成了极大的矛盾。作为近代城市公共治理最为重要的公共产品之一——通行能力，成为湖北大都会区供应紧缺的事物。

　　1927 年，汉口已经出现商办公共汽车公司的尝试，武汉商人邓鼎尘提出在汉口开办公共汽车运输，并随即创办了了"汉口商埠公共汽车股份有限公司筹备处"，并称"为辅助市政，便利交通，改良劳工起见"，向社会筹集资金，"提倡公司办法"。③ 但邓鼎尘创办公共汽车的倡议没有得到武汉市政府与湖北省政府的支持。武汉市政府随即以"本镇所有马路，坚度、阔度均不能行驶此项车辆"为由，批示"从缓计议"。一年后，时任省建设厅厅长并兼任武汉市政委员会委员的石瑛再次提请武汉市政务会议核准汉口开办公共汽车。1928 年年底，武汉市政会议终于通过了市政委员会委员长胡宗铎关于促令工务局创办公共汽车的提案。12 月 16 日，胡宗铎指出，"为发展全市交通，贯通全市血脉起见"，汉口应创办公共汽车。同时，胡宗铎还呈请市政会议特别成立公共汽车管理处，并委任吴品今为公共汽车管理处处长。④ 这意味着武汉近代以政府为主导的作为公营事业为全社会提供公共交通服务的以公共汽车为核心的公共交通体系正式建立起来。而武汉传统的交通工具，多达

---

① 《汉口商业月刊》第 1 卷第 3 期，第 24—29 页。

② 水野幸吉：《汉口：中央支那情事》，上海昌明公司 1908 年版，第 75 页。

③ 《汉口商埠公共汽车分公司筹备处紧要启事》，《汉口国民日报》1927 年 3 月 29 日。

④ 《工务报告：开办市公共汽车》，《武汉市政公报》1928 年 12 月。

1500 辆的人力车与各类河湖船舶亦与公共汽车系统融合成为城市公交系统的网络。使武汉成为全国领先的能够提供近代公共交通服务的城市。①

湖北、武汉当局功与地方商业精英之间通过博弈与竞争，实现了近代城市公共交通的擘画。这其中地方政府（如武汉市政府）与省政府（如湖北省交通建设管理部门）之间的沟通与博弈，汉口、武昌之间的沟通与博弈，新兴交通工具（公共汽车）与传统交通方式（人力车、驴车）的沟通与博弈，道路施工方与交通运营方的沟通与博弈，无不彰显出近代湖北交通治理的经验，并能够为今日湖北、武汉的城市交通提供历史的经验与借鉴价值。

（2）民国时期湖北的公共卫生与环境治理

公共卫生与环境治理，是治理近代化的重要部门。罗芙芸（Ruth Rogaski）指出，随着近代以降帝国主义的到来，给中国带来了公共卫生的概念，并将之纳入地方治理的结构之中，成为地方治理中举足轻重的一个领域。罗芙芸认为，卫生的意义在于，从中国人过去的身体观与宇宙观转变为包含了诸如国家主权、科学实验、身体净化和民族适应性等方面的现代性概念。由于近代外国人和中国的精英们往往认为，中国人在这些方面都有所缺乏，所以通过建立良好的公共卫生部门，实现良好的公共卫生治理，就成了赢得地方治理的合法性、提供现代性公共服务产品的重要标志。② 在公共卫生治理方面，民国时期的湖北在全国走在了前列。

20 世纪初，随着湖北省会武汉人口的急剧增长，城市环境卫生的恶化，尤其是瘟疫的肆虐，政府开始设立卫生管理机构，但此时的管理工作大多是医疗卫生方面的管理，在环境卫生管理方面，只是些零星实践，如道路清洁、污物处理或自来水兴修等。

民国初期湖北的卫生行政基本上沿袭清末，无实质性改变。到

---

① 艾智科：《公共汽车：近代城市交通演变的一个标尺——以 1929 年到 1931 年的汉口为例》，硕士学位论文，四川大学，2007 年。

② Ruth Rogaski, *Hygienic Modernity in Tianjin*, in Joseph Esherick ed., *Remaking the Chinese City Modernity and National Identity（1900—1950）*, Hawaii: University of Hawaii Press, 2000.

了南京国民政府时期，尤其是 1927—1931 年，武汉环境卫生管理日趋发展，这一时期不仅成立了专门的卫生管理机构，还对卫生行政作了系统性的长远规划，而且颁布了大量的卫生规则条例，使环境卫生在法令规章制度方面更加合理和完善，同时还做了大量的卫生教育宣传工作，并取得了长足的进步和一定的实效，使环境卫生事业迈向一个新阶段。与此同时，在立法规范政府的卫生行政管理以外，更多的社会组织、团体与企业、社团，医学研究与医疗机构等加入到公共卫生事业之中，实现了卫生事业发展与监管主体的多元化，形成了湖北公共卫生服务事业从"卫生管理"到"卫生治理"的革命性改变。

清季湖北的卫生行政，始于 1900 年汉镇保甲局招募巡丁清扫街道。1902 年 3 月，湖北总督张之洞于五月初一创办湖北警察（在武昌设警察总局，内设卫生科），有正、副科长 1 人，科员 3 人，清道夫 202 名，职掌省城五路街道、市容清洁卫生事务，经费取自房捐。[①] 至 1907 年，武汉三镇先后成立警察机构负责沟渠疏浚、清扫保洁、垃圾收运和公厕管理等卫生管理工作，至此武汉政府部门始有管理环境卫生的机构。这一建制的成立，可以算是卫生管理的开端。

辛亥革命后，由于湖北建设百废待兴，政府及社会力量侧重工商业之发展，于公共卫生事业之发展，稍有迟滞。清末形成的由警察管理公共卫生的体制，原封不动地被北洋政府全盘继承下来，未作任何实质性的改变。所以一直到北洋军阀时期，武汉环境卫生工作一直由警察部门兼管。[②] 国民政府成立后，实行新的卫生政策，医疗教研、服务机构，公共事业机关与企业加入到卫生格局之中，导致了湖北公共卫生事业的根本性改变。这一改变的主要途径是通过行政立法，通过规章制度来引导社会结构中各种团体与个人的行为来实现的。

1929—1931 年，武汉不仅在卫生机构的设立和行政计划方面较

---

① 《湖北省志·卫生志》，湖北人民出版社 2000 年，第 88 页。

② 黄冬英：《近代武汉环境卫生管理研究（1900—1938）》，硕士学位论文，华中师范大学，2009 年。

前有重大进步，在卫生法规建设上也有较大成就，政府制定和颁布了大量有关环境卫生管理的规章制，如《武汉市公安局改良厕屋粪窖规则》《武汉市私人里分街巷整理清洁暂行规则》《武汉市修改清洁街道条例》《汉口特别市清厕暂行规则》《武汉特别市取缔饮食店卫生暂行规则》《武汉特别市取缔戏园卫生暂行规则》《武汉特别市取缔旅馆客栈卫生暂行规则》《取缔灵柩暂行章程》《汉口特别市火葬规则》等，这些规章深入到社会生活中各个部门及行为主体，并强制改变了民间生活中不符合现代性卫生要求的风俗与习惯。

此外，有组织地开展卫生清洁运动始于民国时期。成立不久的武汉国民政府为改善作为"京兆区"的武汉的卫生状况和树立其新形象，于 1927 年 7 月 1 日组织了大规模的清洁卫生运动。运动当日由省政府机关职员、工人、士兵、学生等组成清道队，清扫各街秽物。1928 年 12 月，为了加强民众的公共卫生意识，南京国民政府卫生部通令各省"定于每年 12 月 7 日举行大扫除一次，并积极筹备卫生运动大会"。从 1928 年起，湖北省驻武昌机关、团体，于每年 12 月 15 日举行卫生大扫除。①

在政府主导下的大规模群众运动，这在今日中国看来司空见惯，但在 20 世纪 20 年代的湖北，则简直是一场前所未有的公共治理革命，新兴的国民政府近代政党的动员组织能力与发动群众运动的功能与城市治理结合在一起，实现了湖北公共卫生治理事业的真正变革。尤其值得注意的是，南京国民政府的湖北地方政权将群众运动、公共治理与反帝爱国运动结合在一起，可谓开创了地方治理的全新格局。汉口特别市市长刘尘苏在 1929 年的春季卫生运动大会上说道：

> 我们为甚么开这卫生运动大会咧……讲求卫生，就减少死亡。所以卫生运动可说是救死运动。……我们打倒军阀……若果没有健强的身体，和大无畏的精神，焉能打倒他们？所以我们打倒军阀，非讲卫生不可。你们看帝国主义者的身体，何等

---

① 《汉口整洁清洁意见书》，《卫生月报》第 1 卷第 2 期，1929 年 8 月。

强壮，精神何等活泼，我们如果没有他们那样身体，那样精神，如何同他奋斗呢？所以我们打倒帝国主义，非讲卫生不可。所以卫生运动又可说就是打倒军阀，打倒帝国主义的运动。①

可见，卫生不仅直接与身体健康密切联系，还逐渐与救国救种、打倒军阀和帝国主义相联系，"逐渐变成了国家政客、现代知识精英、地方士绅和普通民众发挥想象的场所，"② 从而使卫生管理真正演进为卫生治理。

辛亥革命以前，湖北治理的模式是政府主导的，官府在政治"经济等领域把握着合法控制权，但是它显得越来越力不从心且逐渐丧失威权。由于官僚与绅民的离心，最终导致了湖北治理结构的崩溃，而首义肇兴于湖北省。

此后，在民国时期，不断的革命运动，一方面干扰了湖北地方治理的正常进程，阻碍了治理软硬件成果的日积月累，但另一方面革命带来的观念上的碰撞，则使湖北治理的模式与理念取得了全国领先的地位。

湖北绅民与商界在争取经济利益与政治权利而与政府抗争的过程中，最大程度地运用了近代治理的思想资源。政府与湖北商界进行交涉的中介是代表城市工商业上层的商会，而官商之间在经济上则从清季的以"管理与被管理""庇护与被庇护"为主导的关系，转而向"合作治理"，共同主导区域公共空间的模式演进，取得了令后世瞩目并值得引以为鉴的效果。

六　当代湖北治理的经验

湖北治理在当代中国的发展与转型始终是贯穿新中国成立以来

---

① 《武汉特别市卫生运动大会刘市长开会演说词》，《卫生月报》第 1 卷第 1 期，1929 年 7 月。

② 杨念群：《再造病人：中西医冲突下的空间政治（1832—1985）》，中国人民大学出版社 2006 年版。

60多年的一条主线，经历了"改造——发展——转型——再发展"的演进过程。从曾经的通商口岸，到按照中共中央提出的恢复和发展生产事业的要求，除旧布新、调整改造，使国民经济走出困境，转型为社会主义工业化、现代化建设的重镇。社会主义建设时期，湖北在国家提出的优先发展重工业、将武汉从消费城市转变生产城市等方针的指引下，充分利用、合理发展工业和科技，建成综合性工业基地，并在这一工业化进程中探索出新型的治理模式。

1. 计划经济时代年来湖北治理经验的历史回顾

在经历了社会主义改造后，湖北的主政者，领导全省干部群众，处在计划经济时代服从全国的统治理念阶段。由于受计划体制的重点倾斜，湖北的经济社会进入在新中国成立后，除了受全国背景的政治运动略有冲击外，基本进入稳态发展期，体现在湖北的农业基础作用突出，工业品销售在全国份额大，知名品牌多，武汉大城市影响与上海齐名，湖北在全国重要作用和影响靠前，在中部领先。随着若干重大工业项目的引进与交通枢纽工程的建设，湖北迅速确立了社会主义计划经济制度以及与之相应的社会治理模式。

新中国成立后，湖北建成了以汽车、钢铁、化工、电力、食品、轻纺、电子信息为支柱和特色的门类比较齐全的现代工业体系，整体实力不断增强，老工业基地不断焕发生机和活力，在推进全省经济社会发展、加快湖北振兴崛起中发挥了重要的支撑作用。头几个五年计划中，国家坚持优先发展重工业，加快"三线"建设，湖北是全国工业布局的重点地区之一，武汉钢铁公司、第二汽车制造厂、武汉重型机床厂、青山热电厂、武昌造船厂、武汉锅炉厂、大冶有色金属公司冶铁厂、荆门炼油厂、武汉石油化工总厂、湖北化肥厂等一批重点工业项目相继建设。省委、省政府在人力、物力、财力等方面优先支持国家重点工业项目建设，确保国家重点工业项目的顺利建成。这些重点工业项目，不仅关系到国家工业化的大局，而且对湖北工业乃至全省整个国民经济的发展也产生了重要影响，奠定了湖北工业发展坚实的基础。与此同时，全省围绕国家重点工业项目建设，积极发展地方工业，以国家重点工业项目建设带动地方工业发展，以地方工业发展服务和保证国家重点项目建设，地方"五小"工业（即小化肥、小农机、小水泥、小水电、小煤炭）迅速发展，扩展了湖北工业规模。

如此全面的工业化与现代化建设，不仅导致了产业结构的全面变化，随之而来的是社会结构的深刻变化，以及相应地治理模式的全面转型。湖北治理的模式，从上文所述的由少数国家精英与地方士绅结合的模式，转向由结构严密，理念现代的政党治理与工农结合的模式，这是新中国成立前三十年中国国家治理与湖北地方治理转型的最重要的转型。治理模式的转变，最鲜明地体现在经济治理、社会治理与文化教育治理等方面。

（1）市场秩序的治理

1950 年 3 月，历经涨价风考验的中央政府为了从根本上制止通货膨胀，稳定金融物价，决定对全国财政经济工作实行统一管理。湖北综合采取经济、行政手段，积极配合中央实行统一管理财政收支、统一管理物资、统一管理信贷收支及货币发行的"三统"政策和财政收支平衡、市场商品供求平衡、信贷收支平衡以及三者之间的协调的"三平"政策。为加强税收征管，健全税收机构、加强稽查、反对偷漏税、实行民主评议，推动经营者实现依法纳税。成立全市公债推销委员会，动员全市各界人民完成 3000 万份的公债认购任务，吸收社会游资以紧缩通货。为适应全国统一调度物资的需要，将企业华中贸易部设在武汉的各国营贸易专业公司改为全国总公司的华中公司，建立纱布、米、化工原料等主要物资的新型市场，使棉纱等物资交易走向供求相应和计划调节。此外，武汉还建立了贸易金库，大量吸收存款，使得市场环境出现根本性变化，货币流通速度放缓，市场利率下降，物价止涨回落，持续多年的通货膨胀得到遏制。

统一财经，稳定了物价，但也有私营工商企业因一时无法适应新的市场环境而关厂歇业，市场有走向萧条的迹象。湖北按照中国共产党的七届三中全会提出的在统筹兼顾的方针下合理调整现有工商业的要求，采取一系列措施促进工商业发展。扩大政府加工订货范围，根据各厂不同情况分别给予委托加工、订货，收购产品和配售原料等不同方式的扶植，帮助企业解决生产和销路问题。兼顾生产、运销、消费三者的利益，修订部分商品的地区差价，让私营工商业者有利可图。适当控制国营商业的发展，对有利于恢复、发展生产和保证人民生活需要的急需产品全部或部分免征货物税，调整了公私关系。根据劳资两利和民主原则，积极推动私营企业成立劳资协商会议，用协商的方法解决有关劳资双方利益的问题，维护劳资双方的合法权益。这些措施缓解了私营工商业的生产经营困难。市场随着有效供给的增加逐渐活跃起来，大部分工业产品的产量超过新中国成立之前的最高年产量。

（2）国营经济的建立

湖北建立国营经济的基础是从没收官僚资本开始的。1949 年 9 月，武汉市军事管制委员会发布布告，凡国民党政府的国营事业、官僚资本与战争罪犯财产均收归国有，凡与国民党党政军特机关、四大家族及战争罪犯合资经营的工商金融业，须据实向财政接管委员会工商处报告登记。为避免企业受损失、尽快复工，采取"自上而下，按照系统，原封不动，整套接收"的方法，先后接管没收了 56 家官僚资本工厂，掌握了占全市 40% 左右的纱锭、1/3 的机器制造设备、1/5 的钢铁冶炼设备和小部分轻工业设备，10 多个交通机构，10 多家银行和 10 个贸易单位。

对于外国资本，根据中华人民共和国愿在平等互利的基础上恢复和发展国际间的通商贸易关系、中国共产党的七届二中全会关于允许外国资本暂存并加以监督和管制的精神，对分布在进出口、航运、银行、保险、造船、公用事业的 910 家外资企业派驻军事特派员或业务联络员，实行监督。对一般外资企业，进行申报登记，与中资企业一样，核发营业许可证，按相应规章进行必要的管理。1950 年朝鲜战争爆发后，根据中共中央指示，对美英等在沪企业资产进行了清理。1952 年又根据中央政府命令，征用了部分英资企业的全部财产。许多其他国家的在湖北的企业也由于特权的消失、国际形势的改变，业务日渐清淡，甚至久无营业，走向转让或歇业，成为国营经济的一部分。

改造对国民经济都有着重大影响的私营工商业，是湖北建立和稳固国营经济的又一重要举措。根据中国共产党的七届二中全会确定的利用、限制政策，湖北在帮助私营工商业复工复业的同时，有计划地指导和支持私营企业组织各种形式的联营。最早成立的联营组织是武汉市公私营纱厂联合购棉委员会，从1949年9月下旬正式开张，到10月底就从农村购得1500余吨棉花供应联营各厂。与此同时，成立的武汉市公私营金融业联合放款处，形成了公私营经济在业务上的联合。1952年稳妥推进的"五反"运动，在消灭资产阶级危害国计民生行为的过程中，使资产阶级在经济上更加顺从于国营经济的领导。国营经济在全市生产总产值中的比重从1950年的11%上升到1952年的29%。

（3）社会秩序的治理

由于经济结构的根本转型，随之而来的社会秩序的变革与社会治理的转型就成为必然，工人阶级作为新的领导阶级成为湖北社会治理的主体与核心力量。稳定的社会秩序，是恢复发展生产的基本保障。旧社会遗留下来的嫖娼、赌博、吸毒、黑社会势力等社会毒瘤，与因战争、自然灾害等原因汇集到武汉的潜伏特务、散勇游民等新问题交织在一起，严重危害社会安定和人民生命财产安全。湖北当局采取既讲策略、又体现强大权威的治理手段，逐一破解，在较短的时间里迅速建立起正常的社会秩序。

针对上万国民党方面有计划留下进行潜伏破坏的特务和数以千计临新中国成立前被国民党从监狱、看守所释放出的惯盗惯匪及其他犯罪分子频繁制造混乱、进行阴谋破坏的状况，采取先打击现行活动的特务再清理历史反革命的斗争步骤，从1949年10月起到年底，湖北共捕获特务分子数百名名，沉重打击了特务的破坏活动。新型治安机构——人民公安机关协同驻军围剿武装股匪，按照"镇压与宽大相结合"的方针严厉打击盗匪头子，使盗匪抢劫案件逐渐减少。

针对依然存在的黄、赌、毒等社会恶习，有计划、有步骤地进行整肃。扫除毒品工作在第一阶段着重宣传、局部打击的基础上，采取发动群众检举、统一组织部署、掌握处理尺度的办法，于1952年全面展开。此后，湖北的烟毒案锐减，禁止赌博工作通过逮捕法办赌头赌棍、改公共赌博场所为文化娱乐体育场馆、集中开展打击生产销售赌具行动等，控制住了社会面上的赌博活动。禁娼工作从1949年6月责令妓院"重新登记，审核发证"开始，经宣告立即停业、集中取缔残存妓院、收容改造妓女几个阶段，使新中国成立前司空见惯的卖淫女在马路上拉客现象销声匿迹。湖北的社会秩序日趋安定，糜烂、腐朽的不良社会风气不复存在。高度组织化的社会控制与治理模式，在湖北建立起来。这是传统湖北社会治理结构中从未出现的全新格局。社会治安与文化活动等公共产品的提供，得到了飞跃性的发展。

2. 改革开放后湖北治理经验

改革开放新时期，湖北又从发展第三产业，发挥口岸功能，改造交通枢纽，使得区域发展进入到第二轮转型期。湖北为推动区域职能转变所制定的经济发展战略和城乡发展规划，为省域治理的发展和转型指明了方向。正是60年来在发展中推动转型，在转型中获得新的发展，进而拓展了经济建设的空间、改变了治理形态的布局、丰富了区域治理的功能、促进了社会的进步。

（1）改革开放后湖北治理理念的转变

在改革开放的时代背景下，湖北由于思想观念落后，干部的故步自封思想和观望思想，受传统计划思想影响下的各级、各社会部门受"等、靠、要"思想束缚，渐渐地落后于时代与市场，湖北的领导层，处在改革开放前期丧失优势的统管理念阶段。导致在区域发展上，渐渐变成了南方沿海省份的供给地和输出地，人才和劳工纷纷"跑广"，资源与能源输出没有得到应有回报，市场品牌纷纷被强手挤垮。国有企业在关停并转中走弱，但是民营经济并未崛起，虽然商品经济社会性自发势头良好，但是由于政府缺位，市场声誉一片狼藉。整个湖北发展陷入较长时期的衰退和败弱中。

在俞正声担任省委书记后，湖北在俞正声带头的省委治理实践中，受发展的压力和改革开放的进一步驱动，开始进入调整结构的管理理念阶段。全局工作开始针对差距补差项，有勇气面对不足，有意识地调整结构与发展方向，在做强中心城市，做大核心产业上开始下功夫，在发挥省域科教优势、人才优势中逐渐摆正自己的位置。湖北在调整中，进一步明确了自己的位置、优势、方位、方向。

近5年来，湖北省委在李鸿忠新治理理念和治理思想、发展办法的实践下，各方面工作起色和进步明显，在后起直追过程中，渐渐发出强音。湖北在主动承接产业转移中，在发挥科教优势建立高科技转型发展中，在区域产业带和产业集群建设中，在多区域联动总体布局上，渐渐形成自己的合力与优势。湖北的社会各层次进步明显，湖北的大城市和湖北人的国内外社会声望渐次提高。湖北省委班子的省域治理理念、科学施政理念逐渐成熟，特别是与中央的互动中，在与兄弟省份的来往中，主政者带领干部群众，顺应整体大势、市场形势，清醒地意识到自己的地位和使命，然后在实践中不断地调整和对准自己的发展方向和发展定位。湖北正在中央的期望中，快速形成中部发展支点，贡献全国的份额亦越来越重。

（2）改革开放后湖北工业、科技的治理转型

在改革开放的大趋势下，随着省级领导治理理念的转变，湖北经济与社会治理的各个领域亦开始了深刻地转型进程。党的十一届三中全会作出了把党的工作重心转移到社会主义现代化建设上来的重大战略决策。湖北工业在由计划经济体制向社会主义市场经济体制转变的过程中，不断进行改革探索，不断进行调整提高，实现了由计划向市场、由粗放到集约经营的转变。国企改革经历了从最初的放权让利，推行企业经营承包责任制，到转换企业经营机制、建立现代企业制度试点、股份制改造、"三改一加强"、"抓大放小"、优化资本结构等阶段，确立了企业自主经营、自负盈亏、自我发展、自我约束的法人实体和市场竞争主体地位，企业发展的活力与动力不断增强。伴随着国企改革的推进，民营企业和"三资"企业迅速成长，形成了多种所有制形式、多种经营方式的企业相互推动、共同发展的格局。这一时期，面对工业经济改革调整的艰巨任务和复杂局面，省委、省政府认真贯彻落实中央的决策部署，制定了一系列方针政策，实现了国企三年解困的目标，在工业结构调整、建立现代企业制度、技术开发和实现大集团战略等方面取得了

新的进展，推动了全省工业持续稳定发展。

作为计划经济时期国家重点发展的工业项目聚集地，只有解决了国企治理的问题，才能进一步深化推进新型工业化的进程。党的十六大提出了走新型工业化道路，要求"坚持以信息化带动工业化，以工业化促进信息化，走出一条科技含量高、经济效益好、资源消耗低、环境污染少、人力资源优势得到充分发挥的新型工业化路子"。这是党中央在我国进入全面建设小康社会、加快推进社会主义现代化的新的发展阶段作出的重大战略决策。全省工业按照走新型工业化道路的要求，着力推动经济发展方式的转变，大力加强创新能力建设，发展工业园区和产业集群，积极承接产业转移，促进结构调整和产业升级，推动技术改造和科技进步，推进节能降耗和专项治理，湖北工业在推进新型工业化的进程中实现了又好又快发展。

改革开放以来，湖北的工业现代化治理的效果主要体现为三个方面：规模总量不断扩大，工业体系日趋完善；工业化进程不断加快，主导地位日益突出；产业结构不断优化，支柱产业明显壮大。1949年，全省工业总产值只有4.73亿元，2008年已达到13454.94亿元，是1949年的2845倍。在落后的工业基础之上，湖北建成了较为完整的现代工业体系，工业综合配套能力较强，产业基础厚实，已形成一批全国重要的产业基地，是全国三大钢铁基地之一，全国最大的中、厚、薄板和特殊钢生产基地；全国三大汽车生产基地之一和最大的中型货车生产基地；全国最大的联碱和磷、盐化工及纤膏生产基地；全国最大的水电基地；全国重要的重型机床和包装机械生产基地。一批产品产量居全国前列，其中汽车居第4位，钢材、水泥居第7位，农用化肥居第3位，农药居第二位，纱、卷烟居第5位，布居第4位。从2003年四季度开始，全省规模以上工业已连续五年保持20%以上的较快增长。2008年，全省规模以上工业实现主营业务收入13081.9亿元，增长39.3%；实现利润总额909.03亿元，增长44.98%；实现税金852.44亿元，增长49.47%。随着工业化的不断推进，工业的主导地位日益突出，从而推动了湖北由农业大省向工业大省的跨越，带动了全省经济社会的快速发展。而产业结构不断优化，支柱产业明显壮大，是湖北经济转型有可能"走在前列"的重要依托。60 年来，湖北工业产业结构在不断调整中优化，在不断优化中壮大，形成了具有一定比较优势和特色的支柱产业。列入全省"千亿元产业计划"的汽车、钢铁、石化、电子信息、食品、纺织等六大行业发展迅速，2008 年六大行业的主营业务收入分别达到 2128 亿元、1733.57 亿元、1587.32 亿元、1047 亿元、1203.24 亿元、757.49 亿元，占全省的比重达 64.8%。高新技术产业快速发展，"中国光谷"、"国家生物产业基地"落户湖北，成为全国高新技术产业发展最具潜力的地区之一。2008 年，全省高新技术产业完成增加值 1106.59 亿元，增长 24.2%，占全省规模以上工业的 28.8%。其中，东湖高新区 2008 年光电子信息、生物、新能源、消费电子、环保等五大产业总收入达到 1068 亿元，成为我国最大的光纤光缆、光电器件生产基地和最大的光通信技术研发基地，光纤光缆生产规模居全球第二位。

　　综上可知，在近几届湖北省委领导下，随着治理理念的转型，湖北的产业与科技治理已站在新的历史起点上，正处于工业化加快发展和爬坡升级的关键阶段。为了实现建成支点，走在前列的战略目标，湖北省理当继续深入探讨治理模式的不断改革，全面深入贯彻落实科学发展观，坚持走新型工业化道路，围绕壮大产业规模和提升产业竞争力，着力保增长，积极应对国际金融危机带来的挑战，促进工业经济平稳较快发展；着力调结构，推进企业技术创新，加大技术改造力度，壮大优势产业和支柱产业；着力促转型，推进传统产业改造提升，促进信息化与工业化融合，加快发展方式转变；着力培育市场主体，推进成长工程，加快服务体系建设，改善发展环境。加强经济运行调节，加快县域经济发展，推进工业节能减排，不断加强政府与社会的综合治理水平，以提升湖北省工业、科技与经济的整体实力和竞争力。

3. 未来湖北治理的转型："建成支点、走在前列"

（1）湖北治理紧迫性的多维度需求驱动分析

从国际视角看，在全球治理和区域责任来说，湖北作为亚洲内陆型中心城市，具有鲜明的区域特色和文化特色，因此，其进一步的深化治理模式、改革发展路径，无疑具有世界的、时代的样本意义，湖北在国际上的地位和能力形象，是把长江经济带融入和联动丝绸之路"一路一带"战略的工作枢纽，是"中国梦"在中国大陆的生动实践展示核心区之一。

从国内视角看，中国的改革发展由东部向西部稳步推进，湖北作为中部核心实力省份，责无旁贷地挑起了"承东启西"的改革使命，既要主动承接东部产业转移，又要带动西部地区发展进步。在实践中，既要在学习东部发展的先进模式与做法，又要主动吸取在东部实践中的失败教训，摸索出符合中部资源、条件和环境的、以内生为主借力外部的发展模式。因此，以湖北为重要支点乃至领衔发展的模式探索，无疑是国内改革决策者和全体国民的殷切希望和焦点关注，被赋予时代的历史的重大使命。清醒的形势分析决定了清晰的使命，使命必须具有精准的目标定位，定位要有更新的理念、观念做引导，在此基础上，形成自身的内源性动力机制和体制，使得在源源不断动力目标下奔向目标。

从中部视角看，当前的中部 6 省，各有发展主题和使命，也有自己的特色和优势，沟通中央，连接东部，各有渠道与方法手段。因此，如何在中部形成合作平台，统一体制机制模式和利益均衡，共凝发展动力，共享发展成果，是一项重大的待破题和破解的改革任务。中部崛起中领衔，如何领？凭什么领导？如何入手？都是需要湖北干部群众在探索和实践中回答的问题。

从湖北自己看，湖北的基础条件，政策环境、发展程度，决定了湖北的发展，必须主动拓展自己的内涵与外延，必须在深化治理和改革探索中，加速实现自己的优势发挥和缺陷避免，加快提升自身发展。省内各市地和区域的多层次多格局的竞争态势，在对相互的合作共荣发展的契合同时，也对省级党委、政府提出了殷切期望，对只能有省级才能完成的助力统合、规制协同提出了目标性要求，因此，唯有积极应对基础的呼吁与需求，才能使得省级治理走向合理的现代化。

（2）湖北治理理念更新与路径重设

结合一个地方的历史人文积淀，既有物质基础，既有制度的约束机制，既有治理的成果环境和改革局面，注重当前国家发展的总体形势走向需求，沿着目前治理发展的方向规律轨道分析，将要设定什么发展目标，考虑运用什么机制修正和力量引入，这是一种基本的思考与展开办法。

现有条件和环境、局面下，湖北应秉承现代治理理念的深化，治理体系和治理能力现代化建设，面对湖北地区的深化发展，能否引进国外先进治理思想和办法，能不参照外省同行先进思路和做法，综合定位自己发展的实际路径和步骤。

湖北地区实现自己的"中部梦"，就是为实践与实现整个"中国梦"助力，湖北的"中部梦"就是中华儿女"中国梦的"湖北地方生动实践。当前，中央紧紧围绕中华民族的伟大复兴、为实现中华民族两个一百年奋斗目标，领导和号召全党全国努力奋斗，湖北作为中部的治理改革、发展实践的领头羊，责无旁贷需要有先进清醒的理念和战略目标、工作目标，"中部崛起"、"建成支点、走在前列"需要细化布置和深化落实，面对"崛起，如何崛起"？"建成支点、走在前列"怎么建成，如何前列？必须有实实在在的理念、观念指导下的目标机制，以及围绕目标机制的扎实的工作计划与行动路线图，这样不仅能在整体目标战略推进中胜任自己的区域使命，而同时能积极为大局贡献先进智慧成果，以实际力量回哺中央大局。

（3）新背景下的湖北治理理念的定位规划与设计

众所周知，有能力才有资格具备发言权，有实力才有领衔资格。因此，结合国内外形势分析，检照宏观形势背景，围绕发展战略分析和政治改革纵深走向分析，参照我们湖北已有的资源条件、格局走势，综合湖北未来瞄准的在全国乃至全世界的发展方向和发展地位，审定设计省级发展的战略定位，笔者对湖北推进省域治理现代化，进行如下演绎式阐述：

第一，总体定位：思想解放的桥头堡、工作作风的高风标、民风淳厚信誉高的红旗阵地、高新技术原创地和来源地、高新技术产业集群笼头、核心基础产业拳头，国内市场巨头、国际市场拳头产品供给和定价指数的桥头，具有国际品牌集群形成的势头，有服务业带头（洼地）和兼备诚信硬头的底蕴，产业转移挑选的刺头（因为知道自己要什么，补充什么）的资格底气。

第二，各领域定位：推进湖北治理现代化的目标定位可大胆前瞻式地设计为：政治上，中国特色社会主义国家现代治理的政治样板（率先试验区），充分汲取传统文化经典营养和现代性社会优秀成果的仁礼社会主义治理典范区，是共产党人领导全体域内人民真正实现共享改革开放成果，实现真正共同富裕的样本。经济上，国际市场的主要腹地和消费主力区，是国际社会具有特色的核心内陆区块发展的经济样本，是实现中国梦的主动力支撑区，个人成就梦想、安逸生活的幸福首选地。在综合定位上，体现为高科技湖北、高教湖北、绿色湖北、市场湖北，创业湖北。在行政层面上，充分体现省级现代化治理，注重各层级次序优化与协调互动。在社会层面上，发挥现代社会治理理念，民众互动，具充盈的和谐活力。法治层面，充分实现法律法规、规章制度、条例纪律。

七　湖北治理理念的概括与总结

1. 湖北治理理念提升的思想前提

基于湖北治理的历史与当代经验，当代及未来的湖北领导人应该以开放胸怀，纵览过去未来的治道，总结国内国外的经验，通过解放思想来启动省域治理深化破题。

（1）以解放思想启动理念变革

湖北要实现治理结构与治理模式的跨越式发展，首先要实现思想和精神上的跨越。要清除一切不利于科学发展、跨越式发展的陈旧观念，使我们的思想从计划经济的思维定式中解放出来，进一步树立市场意识，更加注重运用市场机制解决发展中的难题；从狭隘封闭的内陆意识中解放出来，进一步强化开放意识，努力通过更大力度的开放全力拓展发展空间；从安于现状的陈旧观念中解放出来，进一步增强机遇意识，以高度的历史责任感奋力实现弯道超越；从因循守旧的思想束缚中解放出来，进一步提高创新意识，更加自觉地通过体制创新和科技创新增强跨越式发展的内在动力。"务虚"的落脚点在于"务实"。能不能有效破解湖北发展的一系列实际困难、矛盾和问题，是衡量思想解放到不到位的一个主要标准。

中共湖北省委书记李鸿忠认为，解放思想要从改变观念、理念、价值观等深层次问题上入手，关键是要更换观念、更新理念。不抛弃、不更换原来的旧观念、老理念，不叫解放思想。在深化改革问题上，一些思想观念障碍往往不是来自体制外，而是体制内。这就要求我们要以改革精神扫清"思想障碍"，克服部门利益掣肘，把过去习惯的、熟悉的、自以为是的思想观念抛弃掉，同时，要以科学理论加强"思想武装"，树立正确的世界观和价值观，把思想和行动统一到全面深化改革的要求上来。①

（2）把握湖北治理的"三个抓手"

从湖北的实际出发，湖北干部群众要把握好三个维度。一是树立市场理念。打破政府配置资源的理念，树立市场经济的理念，按市场规则办事，让市场配置资源，让市场决定产业、企业的进退。二是坚持问题导向。问题导引改革，改革解决问题。只有坚持问题导向，解放思想才能"有的放矢"，全面深化改革才能落到实处。三是回应人民期盼。必须始终站在人民立场上，从人民利益出发谋划改革思路、制定改革措施，始终坚持以人为本，尊重人民主体地位，紧紧依靠人民推动改革。

第一，以理念变革为抓手。

需要发挥市场的作用。湖北拥有地理优势和交通便利，但"大交通"只是基础，"大市场"才是关键。如今，交通"十字架"路网布局的稀缺地位已经不再明显，交通的支点作用只是基础，最后起决定性作用的是市场的支点作用，只有物流、信息流、资金流、

---

① 经济日报赴湖北采访组：《早日建成支点 力争走在前列——访湖北省委书记、省人大常委会主任李鸿忠》，《经济日报》2013 年 12 月 26 日第 9 版。

人才流等在此交汇，创新活力才能得到释放。湖北要转变思维观念、敞开胸怀，不能受行政区划的思维而束缚观念、固守资源。我们欢迎有实力的企业来这里发展，按市场规律来办事，发挥好市场的功能。

需要有一定的经济实力。经济总量提上去，才有底气"建成支点"。当今中国在全球的地位日益重要，这与中国经济总量跻身世界第二是分不开的。目前，湖北面临一个很重要的任务就是要增强经济实力和竞争力，大力推进改革发展。如果经济总量差很多，就谈不上"建成支点"，如果没有物质财富的丰富，那么所谓的公平正义只能是低层次的。

需要创新驱动。湖北是科教大省，具有雄厚的科教资源，但相较其他地方，湖北高新产业的发展速度仍然较慢。核心问题是没有转动起"市场在资源配置中起决定性作用"这台发动机。要解决科技优势"应优不优"的问题，把科教优势转化为发展优势，必须加快建立以企业为主体、市场为导向、产学研相结合的技术创新体系，进一步打通科技与经济社会发展间的通道；完善鼓励高新技术产业化的法制保障、政策体系、激励机制，鼓励创新要素向高新技术产业流动；引导科研人员更新观念，强化市场意识，积极投身科研成果转化；引导高校、科研院所强化服务意识，建立健全科研成果转化为现实生产力的制度性平台和要素平台。

需要转变发展方式。湖北的绿色资源很丰富，也很宝贵，执政者有义务把全人类共同的资源保护好。虽然湖北渴求发展，但不能搞 GDP "大跃进"。毕竟，金山银山换不来绿水青山。因此，湖北省委提出"绿色 GDP"和"民生 GDP"的理念，要在保护青山绿水中改善民生。"绿色 GDP"解决的是可持续发展的问题，"民生GDP"解决的是"出发点"和"落脚点"的问题，关乎人民福祉。开展连片扶贫工作其实是把这两方面结合起来了。扶贫不只是"输血"，更是"造血"，是统筹城乡区域协调发展的方式。2011 年，湖北省委全面推进"大别山革命老区经济社会发展试验区"和"武陵山少数民族经济社会发展试验区"的建设，即"一红一绿"两区。两区虽然贫困，但自然生态资源、旅游文化资源非常丰富，在发展两区建设时，我们创新发展思维，把绿色资源转化为发展优势。同时，我们创造性地出台了不少帮扶措施和制度安排，其中不少做法借鉴了援疆、援藏的机制。

第二，以改革方法为抓手。

根据中央对湖北发展的新要求、新定位，我们深入谋划、不断丰富"一元多层次"战略体系。把"建成支点、走在前列"作为"一元多层次"战略体系的"一元"，统领全省发展战略和各项工作。将汉江生态经济带纳入省级战略层面，形成"两圈两带"（武汉城市圈、鄂西生态文化旅游圈、长江经济带、汉江生态经济带）区域发展格局。推进长江中游城市群建设，强化与湘赣皖 3 省合作，提升长江中游城市群一体化发展水平。

为加快推进"建成支点、走在前列"，湖北省委着重在三个方面寻求突破：一是不断优化发展格局。全力推进"一主两副"中心城市发展，支持武汉建设国家中心城市和国际化大都市，加快襄阳、十堰、随州城市群，宜昌、荆州、荆门城市群一体化发展，提升"一主两副"的辐射带动功能；加快建设大别山、武陵山"一红一绿"两个经济社会发展试验区，推进鄂州综合改革、荆州壮腰工程、荆门农谷建设等发展平台建设；推进秦巴山、幕阜山集中连片扶贫开发工作，形成多点支撑、多极带动、各具特色、竞相发展的区域经济新格局。二是不断强化省际合作。抢抓国家长江经济带、"中三角"开发的重大机遇，进一步强化与周边省份合作，加快推进交通基础设施建设、要素市场体系建设、上下游协作配合的产业链建设和自主创新体系建设，打造我国新的经济支撑带。三是不断深化改革创新。继续推进综合配套改革试验，探索经济社会发展的新模式。

大力推进科技体制改革，打通科技和经济的转化通道；加强生态文明重要制度建设，加快资源有偿使用和生态补偿制度建设，形成资源有偿使用的制度体系；完善区域协调发展体制机制，在更大范围内整合资源，促进长江中游城市群加快发展。

省委书记李鸿忠牢牢叮嘱在改革中强调三个重要方法：实行"半步策略"；用好"底线思维"；善于"摸着石头过河"全面深化

改革目标已明确，如何能够实现目标呢？这里有一个"舟和桥"的问题，也就是方法论的问题。方法论决定着行动的效果，改革的步伐怎么走、怎么迈很关键。

联系湖北实际，省委决策者强调要把握好三点。一是实行"半步策略"，在更加注重改革的系统性、整体性、协同性的同时，坚持从实际出发，先易后难、循序渐进、渐入佳境，使改革大业一步步推进、一步步突破。二是用好"底线思维"，每一项重大改革，从制定工作方案到出台具体政策措施，都要准确地找出短板、划定底线、管控风险，在保持社会稳定中推进改革发展，通过改革发展促进社会稳定。三是善于"摸着石头过河"，在学习借鉴沿海发达地区成功经验的同时，勇于先行先试，大胆试、大胆闯，在某些领域实现率先突围，在全社会大力营造"允许试错"、"宽容失败"的改革氛围，形成推进改革开放的强大合力。

第三，以思想突破为抓手。

湖北省委要对广大干部群众继续深化思想解放、着力扩大改革创业、致富富省（乡）的思想探讨，把重心重点放在贯彻、推广和深化上，放在带头示范和扶持引导上，核心是启动、促进对广大基础组织、党员干部的认识和动手实践工作上。在思想作风建设探讨中，着力引导基础展开对致富探讨、规则探讨、市场探讨、诚信探讨、道德探讨，要善于千方百计地利用各种形势和机会的，如：在实地考察学习中探讨；主动对接中探讨；合作中向同业同行学习的探讨。

湖北走向治理深化，进入治理实质化中的行动落实能力是治理的核心要素，在实际行动中，首先是提升摆开战场的能力，要以全局眼光谋划所在区域发展，抢抓机遇，搭建平台，拓展空间，将整个湖北变成发展的战场。其次是提升组织战役的能力，通过丰富全省整体战略，促使各级领导干部明确责任和使命，善于抓住一切机会，集中资源优势，谋划和实施重大事项、项目，真正成为高效的战役组织者，最终实现改革任务和发展战略。再次是提升实施战术的能力，不断创新工作方法，把发展思路和目标项目化、方案化，打造雷厉风行的决策、执行、监督、考评、奖惩一体化的落实链条，推进各项工作部署落到实处。

2. 湖北治理理念提升的目标定位

（1）统筹兼顾，牢牢把握发展与转型双重任务

第一，转变简单与全国同步进入换挡期的思想，坚定加快发展不动摇。一是要尊重发展规律，把握发展大势，充分考虑市场和要素等环境因素的变化，适当调低增长预期，为促改革、调结构、惠民生预留空间，把握主动权；二是要充分认识发展不够的最大省情，认清"建成支点、走在前列"的重大使命，认清以湖北之快服务全国大局之稳的政治责任，认清湖北潜在增长率高于全国2个百分点的基础条件，切实增强大局意识、责任意识和机遇意识，按照"竞进提质、升级增效"的要求，把发展作为第一要务。

第二，转变靠传统发展方式抓发展的思路方法，坚定科学发展、转型发展不动摇。对于湖北而言，重数量轻质量、重规模轻效益、重生产轻市场、重发展轻改革的传统发展模式已经难以为继，湖北土地、能源、劳动力、环境容量难以支撑，国家宏观政策环境、外部市场竞争也不允许。必须牢牢把握市场、绿色、民生"三维"纲要，坚定走转型发展之路、坚持向促改革、调结构、扩内需和惠民生要动力，更加注重民生、绿色、高质量的GDP。在编制"十三五"规划、策划项目库、制定政策措施等方面都要做相应调整。

（2）速效兼取，坚持把转型升级作为主攻方向

第一，坚定走转型发展之路。世界经济正处于再平衡过程中，技术创新、产品创新、业态创新、机制创新、规则创新等成为推动再平衡的关键动力。我国正处在增长速度换挡期、结构调整阵痛期、前期刺激政策消化期，"三期"叠加，形势逼人，出路在创新发展、转型发展，湖北必须走在发展中转型、转型中发展的路子。一是通过转型发展、绿色发展来激活传统产业的比较优势，增强可持续发展能力，尤其要加快黄石等老工业基地调整改造和资源枯竭型城市转型。二是加快创新发展，培育壮大高新技术和战略性新兴产业，抢占产业发展制高点。三是立足湖北作为农业大省、生态大

省、国家老工业基地等实际情况，着力抓好武汉城市圈"两型"社会建设、汉江生态经济带、鄂西生态文化旅游圈、大别山革命老区振兴发展等重大战略。

第二，加快产业结构调整升级。一是抓需求导向。结构调整和转型升级必须始终围绕"有效需求"和"市场价值"做文章，下一轮消费热点应聚焦到信息化的关联产业，比如智慧产业、移动互联网、电子商务、大数据、物联网等；聚焦到以提升生命质量为目的的高端制造业，比如高端医学装备、医疗器材等；聚焦到以提升生存质量为目的的高端制造业，比如水污染防治、节能环保装备、再制造、城市矿产等；聚焦到以提升生活质量为目的的民生类产业，比如老年产业、健康产业、城市防灾救助、户外休闲装备等；聚焦到补短板，把发展战略性新兴产业、发展现代服务业作为重中之重。二是抓产业融合。坚持促进"三个融合"，促进产业发展与城镇化融合，坚持"四化同步"的大方向，走产城融合的路子；促进信息化与三次产业融合发展，在进一步深化工业和信息化融合基础上，加快信息化与服务业、现代农业、新型城镇化等融合发展；促进三次产业之间融合发展，坚持先进制造业和现代服务业、虚拟经济与实体经济、工业和农业等互动融合发展；促进军民产业融合发展，航天、船舶与海工装备产业是湖北大力培育壮大的战略性新兴产业，具有推进军民融合发展的良好基础。三是抓集群发展。抓主体，做强骨干支撑，支持骨干企业技改扩规、增资扩能、重组合作，培育一批具有较强核心竞争力的本土企业；抓集聚，提升支柱行业的支撑能力，加大政策、项目、资金支持力度，强化产业配套，延伸产业链条，壮大湖北汽车、电子、农业、装备制造业等支柱产业的支撑能力；抓招商，打造项目引擎，抢抓长江经济带开放开发和沿海发达地区产业转移的机遇，不断拓宽招商思路，创新招商方式方法，积极推进产业招商、园区招商、以商招商，主动承接产业转移。

第三，加快区域协调发展。一是抓好一元多层次战略。深入落实"两圈两带"、"一主两副"等战略，加快形成多点支撑的局面。充分发挥武汉龙头作用，全力支持复兴大武汉。充分发挥襄阳、宜昌在鄂北、鄂西地区城市融合发展中的牵引和支撑作用，做大做强两个省域副中心，增强辐射带动能力。抓好大别山、武陵山、秦巴山及幕阜山等集中连片地区经济发展和扶贫开发，加快推进恩施龙凤镇综合扶贫改革试点和钟祥市柴湖镇振兴发展，继续做好脱贫奔小康试点县和库区移民后期扶持工作。二是推进新型城镇化建设。坚持以人为本、优化布局、生态文明、传承文化，走集约、智能、绿色、低碳的新型城镇化道路。推进以人为核心的城镇化，促进大中小城市和小城镇、农村新社区合理分工、功能互补、协同发展，建设具有历史记忆、区域特色、民族特点、记得住乡愁、看得见山水的美丽城镇和乡村，提高城镇化质量。对接国家新型城镇化规划，抓紧修订全省新型城镇化发展规划，切实加强规划实施管理。积极引导武汉城市圈、"宜荆荆"、"襄十随"等城市群构建协调互动机制，支持"荆州——荆门—潜江—天门"江汉运河生态文化旅游城镇带建设，推进中小城市和小城镇协调发展、特色发展。三是加强县域经济。坚持工业化、城镇化、农业现代化、信息化同步发展，改革创新县域经济发展推进机制，依据功能分区、加强分类指导，促进县域经济竞相发展、特色发展。继续实施对县域发展的支持政策，重点抓好105个县域开发区和省级工业园区基础设施和服务体系建设，提高产业支撑能力。用好产业集群专项资金，推动80个重点成长性产业集群加快发展，形成一批百亿元级产业集群；培育一批产值过100亿元、50亿元的大企业。支持有条件的县市做大做强，形成一批生产总值超500亿元的经济强县。

（3）用好用足投资拉动经济

第一，坚定信心抓好投资。一是坚定投资决心。今年以来，习近平总书记、李克强总理、张高丽副总理等中央高层领导同志都对抓好投资工作做出明确指示，进一步统一了上下的思想认识。省委省政府一再强调投资是"驾辕之马"，是"底盘"和硬支撑，是经济工作的主抓手。湖北的阶段性发展特征决定较长时间内必须坚持不懈、毫不动摇地抓好投资。二是科学认识投资需求。从投资总量看，改革开放以来湖北累计完成10.2万亿投资，而同期广东、江苏、山东、河南等地分别累计完成投资16.5万亿、22.2万亿、

22.1万亿和14.4万亿；从投资强度看，2013年湖北每平方公里投资1116万元，而广东是1210万元，江苏2340万元，山东3497万元。从支撑看，我国储蓄率高达50%，直接融资比例只有10%多一点，融资空间十分广阔；从投资需求看，湖北基础设施、产业升级、民生改善、生态环境建设、城镇化等方面的需求还十分巨大。三是优化投资结构。突出基础设施项目建设，重点投向完善高速公路路网和国省干线瓶颈路段建设、城市基础设施升级、新一代信息基础设施建设等领域。突出产业项目建设，重点投向先进制造业、高新技术产业、战略性新兴产业、现代服务业等领域。更加重视和加大传统产业技术改造投入的力度，引导企业扩大技术改造投资。

第二，创新理念优化投资。一是保障投资质量。把提升投资质量效益作为促进投资可持续发展的关键。加强规划、标准、政策导向，主要侧重于补经济社会发展"短板"，抓好基础性、全局性、关键性基础设施建设，推动产业结构优化升级，促进生态环保、民生改善和扩大消费，促进新型城镇化建设和区域协调发展，进一步扩大民间投资。二是坚持市场主导。政府投资要加快从竞争性领域退出，体现公益性、基础性、引导性，发挥"四两拨千斤"的杠杆效应；竞争性领域主要依靠民间投资，非竞争性领域要通过BOT、BT、PPP等多种方式吸引民间投资参与。树立全球视野，大胆采用改革、开放、市场的办法拓展要素配置边界，破解发展难题。转变投资运作模式，推广"飞地经济"、"园外园"、跨江合作等模式，加快投资考核制度创新，引导各地创新投资发展模式。三是优化投资环境。坚持"跳出投资抓投资"的思路，把改革创新、营造公平竞争的投资环境作为抓投资的根本方法。结合投资体制改革、投资领域的"负面清单"管理模式试点，加快建立以"放宽、搞活、提速、减负"为核心行政审批制度体系；加快构建以社会信用体系为基础，以大数据平台等信息技术手段为依托、多种监管方式协同起效的事中事后监管体系。

第三，扩大内需促进投资。一是培育消费需求。下大力培育新的消费增长点，加快推动"三网融合"，加快培育和扩大信息网络消费、数字家庭、智能家电、数字出版、节能环保等热点消费。加快培育和扩大会展、旅游、社区、养老、健康、文化创意等服务消费。引导房地产业的良性发展。抓紧完善落实鼓励消费的信贷、财税政策，使之成为促进居民消费的重要推力。要加快推进武汉消费金融试点，大力推进商品服务和商业模式创新，加快发展电子商务等新型消费业态。提高农村消费需求，合理规划农村商贸中心，提升农村居民的生活质量。二是营造良好消费环境。进一步加强个人征信体系建设，建立省级公共信用信息平台，促进信用服务产品创新与应用。全面推进农超、农批、农校、农餐对接和直供直销等产销模式，加快形成城乡一体化流通格局。推进肉、菜、粮食、酒类、药品流通追溯体系建设，努力让消费者安全、放心消费。三是深入推进价格改革。深化价格机制改革，完善市场定价机制，强化价格调控，完善价格调节基金制度和物价补贴联动机制。加强和改进对垄断行业的价格监管，促进形成合理的收入分配机制。加强对市场价格行为的监管，尽快完善价格信息发布制度，稳定通胀预期，保持物价的总体稳定。

（4）把改革创新作为提高治理能力的动力

第一，抓好体制创新。一是建设服务政府。加大行政审批制度改革，坚定不移转变政府职能，切实发挥市场在资源配置中的决定性作用，激发市场活力和社会创造力，增强内生动力。打造"有为政府"，在"市场失灵"领域主动补位，积极作为，加大战略、规划、政策、标准的制定和落实力度，围绕建立公平竞争、统一有序的市场环境，加快规则制度、法律、政策等创新，加快事前审批、事中事后监、服务等方式方法创新。二是完善现代市场体系。构建科学的市场监管体系，尊重企业的自主选择权，促进各类商品和要素在区域内自由流动，保障市场主体公平竞争，弥补市场失灵，清理市场壁垒，着力规范市场秩序。大力推进商务诚信建设，通过加快信用记录征集制度和评估体系建设，推动行业及政府部门间信息共享等方式，不断完善商务信用信息数据库，提高市场活动违法失信成本。三是抓好金融体制改革。湖北金融体制改革的方向和重点应包括放宽金融市场准入、组建地方性监管机构、建立存款保险制度和贷款担保制度、推行利率市场化、建立以用汇为主的外汇管理体制、发展多层次资本市场等。积极支持民间资本发起设立中小银行，加快发展地方法人企业金融机构。加强农村金融服务，开展新型农民专业合作社联社试点。积极争取《武汉金融改革创新总体方案》尽快获批，加快建设武汉金融中心。

第二，抓好科技创新。一是深化科技体制改革。加快建立健全创新驱动发展的体制机制，建设以企业为主体、市场为导向、产学研相结合的技术创新体系，构建以市场为导向的科技创新评价考核体系，完善科技成果转化体系和产学研相结合的科技创新推广体系，促进高校、院所科技成果转化。加强知识产权保护，完善促进企业创新的财税政策，创新人才激励机制，使发明者、创新者更多分享创新收益。二是优化创新平台。认真落实好湖北出台的"科技十条"及6个配套实施细则，提高科技成果的本省转化率。抓好东湖资本特区建设，促进科技与金融融合创新。推动全省136个省级开发区提档升级，重点抓好东湖国家自主创新示范区和12家国家级高新区建设，使之成为推动科技创新的先行示范区。大力培育创新型企业，实施科技企业创业培育工程，促进科技型中小微企业快生快长。加快实施关键技术培育、产业化推进、产业群聚集、应用示范、创业投资引导。三是实施人才战略。创新人才培养开发机制，深入实施和完善重大人才政策和人才工程。以高层次科技人才、高水平创新创业团队、高素质管理人才、高技能实用人才队伍建设为重点，统筹抓好企业经营管理人才队伍、农村实用人才队伍和社会工作人才队伍等建设，充分释放人才红利，充分发挥人才促进科技进步、服务经济社会发展、促进转型发展的核心作用。

第三，抓好管理创新。一是完善宏观调控能力。建立计划、财税、金融相互配合、相互制衡的宏观经济调控体系，优化经济结构、保障经济平稳运行。完善包括中长期计划、年度计划和专项计划在内的计划体系，提高计划的科学性、预见性、可行性，使之成为宏观调控的依据。二是提高政策谋划和落实能力。转变过去被动地、浮在面上、粗放式地谋划政策的思路方法，增强主动超前、精准谋划政策的能力。善于"谋无中生有的思路，做莫名其妙的文章，拿点石成金的措施"，进一步抢抓国家打造经济升级版、推进长江经济带、推进新型城镇化等机遇，拓展政策谋划空间。针对国家围绕支持小微企业、信息产业、电子商务、大数据、健康养老、教育医疗、节能环保、中西部基础设施建设等出台了一系列"稳促调惠"政策，加强政策精细化研究，通过细分战略、细分规划、细分行业、细分政策，从一般之中抓住特殊性，结合湖北的比较优势、资源禀赋、区域和行业特点等进行深度挖掘和转化。三是提升应对困难和复杂局面的能力。抓好信息化建设，把打破信息"孤岛"作为政府管理创新的重要内容，提升运用信息化的能力水平。强化风险管控和应对能力，尤其是当前经济下行风险、房地产市场风险、企业债务风险等有所增加，要有针对性提出应对预案和政策措施，防患于未然，保障湖北经济社会的平稳运行。

3. 湖北治理理念更新的实现路径

要充分挖掘和利用软资源助推湖北跨越式发展，是的湖北在中部崛起中，真正达到"领衔"的地位和实现"建立支点，走在前列"的目标。

众所周知，经济发展的过程是聚集生产要素、配置生产要素的过程。但不同的生产要素所发挥的作用是不同的。土地、劳动力、资本、物质资源等是发展的"基本要素"，也就是硬资源，高级人才、科技、知识品牌乃至思想理念、体制机制等要素则是发展的"高等要素"，也就是软资源。硬资源相对流动性弱，而软资源则流动性强。"硬资源"是发展的基础，软资源则是集聚和配置"硬资源"的看不见或看得见的"手"，是对"硬资源""点石成金"的关键。因此，一个国家或地区的发展，需要物质资源的高度集聚，更需要思想理念、文化氛围、体制机制、政务效率、科技进步等"软实力"、"软环境"的有力支撑。在这方面，国外的日本、新加坡和我国的香港以及改革开放后的浙江、深圳都是成功的范例。

处在跨越式发展历史关头的湖北，不仅是一个"硬资源"相对贫乏的省份，而且还将面对未来生产要素和能源资源持续紧张的宏观环境，这是推进跨越式发展必须面对的最大难题。破解这一难题，最根本的就是要加快转变发展方式，从过去主要依靠要素和资源的投入转向更多地依靠体制创新、科技创新、管理创新的"创新驱动"轨道上来，就是要更大力度地发掘、提升"软资源"的能量和效率，最大限度地吸引生产要素和资源向湖北流动集聚，最大限度地提升资源转化和要素配置的效率，走集约式发展道路。提升"软实力"、打造"软环境"、建设"软资源"，将是关系湖北跨越式发展的重中之重。

现总结以下几个着力与着手方面：

（1）大力培育发展文化

文化是国家和民族的精神家园，具有引导力、影响力、渗透力等鲜明特征，直接促进或制约经济社会发展，对一个国家或民族的兴衰起着重大的引导作用。大力构建适应湖北跨越式发展的文化，是强化"软资源"的一项基础性工程。要使深厚的荆楚文化与时俱进，为现实服务，就是要充分发扬先古楚人"筚路蓝缕，以启山林"的开拓精神、辛亥首义"勇立潮头，敢为人先"的革命精神、九八抗洪"万众一心，众志成城"的拼搏精神。要将"一切以是否有利于发展"这一根本标准作为发展文化的核心，充分激发人民群众的积极性和创造性，使一切创造财富的要素充分涌流。要大力倡导"开放开明，兼收并蓄"、"重民爱民，亲商利商"、"竞争合作，互利共赢"等发展理念，并以此形成良好的人文环境。积极营造宽松的创业氛围，加强社会舆论的宣传引导，努力将发展文化融入地区文化、城市文化、企业文化之中，增强人们对发展文化的认知水平，形成新的发展文化观。湖北是文化大省，文化底蕴深厚，但应该看到，我们通常所讲的文化底蕴侧重的是一种历史文化渊源和积淀。这仅仅只是文化优势的一个方面，而决不是全部。优秀的历史文化与市场文化、发展文化是有很大区别的。善于接受新事物、适应时代新变化、务实求实的文化，才是更有利于发展的文化。我们要把内涵丰富、优秀灿烂的荆楚文化进行与时俱进的优化，为湖北现实发展服务，真正把湖北打造成全国发展软环境最优的地区之一。

（2）加快创新体制机制

创新体制机制，是当代中国最大的发展资源，取之不尽、用之不竭。通过体制机制创新，可以使各类资源、各方力量、各种优势聚集聚合、催生激活、优化配置，形成促进经济持续发展的强大动力。改革开放以来江苏、浙江、深圳等地快速发展的实践证明，体制机制创新越早越主动，创新的力度越大，发展就越好越快。因此，从根本上解决影响和制约湖北发展的深层次矛盾和问题，归根到底要靠制度、靠体制机制创新。目前，湖北推进改革创新的外部条件、改革资源和试验平台比过去更加优越，一定要紧紧抓住武汉城市圈"两型"社会建设综合配套改革试验区、东湖国家自主创新示范区建设等重大机遇，先行先试，坚持用改革的办法破解发展难题，为湖北科学发展提供新鲜经验。今后一段时期，体制机制创新的重点是坚持和完善基本经济制度，营造各种所有制经济公平竞争、共同发展的体制环境；要围绕健全完善社会主义市场经济体制，在资源产品价格、财税金融、国有经济、收入分配等一些重点领域和关键环节上取得改革的突破；要通过完善市场体系、培育市场主体、规范市场秩序，更好地发挥市场在资源配置中的基础性作用，提高资源配置的效率。同时，加快推进行政体制改革，切实转变政府职能，全力打造服务型政府，使优良的政府服务成为比土地、资金更重要的软资源。总之，必须在深化改革上进一步解放思想，敢闯、敢干、敢试，加快构建充满活力、富有效率、更加开放、有利于科学发展的体制机制，努力使湖北的体制机制创新走在中西部地区乃至全国的前列。

（3）着力优化商务环境

环境之所以既是生产力、竞争力，更是吸引力、创造力，就在于生产要素永远改变不了趋利的天性。实践反复证明，好环境是一个地方参与市场竞争、形成经济聚集的重要资本；而相对较差的环境不仅难以吸纳外部生产要素资源，而且可能导致"自我失血"，甚至成为经济"自我凹陷"的祸根。面对不断深化的市场化进程，面对跨越式发展的内在需要，我们在改善环境上面临着不进则退的巨大压力。当前，优化环境重点是要创造"经济人"配置生产要素、开展经济活动所需要的商务环境。特别要把综合商务成本作为衡量商务环境优劣的重要标尺。要紧紧围绕将湖北打造成为全国最优软环境这一目标，下大力气优化政务环境、商务环境、创业环境和信用环境，以优质的服务吸引投资者来湖北投资兴业、淘金圆梦。沿海没有做到的，湖北要努力做到，沿海做到的，湖北要做得更优，真正做到"政策不足服务补，硬件不足软件补"。只有这样，才能赢得新一轮发展的主动权。美国第 30 届总统柯立芝有句名言："美国的事业在企业"。在市场经济条件下，企业是推动经济社会发展的重要力量，企业家是稀缺的软资源。要牢固树立并始终坚持"产业第一、企业家老大"的发展理念，破除"官本位"等陈旧思想影响，自觉当好"公仆"，着力打造"重商、亲商、安商、富商"的投资环境，为企业发展、企业家成长创造良好的社会氛围。为企业、产业服务要不遗余力、千方百计，服务环节没有"不"；要大力简化程序、再造流程，提高效率，落实责任。创业是富民之本、崛起之基。在巩固和发展公有制经济的同时，毫不动摇地支持和引导好非公有制经济充分发展，鼓励和扶持各级各类人才领办创办实业，用市场经济的文化、理念、机制打造更多的"经济人"，让一切创业能量得到充分发挥，让一切发展活力得到充分释放。

（4）切实加强作风建设

实现湖北科学发展、跨越式发展，干部是第一要素，作风是第一保障。当前，我们面临着空前激烈的竞争态势。表面看，比拼的是投资、是项目，但从本质上看，比拼的是精神、是作风。项目、投资的落户只是结果，而源头是精神与作风。精神和作风的比拼，已成为新一轮竞争的关键性因素。在推进跨越式发展的进程中，我们一定要有应对艰苦艰难的思想准备，奋力去闯、去试、去奋斗、去创造、去破解发展难题。既要解决长期积累的深层次矛盾，又要做好不断出现的新课题。要突破经验主义、教条主义、形而上学的框框，出实招、办实事、求实效，一步一步干，一个一个突破，不机械、不盲目攀比他人、别地；要敢于挑战既定利益格局和体制顽症，敢于"涉深水、破坚冰、啃硬骨头"，绝不能遇到矛盾就躲、就退、就绕、就拖、就等、就推；要大力倡导和践行省委提出的"32 字"作风建设要求："勇于担当、以为立位"，"科学理性、求真求效"，"务实落实、扎实踏实"，"富于激情、奋发有为"。同时，还要把人民群众满意不满意作为衡量我们工作的唯一标准，进一步倡导和践行"从群众中来，到群众中去"的群众路线，切实提高群众意识和群众工作的能力。当前，要认真抓好"万名干部进万村入万户"活动，以此为契机，促进全省各级领导干部思想作风的大转变。

（5）进一步提振精神状态

良好的精神状态，是干事创业的"内动力"，是博弈较量的"软实力"。在客观物质条件已经具备的前提下，能不能推进科学发展、跨越式发展，精神力量往往起着决定性作用。现在大政方针已定，要把战略举措变为成效，将宏伟蓝图变成现实，能否有效应对各种困难和挑战，关键取决于各级领导班子和广大党员干部的精神状态。近年来，广大干部群众焕发出了不甘落后、奋发有为，锐意进取、昂扬向上的良好精神状态，这是一笔十分宝贵的精神财富。从当前来说，振奋精神状态，就是要以冷静科学的态度，准确判断和把握新形势，全面正确地理解跨越式发展的科学内涵和战略部署，做到思想上不动摇，行动中不偏差，始终坚定必胜的信心；就是要开拓进取，攻坚克难，尤其是面对日益激烈的市场竞争，面对你追我赶的发展态势，必须保持一种"时不我待"的紧迫感、"不进则退"的危机感，以及"人生能有几回搏"的雄心壮志；就是要心齐气顺、劲足实干，"不管东西南北风，咬定发展不放松"，营造"跳起来摘桃子"、勇争一流业绩的浓厚氛围，为实现跨越式发展的宏伟目标凝聚强大的精神力量。

综上所述，在湖北漫长的历史文化发展进程中，不同的政治制度、权力结构、治理主体一次又一次开启、主导、参与、改进、颠覆了传统的治理模式并建立了新型的治理模式，使湖北地区在中华民族历史文化发展的长河中不止一次居于领先地位，这些丰富的治理经验颇足为当今湖北省域治理的多元主体，从政府到企事业单位、社会团体、公益组织乃至广大公民、市民所借镜，学习反思与运用，从而能得以发挥湖北人筚路蓝缕，以启山林的开创新精神，为湖北治理开创出新的方法与模式。为了实现"建成支点，走在前列"的战略目标，新时期的湖北治理者从湖北治理的经验中可以提炼出这样的治理理念：

在区位上，湖北作为国家交通枢轴的地理位置是其最大的优势，湖北不仅是中国的中部，也是世界的湖北。只有将湖北置于世界经济贸易的大局之中，才能找到其准确定位，发挥支点作用，在国家一代一路的发展战略中成为重要的枢纽与支点。

在文化上，湖北治理应该继承其海纳百川的传统，传统湖北的治理文化，曾经历过从码头文化升级为通商口岸文化的升级，在未来的湖北治理中，这一升级应当持续，使湖北成为科教文化领域具有魅力的国际性文化重镇。

在人才上，惟楚有才，一鸣惊人是湖北的固有传统。从湖北治理的经验上看，湖北不仅是湖北人建设起来的湖北，也是全国精英人才辐辏于此，参与到地方的治理活动之中，才建设起繁荣的近代化省域。建立起新型治理模式，使湖北持续成为全国乃至全球科技、文化、政治、经济人才辐辏之地，并给予其广泛、充分参与地方治理的机会，才能成为未来湖北省域治理思想更新与人才提供的源头活水。

第七章

湖北治理中的协商民主

协商民主是我国社会主义民主政治的特有形式和独特优势，是党的群众路线在政治领域的重要体现。加强社会主义协商民主建设，是中国特色社会主义建设的重要任务，是深化政治体制改革的重要内容，也是全面推进国家治理体系和治理能力现代化的必要举措。2015年2月，中共中央印发了《关于加强社会主义协商民主建设的意见》，明确了社会主义协商民主的本质属性和基本内涵，阐述了加强社会主义协商民主建设的重要意义、指导思想、基本原则和渠道程序，对新形势下开展政党协商、人大协商、政府协商、政协协商、人民团体协商、基层协商、社会组织协商等做出全面部署，是指导社会主义协商民主建设的纲领性文件。推进省级治理体系和治理能力现代化，务必认真贯彻《意见》精神，加强省级协商民主建设。

一 协商民主理论综述

1. 协商民主的概念与内涵

（1）协商民主的概念

协商民主是典型的舶来品。① 与任何其他理论一样，协商民主也面临着各种基于不同角度和分析路径的解释。当前，西方学界较

---

① 叶娟丽：《协商民主在中国：从理论走向实践》，《武汉大学学报》（哲学社会科学版）2013年第2期。

为普遍的看法有三种：

一是协商民主是一种公民参与决策的形式。米勒认为，当一种民主体制的决策是通过公开讨论——每个参与者能够通过自由表达、公开讨论，同时愿意倾听和考虑相反的观点之后做出的决策，那么这种民主体制就是协商的。亨德里克斯认为，"在协商民主模式中，民主决策是平等公民之间理性公共讨论的结果。正是通过追求实现理解的交流来寻求合理的替代，并做出合法决策"。克里斯蒂·胡诺德认为"在协商民主中，公民运用公共协商来做出具有集体约束力的决策……协商民主的吸引力源于其能够形成具有高度民主合法性决策的承诺"。①

二是协商民主是一种组织形式。科恩认为，协商民主是为政治生活中的理性讨论提供基本空间的民主政府，② 或者是某种事务受其成员的公共协商所支配的组织。③ 这种组织将民主本身看成是基本的政治理想，而不只是将其看成是能够根据公正和平等价值来解释的协商理想。库克也认为，"如果用最简单的术语来表述的话，协商民主指的是为政治生活中的理性讨论提供基本空间的民主组织"。④

三是协商民主是一种民主治理形式。乔·埃尔斯特认为，作为一种政治决策机制，讨论与协商是对投票的替代。文化多元化是现代社会的最显著特征。"协商民主是一种具有巨大潜能的民主治理形式，它能够有效回应文化间对话和多元文化社会认知的某些核心问题。它尤其强调承担公共利益的责任、促进政治话语的相互理解、辨析所有政治意愿，以及支持那些重视所有人需求与利益的具

---

① Christian Hunold, "Corporatism, Pluralism and Democracy: Toward a Deliberative Theory of Bureaucratic Accountability", *Governance: An International Journal of Policy and Administration*, Blackwell Publishers, 2001, (2).

② Cooke M., "Five Arguments for Deliberative Democracy", *Political Studies*, 2000, (48): 947-969.

③ Joshu a Cohen, "Deliberation and Democratic Legitmiacy", James Bobm and William Rehg, *Deliberative Democracy: Essays on Reason and Politics*, The Mit Press, 1997, 67.

④ 陈家刚：《协商民主：概念、要素与价值》，《中共天津市委党校学报》2005 年第 3 期。

有集体约束力的政策。"① 作为治理形式的协商民主在本质上以公共利益为取向，主张通过对话实现共识，明确责任，进而做出得到普遍认同的决策。

（2）协商民主的内涵

党的十八大根据我们党和国家长期的探索实践，将我国社会主义民主的形式概括为"社会主义协商民主制度"。十八大报告首次在中共的党代会报告中引入协商民主概念，把社会主义协商民主作为我国人民民主的重要形式，把健全社会主义协商民主制度作为坚持走中国特色社会主义政治发展道路和推进政治体制改革的重要内容。从政治协商到协商民主的提出，不仅仅是对我国人民政协制度的肯定和升华，更是对我国社会主义民主制度的又一次理论和实践探索。

党的十八届三中全会通过的《中共中央关于全面深化改革若干重大问题的决定》对协商民主的性质、地位、功能和途径做出了更加全面、深入和清晰的论述。2014 年 12 月 29 日，中共中央政治局召开会议，审议通过《关于加强社会主义协商民主建设的意见》。会议强调，加强协商民主建设有利于听群言、集民智、增共识、聚合力、促和谐，有利于促进科学决策、民主决策，有利于更好实现人民当家做主的权利，有利于增强中国特色社会主义道路自信、理论自信、制度自信。

政协是中国协商民主运作的主要渠道，是中国共产党协调国家与社会发展，巩固其领导地位的重要组织形式与政治形式。但长期以来，不少人将协商民主局限于政协的框架之内，这是对协商民主理论的扭曲和误用。协商民主不等于政协，政协也不等同于协商民主。对于协商民主的地位、适用范围、建设目标等内容，华中科技大学国家治理研究院欧阳康院长做出了如下深入、清晰的论述，对我们厘清协商民主的内涵与外延有重要指导作用。②

---

① JorgeM. Valadez, *Deliberative Democracy, Political Legitimacy, and Self Democracy in Multicultural Socities*, USA Westview Press, 2001, 30.

② 欧阳康：《协商民主与当前中国政治建设》，《光明日报》2014 年 4 月 16 日。

第一，就其地位而言，"协商民主是我国社会主义民主政治的特有形式和独特优势，是党的群众路线在政治领域的重要体现。"协商民主应该也有可能成为中国共产党领导下的社会主义民主政治的特有形式，成为中国政治文明的独特优势，为中华民族伟大复兴提供政治保障，也可以为人类的政治文明建设提供一种新的类型，做出特殊贡献。

第二，就其适用范围而言，"在党的领导下，以经济社会发展重大问题和涉及群众切身利益的实际问题为内容，在全社会开展广泛协商。"协商民主制度不仅适用于民主党派和统一战线，也应广泛运用于当代中国社会生活和社会管理的各个方面、各个领域和各个层次。

第三，就其建设目标而言，要推进协商民主广泛多层制度化发展，构建程序合理、环节完整的协商民主体系，拓宽国家政权机关、政协组织、党派团体、基层组织、社会组织的协商渠道。通过多种途径、多种渠道的民主协商方能有效实现协商民主。

第四，就其形式而言，包含着立法协商、行政协商、民主协商、参政协商、社会协商等多种形式。通过形式的多样化实现协商民主的功能多样化。

第五，就其过程而言，要坚持协商于决策之前和决策实施之中。将协商民主贯穿在社会生活，尤其是重大决策的全过程。

第六，发挥统一战线在协商民主中的重要作用。完善中国共产党同各民主党派的政治协商，认真听取各民主党派和无党派人士意见。

第七，人民政协是协商民主的重要渠道。发挥人民政协作为协商民主重要渠道的作用。重点推进政治协商、民主监督、参政议政制度化、规范化、程序化。

第八，基层民主协商是协商民主的最广泛形式。要发展基层民主，畅通民主渠道，健全基层选举、议事、公开、述职、问责等机制。开展形式多样的基层民主协商，推进基层协商制度化。

在此基础上，欧阳康教授提出，搞好协商民主制度建设，不是策略问题，而是战略问题，涉及中国民主政治建设这样极为重大的问题；不是局部问题，而是全局问题，涉及中国特色社会主义政治道路的重大问题；不是暂时问题，而是未来问题，涉及中国共产党的千秋大业和中华民族伟大复兴。只有从这样的广度、深度和高度上才能真正理解协商民主制度建设在当前中国所具有的特殊意义。

2. 协商民主在中国的实践

当代中国协商民主的源头可以追溯到革命战争时期，在中国共产党局部执政的延安时期，毛泽东就指出："我们一定要学会打开大门和党外人士实行民主合作的方法，我们要学会善于同别人商量问题。"抗日根据地实行的"三三制"民主联合政权是人民民主专政的尝试，这一协商政治的初步实践充分凝聚和调动了广大人民群众的力量，使各革命阶级、各抗日党派都有机会和权利参与到共同管理边区民主政权中来，赢得了民心，成为新型协商民主的萌芽和雏形。

中国共产党在取得解放战争战场上的决定性胜利以后，中共中央于 1948 年 4 月 30 日发布了《纪念"五一"劳动节口号》，提出"各民主党派、各人民团体和社会贤达迅速召开政治协商会议，讨论并实现召集人民代表大会，成立民主联合政府"。各民主党派积极响应并参与筹备新政协。中国人民政治协商会议第一次全体会议于 1949 年 9 月 21 日在北京召开，宣告了中华人民共和国成立，这标志着中国共产党领导的多党合作和政治协商制度正式确立，也标志着协商民主这种新型民主形式在全国范围内实施。所谓"协商建国"，确实是史无前例的伟大创举。

新中国成立后，中国共产党人不断探索民主的实现形式，不仅在理论上阐述了中国为什么要协商、怎样协商、协商什么、在哪里协商、协商的目的等问题，而且在实践中构建了协商民主的运作平台——中国人民政治协商会议。中国人民政治协商会议作为当时最高立法机关代行全国人民代表大会职权，标志着中国协商民主由中国国民党主导下的协商民主进入到由中国共产党领导下的协商民主的崭新阶段，为中国协商民主运作提供了制度保障。

1956 年社会主义改造完成以后，协商民主被进一步纳入社会主义制度框架之中。中国共产党坚持"长期共存，互相监督"八字方针，明确了中国协商民主的政党格局。"文革"波折之后，为了重新确认和巩固改革开放新阶段中国协商民主的政党格局，八字方针发展成为"长期共存，互相监督，肝胆相照，荣辱与共"十六字方针。中国共产党领导的多党合作和政治协商制度，作为顶层的制度设计得到恢复、坚持和发展。

1987 年，党的十三大报告提出"建立社会协商对话制度"构想。这一构想的提出着眼于"正确处理和协调各种不同的社会利益和矛盾"，发扬"从群众中来，到群众中去"的优良传统，提高领导机关活动的开放程度，重大情况让人民知道、重大问题经人民讨论。这一构想把协商从政治领域扩展到整个社会生活领域，从国家层面的协商扩展到地方性的、基层群众组织，实践中形成了民主恳谈会、听证会、社区议事会、网络协商等基层协商民主形式。社会协商对话制度，是 20 世纪 80 年代我国改革理论创新研究的重大成果，标志着协商民主从党际协商向社会协商拓展，从政治领域向社会生活领域拓展，从国家层面向地方和基层拓展。

1991 年，江泽民同志在"两会"党员负责人会上提出："人民通过选举、投票行使权利和人民内部各方面在选举和投票之前进行充分协商，尽可能就共同性问题取得一致意见，是我国社会主义民主的两种重要形式。"这一论断为社会主义协商民主的确立奠定了重要理论基础。

2007 年 11 月 15 日，国务院新闻办公室发表《中国的政党制度》白皮书，第一次确认了选举民主和协商民主的概念，并强调"选举民主与协商民主相结合，是中国社会主义民主的一大特点"。这是"协商民主"的概念首次出现在中央文件当中。以此为基础，十八大报告直接将"协商民主"由一种民主形式上升为一种制度形式，成为我国国家政治制度层面上的一个重要部分。至此，"协商民主"在中国已经完成了理论与实践的融合。①

---

① 叶娟丽：《协商民主在中国：从理论走向实践》，《武汉大学学报》（哲学社会科学版）2013 年第 2 期。

对社会主义协商民主如何发展，具有关键性、里程碑意义的是党的十八大、十八届三中全会，以及习近平总书记庆祝人民政协成立 65 周年大会的重要讲话。前两次会议，全面总结了我们党关于协商民主的理论和实践，根据实践发展提出许多重大创新观点。习近平总书记的重要讲话则对协商民主问题作了进一步阐述。两次会议和重要讲话都是用系统的、科学的语言，阐述了健全社会主义协商民主问题，为我国社会主义协商民主的发展进一步指明了方向。

3．协商民主的意义与作用

（1）协商民主是保证和支持人民当家做主的重要途径

民主既是一种理念，又有其制度形态。作为一种理念，"民主"的本义是"人民进行治理和统治"。选举民主和协商民主作为现代民主政治发展的两种基本形式，既具有共同的政治价值与政治目标——两种民主形式都以实现和保障人民民主权利为宗旨，又具有各自不同的政治功能和政治优势——选举民主以少数服从多数为原则，强调决策之前各种利益的表达与整合。而协商民主以尊重多数，照顾少数和求同存异为原则，既强调决策前也注重执行中各种利益的博弈与融合。[①] 在中国，人民民主的实质就是人民当家做主。中国共产党执政，不是代替人民当家做主，而是保证和支持人民当家做主，以实实在在的民主形式，在国家政治生活和社会生活之中，保证人民依法有效行使管理国家事务、管理经济和文化事业、管理社会事务的权利。选举民主是人民通过选举出自己的代表，授权委托其参与国家和社会生活的管理，是间接性的而非直接性的政治参与。选举民主会带来在投票之后或非选举期间人民如何行使权利问题，也就是习近平总书记所指出的"人民只有在投票时被唤醒、投票后就进入休眠期"的问题。协商民主则能使人民持续而直接地进行政治参与。

（2）协商民主是党的群众路线在政治领域的重要体现

党的群众路线和社会主义协商民主都是中国共产党的独特创

---

① 包心鉴：《论协商民主的现实政治价值和制度化构建》，《中共天津市委党校学报》2013 年第 1 期。

造，都已成为我国政治生活的优良传统，两者之间存在着密切的有机联系。党的群众路线与社会主义协商民主在性质和宗旨上都是根本一致的，其理论根据都是人民群众是历史创造者的观点。协商民主是党的群众路线在政治领域的重要体现。中国共产党人所为之奋斗的事业就是人民群众的事业，除了人民群众的利益，党没有任何自己的特殊利益。中国共产党之所以能够取得事业的成功，正是依靠并始终保持同人民群众的血肉联系，靠的是"跟人民商量办事"的好传统。坚持"一切为了群众，一切依靠群众"的群众路线，是党的性质和宗旨的要求。"在中国社会主义制度下，有事好商量，众人的事情由众人商量，找到全社会意愿和要求的最大公约数，是人民民主的真谛。"协商民主就是党的群众路线在政治领域的重要体现，就是落实群众路线的政治制度和社会机制。协商民主是为了更好地实现人民当家做主的权利，更好地表达民意，更好地维护人民群众的合法权益，为群众路线提供制度和机制保障。

（3）协商民主是中国特色社会主义民主的重要形式

通过协商民主制度建设，能够有力回应来自国内外对于中国共产党执政地位和民主人权的责难，更好地发挥社会主义的制度优势，为中国特色现代民主政治建设积累资料，总结经验，为世界政治文明建设提供典范。[①] 随着社会主义市场经济改革的深入和市场化进程的加快，我国经济成分、组织形式、分配方式以及人们活动方式愈益多元化。与此相适应，社会成员政治价值和政治参与的多元化趋势愈益凸显。对国家治理和社会事务，人们会做出不同的价值评判。有的人总是把民主制与多党制画等号，实际上民主并不取决于某种政党制度。西式政治制度并不意味着已经穷尽人类对于民主的探索。如果我们走通一种非西方式党际竞争的代议民主模式，那就是对人类政治文明的原创性贡献。[②] 协商作为一种民主形式的独特优势和重要作用，已被当今世界许多关注、研究民主问题的学者和政治家所认识。社会主义协商民主不仅继承了中华民族崇尚和

---

① 欧阳康：《协商民主与当前中国政治建设》，《光明日报》2014 年 4 月 16 日。
② 胡伟：《探索中国特色世界意义的民主模式》，《解放日报》2013 年 3 月 6 日。

谐、兼容并蓄的优秀文化传统，扎根于中国土壤，具有鲜明中国特色，又吸取了人类政治文明的精华，顺应了世界民主政治发展潮流。在当前全面建成小康社会，加快社会主义现代化建设的关键时期，中国共产党顺应世界民主化趋势，在十八大报告中首次提出"社会主义协商民主是我国人民民主的重要形式"的重要论断。这对于发展中国特色社会主义民主政治具有重要指导作用，对于推动人类政治文明发展必将做出有益贡献。

二 协商民主与国家治理的内在关联与互动建构

党的十八届三中全会通过的《中共中央关于全面深化改革若干重大问题的决定》提出"完善和发展中国特色社会主义制度，推进国家治理体系和治理能力现代化"。这表明中国改革开放前30多年重点放在经济领域的改革，未来将重心转移到公共治理领域，以构建现代国家的制度体系为目标。在制度体系建设中，民主化的制度安排对推进国家治理体系和治理能力现代化至关重要。协商民主是我国社会主义民主政治的特有形式和独特优势，它在国家权力中枢和社会公众之间建立起一道桥梁，既能够优化国家权力结构，增强政治体系的开放性，又能够博采众长、广纳贤言，促成决策能够达到多赢的结果，更好地代表和维护人民群众的根本利益。[1] 协商民主与国家治理有着内在的紧密关联。发展协商民主是实现国家治理的关键路径，国家治理的完善是发展协商民主的重要保障，推动协商民主的发展与完善国家治理是一个相互建构的过程。

1. 协商民主与国家治理的内在关联

协商民主与现代国家治理以公共利益为共同目标，以多元平等为共同原则，以协商合作为共同方式，存在内在的紧密关联。

---

[1] 叶小文、张峰：《协商民主与国家治理》，《光明日报》2013年12月28日。

（1）以公共利益为共同目标

西方学者视政治为"社会价值的权威性分配活动"。这不仅体现出政治是一个集体决策的过程，也表现为各种团体或个人为了各自的利益所结成的特定关系。公共利益是指社会或国家占绝对地位的集体利益而不是某个狭隘或专门行业的利益，即公共利益应表现为大众的福利而不是少数人的福利。协商民主作为一种独特的政治形式，是公民通过平等对话、讨论、审议等方式，参与公共决策和政治生活的过程。它积极沟通不同社会群体、阶层、公民个人相互之间的利益关系，使得所有与公共利益相冲突的利益主体都对具体的公益行为做出平等的妥协，把实现公共利益作为最终追求目标。协商民主理论从 20 世纪 80 年代西方政治哲学复兴以后兴起，其主旨和导向对于各种现代民主理论来说是共同的，它们都在寻找某种共同的声音，复兴某种形式的"公共利益"。① 作为一种"所有公民都参与的共同性的社会活动"，协商民主强调公共利益的广泛性和共识性，"真正的协商必然与这种情况下我们称之为公共利益事情相关……这种公共利益观念也会趋向客观性"。② 协商民主是谋求各阶层各方面利益诉求的最大公约数，然后将这些利益要求反映到法律以及公共政策中去，公共利益就在这一过程中产生、聚合和实现。

自 20 世纪 90 年代以来，西方学者对"治理"一词做出了大量的研究和界定。综合各种定义，治理的基本含义是指在一个既定的范围内运用权威维持秩序，满足公众的需要。其目的是在各种不同的制度关系中运用权力去引导、控制和规范公民的各种活动，以最大限度地增进公共利益。治理的理想状态是善治。"善治"（good governance）是以治理理论为基础所提出的概念，本意为良好的、有效的治理。它逐渐成为出现频率最高的术语之一。对业已发表的文献进行梳理，能够总结出的共同之处，概括地说，善治就是使公

---

① ［美］埃米·古特曼、丹尼斯·汤普森：《审议民主意味着什么》，谈火生译，谈火生编《审议民主》，江苏人民出版社 2007 年版，第 334 页。

② ［美］詹姆斯·博曼、威廉·雷吉：《协商民主：论理性与政治》，陈家刚等译，中央编译出版社 2006 年版，第 24 页。

共利益最大化的社会管理过程。在国内，俞可平教授最早提出了善治理论，他认为"善治"是公共利益最大化的公共管理，是政府与公民对社会公共生活的共同管理，是国家与公民社会的良好合作，是两者的最佳状态。① 因此，无论是治理还是善治，其目的是保障民众的合法权利，促进公正、公平与正义，形成良好的社会秩序，而根本目标是实现公共利益最大化。

（2）以多元平等为共同原则

多元平等商谈是为公共利益服务的必经程序，没有平等的协商和民主的沟通与对话，"公共利益"就只是一种话语霸权的力量，它往往因为缺乏平等商谈所确立的合法性权威而失去公共的善的优势。② 自古以来，各个朝代都存在君与臣、官与民、富与贫等各个层面之间的博弈和协商。从缇萦上书到海瑞罢官，从联名信到万言书，都是当时社会各阶层为了各自的利益所做的协商和努力。但在封建体制下协商主体之间处于不平等的地位，很多时候难以实现平等诉求的表达和平等权利。社会主义协商民主以主体多元平等为原则，其产生的社会基础是人们价值取向的多元化、社会阶层的分化以及利益追求的多元化。主体多元性既是协商民主产生的背景，也是发展协商民主的推动力。它为各个治理主体而不是作为具有相同利益和观点的公民和组织提供了超越不同社会背景和从属关系的连续的、结构性的机会。当前我国的协商民主是一个包括国家与社会、政府与群众、人民团体与群众、群众与群众、执政党与参政党、中央政府与地方政府等全方位、多领域主体的协商体系。不同主体在国家治理、公共事务、法律地位面前享有平等的权利。每个主体在协商体系中都拥有发言权，每个人都可以在表达自身利益，或者倾听他人观点的协商过程中充分利用这种发言权。只有这样，协商对话才会从趋向于参与者的偏好转向公共利益。

国家治理作为一个多元共治的系统，它不仅需要政府、企业、

---

① 俞可平：《治理和善治：一种新的分析框架》，《南京社会科学》2001 年第 9 期，第 40 页。

② 张方华：《协商民主与公共利益的困境》，《理论探讨》2009 年第 1 期，第 14 页。

团体和个人共同发挥作用，也强调各类主体的平等地位。奥斯特罗姆（Elinor Ostrom）认为，在多层级系统内，除非适当的自治权被授予每一级，否则多中心体制的优点将不能被充分实现。因为缺乏一定自治权的多元主体无法摆脱自上而下的官僚控制，无法限制公权力的扩张，这与共治的开放、平等、协商的理念相背离。众所周知，市场和社会组织是解决政府失灵的有效的制度因素。因此，将市场与社会主体逐步发展成为与政府有等同地位的参与者可以体现国家治理主体多元平等的原则，也有助于形成与国家建制对等的监督力量，避免腐败的产生和政府权力侵蚀民众利益。面对当今中国经济飞速发展产生的财富分配不均和社会矛盾日益突出的局面，党中央为实现国家治理体系和治理能力的现代化的目标，提出加快转变政府职能的具体政策措施。强调政府向市场放权，减少政府对微观经济活动的过多干预，发挥市场在资源配置中的决定性作用。同时，激发社会组织活力，培育发展行业协会、公益慈善类、城乡社区服务类社会组织，从而实现国家与社会进行普遍、广泛、深度的互动与合作，形成共生、共存、共荣的合作格局。

（3）以协商合作为共同方式

协商是多元主体平等参与、协调利益、共同决策的一种机制。它以多元为前提，以平等为基础，以参与为动力，以协调为手段，以共赢为目的。[①] 协商民主是中国共产党基于中国历史、国情、政情、社情和民情，在长期的人民民主政治实践基础上创造和发展的。它既是人民民主的运行机制，也是党领导人民有效治理国家的重要方式。中国共产党领导下的政党与政党、政党与界别、政府与社会、公民与公民之间的协商共治体系，是中国特色社会主义民主政治的有机组成部分。随着我国民主政治进程的不断推进，中国共产党执政体制运行机制中的协商民主作用将不断延展政体内的政治协商职能，运行机制中各机构间的协商，体制内外的各类协商，在紧密团结各民主党派、无党派人士、各族各界人士的同时，又突破

---

① 林尚立：《创造协商是人民政协工作基本使命》，《解放日报》2009 年 10 月 28 日第 14 版。

部门利益束缚，提高行政效率，成为共产党确保长期执政的有效民主机制。

从统治到治理，从单一主体治理到合作治理的过程在一定程度上体现了国家权力向公民权利的回归。这种回归主要体现在国家管理社会从以强制力为基础的国家专断性权力向被统治者的合作与服从为基础的制度性权力转变，从国家管控社会向国家与社会有效互动转变。它打破了公共政策政治目标的单一性，使政策走出单纯对政治机构负责的单线的线性关系形态。协商合作是国家权力向公民权利回归的表现形式，也是国家治理的主要方式。一方面，公共协商是国家基本政治制度的有机组成部分，可以对基本政治制度本身的改进以及对公共政策的完善提供有效的技术方法。另一方面，对公民社会内部问题的自我解决，特别是为一种民主生活方式的养成，提供可行的实施方法。此外，合作共治还体现在国家各项经济社会事业发展方面。改变过去政府办事业、办企业的做法，加大政府购买公共服务力度，加强与企业、社会组织在公共事务治理中的协作配合。

2. 国家治理驱动下的协商民主制度的完善

国家治理的推进有助于突破传统协商民主的主体困境，突破传统协商民主的范围约束，以及推进协商民主制度化发展。

（1）突破传统协商民主的主体困境

协商民主强调参与的包容性、直接性、广泛性。一般而言，协商政治的基本主体是政党或政府、利益集团。中国人民政治协商会议章程一直未明确确定协商主体的范围。但从我国的政治实践来看，人民政协协商民主的主体主要包括中国共产党、人大、政府、各民主党派、人民团体、政协各界别政协委员。就协商主体的身份而言，协商主体的范围仍具有较大的局限性。实际上，在决策性的协商民主中，政府和人民群众之间的协商也是极其重要的。然而，我国公民个人并没有直接界定为协商民主的主体，使得公民参与公共治理的空间小。即使在国家治理框架中存在一定的公民参与渠道（如民意代表选举及参政议政、听证会、各种征求意见等），但由于公民诉求表达后往往得不到应有的重视，人们普遍有"被安排"的感觉，使得形式化的参与多过实质性的参与。此外，公民参与小范围的民主活动尚有可能，一旦范围扩大，各种困难便接踵而至。协商民主不得不又转而求助代议制民主，将协商民主转化为政府代表与公民代表之间的对话。代表们的利益往往并非公民的普遍利益，因此个体表达不是被群体表达所湮没，就是因势单力薄而被边缘化。这样，协商民主参与主体的困境就显现出来。

国家治理理念的提出旨在改变过去的公共管理模式，形成多元主体共治和彼此良性互动的治理格局，尤其提倡广泛的公民参与。随着我国计划经济时代由组织或单位统一分配的体制逐渐解体，并由以契约交易为特征的市场经济体制取而代之。这一变化解除了传统利益分配体制的束缚，为个体自由表达利益诉求、进行自主参与公共事务提供了空间和基础。公民参与意识不断被激发，公民参与习惯持续养成，加速了多元参与主体的成长。互联网相关新兴行业和新职业群体的爆发式增长，使我国原有的"工人、农民和知识分子"的简单社会结构演化成一个由许多新阶层组成的复杂社会结构。面对新形势，十八届三中全会做出的《中共中央关于全面深化改革若干重大问题的决定》特别提出要"发展更加广泛、更加充分、更加健全的人民民主"，该决定要求要在党的领导下，以经济社会发展重大问题和涉及群众切身利益的实际问题为内容，在全社会开展广泛协商，坚持协商于决策之前和决策实施之中。随着国家治理体系的建设和完善，未来势必会将不同治理主体的权利义务关系通过法制的形式予以明晰和固化，并完善各种参与渠道，为公民的知情权、表达权和参与权的实现提供更广阔的空间。这些改革举措将有助于突破原有协商民主的主体困境，让公民顺利地参与到公共事务的治理中来。

（2）突破传统协商民主的范围约束

社会主义协商民主制度建设，不仅应存在于国家制度层面，而且要渗透到全社会领域，在范围上有进一步向纵深扩展的需要。一方面，我国专题协商、对口协商、界别协商、提案办理协商等纳入国家制度层面的协商民主形式正在不断拓展与完善。伴随科技发展日新月异和民众利益诉求与政治参与意识日益强烈，尤其是手机和移动互联网实现了公民直接与各类行为主体展开协商对话的可能。这种处于国家制度层面之外的民主协商迅速发展，其内容更深入、范围更广、对象更多元。因此，非国家制度层面的、更加广泛社会领域的协商民主建设需要与纳入国家制度层面的民主协商等量齐观。另一方面，公共协商范围除了向基层延展之外，还面临着"向上"扩展的挑战，以商议和解决国家政策问题，甚至是国际关注。一般来说，公共协商的绝大多数经验和成就主要涉及地方的问题，但那些涉及更高层次，甚至超越了省市、国家地域的议题，其决策和行动所产生的影响不仅停留于宏观层面，也会影响到每个公民个体。因此，关注涉及"超本地"性质问题的协商，并围绕这些紧迫的问题进行大型的公共商议也是颇具意义的。

多层次治理是国家治理结构的特点。国家治理体系的多层次性体现在，它不仅包括以国家事务为主的，体现国家主权的政治和经济硬核的治理层次，也包括地方事务为主的，涵盖教育、科研、文化、卫生、体育和城市与乡村的发展规划及环境生态保护的治理层次，还包括以基层事务为主的，以各阶层利益的民间团体、非政府组织、行业协会等为代表的，对社区和乡村基层的自治管理和调节本社会群体内部利益矛盾的治理层次。在国家治理体系的框架下，治理从自上而下的单向控制走向多层次多维度的合作共治，治理模式从国家全能管控转向社会网络化治理。这些优点和特点为拓展和完善协商民主的范围和制度体系提供了支撑。同时信息化技术的运用让分散化社会逐渐变成了组织化社会，社会自组织能力和自治能力得以空前提高。国家权力逐渐地向各个社会组织分化，国家与社会的边界不再泾渭分明，使得国家和社会有了共治协商的可能。因此，无论是协商民主的范围往下向基层延展，还是向上至国家甚至国际层面的扩展，都需要一个完善的多层次、多主体、网络化的国家治理体系作为支撑。

（3）推进协商民主制度化发展

协商民主在我国政治制度中的重要地位已经明确，但它需要通过制度化发展来保障和实施。协商民主的制度化发展既包括使协商在党和国家工作以及社会生活的相关领域或相关过程成为一种制度化的环节，也包括各个领域和层面运行的协商民主本身制度化。我国当前协商民主的非制度化问题体现为不够健全、不够规范、不够严密等制度性障碍，例如协商民主尚未有效嵌入国家治理的主流场域，还没有做到完全与我国的根本政治制度人民代表大会制度互嵌和兼容；协商流程设计没有固化定型，操作起来随意性较大，难以避免人为因素的干扰与影响；对协商成果转化落实"跟踪问效"不够，"说了也白说"容易挫伤参与协商主体的积极性，削弱了协商效果等。对此，习近平总书记指出："必须构建程序合理、环节完整的社会主义协商民主体系，确保协商民主有制可依、有规可守、有章可循、有序可遵。"① 十八届四中全会进一步强调："加强社会主义协商民主制度建设，推进协商民主广泛多层制度化发展，构建程序合理、环节完整的协商民主体系。"这些论述清晰地指明了社会主义协商民主制度发展的方向和路径，也将推进协商民主广泛多层制度化发展作为深化政治体制改革的重点。

古今中外的历史表明，国家兴衰取决于创新和制度供给的契合性，国家治理能力实则就是国家制度供给的能力。十八届三中全会《决定》指出："国家治理体系和治理能力是一个国家制度和制度执行能力的集中体现。"② 当前推进我国国家治理体系和治理能力现代化的核心问题是完善和发展中国特色社会主义制度，就是通过改革和创新，实现党、国家和社会各项事务治理制度化、规范化、程序化。将国家送入长治久安、繁荣发展的轨道，使之不至于因为政治领袖的变更和政权的更替而陷入混乱，或者使国家的发展势头被迫中断。国家治理体系建构有利于把政党协商、人大协商、政府协商、政协协商、人民团体协商、基层协商、社会组织协商的制度建设纳入国家治理体系的顶层设计之内，将协商民主的理念和机制贯穿于国家政治体制运行的整个过程和不同层次，并以制度的形式

---

① 习近平：《在庆祝中国人民政治协商会议成立65周年大会上的讲话》，《人民日报》2014年9月22日。

② 习近平：《切实把思想统一到党的十八届三中全会精神上来》，《人民日报》2014年1月1日。

规范固定下来，为各级各类协商民主履职提供更科学、完备的制度保障。

3. 协商民主对国家治理现代化的重要推动作用

协商民主的发展有助于提升国家治理主体的治理水平和能力，为国家治理建构多元利益表达的话语机制，以及提高国家治理的政治合法性和政策科学性。

（1）提升治理主体的治理水平和能力

在当今世界任何一国的治理结构中，无论是政府、市场、社会组织，还是公民都存在治理水平和能力的局限性。首先，随着全球化进程的日益加深，公共文化加速复杂化，以及改革战略的匮乏，国家治理体系和能力发展相对滞后，使得单一政府主体无法独自解决治理难题；其次，市场的强势作用削弱了政府的影响。利益集团对政党政治及政府传统权力结构形成持续冲击，呈现出资本绑架权力局面，导致危机频发。最后，资本全球扩张所带来的对更加自由和公正社会的吁求，使得社会团体、公民个人参与治理的意识越来越强。然而，公民参与治理的水平和能力，以及组织发展存在着商业化、官僚化、"碎片化"倾向导致"志愿失灵""慈善不足""治理失效"等问题。① 由此可见，任何一个社会治理主体都不拥有充足的资源和知识来独自解决一切问题。

协商民主制度是国家治理体系的重要组成部分，它能够帮助各类治理主体提升治理能力。一方面，由于任何治理主体在决策资料的收集、认定及其方法上，资料持有者的态度和资料成本等方面都存在局限性。② 协商民主能够为制定关于社会公共问题治理的政策捕捉到最大限度的信息，最大限度地弥补决策者有限理性的弊端。从而能够提高党科学执政、民主执政、依法执政水平，提高国家机构履职能力，提高人民群众依法管理国家事务、经济社会文化事务、自身事务的能力。另一方面，各种民间组织在公共协商中

① 何增科：《全球公民社会引论》，《马克思主义与现实》2002 年第 3 期，第 39 页。

② 何增科等：《中国政治体制改革研究》，中央编译出版社 2004 年版，第 163 页。

提升了政治参与的技巧和能力，学会按公共理性的协商规则来解决争端，促进了公共精神和对公共利益的道德责任感的形成。所有这些，都为实现党、国家、社会各项事务治理制度化、规范化、程序化提供了必备的有利条件，并推动国家治理水平的提高和发展。

（2）为国家治理建构多元利益表达的话语机制

现代国家治理模式是以政府、市场、社会组织、公民共同构成的多中心治理。多中心治理倾向于在公共治理的过程中建立较为包容、平等、自由的话语机制，以求政治过程的各方参与者在沟通、交往和相互理解、相互妥协的基础上形成一致性意见，达成共识。德国哲学家哈贝马斯在讨论"话语伦理学"时指出，话语共识是民主的合法性基础。话语民主的主要特征是以语言为媒介、以商谈为中心、以个体自由平等为条件、以公共领域为主要场所、以扩大民主参与和提高政府合法性为目标。在话语民主模式下，民众有较多的参与机会；将公共领域经过商谈取得的共识转化为法律或公共政策可以达到解决问题、化解冲突、提高法律和公共权力合法性的效果，从而促进社会稳定。

协商民主的特点就是对话与协商。它要求每一个有语言和行为能力的主体在自觉放弃权力和暴力使用的前提下，自由、平等地参与对话的论证。但协商不同于简单的对话、讨论和一般的交流，它体现了民主，反映了民意，集中了民智，增进了共识。协商唯有建立在以科学考量为基础的民众整体利益诉求之上，才合乎公共利益的内在逻辑。作为我国统一战线组织的人民政协，是党和政府联系群众、团结社会各界的重要桥梁和纽带，具有开展群众工作的独特优势。它不仅为各类公共治理主体提供了合法的参政空间，而且为多元利益表达提供了制度化平台。有了这种制度化的平台，才能真正使民主在实践中运转起来，为发展与完善国家政权机关与社会组织等多元主体合作治理共同体建立一整套制度规范，从而提高我国国家治理能力。

（3）提高国家治理的政治合法性和政策科学性

哈贝马斯认为："合法性危机是一种直接的认同危机。"[①] 在社会构成复杂多元的现代社会，国家的战略和规划、方针和政策、理念和制度，如果不能得到社会中大多数群体的认可、肯定和支持，就没有实现的可能。因此，国家治理要优先考虑其合法化能力问题。20 世纪 70 年代，发达国家出现了因权力结构不合理导致公共信任度的下降、国家经济社会职能的扩大导致政府超负荷运转，以及社会利益分散化和政党功能变化导致决策体制困境等为主要表现的治理危机。其中政治合法性危机作为国家治理危机的集中表现形式，其影响一直持续至今。实现国家治理体系和治理能力现代化的过程，就是不断克服治理危机，走出治理困境的过程。协商是使国家治理符合社会期待，赢得社会的认可、支持和忠诚的一种方式。它能够消解社会价值和社会结构的变迁带来的价值认同的困境。在国家和公民意识出现了严重分歧之时，帮助政府获得足够的政治支持，避免潜在政治力量变化而引起的政策逆转。

要促进科学合法决策，既要保证所有受决策影响的利益相关者都能够平等地参与决策过程，又要保证整个决策的过程体现和维护绝大多数公民的公共利益诉求。就协商民主对提升政策科学性而言，习近平总书记提出："推进协商民主，有利于完善人民有序政治参与、密切党同人民群众的血肉联系、促进决策科学化民主化。"[②] 从形式上看，协商民主的组织和运行方式契合党的领导、国家的组织和运行以及人民管理国家事务的基本原则。从功能上看，协商民主对于在中国这样规模巨大、结构多样的社会，实现国家治理体系和治理能力现代化，能够起到全方位的支撑和推动作用。[③] 协商民主通过讨论、审议等过程赋予立法和决策以合法性。通过政治协商职能的发挥，赋予参与者在决策之前对各种建议或方案的审

[①] ［德］哈贝马斯：《合法化危机》，上海人民出版社 2000 年版，第 65 页。

[②] 习近平：《切实把思想统一到党的十八届三中全会精神上来》，《人民日报》2014 年 1 月 1 日。

[③] 林尚立：《协商民主是我国民主政治的特有形式和独特优势》，《求是》2014 年第 6 期，第 15 页。

视、检查和批判的权利，促进社会利益诉求的表达和交流纳入合法的可控渠道，提升公共政策的科学性和公正性。

三 协商民主在湖北省级治理中的发展现状

党的十八届三中全会提出我国全面深化改革的总目标是"完善和发展中国特色社会主义制度，推进国家治理体系和治理能力现代化"。"治理"概念首次进入国家高层文件，成为引领中华民族伟大复兴、实现中国梦的总方针和行动纲领。

中国无论从人口还是面积来说都是一个大国，它拥有13亿人口，包括港澳台在内有34个省级单位。老子《道德经》第六十章中云："治大国，若烹小鲜。"尤其对治理中国这样一个大国而言，不能操之过急、胡乱折腾，而应该统筹兼顾、循序渐进。所以，宏观治理必须从微观入手。省级单位是中央大政方针在地方得到落实的首要环节。省级治理是统筹兼顾与因地制宜的桥梁和纽带。如果中国国家治理基本的制度框架、制度安排的顶层设计首先能在省级层面得以很好地布局和实施，推进国家治理体系和治理能力现代化就有一个较好的基础。华中科技大学国家治理研究院相关课题组通过查阅资料、会议研讨、实地调研和深度访谈等形式进行了专题调研，调研成果报告如下：

长期以来，中共湖北省委、省人民政府高度重视、大力支持社会主义民主政治建设，着力推进协商民主在湖北省的具体实践。特别是发挥政协在推进"社会主义协商民主重要渠道"作用中措施得力、成效显著。政协湖北省委员会成立于1950年10月，至今已走过60多年的历程。半个多世纪以来，省政协在中共湖北省委的领导下，高举中国特色社会主义伟大旗帜，紧紧围绕团结、民主两大主题，切实履行职能、服务大局，加强自身建设，谋事、干事、成事，承前启后、继往开来，为富强、创新、法治、文明、幸福湖北建设做出了积极贡献。

1. 湖北省政协努力发展社会主义协商民主的重要举措

（1）把协商民主寓于政协政治协商工作中

在围绕中心服务大局方面下功夫。牢固树立党政中心工作就是政协工作指向，全省发展定位就是政协服务方向的大局意识，围绕推动湖北实现跨越发展主题，谋大事、议大事、干大事，努力在推动经济社会又好又快发展中发挥积极作用。为提高政治协商实效性，不断改进履行政治协商职能的工作，形成了政协各种协商会议、各种协商形式交集互补的广泛多层立体化协商格局。充分发挥政协全体会议、常委会议、主席会议、常委专题协商会等协商平台作用。紧紧围绕与人民群众息息相关的问题，坚持求同存异、体谅包容的协商原则，组织政协委员就全省重点实施项目、重大决策内容和重要民生问题等开展协商议政。不断提高人民政协组织和政协委员的自身素质和履职水平。提倡各级政协委员调查研究要深入基层、深入群众、深入实际，敢听真话、敢讲真话，真正形成党政领导与政协委员民主协商的规范化互动平台，使全省各级党委、政府办理人民政协政治协商意见形成新的运行保障机制。

2013年，湖北省政协召开各类协商会议10多次，向省委省政府提出意见建议200多条；各民主党派、工商联在省政协会议上交发言材料120篇，提出集体提案156件，许多重要意见建议得到省委省政府重视和采纳。2013年开展立法协商工作，组织省政协委员和省政协律师顾问组律师就有关湖北地方性法规进行协商讨论，及时向省政府相关部门提出意见建议，省政协立法协商工作受到全国政协的肯定。

（2）把协商民主寓于政协民主监督工作中

党和政府有关改革发展、经济、政治、民生、社会的重大决策，必须协商在决策之前和决策实施之中，而决策是否做到了民主化、科学化，更需要加大民主监督力度。发挥政协提案监督在协商民主中的作用，进一步增强民主监督的实效性。2013年湖北立案801件，比较全面地反映了各党派团体和政协委员对湖北省经济社会发展工作的意见、批评、建议，选择人民群众普遍关注的热点难点问题作为民主监督的重点，并根据实际情况进行增加调整，推动省委、省政府重大决策的部署落实。运用"无陪同调研视察"、界别调研视察、网络调查等多种方式，努力使民主监督活动所提出的意见、批评、建议有的放矢，有较强的针对性、前瞻性和实效性。发挥委员视察监督在协商民主中的作用，全年共组织 8 次常委和委员视察活动，就战略性新兴产业发展、城镇化建设、汉江中下游流域生态环境保护、民办高等教育特色办学、加强和创新社会管理、少数民族乡镇经济社会发展、公共文化服务体系建设、留学归国人员创业发展等问题进行视察，与被视察地方和单位当面交换意见，较好地促进了相关工作的开展。

2013 年，湖北省政协十一届四次主席会议制定《湖北省政协委员担任民主监督员工作办法（试行）》，规范了省政协委员担任民主监督员的聘请、管理、服务工作。充分发挥各民主监督员接触面广、议政建言平台广阔的优势，多深入基层，多接地气，及时了解广大人民群众的利益诉求，积极关注关系群众切身利益的就业、教育、医疗、社会保障、公共服务、社会民生等方面的重大决策和重点。全年共推荐 77 位省政协委员担任省纪检监察、组织人事、公检法司、审计、纠风、安全生产、食品药品监督等部门特邀监督员，丰富了政协民主监督形式。对推进省委省政府科学民主决策和相关部门改进工作、改进作风发挥了重要作用。

（3）把协商民主寓于政协参政议政工作中

人民政协参政议政的特点可以概括为"参政议政不行政，建言献策不决策"。人民政协参政议政相对于党委、政府的决策行为、行政行为来说是"虚"的。但如果能得到党政的重视和支持，将政协的意见建议转化为党政工作决策，"虚"事也可以做实。湖北省政协根据湖北省委、省政府工作中心，提出重点调研课题，组织委员深入开展调查研究；省委和省政府按照年度工作要点，就有关专题委托省政协举办或与政协合办听证会、议政会、研讨会、座谈会等，广泛听取各界人士的意见和建议；政协通过举办政协论坛、委员活动、情况通报会和开展专家咨询、有组织的界别活动等，向省委、省政府提出意见和建议。在参政议政工作中，尊重公民的利益表达、促进广泛的参与，实现公民与政府的对话、讨论、协商。使各党派、各团体、社会各界人士广泛、深入地参加国家的政治生活，就经济、政治、文化、社会等领域的重要问题、重大决策，与党委、政府坦诚协商。通过协商民主实现人民群众的所思所盼，维护人民群众的合法权益，促进社会公平正义。

2010年9月，湖北省委下发《关于加强和改进新形势下人民政协工作的决定》，要求建立健全人民政协工作机制，包括知情知政、参会保障、协调配合以及办理反馈四大机制。

知情是政协委员了解和把握大局、拓宽眼界和视野、增强参政议政针对性的重要条件；参会保障是通过会议听取情况通报、沟通信息、交流意见和建议的重要基础；办理反馈是让政协的意见、建议真正落实的重要保障。知情、知政机制要求党委要适时在政协常务委员会会议上通报党代会、党委全会精神；政府每年在年中和年底的政协常委会议上通报经济社会发展情况等。政协参加单位和政协委员在撰写提案、开展调研、反映社情民意信息的过程中，需了解有关情况时，党委、政府有关部门及司法机关应热情接待、介绍情况，提供资料。

参会保障机制则规定党委、人大、政府领导同志及相关部门同志须应邀参加政协的会议和活动。而党委、人民法院、人民检察院、政府召开的重要会议也应要求政协领导和委员参加。政协的会议、调研活动，则要求各部门积极协调配合。

办理反馈机制，让政协的意见、建议真正"落地"。特别是为提高提案回复处理率，2011年10月，湖北省政协尝试对省发改委、省人社厅、省文化厅三个单位开展提案办理民主评议工作，让委员、群众给三个单位的提案办理情况打分。2011年，湖北省政协会同省政府办公厅联合下发通知，对十届政协前4年的全部提案开展"回头问效"的督促办理活动，使提案的落实和基本落实率大幅提升。

2. 湖北省级治理中协商民主发展的问题及不足

一是协商民主尚未有效嵌入湖北省级治理的主流场域。人民代表大会制度是我国的根本政治制度。协商民主作为选举民主的补充，其地位和作用尚未完全廓清，还没有做到完全与人大制度互嵌和兼容。二是参与协商的各方缺乏同频共振。一方面，党委、政府对协商各个方面拥有决定权，协商出现功利化、形式化；另一方面，协商建言与党政所需脱节，缺乏共鸣、共振的基础。三是协商民主还未从软的实践形式变为硬的制度设计。目前湖北尚缺乏一套科学、规范、有序的协商民主制度。非制度化的协商民主不可避免地存在着不够规范、不够健全、不够严密等制度性障碍。协商流程设计没有固化定型，操作起来随意性较大，难以避免人为因素的干扰与影响；协商方式比较单一，大多还停留在"面对面交流"或"大会"协商的形式，现代科技手段利用有限；协商渠道较为狭窄，基层协商与社会协商有待深入。四是对协商成果转化落实"跟踪问效"不够，"说了也白说"挫伤参与协商主体的积极性，削弱了协商效果。五是地方协商机制创新不足。在中央相关意见与规定未出台前，瞻前顾后、停步不前，缺乏主动探索和先行先试的勇气。当前的很多做法与措施仍然沿袭旧的传统，或者是"新瓶装旧酒"，与国内发达省份存在一定的差距。

四　推动湖北省级治理中协商民主发展的对策建议

为推进湖北省级治理体系和治理能力现代化，加快湖北省协商民主制度建设的步伐，提出如下建议供有关方面参考。

1. 宏观把握与微观落实相结合，推动协商民主在湖北"建成支点、走在前列"进程中有所作为

（1）把顶层设计落实到省级战略

秉持"敢为人先、锐意进取"的创新精神将中央发展协商民主的顶层设计尽快转化为可以实施的省级战略。习总书记强调，"必须构建程序合理、环节完整的社会主义协商民主体系，确保协商民

主有制可依、有规可守、有章可循、有序可遵。"① 2014 年底，中共中央印发了《关于加强社会主义协商民主建设的意见》。《意见》阐述了加强社会主义协商民主建设的重要意义、指导思想、基本原则和渠道程序，对今后开展协商工作做出全面部署。这是新形势下中国推进协商民主的顶层设计。但我国幅员辽阔，地域差异大，顶层设计难以及时细化为有针对性的地方政策。需要地方主动用省级战略来承接中央的顶层设计，把中央的指导性意见分解成为中层和基层行为主体能够执行落实的具体任务。湖北省委、省政府应深刻领会中央精神，把发展协商民主提升到战略高度。尽快形成本省《加强协商民主制度建设的指导意见》，重点围绕湖北协商民主发展所涉及的完善协商制度、优化协商格局、提高协商能力、增强协商实效等问题，做出全面的制度性和政策性安排。省委、省政府还应在此文件指导下，进一步出台协商民主的具体实施办法，将协商民主的精神和制度贯穿到社会生活的各个方面、各个层次和各个环节，作为严格规范的程序确定下来，并在实践中严格遵循。

（2）准确把握协商民主在湖北省级治理中的历史方位

在湖北省级治理体系中完善和发展社会主义协商民主制度，重要的是准确把握其历史方位。

首先，协商民主制度建设是湖北省级民主政治实践探索的重要组成部分。虽然人们通常将"协商民主"视为政协组织运用的一种民主范式，很少会与以"选举民主"为履职模式的人大联系在一起。其实，人大制度作为人民当家做主的重要制度载体和最高实现形式，不仅体现了选举和票决的价值，同样深深打上协商的烙印。全国人大及其常委会主要的权力是立法权、监督权、议事权。那么省级人大及其常委会要通过立法规律、监督程序、议事规则履行法定的重大事项决定权，要借助地方立法，通过科学的议事程序，达到监督目的。在省级人大选举、立法、监督等工作中，引入协商民主的机制，健全人大旁听、听证等制度，形成人大和社会之间良好

① 习近平：《在庆祝中国人民政治协商会议成立 65 周年大会上的讲话》，http://news. xinhuanet. com/politics/2014-09/21/c_ 1112564804. htm。

的互动关系。有利于拓展公民有序参与立法协商途径，扩大公民对人大工作的参与；有利于提高立法质量，增强监督实效，更好地发挥人大职能作用；也有利于健全代表人选的协商程序与机制，使选举民主与协商民主良性互动。

其次，协商民主制度建设是推进湖北省级治理体系和治理能力现代化的重要路径。湖北省级治理体系由经济治理、政治治理、文化治理、社会治理、生态治理五大领域构成。对这五大领域治理的效能直接体现出省级治理的能力水平。而决策的科学化和民主化程度是决策行为效能的直接反映，即省级治理能力与治理决策的科学化和民主化程度正相关。为增强湖北省级治理的能力和有效性，推进协商民主制度建设，更广泛地包容各行为主体、更制度化地促进利益表达和利益协调、更切实地在共识基础上推进合法决策，同时也更有利于平安湖北的建设。

最后，推进协商民主是地方实践创新和治理方略的重大转型。当前湖北省级治理体制与促进湖北经济社会发展的要求还不完全适应，在具体制度方面还存在不完善的地方。把发展协商民主提升到战略高度，并且重点围绕湖北协商民主发展所涉及的完善协商制度、优化协商格局、提高协商能力、增强协商实效等问题，尽快地对各协商主体间的结构形态、相互关系、制度设计、运行机制做出合理安排。

（3）充分发挥协商民主在法治湖北建设中的积极作用

党的十八届四中全会把法治建设提到前所未有的高度，对在新的历史起点上全面推进依法治国进行了系统部署，也为湖北省推进依法治省，建设法治湖北指明了方向。全省上下应把思想和行动统一到党的十八届四中全会和习近平总书记系列重要讲话精神上来。深刻认识全面推进依法治省、建设法治湖北的重要性、紧迫性。结合湖北实际深入贯彻落实，在更高起点、更高水平上全面深化法治湖北建设。

充分发挥协商民主在依法治省中的作用，需要认识人民政协履职与依法治省具有天然的内在联系。具体而言，湖北省政协的职能包括依据宪法、政协章程和相关政策，围绕湖北发展的重大战略、方针和政策的科学民主决策开展政治协商；围绕国家宪法法律和法规实施、重大方针政策的贯彻执行和国家机关及其工作人员工作开展民主监督；围绕湖北经济发展、民生保障和社会治理等方面重大问题开展参政议政。因此，以政协为平台，充分发挥协商民主的优势，有助于进一步探索在全面推进"法治湖北"建设进程中的新思路、新方法、新举措，进一步增强责任感、使命感，为湖北法治建设做出积极贡献。

加强"法治湖北"建设，首先是要确保有法可依。湖北省政协可以在地方立法方面发挥积极作用，推动地方法律体系和立法能力的现代化。首先，探索立法协商的有效机制。充分发挥政协委员、民主党派、工商联、无党派人士、人民团体、社会组织在立法协商中的作用，坚持立、改、废、释并举，对湖北现有法规规章及时进行修改完善。探索建立有关国家机关、社会团体、专家学者等对立法中涉及的重大利益调整论证咨询机制，形成协商民主的新常态。其次，着眼全省工作大局，围绕坚持用法治思维和法治方式解决矛盾和问题、深入推进社会治理创新工程等，充分发挥政协作为社会主义协商民主重要渠道和专门协商机构作用，深入调研、提出建议，为党委、政府科学民主决策提供参考。再者，依据十八届四中全会决定，强化对行政权力的制约和监督，加强民主监督等制度建设，努力形成科学有效的权力运行制约和监督体系，增强监督合力和实效。同时，加强与其他执行监督职能部门的合作，使政协民主监督与党内监督、人大监督、行政监督、司法监督、审计监督、社会监督、舆论监督相互配合，为民主监督创造良好的外部环境，积极推动湖北依法治省取得实效。

2. 积极推进湖北协商民主广泛多层制度化发展的具体建议

按照中共中央政治局 2014 年底审议通过的《关于加强社会主义协商民主建设的意见》的文件精神，"加强协商民主建设，要继续重点加强政党协商、政府协商、政协协商，积极开展人大协商、基层协商、人民团体协商，逐步探索社会组织协商"。① 这一论述不仅提升了协商民主制度的内涵，而且为推进湖北协商民主发展提供了指导思想和行动方向。推进湖北协商民主广泛多层制度化发展，应从以下几方面入手：

（1）率先出台具体、明确、刚性的政党协商制度

政党协商是一种政党间交往形式，侧重于从政治纲领层面对国家发展道路、方向和规划进行党际对话。它以协调和商量为基本形式，以互相尊重为前提，沟通思想、交换意见、通报重要情况。为保障湖北协商民主的有效运行，需要在省级层面通过立法方式确立政党协商的具体内容和程序。明确协商的计划、内容、程序和方式。明确无党派人士和工商联在多党合作和政治协商中的地位、职能和作用。对于哪些内容需要与各民主党派协商，由哪一方面、哪一层次、通过何种形式进行协商等做出具体规定。真正使政党间的协商有章可循，有法可依，逐步成为具有实际约束力的共识性规范。同时，为民主党派提供平等参与协商的环境和机会。扩大民主党派的社会基础，加快组织发展。加大选拔使用民主党派人士担任人大机关、政府部门、司法机关和政协机关领导职务的力度。积极推荐民主党派成员担任监察员、检察员、人民陪审员、审计员等特约人员，明确特约人员的监督职责和权力，加强和改进湖北党风廉政建设和开展行风评议，树立政党协商民主的权威和公信力。

（2）大力推进人大协商制度建设

首先，深入开展立法协商。健全法律法规起草协调机制，充分发挥政协委员、民主党派、工商联等各界人士在立法协商中的作用。扩大公民对人大工作的参与，促进选举民主与协商民主良性互动；健全立法论证、听证、评估机制。探索建立有关国家机关、社会团体、专家学者等对立法中涉及的重大利益调整论证咨询机制，推动湖北地方法律体系和立法能力的现代化；健全法律法规草案公开征求意见和公众意见采纳情况反馈机制。立法部门对征求来的意

---

① 中共中央印发：《关于加强社会主义协商民主建设的意见》，http：//news. xinhuanet. com/2015-02/09/c_ 1114310670_ 2. htm.

见无论采纳与否，应尽量给出解释和回应，变单向征集为双向的互动。其次，加强人大与地方党委的协商。湖北省委在做出有关地方经济社会发展、民生和人事等重大决策前，先与省人大及其常委会开展协商。主要形式包括人大常委会重大事项请示报告、省人大常委会主任列席省委常委会、省人大常委会副主任和各工委主任列席省委全会、省委转发省人大常委会年度工作要点等。最后，加强人大与"一府两院"的协商。湖北"一府两院"在年度预算、重大项目、司法决策等重大问题上与人大及其常委会加强沟通，开展协商。具体要求包括省人大常委会副主任和各工委主任列席省政府全体会议和省政府专题工作会议；省政府制定政策调研中邀请省人大常委会工委负责人以及人大代表参加；重大政策出台前书面征求人大常委会的意见。

(3) 积极探索政府协商民主制度

由于政府协商侧重于具体政策的制定与执行，加强政府协商关键是形成政府决策前的咨询论证制、决策中的议决制。按照"把政治协商纳入决策程序，坚持协商于决策之前和决策之中，增强民主协商实效性"的要求，加强公共政策系统及其活动的制度、程序和规则建设，形成决策前的咨询论证制和决策中的议决制。首先，湖北省政府应根据法律法规规定和工作实际，尽快探索制定并公布湖北协商事项目录。在决策前，及时、充分、准确地公开政府信息。调动公众参与决策协商的热情，扩大公民参与决策协商的范围。确定专门机构收集分析各方面意见建议。其次，将湖北部分地方政府在涉及重大公共利益和社会关注度较高的重大行政决策举行听证会，同时允许群众旁听和新闻媒体采访报道的做法在全省范围内推广，形成行政决策协商的新常态。最后，在决策中，充分吸纳各方意见。特别是直接涉及人民群众利益且分歧较大的决策事项，诸如公用事业价格调整、民生问题、市政建设、公共交通、房屋拆迁安置、教育和医疗卫生等问题，在党政与群众之间充分协商，审慎决策。将政府协商打造成为沟通政党协商与政协协商间的重要一环。

(4) 加快人民政协协商民主制度化建设

把人民政协政治协商作为重要环节纳入决策程序，会同政府、政协制订实施协商年度工作计划，对明确规定需要协商的事项必须经协商后提交决策实施。尽快出台湖北省加强政协制度建设，构建程序合理、环节完整的协商民主体系的措施意见。具体建议包括：首先，审慎选择协商内容。以重大决策、重要报告、重要法规、重要人事安排及其他重要事项这"五重"标准为原则。真正做到协商建言和党政所需同频共振，找到协商各方的"最大公约数"。其次，丰富协商形式。一方面，有效利用"存量"制度。继续深化和规范办理协商、专题协商、界别协商、对口协商四种主要协商形式。另一方面，积极发展"增量"。创新评议协商、强化党派团体协商、视察式现场协商、调研式平台协商、网络式互动协商、建议案式书面协商等形式。再次，建立健全协商成果的办理、运用、反馈的必要机制。在每次协商会议召开后及时整理参加会议人员提出的意见和建议，选择协商报告、协商纪要、社情民意信息专报等不同方式报送党委、政府及相关部门。最后，建立健全协商成果跟踪督办及办理评价机制。省委、省政府认真研究政协报送的协商成果，将相关重要协商成果列入省委常委会议或省政府常务会议进行研究，形成采用意见，并明确落实办理部门和有关要求。省政协应跟踪督察办理。建立上门督办、会议督办、视察督办、联合督办等经常性工作制度。并且组织政协委员对重点办理单位的组织领导、责任态度、办理程序、办理效果等方面进行量化打分测评，评议成果在省内媒体公告。省政协常委会还应在年终召开专题会议，集中听取当年政协议政成果办理情况，并进行评价，提出工作改进意见与建议。

（5）健全完善人民团体协商民主制度

做好人民团体协商要明确人民团体的政治功能，厘清人民团体与其他社会团体及政府机关的工作边界，把人民团体塑造成为普通民众与政府沟通的桥梁。通过人民团体这一中间层次的协商民主，及时、畅通、准确地做到下情上传、上情下达。要提升人民团体的民主功能，真正赋予人民团体社会代表性。将体制外民间的政治参与诉求纳入体制内释放，以提高决策的民主性和科学性；按照党的十八届三中全会提出的"创新社会治理体制"的要求，制定制度、程序来规范人民团体的协商主体、程序、协商议题设置等。建立完善人民团体参与各渠道协商的工作机制。积极发挥对相关领域社会组织的联系服务引领作用，搭建相关社会组织与党委和政府沟通交流的平台，提高民主治理质量；去除人民团体的行政化趋向，发挥人民团体协商的主导性和积极性。对人民团体实行政社分开，将行政管理职能分离出去，增强社会管理和服务功能。增加代表或服务人民群众的职能，重塑人民团体的人民性。使人民团体成为代表民意、吸纳民意、整合民意的机构。通过人民团体了解社情、整合民意，实现好、维护好、发展好最广大人民群众的根本利益。

（6）大力推进基层协商民主制度化建设

按照习近平总书记"协商于民、协商为民"的要求，大力发展基层协商民主，重点在基层群众中开展协商。尽快拟定具体的、适合本地实际的基层协商民主制度，不断健全和完善基层协商民主程序。当前的主要工作，一是健全现有的基层民主制度，完善村民自治、基层社区自治，发挥居委会、业主委员会的作用和基层工会的维权职能。完善和规范民主议事会、民主恳谈会、民主理财会、民情恳谈会、民情直通车、社区民主论坛、民主听证会等基层协商形态，将社会管理创新模式与协商民主平台对接，向更加完善的基层民主协商模式转化。二是健全基层党组织领导的充满活力的基层群众自治机制，改进城乡基层党组织的领导方式。通过价值引领、组织动员、支持服务、统筹协调、凝聚骨干，发挥好基层党组织的领导核心作用。积极培育基层群众自治的功能，由人民群众按照公共生活的共同需求和意愿，通过有效的政治参与来实现自己的利益要求。推进基层协商民主的发展走上规范运作的轨道，向制度化方向迈进。三是为基层开展协商民主创造有利的环境和条件。拓宽基层政协协商民主渠道，不断创新载体、搭建平台，积极创新协商形式，健全基层选举、议事、公开、述职、问责等机制。提高基层政权组织的社会治理水平和居民的自治能力，促进基层社会治理的改革创新。

第八章

湖北经济创新能力提升和
产业转型升级研究

经济创新是著名的经济学家和经济史学家——约瑟夫·熊彼特（Joseph Alois Schumpeter）从理论上系统阐述的一个经济学意义上的重要概念或术语，它有明确的所指或含义乃至具体的思想内容，它与技术创新和知识创新以及制度创新等相关概念或术语之间既有联系又有区别。经济创新指的是新产品的开发；新市场的开拓；新生产要素的发现；新生产方式的引进；新企业组织形式的实施等。区域经济创新能力的提升与其产业转型升级有着密不可分的关系：经济创新能力的提升有利于产业转型升级的加快；产业转型升级能够促进经济创新能力的提升。目前湖北省经济结构的转型升级，其关键在于自身经济创新能力的提升，而实现湖北经济创新能力提升的关键在于创新驱动。当前，对湖北未来产业发展进行合理布局，有利于释放产业转型带来的结构驱动效应，进一步促进创新驱动，对湖北省基于中部崛起战略下加速实现创新发展具有重要的现实意义。

一 湖北创新能力提升和产业转型升级的重要性与必要性

1. 新工业革命背景下湖北经济创新能力整体不足

西方发达国家的"再工业化"是相对于"去工业化"而言的。金融危机背景下的"再工业化"，强调制度创新与技术创新的持续互动，实质是美国等发达国家重视并积极领导第三次工业革命的体现。在开放条件下的新工业革命进程中，美国等将重振国家制造业作为今后经济发展的重点目标，重点扶持和改造先进装备制造业、新能源、航空航天、信息、环保、海洋和空间等战略性新兴产业，试图以上述新兴产业为突破口，占据世界先进制造业的制高点，发起全球新一轮技术革命，带动整个制造业体系的改造升级和国家实力的持续提升，进而巩固其在全球经济发展中的绝对优势地位。经过30多年的快速发展，我国已发展成为世界经济大国，当前，我国正处在全面建设小康社会的关键时期和深化改革开放、加快转变经济发展方式的攻坚时期。未来十年面临着如何从经济大国转变为经济强国的挑战，迫切需要突破瓶颈制约、解决一批关键和重大问题。

当前，新一轮科技革命和产业变革正在孕育兴起，一些重要科学问题和关键核心技术已经呈现出革命性突破的先兆。作为中部崛起战略支撑点的湖北省应该抓住历史机遇，在新工业革命背景下提升经济创新能力。然而，湖北创新能力整体不足，根据中国人民大学课题组编制的《中国三十一省区市创新指数研究报告》课题组研究显示[1]，中国三十一个省区市的创新能力明显区分为三个群体，沪、京、苏、粤四省市为第一梯队，是中国创新的强势区域。津、鲁、浙、辽、鄂、陕、川、闽等八省市为第二梯队，是中国创新的优势区域。其他十九个省区归入第三梯队，属弱势区域。湖北省作为华中地区的重要省份之一，其发展状况对于实现国家"中部崛起"的战略具有重要影响，湖北省一直是科教大省，省内高校和科研院所数量一直居全国前列，但与上海、北京、浙江、江苏等发达省市相比创新能力方面还有较大的差距。湖北省区域发展只有具备了较高水平的创新能力，才能实现区域经济平稳快速地发展，提升区域竞争力。

2. "新常态"下湖北产业转型升级迫在眉睫

产业结构调整与优化是一个国家或地区经济发展过程中研究的

---

① 赵彦云、吴翌琳：《中国区域创新模式及发展新方向——基于中国 31 个省区市 2001—2009 年创新指数的分析》，《经济理论与经济管理》2010 年第 12 期。

永恒主题。产业结构调整是实现经济发展方式转变，提高经济整体素质的重要途径。从世界经济发展的历史来看，在一国经济发展的初期，其所选择的经济发展战略往往是数量型战略，一旦经济进入起飞阶段后，就要及时转变经济发展方式，促进产业结构的调整，由数量型发展战略向效益性发展战略转变。因此，结构调整是各个国家在经济达到一个新的成长阶段后必须要进行的战略性任务。产业结构总是伴随经济发展水平的变化而呈现不同的变动特征，尤其是受近几十年来国际格局的重大变革和世界产业结构的调整，世界产业结构的演进呈现出一些新的变化趋势，主要表现为产业结构服务化、高度化、融合化、绿色化与国际化。新世纪世界格局的重大转变，国内发展结构的深刻变革，复杂多变的国内外环境，促使中国国家战略在面对新机遇和新挑战时进行调整。推进工业化、信息化、城镇化和农业现代化同步发展成为中国现代化发展的新要求，同时也是推动经济持续健康发展的新动力。

当前，中国经济迈进"新常态"，经济减速换挡，结构转型加快，按照中央对中部崛起的战略要求，湖北提出在强力推进武汉城市圈资源节约型和环境友好型社会综合配套改革试验区建设的同时，加快建设鄂西生态文化旅游圈，推进湖北长江经济带新一轮开放开发，促进全省区域、城乡协调发展。湖北作为一个老工业基地，经济发展在过去取得了长足的进步，但经济增长质量有待提高，经济结构有待优化，特别是产业结构结构失衡的问题依然突出。第二产业比重偏高而第三产业比重偏低；而在第二产业内部结构，湖北省的工业发展仍然以冶金等资本密集型的重工业为主导，而技术密集型的高加工工业和装配工业却相对较少，其产品的附加价值低，在国际竞争中处于劣势地位。长期以来，湖北省在这种以粗放型为主，以高投入、高消耗、高污染实现经济增长的发展思路下，已经出现资源过度消耗、污染日趋严重、生态破坏加剧等问题，这给湖北省经济健康全面可持续的发展带来了巨大的威胁。特别是在经济全球化和金融危机的国际背景下，这种以资源消耗、环境污染为代价来单纯追求 GDP 总量增长的经济发展模式已经不再适应时代的要求，湖北省急切需要优化产业结构，转变经济增长方式。

3."两化"深度融合与新型城镇化释放湖北创新发展的强大动力

随着经济全球化的深入和国际国内经济领域创新转型步伐的不断加快,工业化和信息化的高度融合成为建立现代产业体系,促进湖北产业结构升级,实现湖北可持续发展,走新型工业化道路的重要途径。信息化和工业化的深入融合,有利于不断提升各类市场主体的创新能力,推动湖北创新能力的提升。同时,湖北创新的不断发展,有利于倒逼各类创新主体采用信息化的方式提高资源利用效率,推动骨干企业和中小企业运用信息化的技术和手段,提高企业生产经营管理水平,提升企业核心竞争力,进而完善湖北创新系统,提高地区"两化"融合水平。城镇化是我国现代化的必由之路,通过推进产业集聚和体系转移,有利于促进湖北创新。

产业是城镇化的基础和支撑,加快推进产城互动和融合,有利于密切区域联系,促进区域创新合作。通过产业集群开展技术创新,有利于提高龙头企业的创新水平,加快整合各类主体的创新资源,并开展相互合作、学习与信息交流,集聚创新的行为方式,以获得持续、强大的竞争优势。湖北创新系统的建立就是创新要素自由流动、优化配置的过程,有利于创新人才、创新要素和资金投入等生产要素和创新要素的跨区域流动,通过集聚效应和扩散效应,提升区域合作层次。新型城镇化发展能够带动湖北城乡一体化,促进湖北科技与产业实现互动发展。因此,推动创新要素发挥积极作用,关键在于促进科技转化为产业发展的前提和动力,为科技创新成果的产业化和市场化铺平道路,将为创新破除瓶颈制约,为湖北创新发展注入强大的发展动力。

二　经济创新与结构转型的理论分析

1.驱动经济发展的动力机制

经济增长问题是经济学研究的永恒主题之一。从经济增长理论演变过程来看，有形资本和无形资本（无形资产）投资将导致人均产出累积性增长（Hayami & Ruttan，1998）。[1] 这是经济增长理论的核心观点，20 世纪 80 年代中期以罗默（1986）和卢卡斯（1988）为代表提出的新经济增长理论，更加关注知识外溢、研究与开发、创新、内生技术进步和人力资本等无形资产（无形资本）投资所带来的规模效益递增问题，[2] 试图揭示无形资产在经济增长中的巨大贡献。1986 年，罗默的论文掀起了新形势下关注"内生"经济增长理论的热潮，该理论通过经济增长中的外部性解释经济长期增长的持续性。[3] 外部性思想肇始于阿罗 Arrow，1962）"干中学"（learning by doing）和"知识溢出效应"（knowledge spillover）。[4] 卢卡斯（Lucas，1988）强调人力资本对经济增长的作用，新经济增长理论从以下两个方面探求经济增长的驱动因素，进行内生化处理。[5]

（1）要素驱动（包括投资驱动）

以资本投资的外部性作为经济驱动因素，实现内生化经济增长。将技术进步和生产率的提高当作物质资本和技术投资的副产品，把资本投资的外部性作为经济增长的驱动因素。以人力资本积累作为经济驱动因素，实现内生化经济增长。人力资本的产生和积累设立"生产函数"来内生化人力资本的存量变动，是经济增长的重要源泉。

（2）创新驱动

以产品创新作为经济驱动因素，实现内生化经济增长。罗默（1990）认为技术变化为持续的资本积累提供激励，而资本积累和

---

① F. Todtling, "Regional Networks of High-technology Firms-the Case of the Greater Boston Region", *Technovation*. 1994, 14（5）: 323-343.

② P. Cooke, "Regional Innovation Systems, Clusters and the Knowledge Economy", *Industrial and Corporate Change*. 2001, （10）: 945-975.

③ R. Florida, "Towards the Learning Regional", *Future*, 1995, 27（5）: 527-536.

④ C. Freeman, *Networks of Innovators: A Synthesis of Research Issues. Research Policy*, 1991（20）: 499-514.

⑤ P. Cooke, K. Morgan, "The Regional Innovation Systems in Baden-Wurttemberg", *International Journal of Technology Management*, 1994, （9）: 394-429.

技术进步又解释了产出的绝大部分。技术进步来源于有意识的行动，这种有意识的行动是对市场刺激做出反应的人们所采取的。新知识对于知识的生产既有正的外部性，同时新知识对原有知识的替代降低了收益，具有负的外部性。以技术模仿、扩散作为经济驱动因素，实现内生化经济增长。在新古典经济学家看来，知识是完全外在于经济体系增长过程的，不存在扩散过程。其实，知识是弥漫在空中的公共产品，是以企业间不付费用方式转移而扩散的。技术（知识）扩散是在不确定和有限信息的条件下进行的。以创新、企业家精神作为经济增长的驱动因素，实现内生化经济增长。熊彼特将经济增长看成是对现存经济关系格局的突破，其突破力来自企业家的创新。经济发展只是经济主体的经济活动内部自行发生的变化而并非外部强加于它的一种推动力量。经济主体内生的研发和创新是推动技术进步和经济增长的决定性因素。以制度突破、管理变革、制度激励和改革为经济驱动因素的制度创新。所有创新活动都有赖于制度创新的积淀和持续激励，通过制度创新得以固化，并以制度化的方式持续发挥着自己的作用，这是制度创新的积极意义所在。[①]

（3）结构转型驱动

对于经济发展，内生驱动是一方面，另外还有外生驱动的因素，对于中国而言，外生驱动的因素主要在于结构转换。中国经济过去十年的"高增长奇迹"是全球化红利、人口红利、资源红利和制度红利共同驱动的结果。随着四大传统红利逐渐消失，未来增长中枢渐近下移不可避免。中国经济将告别两位数的高速增长期，进入中速增长的新阶段。而是否能够充分挖掘潜藏在现有经济体系中的"结构红利"，将是未来十年中国经济能否将年均增速稳定在7%—8%的关键。对于中国经济来说，依靠资源增量驱动的总量式增长或难持续，未来中国经济增长更重要的是依靠现有资源的再配置，推进现有体制的再调整，实现经济效率的再提升。

---

① 王德禄、张丰超：《关于区域创新的若干思考》，《经济研究参考》2000年第49期，第7—23页。

2. 创新驱动与结构转型的相互关系

（1）结构转型过程包含要素驱动转向创新驱动

事实上，中国经济进入新常态已经成为大家的共识，而只有科学认识新常态下的新特征，才能积极应对并适应新常态。新常态"新"在哪？新常态的"新"主要表现在三方面："速度"——从高速增长转为中高速增长，"结构"——产业结构必须优化升级，"动力"——从要素驱动、投资驱动转向创新驱动。新速度、新结构、新动力之间关系紧密，增长速度换挡、经济结构转型升级的背后是经济增长动力在发生转换，增长动力的性质决定了增长速度和结构转型的质量。突出创新驱动，正是因为新常态需要新动力，而新动力又会带来新速度和新结构。

发展经济学认为，经济发展是技术不断进步、产业不断转型升级的过程。从产业层次看，中国的发展可谓机遇和挑战并存。机遇在于，由于中国人均 GDP 以及产业层次的技术水平与发达国家仍存较大差距，未来仍有"后发优势"和产业升级的空间。但挑战也相当严峻，由于中国制造业在产业层次上存在生产能力严重过剩的问题，因此，在技术引进和新兴产业发展的过程中，还需要认真解决过剩产能消化、落后产能淘汰等棘手的经济转型问题。过去三十年，中国产业升级主要靠技术引进。随着中外技术差距的缩小，国内企业引进国外先进技术的难度将越来越大。中国新一轮经济增长必须实现由技术引进驱动向自主创新驱动转变。熊彼特认为，经济发展就是持续创新和"创造性毁灭"的过程。未来国家必须从战略高度重视自主创新的重大意义，进一步加大对教育和科研领域的投入。鼓励企业通过技术、产品和商业模式的创新，重塑自身核心竞争力，力促中国经济实现内生可持续增长。

（2）突出创新驱动才能加快结构转型进程

新常态下，创新是中国经济发展的引擎，改革是必不可少的点火器。作为新常态下的新动力，创新不仅仅是科技创新，还包括管理、模式、品牌等要素的创新，更要弘扬创新精神。要使创新驱动成为常态，就必须通过行政体制、决策体制改革，来推动各类创新主体的协同创新。要加快构建由企业牵头，科研机构、高等院校支撑，相互协同的技术创新体系；要继续深化科研院所改革，推进政府科技管理体制改革，让机构、人才、装置、资金、项目都充分活跃起来，形成推进科技创新的强大合力；要围绕激励创新来完善金融、税收、价格、财政、知识产权等宏观政策，增强创新的内生动力，打通经济与科技间的通道。

锐意创新，是企业的成功之源，国家的发展之根，民族的振兴之要。如果把十几亿中国人民蕴含着的创新热情都激发出来、创造能力都调动出来，让"大众创业""万众创新"成为现实，中国经济就一定会加快转型升级，并且发展得越来越好。①

3. 创新促进产业转型升级的途径与路径

（1）创新驱动产业转型升级的机理与途径

创新驱动过程分为前端驱动、中端驱动和后端驱动，共同作用于传统产业向战略性新兴产业演进过程中科技创新路线的每个相应环节，促进了知识积累、学习、创造及扩散，推进传统企业技术结构、生产方式、组织结构等变革，实现以传统业务为支柱向以新兴业务为核心的转变（如图8—1所示）。前端驱动传统产业促进知识积累、学习和创造，中端驱动传统产业中的部分传统企业的新技术新产品研发的成果转化，后端驱动传统产业向战略性新兴产业转型升级的整个过程。② 三个阶段是相互影响、相互作用的循环过程，在传统企业转型的初期，三个驱动阶段可以独立作用于转型的某个环节或阶段，③ 当传统企业转型升级不断步入正轨，三个驱动阶段在空间上并存在时间上继起。转型后各经济行为主体通过创新网络不仅能够进行简单的分工合作，还可以进行充分的信息交流，参与

---

① 刘朝马：《国家创新系统的研究现状与展望》，《科技进步与对策》2006年第4期，第5—7页。

② 薛捷：《区域创新系统的理论与实证研究进展综述》，《科技管理研究》2009年第1期，第227—230页。

③ Bell D.，*The Coming of Post-industry Society*，New York：Basic Books，1973：16-19.

创新网络的各个创新主体都可以在学习中获得好处并促进创新的开展。① 产业成功转型之后，既可以发挥自身创新优势，又可以弥补单个企业创新活力不足的缺陷，以此进一步促进区域的创新能力提升，改善区域创新环境。

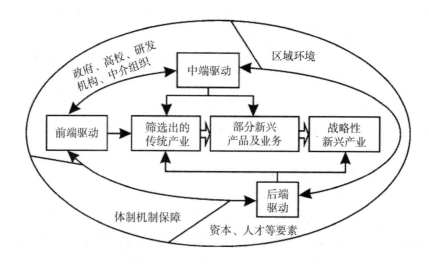

图 8—1　创新驱动产业转型升级的过程

（2）创新驱动产业转型升级的实现路径

当前，国际产业变革已经呈现出新的特征：一是服务化趋势，二是高端化趋势，三是智能化趋势，四是网络化趋势，五是绿色化趋势。新一轮产业变革对湖北产业转型升级提出了更加紧迫的要求。产业转型升级不是调整产业间比例关系，而是提升产业价值链，调整不同价值链区段的比例关系，要从价值链低端转向价值链中高端，从成本竞争转向质量技术品牌服务竞争，从依靠资源要素驱动转向创新驱动。加快产业转型升级，核心是要提升产业价值链和产品附加值，根本途径是提升企业的研发和创新能力。为此，要

---

① F. E. Martina, "Innovative Milieu and Social Capital-complementary or Redundant Concept of Collaboration-based Regional Development?", *European Planning Studies*, 2004, 12 (6): 747-765.

通过放松管制、激活市场等制度创新，创造一个公平竞争的环境，倒逼市场主体强化创新驱动，改变供给低效和刚性，提高供给效率和弹性。因此，需要高屋建瓴实施创新驱动战略，以创新推动传统产业向战略性新兴产业升级的路径有：选择适合的创新形式培育壮大新兴产品及业务；创新链与传统产业链有效融合，一是基于平台的有效融合，二是基于专利池的有效融合，三是基于协议研发形式实现融合；集聚创新要素推进传统产业集群向战略性新兴产业集群转变。①

三　产业发展驱动力的测评与研判

前文理论部分已经阐释，驱动经济增长的动力机制主要来源于要素驱动、创新驱动与结构转型驱动。并且，地区经济创新能力的提升主要依靠创新驱动与结构转型驱动，② 按此思路，研究将采用 Hiau Looi Kee（2001）的方法，基于分行业驱动力方式的测评来评价地区产业发展的驱动力，研究思路如下：文章将利用湖北省统计数据，测算湖北农、工、服三产分行业驱动力的方式，探究行业驱动到底是基于要素驱动还是创新驱动，找出湖北经济发展的主要驱动力。基于驱动力要素评价湖北目前的产业布局模式，并对湖北产业发展的转型升级制定新的路径，释放结构效应，带动地区经济增长。

1. 产业发展驱动力的测度方法

理论界普遍将创新指数作为创新能力的一种反应，利用创新环境指数、创新投入指数、创新产出指数、创新成效指数对国家或地

---

① D. Maillat, "Territorial Dynamic, Innovative Milieu and Regional Policy", *Entrepreneurship and Regional Development*, 1995, (7): 157-165.

② Jukka-Pekka Salmenkaita, Ahti Salo, "Rationales for Government Intervention in the Commercialization of New Technologies", *Technology Analysis & Strategic Management*, 2002, 14 (2).

区创新能力进行综合评价。国家统计局社科文司《中国创新指数（CII）研究》课题组研究设计了评价我国创新能力的指标体系和指数编制方法，但是本章所探讨的是地区经济创新能力，有别于区域创新能力。

（1）理论模型：一个一般均衡框架

根据 GDP 的生产函数，描述了一个实证增长模型。在分析国际贸易的一般均衡效应时，与前面描述的标准的经济增长核算方式不同的是，研究考虑了资源的再分配问题，使得工业的增长不仅仅依靠产品价格的增加、技术的提高，还依赖于整体经济中的要素投入的增加。标准的经济增长核算方式仅仅考虑到了各部门的就业情况和各自的全要素增长率。[1] 为了把资源在各行业间的重新分配考虑进去，各行业中技术进步率和价格对产出的弹性以及要素贡献对产出的弹性需要被估计。下面的超越对数生产函数使得我们可以做如下的估计：

假设新古典经济中，一个小型开放经济体，其总要素供给是固定的，规模报酬不变，产品市场和要素市场是完全竞争市场。这个经济体由一个部门构成，即工业部门，其中共包含 N 个行业，假设每个行业 n，使用的有原始要素 V_n 和中间产品 Z_n，仅仅生产一单位产品 $\tilde{y}_n$：

那么产出可以由下式表示：

$$\tilde{y}_{nt} = f_n(V_{nt}, Z_{nt}), \quad n = 1,\ldots, N.$$

中间产品来自于本地或者外国，在每个时间 t，第 n 个行业的最终产品 y_{nt} 服从希克斯中性的技术进步 A_{nt}

$$y_{nt} = A_{nt}\tilde{y}_{nt} \quad n = 1,\ldots, N.$$

假设共有 I 种原始投入要素 V，湖北省工业生产总值为各行业产出的加总减去进口的价值，进口的价值记作 $p_{Mt}M_t$，假定总的原始要素投入、技术水平、进出口产品价格，通过要素的重新分配和工业总产值最大化来达到这个小型开放经济体的一般均衡。

---

[1] Rothwell R., Zegveld W., *Reindustrialization and Technology*, New York: Sharp, 1985: 60-66.

问题可以用下列数学模型表示：

$$GDP*(p_tA_t,\ V_t) = \max\left\{\sum_{n=1}^{N+1} p_{nt}A_{nt}\tilde{y}_{nt}:\ (\tilde{y}_t,\ V_t) \in S_t \cup \{M_t\}\right\} \quad (1)$$

其中，$S_t \cup \{M_t\} \subset R^{(N+1)+I}$ 是严格凸的生产集，由净产出向量 $\tilde{y}_t = (\tilde{y}_{1t},\ \cdots,\ \tilde{y}_{Nt},\ -M_t)$ 和要素向量 $V_t = (V_{1t},\ \cdots,\ V_{It})$ 构成。为了表述更加简化，这里把负的进口需求作为第 $N+1$ 个部门的产出供给，并定义 $y_{N+1t} = -A_{N+1t}M_t$，其中 $A_{N+1t} = 1$。在最优化的过程中，GDP 的均衡为 GDP*，GDP* 的选取与 p_tA_t 有关，其中 $A_t = diag\{A_{1t,}\ A_{2t,}\ \cdots A_{Nt},\ 1\}$，是一个对角矩阵，表示各个行业的技术水平，$p_t$ 表示各个行业的价格时间序列，是个列向量。把 p_t 放在生产函数内是因为在一个小国开放经济中，p_t 是外生变量。

根据包络理论，各行业的最佳产量等于工业部门的总产出对其产品价格的梯度，进口的需求等于负的梯度。

$$y_n{}^*(p_tA_t,\ V_t) = \frac{\partial\ GDP^*(p_tA_t,\ V_t)}{\partial\ p_{nt}},\ n = 1,\dots,\ N \quad (2)$$

$$M_t{}^*(p_tA_t,\ V_t) = -y^*_{N+1t}(p_tA_t,\ V_t) = -\frac{\partial\ GDP^*(p_tA_t,\ V_t)}{\partial\ p_{Mt}}) \quad (3)$$

定义第 n 个行业的产出所占 GDP 比例为 s_{nt}，那么 $s_{nt} = \dfrac{p_{nt}y_{nt}}{GDP_t}$，根据前文可得各行业的比例加总会超过 1，而进口部门的比例为负数。由公式（2）可知第 n 个行业的产出在 GDP 中的份额是 GDP* 对其产品价格的弹性：

$$s^*_{nt}(p_tA_t,\ V_t) = \frac{\partial\ \ln GDP^*(p_tA_t,\ V_t)}{\partial\ \ln p_{nt}},\ n = 1,\dots,\ N+1 \quad (4)$$

$$s^*_{nt} \geq 0,\ n = 1,\dots,\ N,\ s^*_{N+1t} \leq 0,\ \sum_{n=1}^{N+1} s^*_{nt} = 1$$

此外，根据乘法的性质，对第 n 个行业来说 GDP* 对其产品价格的弹性与 GDP* 对行业技术水平 A_{nt} 的弹性相等：

$$\frac{\partial\ \ln GDP^*(p_tA_t,\ V_t)}{\partial\ \ln p_{nt}} = \frac{\partial\ \ln GDP^*(p_tA_t,\ V_t)}{\partial\ \ln A_{nt}}$$

换句话来说，第 n 个行业的产出在 GDP 中的份额与 GDP^* 对行业技术水平 A_{nt} 的弹性相等。

因此，在这个一般均衡框架下，第 n 个行业的产出在 GDP 中的份额不仅与自身价格和技术水平有关，还与其他行业产品的价格和生产的技术水平、经济体的总要素供给有关。使用相同的方法，还可以证明得到第 i 种要素的报酬在总收入的份额等于总收入对于数量的弹性。

$$s_{it}^* = \frac{\partial \ln GDP^*}{\partial \ln V_{it}} \tag{5}$$

我们的最终目标是估计要素和技术水平对经济增长的贡献率。一种方法可以使估计总产出对要素和技术水平的弹性，然后用弹性来反映各自的贡献。具体来说，对于两个行业 n 和 m，各自的最优最佳产出分别是 $y_{nt}^* = \dfrac{s_{nt}^* GDP_t^*}{p_{nt}}$ 和 $y_{mt}^* = \dfrac{s_{mt}^* GDP_t^*}{p_{mt}}$。在给定第 n 和第 m 两个行业占 GDP 份额的情况下，第 n 个部门的产出关于第 m 个行业的技术水平的弹性是 ε_{nmt}^A，是关于偏效应 $\dfrac{\partial s_{nt}^*}{\partial \ln A_{mt}}$ 的线性函数：

$$\varepsilon_{nmt}^A \equiv \frac{\partial \ln y_{nt}^*}{\partial \ln A_{mt}} = \frac{1}{s_{nt}^*} \cdot \frac{\partial s_{nt}^*}{\partial \ln A_{mt}} + s_{mt}^*, \quad n = 1, \dots, N+1 \tag{6}$$

类似地，对于第 n 个行业和第 i 种投入要素，第 n 个行业的产出对第 i 种投入要素的弹性记作 ε_{nit}^f，是关于偏效应 $\dfrac{\partial s_{nt}^*}{\partial \ln V_{it}}$ 的线性函数：

$$\varepsilon_{nit}^f \equiv \frac{\partial \ln y_{nt}^*}{\partial \ln V_{it}} = \frac{1}{s_{nt}^*} \cdot \frac{\partial s_{nt}^*}{\partial \ln V_{it}} + s_{it}^*, \quad n = 1, \dots, N+1, \ i = 1, \dots, I. \tag{7}$$

在一般文献中，要素的弹性被称为罗勃津斯基弹性。

最后，可以推出每个行业的产出关于自身价格弹性等于其产出对技术水平的弹性减 1，而交叉价格弹性等于对应的交叉技术弹性：

$$\varepsilon_{nmt}^p \equiv \frac{\partial \ln y_{nt}^*}{\partial \ln p_{mt}} = \begin{cases} \varepsilon_{nmt}^A - 1, & \forall n = m \\ \varepsilon_{nmt}^A, & \forall n \neq m \end{cases} \tag{8}$$

因此，本章的实证部分将首先估计技术水平和要素对产出份额影响的偏效应，即首先估计 $\dfrac{\partial s_{nt}^*}{\partial \ln A_{mt}}$ 和 $\dfrac{\partial s_{nt}^*}{\partial \ln V_{it}}$。接着，把估计出来的偏效应带进公式（6）和（7），得到相对应的交叉技术弹性与要素投入弹性。最后，对任意第 n 个行业，产出的增长率可以按照下式分解：

$$\hat{y}_{nt}^* = \sum_{m=1}^{N+1} \varepsilon_{nmt}^A \hat{A}_{mt} + \sum_{m=1}^{N+1} \varepsilon_{nmt}^p \hat{p}_{mt} + \sum_{i=1}^{I} \varepsilon_{nit}^f \hat{V}_{it} \qquad (9)$$

可以注意到，与上述分解不同的是，传统的增长核算方式中，增长率仅仅与自身的技术进步率、各投入要素的加权增长率有关：

$$\hat{y}_{nt}^* = \dot{A}_{nt} + \sum_{i=1}^{I} s_{int} \hat{V}_{int}$$

因此，与公式（9）等号右边所有变量均为外生不同的是，行业的要素份额与要素增长率应该反映了所有其他行业的技术的变化、产品价格的变化以及总的要素供给的变化，这使得行业的经济增长分解变得更加困难。

（2）实证分析策略

为了更加具体解释实证模型，假设 $GDP^*(p_t A_t, V_t)$ 是一个关于技术、价格、要素投入的超越对数函数，并且技术和产品价格都以乘法的形式进入该生产函数。用 n 和 m 表示行业，i 和 j 表示要素，那么生产函数的具体形式如下式：

$$\begin{aligned}
\ln GDP^*(p_t A_t, V_t) = {} & a_{00} + \sum_{n=1}^{N+1} a_{0n} \ln(A_{nt} p_{nt}) + \\
& \frac{1}{2} \sum_{n=1}^{N+1} \sum_{m=1}^{N+1} a_{nm} \ln(A_{nt} p_{nt}) \ln(A_{mt} p_{mt}) + \\
& \sum_{i=1}^{I} b_{0i} \ln V_{it} + \frac{1}{2} \sum_{i=1}^{I} \sum_{j=1}^{I} b_{ij} \ln V_{it} \ln V_{jt} + \\
& \sum_{n=1}^{N+1} \sum_{j=1}^{I} c_{ni} \ln(A_{nt} p_{nt}) \ln V_{it}
\end{aligned} \qquad (10)$$

根据对称和同质性的限制：

$$a_{mn} = a_{nm}, \; b_{ij} = b_{ji}, \; \forall n, \; m = 1,...., \; N+1, \; \forall i, j = 1,...., \; I$$

$$\sum_{n=1}^{N+1} a_{0n} = 1, \; \sum_{m=1}^{N+1} a_{nm} = 0, \; \sum_{i=1}^{I} c_{ni} = 0, \; \forall n = 1,...., \; N+1$$

$$\sum_{i=1}^{I} b_{0i} = 1, \; \sum_{j=1}^{N+1} b_{ij} = 0, \; \sum_{n=1}^{N+1} c_{ni} = 0, \; \forall i = 1,...., \; I. \qquad (11)$$

由于第 n 个行业在总产值中的份额可以表示成总产值对其产品价格的弹性，那么根据公式（10）可得：

$$s_{nt}^{*}(p_t A_t, \; V_t) = a_{0n} + \sum_{m=1}^{N+1} a_{nm}\ln(A_{mt}p_{mt}) + \sum_{i=1}^{I} c_{ni}\ln V_{it}, \; \forall n = 1,....,$$

$$N+1 \qquad\qquad (12)$$

其中，a_{mn} 和 c_{ni} 分别表示产出份额对技术水平和要素投入的偏效应，即 $\dfrac{\partial s_{nt}^{*}}{\partial \ln A_{mt}}$ 和 $\dfrac{\partial s_{nt}^{*}}{\partial \ln V_{it}}$。换句话说，对任意第 n 和第 m 个行业以及第 i 种投入要素，我们可以通过构造第 n 个行业的产出份额对技术水平、价格指数和要素投入的回归函数，如（12）式所示，来估计偏效应，得到 a_{mn} 和 c_{ni} 的估计值。

然而，公式（12）存在两个明显的问题，第一个问题是技术水平和价格是非平稳时间序列，这会导致普通最小二乘估计结果非有效；第二个问题是该模型缺乏随机性，也就是说，掌握了整体经济的全部信息之后，公式（12）代表的这个模型没有误差项，但是，由于实际中既没有可靠的衡量技术水平的数据，又没有可直接获得或者可构建的各个行业的价格指数，因此无法获得一套完整的涵盖所有行业的反映技术水平和价格指数的数据，也就无法填充公式（12）代表的这个模型。通过扣除农业的技术水平和价格指数，引入模型的随机干扰项。现在假定，偏效应 a_{mn} 和 c_{ni} 是一个定值，不随时间改变，通过一阶差分就可以解决第一个问题，克服非平稳数列带来的统计问题。

具体来说，定义农业为第一个行业，即取 $n=1$，为了得到农业部门的生产技术与价格的较高非平稳数据，我们假设技术水平与价格之积的对数形式是一个随机游走带漂移项的序列：

$$\ln A_{1t} p_{1t} = \delta + \gamma t + \zeta_t$$

$$\zeta_t = \zeta_{t-1} + \mu_t, \quad \mu_t \sim N(0, \sigma^2).$$

然后，通过分离出农业部门的数据，公式（12）变成下式：

$$s_{nt}^*(p_t A_t, V_t) = a_{0n} + a_{n1}(\delta + \gamma t + \zeta_t) + \sum_{m=2}^{N+1} a_{nm} \ln(A_{mt} p_{mt}) + \sum_{i=1}^{I} c_{ni} \ln V_{it},$$

$$\forall n = 1, \dots, N+1. \tag{13}$$

做一阶差分得到下式：

$$ds_{nt}^*(p_t A_t, V_t) = a_{n1}(\gamma + \mu_t) + \sum_{m=2}^{N+1} a_{nm}(\hat{A}_{mt} + \hat{p}_{mt}) + \sum_{i=1}^{I} c_{ni} \hat{V}_{it},$$

$$= a_n + \sum_{m=2}^{N+1} a_{nm}(\hat{A}_{mt} + \hat{p}_{mt}) + \sum_{i=1}^{I} c_{ni} \hat{V}_{it} + \mu_{nt}$$

$$n = 1, \dots, N+1. \tag{14}$$

其中，$a_n = a_{n1}\gamma$，$\mu_{nt} = a_{n1}\mu_t$，变量 $\hat{x}_t$ 表示变量 x 的增长率。方程（14）表明：对任意第 n 和第 m 个行业以及第 i 种投入要素，第 n 个行业产出占总产值份额的变化与其余行业的技术进步率 $\hat{A}_{mt}$、价格变化率 $\hat{p}_{mt}$ 和要素增长率 $\hat{V}_{it}$ 有关，除此之外，还与行业的固定效应 a_n 有关。

根据全要素生产率 TFP 的对偶定义：

$$\hat{A}_{mt} \equiv \overline{\hat{w}}_{mt} - \hat{p}_{mt} \tag{15}$$

其中，$\overline{\hat{w}}_{mt}$ 表明要素投入的加权平均价格，那么，公式（14）还可以进一步简化为：

$$ds_{nt}^*(p_t A_t, V_t) = a_n + \sum_{m=2}^{N+1} a_{nm} \overline{\hat{w}}_{mt} + \sum_{i=1}^{I} c_{ni} \hat{V}_{it} + \mu_{nt}, \quad \forall n = 1, \dots,$$

$$N+1. \tag{16}$$

因此，第 n 个行业的份额依赖于各行业的投入要素价格的加权平均以及各要素增长率。公式（16）是本章中估计偏效应 a_{mn} 和 c_{ni} 的模型基础。对任意第 n 和第 m 个行业以及第 i 种投入要素，相对应的交叉技术弹性与要素投入弹性由此可以根据下式求出：

$$\varepsilon_{nmt}^A \equiv \frac{a_{mn}}{s_{nt}^*} + s_{mt}^* \tag{17}$$

$$\varepsilon_{nit}^f = \frac{c_{ni}}{s_{nt}^*} + s_{it}^* \qquad (18)$$

（3）多部门经济核算

公式（17）和（18）让我们重新解释了传统的经济增长核算方式，把要素贡献和产出份额作为部门产出份额和罗勃津斯基弹性的加权平均：

$$\sum_{n=1}^{N+1} s_{nt}^* \varepsilon_{nmt}^A = s_{mt}^*, \qquad \sum_{n=1}^{N+1} s_{nt}^* \varepsilon_{nit}^f = s_{it}^* \qquad (19)$$

换句话说，总要素份额为罗勃津斯基弹性的平均值，而各行业所占比例为技术（价格）弹性的平均值。在这种情况下，可以证明，GDP 的增长率由以下部分构成：

$$\hat{GDP}^*(p_tA_t,\ V_t) = \sum_{n=1}^{N+1} s_{nt}^* \hat{P}_{nt} + \sum_{n=1}^{N+1} s_{nt}^* \hat{A}_{nt} + \sum_{n=1}^{N+1} s_{it}^* \hat{V}_{nt}. \qquad (20)$$

第一个求和反映了本国和外国商品进口对经济增长率的影响。通过使用平均弹性来解释各行业和各投入要素的所占份额，我们可以得出 GDP 的增长率与行业产品价格增长率、行业技术进步率、要素投入增长率有关。这些影响因素的贡献率取决于各部门技术弹性与罗勃津斯基弹性的均值。

最后，根据这个解释，如果经济体中，主要部门关于快速增长的要素投入的罗勃津斯基弹性是一个较大的正数，而技术进步率较小，那么经济增长是由要素驱动的。反之，如果技术进步率较大而关于快速增长的要素投入的罗勃津斯基弹性是一个较小的数或者负数，那么经济增长就是由技术驱动的。

2. 实证结果与分析

（1）实证结果

数据来源说明：根据前文实证分析策略，研究利用《湖北省统计年鉴（1996—2013）》，选取湖北三次产业一共九个产业为研究对象，具体为农业、采矿与加工业、造纸与印刷业、纺织业、混合制造业、电气水供应业、化工业、建筑业和服务业。农业与服务业并没有进行进一步细分，主要是考虑到统计口径的一致性问题，采用总量来分析。

实证结果：利用前文分析建立的模型，采用 STATA 统计分析软件，得出一系列分析结果，鉴于篇幅所限，许多表格并没有列出，只列出了其中比较重要的一张图表，如表 8—1 所示，这是模型分析最后得出的结果。从表 8—1 中数据可以看出，湖北所有产业驱动力中要素贡献比创新驱动要多一些，其中负数只是模型的运算结果形式，但是判断的标准是比较谁大谁小。就农业来说，创新贡献有-5.6029，而要素贡献是-5.1254，基于负数的运算法则，可见要素贡献要大于创新贡献，同理其他产业的分析亦是如此。

表 8—1　　　　　　　　　　分行业产业驱动力来源

| | Effect in terms of percentage change in output in: | | | | |
	农业（%）	采矿与加工业（%）	造纸与印刷业（%）	纺织业（%）	混合制造业（%）
创新贡献	-5.6029	-3.3189	-7.3321	0.5002	-23.4512
要素贡献	-5.1254	-3.6678	-0.8005	10.0342	-20.1123
价格效应	9.0034	8.6591	9.2142	-2.3423	17.2435
预测增长	1.2111	2.4512	14.2312	10.5643	-22.3543
实际增长	-3.4563	1.4321	7.6754	-6.3213	-0.0022

| | Effect in terms of percentage change in output in: | | | |
	电气水供应业（%）	化工业（%）	建筑业（%）	服务业（%）
创新贡献	-2.3421	0.3345	-17.4532	-1.003
要素贡献	-1.3452	15.2132	-15.5433	20.5632
价格效应	10.0023	-4.3221	11.1233	-1.0432
预测增长	1.2211	11.3109	2.3440	14.5900
实际增长	-1.5672	-1.1003	4.4442	12.8300

资料来源：作者根据《湖北省统计年鉴（1996—2013）》整理而成。

（2）实证结论与分析

第一，湖北经济增长依靠要素驱动，缺乏创新驱动。

数据显示，湖北三次产业分行业基本上是基于要素驱动，缺乏创新驱动，其中农业、采矿与加工业要素驱动贡献与创新驱动贡献比较接近，其余行业要素驱动贡献均高于创新驱动贡献许多。现实情况下，湖北省农业仍然依靠劳动力、土地这些资源，机械化程度不够；采矿与加工业依靠资本与矿产资源；造纸与印刷业、纺织业、混合制造业、化工业、建筑业、服务业在我国依然十分依赖廉价劳动力与资本，电气水供应业依靠一些资源，依然是基于要素驱动，可想而知，湖北产业发展仍靠要素驱动带动经济增长，这种模式并没有长期的生命力，因此产业转型升级势在必行。

第二，农、工、服分别依靠劳动要素驱动、劳动与资本要素驱动、资本要素驱动。

表8—2是关于行业产出要素弹性系数表。如表中所示，农业的劳动要素弹性为3.7654，资本要素为-0.8760，可见农业应该是基于劳动要素驱动；工业中采矿与加工业、造纸与印刷业、纺织业、电气水供应业、化工业均是劳动要素的弹性系数大于资本要素弹性系数，因此也是基于劳动要素驱动，但是混合制造业与建筑业却是资本要素弹性系数大于劳动要素弹性系数，可见这两个行业是基于资本要素驱动，因此总体上说工业既依靠于劳动要素驱动，也依靠于资本要素驱动；服务业很明显可以看出，其基于资本要素驱动。

表8—2 行业产出要素弹性系数表

1% increase in:	Effect in terms of percentage change in output in:				
	农业（%）	采矿与加工业（%）	造纸与印刷业（%）	纺织业（%）	混合制造业（%）
劳动要素	3.7654	0.9807	0.7701	1.9067	1.1564
资本要素	-0.8760	0.7654	-0.3373	-0.9088	1.4422

1% increase in:	Effect in terms of percentage change in output in:			
	电气水供应业（%）	化工业（%）	建筑业（%）	服务业（%）
劳动要素	0.3022	1.1122	1.1231	-1.4653
资本要素	-0.0444	-0.9921	2.3211	2.8762

资料来源：作者根据《湖北省统计年鉴（1996—2013）》整理而成。

3. 湖北实施创新驱动发展战略的有利条件

（1）湖北创新驱动发展的经济基础

第一，整体经济水平呈现加速发展和集约发展趋势。

2012 年湖北的固定资产投资额达到 16504 亿元，较上年增长 27.6%，占 GDP 的比重达到 74%，投资驱动效应仍然十分明显。但人均 GDP 已达到 6121 美元，根据美国经济学家罗斯托的经济起飞理论，人均 GDP 达到 3000 美元的国家或地区将进入经济加速发展阶段。而要实现经济加速跨越发展的关键因素是创新，通过创新克服投资驱动过程中的规模报酬递减效应及资源环境约束，实现经济增长由投资驱动向创新驱动的转变。当前，湖北对经济增长内生化和可持续化关注日益提高，发展循环经济和可持续经济成为经济高速发展趋势下的主攻方向，整体经济水平的加速发展和集约发展趋势明显。因此，湖北已经具备进入创新驱动的基础条件。

第二，经济形态初具创新驱动特征。

按照工业化、信息化和知识化发展程度划分的经济形态演进阶段大概分为五个阶段，依次为工业经济前期、工业经济中期第一阶段、工业经济中期第二阶段、工业经济后期及知识经济阶段。在五个阶段的演进过程中，产业结构实现从"一、二、三"到"二、一、三"再到"三、二、一"的转变，技术、信息、知识和人力资本等要素在经济增长中的作用逐渐取代资本和劳动力，产业结构不断向高级化、知识化发展，创新驱动效应不断加强，以知识和人力资本为载体的创新活动对经济社会的贡献显著提升，如表 8—3 所示。

表 8—3　　　　　　不同经济形态发展阶段的创新驱动特征

内容	工业经济前期	工业经济中期第一阶段	工业经济中期第二阶段	工业经济后期	知识经济
产业结构	一、三、二	二、三、一	二、三、一	三、二、一	三、二、一
主导产业	农业和畜牧业	能源、冶金等传统重工业	高技术制造业	高技术产业、信息产业	高技术产业、知识密集型服务业

续表

内容	工业经济前期	工业经济中期第一阶段	工业经济中期第二阶段	工业经济后期	知识经济
R&D 占 GDP 比重	低于1%	1%—1.5%	1.5%—2%	2%以上	3%以上
创新驱动效应	无	不明显	开始形成	明显	指数上涨

资料来源：作者根据文献资料整理而成。

目前湖北处于工业经济中期第二阶段，三次产业贡献率依次为 4.3%、62.9%、32.8%，第二产业仍占主导地位，第三产业比重显著提升。第二产业中，电子信息、生物医药、新材料、新能源等高新技术产业发展迅速，高新技术对能源、冶金、汽车制造等传统支柱产业的改造升级作用明显。第三产业中，信息咨询等科技中介服务产业开始兴起，从单一消费型产业向社会生活全方位扩散趋势明显。第一产业中，科技对传统农业的改造作用突出，农业生产效率显著提高。总体上，科技在产业发展中作用日益突出，技术密集型产业比重明显提升，R&D 投入占 GDP 比重已超过 1.5%，创新驱动经济社会发展效应初步凸显，标志着湖北开始向成熟工业经济形态下的创新驱动发展阶段过渡。[①]

（2）湖北创新驱动发展的科技优势

2013 年全国科技进步统计监测结果显示，湖北综合科技进步水平指数达到 55.19%，全国排名第十，中部排名第一，并以不断上升的趋势接近全国平均水平 60.30%。在创新活动投入、创新活动产出、高新技术产业化、科技支撑经济社会发展及区域创新体系建设等方面都取得了重大进展，显示出湖北综合创新能力的提升。虽然距离进入创新驱动的国内国际标准还有一定的差距，但已经具备了一定的赶超基础。

近年来，湖北省的科技活动产出综合水平基本上在全国保持前十的相对领先优势，在中部保持绝对的领先优势；其中，2011 年上

---

① 陈清泰：《自主创新和产业升级》，中信出版社 2011 年版，第 106—118 页。

升到全国第八位，虽然近两年有所下降。2011 年获国家级科技成果奖励系数指标进入全国第五，一批优秀的原创性基础理论成果脱颖而出，在光纤通信、激光、空间地理信息、病原微生物、植物功能基因等若干领域形成了居全国领先的竞争优势。万名就业人员发明专利拥有量达到 2.03 件，万人技术成果成交额达到 158.38 万元，在稳步上升中，继续保持领先。截至 2013 年，湖北共建有国家实验室 1 个，即武汉光电国家实验室，是我国最早的 5 个国家实验室之一，国家重点实验室 19 个（居全国第三位），企业国家重点实验室 3 个，国家部委重点（专业、开放）实验室 58 个，国家工程（技术）研究中心 21 个（居全国前列），国家级科技企业孵化器 16 个，国家级科技创新平台数量均位居全国前列，中部地区第一。在省级层面，建有省级重点实验室 105 个，省级工程技术（研究）中心 153 个，省级科技型企业畔化器 25 家，各类生产力促进中心 108 家。已基本形成了从基础研究、应用开发到科技成果产业化，覆盖国民经济各行业、比较完善的研究开发体系和科技创新服务体系。

（3）湖北创新驱动发展的教育与人才优势

截至 2013 年，湖北共拥有普通高校 122 所，各类科研机构 1500 多个，在校大学生 140 多万人，在校研究生 10.3 万人，进入国家"211 工程"建设的重点高校和在校大学生人数均居全国前三位，中部第一位。全省 R&D 人员超过 13 万人，有 57 名"两院"院士，83 名国家突出贡献中青年专家，46 名 973 首席专家，48 名长江学者，78 人入选国家"千人计划"（以上指标均位居全国第八位）。培养造就了一支具有国内领先水平的高素质科技人才队伍。"十二五"期间，全省科技人才争取国家科技计划项目近 4000 项，经费 37.1 亿元；获国家自然科学基金项目 3408 项，经费 10.6 亿元，均居全国前五位。在鄂科技人才队伍不仅为我国抢占世界科技发展前沿做出了重要贡献，同时也是地方科技进步、经济社会发展的重要支撑力量，如图 8—2 所示。①

---

① 陈治、张所地：《我国风险投资对技术创新的效率研究》，《科技进步与对策》2010 年第 4 期，第 14—16 页。

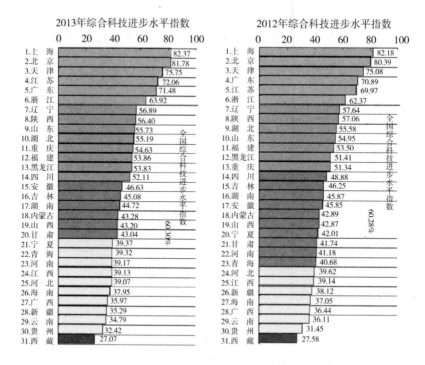

图8—2　各地区综合科技进步水平指数排序

四　创新驱动战略下湖北产业
转型升级的利弊分析

1. 创新驱动战略下湖北产业转型升级的有利因素

（1）中部崛起战略下湖北产业宏观布局的有力支撑

目前，湖北省紧跟产业创新这一新的发展机遇，着力发展产业集聚，以"大武汉"产业布局为核心，目标规划形成八座城市铺设以及七大产业走廊的整体产业规划格局。

一是城市圈圈定八座城市：湖北省紧紧围绕"引领和打造中部地区国家增长极，实现湖北跨越式发展，开创一条具有湖北特色的新型工业化发展路径"为主线，以武汉为中心，外围环抱鄂州、黄石、黄冈、孝感、天门、潜江、咸宁、仙桃八座卫星城市。在圈内形成以武汉、黄石和鄂州为主的三大钢铁生产基地；依托武汉城市圈城际铁路网络，将武汉的居住、教育、58 职业培训、休闲和高新技术等生产基地功能向周边的鄂州、黄石、黄冈、孝感、咸宁等城市扩散，充实二级城市的城镇综合承载能力。加强武汉经济圈的辐射和带动作用，统筹协调汽车、装备制造、高新技术、农副产品加工、轻工机械等产业在城市圈内外的合理布局①，如图 8—3 所示。

图 8—3　湖北产业布局示意

二是铺设七大产业走廊：根据规划，湖北省产业优化布局调整将以武汉为轴心，以优势产业门类为基础，向外福射出七大产业链。①以武钢为龙头向鄂州地区辐射的冶金、建材产业走廊；②以东风、神龙为主体，向黄冈、孝感地区推进的汽车及零部件制造产业群；③以光谷产业园区为中心向黄石、孝感和鄂州地区辐射的光电子产业群；④以武汉为农副产品营销中心，建立以本地特色资源深加工为主导产业的生态工业园区；⑤以武汉及鄂东的棉纺织品为主题的服装、纺织产品走廊；⑥以中联和健民为依托，发挥中药材

① 方福前、詹新宇：《我国产业结构升级对经济波动的熨平效应分析》，《经济理论与经济管理》2011 年第 9 期。

产业生产基地功能，重点整合发展以黄冈为重点的中药材优质制药基地；⑦以长江黄金水道和汉宜、汉十高速公路为纽带，总体形成"四大旅游板块、五条精品线路"的旅游发展空间格局。（见图8—4）

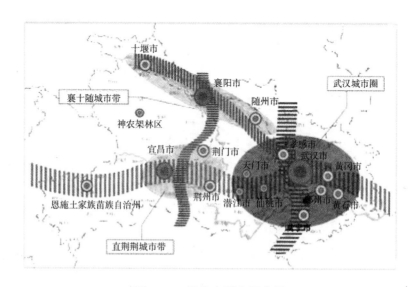

图8—4　湖北省域空间布局

（2）"一带一路"建设下湖北产业转型升级的潜在机遇

"一带一路"为我国东部地区产业转移和过剩产能化解提供了广阔的战略迂回空间。东部地区受到污染治理、土地价格、劳动力成本等多重因素的影响，出口导向型经济发展已是强弩之末，低端制造业向我国中西部地区以及东南亚等劳动力成本优势明显的地区逐步转移已是大势所趋。"丝绸之路经济带"要连接中亚等广大亚洲腹地，基本要求就是"道路相通"，这也就意味着中西部地区即将迎来交通基础设施的一次建设高潮，这对减少中西部地区物流成本、提高产品出口竞争力具有重要意义；东南亚地区劳动力丰富、出口导向型经济比较优势明显，是各国产业转移的重点区域之一，通过"海上丝绸之路"将部分已不具有比较优势的产业从我国东部地区转移过去，[1] 而湖北省可以利用这一机遇，承接东部地区产业，为湖北产业转型升级留出必要的发展空间，同时其他省市的同场竞技也有利于增强湖北企业的区域竞争力。客观而言，产能"过剩"并不意味着产能"落后"，湖北省现阶段相对过剩的钢铁、水泥等产业可能正是中亚、东南亚、南亚、非洲等发展中地区进行基础设施建设的短板所在，因此通过"一带一路"战略构想将湖北部分过剩产能转移到这些国家，既可以推动湖北经济转型升级，也为"一带一路"周边省市发展提供了难得机遇。

（3）长江经济带开发与长江中游城市群建设背景下湖北产业转型升级的迫切需要

《全国主体功能区规划》《国家新型城镇化规划（2014—2020）》和《全国国土规划纲要（2011—2030）》明确了"两横三纵"城镇化战略格局及城市群布局方案。毫无疑问，长江经济带将成为国家战略重点，长江中游城市群有望与长三角、珠三角、京津冀一样成长为世界级的特人城市群。长江经济带建设湖北有四大机遇：首先，湖北有条件在内地争取一个自由贸易区，利用战略优势和区位优势加快经济发展；其次，继续打造以武汉为核心的长江中游城市群；再次，要利用长江黄金水道，建立长江航运中心，构建我国中部地区立体交通网络和全国"立交桥"式枢纽；最后，武汉应该抓住机遇建立国际港口和国家级农产品加工、食品制造和贸易中心，并将其作为城市经济发展的大战略。提升创新引领功能，打造战略性新兴产业聚集地。实施创新驱动战略，以东湖国家自主创新示范区为引擎，以加快科技成果转化和产业化为核心，完善区域科技创新体系，提升自主创新能力，推动战略性新兴产业尽快成为先导、支柱产业，打造全国科技金融创新中心、全国产学研用协同创新实践区、全国科技成果转化和产业化示范区、国际性人才聚集高地，引领长江中游城市群转型跨越发展。[2] 提升产业带动功能，打造高

---

① 耿修林：《改革开放以来我国产业结构的地区间比较及动态分析》，《数理统计与管理》2011年第5期。

② 韩霞：《加快我国服务业自主创新的公共政策选择》，《中国软科学》2011年第11期，第21—28页。

端产业转移承接地。积极承接产业转移，加快推进工业倍增计划，大力推动服务业升级发展，加快发展现代都市农业。重塑长江中游地区产业"大转移"承接地新理念，构建国家重大产业发展的战略性新核心与新高地，引领带动长江中游地区产业转型升级。

2. 创新驱动战略下湖北产业转型升级的不利因素

（1）湖北产业基础雄厚，但产业集群整体竞争力有待提高

作为国家重要的老工业基地，湖北工业基础雄厚，但产业集群整体竞争力有待提高。湖北省形成以汽车、农副食品加工、化工、钢铁、电力、建材、纺织、通用设备制造、医药及电子信息产业为支柱且门类齐全的现代工业体系，特别是汽车等行业的竞争优势明显。但湖北产业集群整体竞争力有待提高，资源优势尚未转化为产业竞争优势，集中体现在以下几个方面：湖北是保障国家能源安全的战略载体，同时也是我国关系到国计民生的重要原材料及主要初级产品的生产与输出基地。湖北高科技含量、高附加值的产品不多，这种低层次产品结构的工业化危机重重。一方面，高能耗的生产方式需要调入大量的煤炭和石油，主要的工业项目大都与本地产业基础毫无关联，生产成本较高，缺乏持续竞争力；另一方面，产业结构、产品种类和湖北省强大的流通网络关联甚少，传统交通枢纽的优势难以发挥、升级。湖北属全国科技与教育发达地区，高等教育水平位居全国前列。但即便如此，全省经济社会发展的要素驱动特征仍然十分明显，科学技术尚未形成有效支撑全省经济社会持续发展的动力，自主创新能力未达预期。湖北第三产业发展迅速，商贸、住宿、餐饮、仓储、交通运输等传统服务业发达，区域商贸流通职能显著。但与传统服务业高度发达不相适应的是，湖北现代服务业发展滞后、市场化程度不高。生产性服务业发展滞后，旅游文化等消费性服务业发展欠佳，整体竞争力有待提高。

（2）湖北产业结构失衡，产业转型升级迫在眉睫

2013年湖北经济稳中有进，产业结构稳步升级，全省第一、二、三产业分别完成增加值 3098.16 亿元、12171.56 亿元和 9398.77 亿元，分别增长 4.7%、11.3% 和 10.0%。三次产业结构

比为 13.1：50.1：38.0，随着湖北省经济的快速发展，湖北省产业集群也随之扩增。民营企业是湖北省产业集群发展的主导发展模式，但是由于湖北产业结构失衡，导致产业集群吸纳产业聚集的能力不足，产业集群扩增速度缓慢。目前，湖北第一产业基数大，效率低，就业比重仍然接近一半。而工业比重偏低、轻重结构失衡、民营经济成长缓慢等因素导致第二产业吸纳就业的比重持续下降。同时缺少农业和工业的有力支撑，湖北第三产业近年来吸纳就业能力也有所下降。产业结构失衡，极大地影响了湖北产业集群发展的速度。

在目前中部省份的城镇化进程中，第二产业的推动作用显著，而湖北省第二产业比重明显偏低，工业发展对经济增长的贡献率不足。[①] 从工业内部的结构来看，湖北的主导产业为汽车、钢铁、石化、电力等，原材料工业所占比重仍高达 60% 左右，处于以原料工业为重心的重工业化阶段。此外，湖北第一产业就业比重高达 47%，劳动力由第一产业向第二、第三产业转移的任务远未完成。从动力结构来看消费带动显著，投资力度减弱，出口动力偏弱。消费是带动湖北经济增长的较强动力。湖北消费规模历年保持平稳增长，区域流通优势十分明显，未来国家经济发展从出口向内需导向转变，将会给湖北的发展带来良好的机遇。投资是拉动经济增长的主要动力，但湖北投资规模在中部所占份额下降。此外，与安徽、湖南和江西等"珠三角""长三角"的近邻相比，在吸引产业转移规模方面有较大差距，出口动力在中部地区的优势逐渐丧失。

表 8—4　　　　　2002—2013 年湖北三大产业比重表　　　　（%）

湖北	2000 年	2002 年	2005 年	2008 年	2011 年	2013 年
第一产业	15.49	14.2	16.6	15.7	13.1	12.6
第二产业	49.66	49.20	43.10	43.80	50.00	49.3
第三产业	34.85	36.60	40.30	40.50	36.90	38.1

资料来源：2001—2013 年《湖北统计年鉴》。

---

① 何德旭、姚战琪：《中国产业结构调整的效应、优化升级目标和政策措施》，《中国工业经济》2008 年第 5 期。

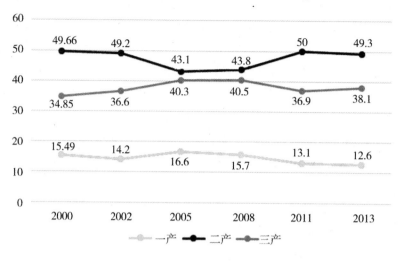

图 8—5　湖北产业结构变动示意

3.创新驱动战略下湖北产业转型升级的路径安排

新工业革命，依托的是科技，推动的是产业，改变的是生产生活方式。对于我们来说，不能像前两次工业革命那样，仅仅做旁观者或追随者，而应参与新工业革命的进程，做主宰者。在这个过程中，我们既面临着技术、资金、人才等方面的瓶颈，与发达国家在战略理念、实施基础上存在较大差距，同时基于目前新工业革命正处于起步阶段，因而我们也易发挥"产业基础上的后发优势"，利用制度优势抢占发展先机。可以说，优势劣势并存，机遇挑战瞬间互换，关键在于把握。如何设计基于创新驱动的产业转型升级路径，显得格外重要，为此笔者提出：

（1）全面深化农村改革，加快建设现代农业

以"农业强、农村美、农民富"为总目标，按照"落实政策、改革创新、加快发展"的思路，全面深化农村改革，破除体制机制弊端，促进现代农业发展和农民收入增长。深刻认识新常态下"三农"工作面临的机遇和挑战，深化改革，转变方式，激活内生动

力，增强外部拉力，加快现代农业发展步伐。①

发展生态友好型农业。加快转变农业生产方式，加大农业面源污染防治力度，强化监督考核和激励约束机制。加快发展观光农业和休闲农业。实施退耕还林、天然林保护、低产林改造、血防林、长江防护林等生态修复工程。开展湿地生态效益补偿和退耕还湿试点。实施江河湖泊综合整治、水土保持重点建设工程，开展生态清洁小流域建设。加快江河湖库水系连通工程建设、重大水生态修复工程建设、生态脆弱流域和区域治理步伐。开展水生态文明县市、林业生态示范县市创建活动。

创新农村金融服务。开展"合作社+金融"新型农村金融服务试点。稳定大中型商业银行的县域网点，扩展乡镇服务网络。建立适应"三农"需要的专门机构和独立运营机制。强化商业金融对"三农"和县域小微型企业的服务能力，扩大县域分支机构业务授权，实施贷款资金回流工程，不断提高存贷比和涉农贷款比例，将涉农信贷投放情况纳入信贷政策导向效果评估和综合考核体系，确保金融机构涉农贷款增幅不低于全部贷款增幅。积极支持条件具备的农民合作社和供销合作社发展农村合作金融，推动社区性农村资金互助组织发展，不断丰富农村地区金融机构和金融组织类型，支持金融机构依托供销合作社基层网点延伸服务。

（2）积极谋划湖北战略性新兴产业

以重大技术突破和重大发展需求为基础，以智慧产业、健康产业、低碳产业三大领域为重点，加快建设世界一流的综合性国家高技术产业基地。

智慧产业领域。可以依托华中科技大学研发团队 3D 打印核心技术突破升级，打造国家级 3D 打印产业示范基地；发展智能制造产业，武汉依托研发和装备制造基础优势，依托国家级研发平台和华中数控、华工科技、中冶南方等重点企业，形成包括智能装备制造、智能产品应用等在内的完整产业链和产业集群；重点研发机器

---

① 李柏洲、孙立梅：《创新系统中科技中介组织的角色定位研究》，《科学学与科学技术管理》2010 年第 9 期，第 29—33 页。

人、精密仪器、高端机床等；发展智能电网，重点发展新能源接入与控制、智能变电站等智能电网领域关键核心技术，打造完整的智能电网装备产业链；发展下一代互联网产业，在高速光纤接入系统、宽带无线接入系统、物联网管理等下一代互联网关键技术研发及应用领域加快产业化，应依托武汉光电国家实验室和相关科研机构、龙头企业，大力推进大容量分组交换技术、光层交换技术以及超大容量传送技术的突破，实现高端光器件的国产化，占据下一轮全球光通信产业竞争优势，打造我国最大的下一代光通信研发生产集聚区；发展新一代信息产业，重点提升集成电路设计水平和市场化能力，加快新一代移动通信技术的研发和产业化，加快物联网技术产业化，促进形成物联网产业链；发展数字服务产业，主要由数据内容业、数据服务业和数据软硬件研发制造等产业领域构成，率先自主开展信息服务业、云计算等试点示范；支持新模式、新业态、新服务的发展和应用。①

健康产业领域。生物医药产业。结合国家"重大新药创制""重大传染病防治"两个重大专项的实施，进一步加大投入，促进生物制药产业的快速发展。重点加快突破抗体药物、高端疫苗、新型疫苗和诊断试剂、高端化学药物、现代中药等方面的研究和突破。组建生物制药技术联盟，形成大的企业集团和跨国公司，并带动大批中小企业发展，形成一个完整的现代生物制药产业链条。着重加强产业融合技术交叉领域的技术突破，加强应用技术创新和检测技术创新，加强产业形态和应用模式的跨界组合，注重构建技术转化平台。生物农业产业。湖北国家农业科技产业园聚集了生物肥料、生物农药、生物兽药、生物饲料等一批生物农业企业。应以此为依托，加速分子医药农业产业的快速发展，尽快形成具有武汉特色的生物产业链和产业群，培植经济发展新的增长点。

低碳产业领域。新能源装备产业。重点关注新能源接入装备与技术的研发、集成和产业化发展，尤其是风电和光伏领域，加强光

---

① 李博、胡进：《中国产业结构优化升级的测度和比较分析》，《管理科学》2008年第2期，第33—35页。

伏逆变器、直驱型风电变流器、风光互补发电站、励磁调节器、中压变频器、大容量储能系统等系列产品的研发和集成，加快产业链形成和发展壮大。燃料电池产业。依托湖北汽车制造业的雄厚基础和燃料电池的研发优势，积极推动燃料电池汽车的产业化。加强对武汉理工新能源有限公司、银泰科技电源股份有限公司等相关企业的支持。大力推广燃料电池在通信基站、家用分布式供电系统等领域的应用，并积极推动氢供给基础设施建设。页岩气产业。湖北省作为能源开发和装备制造业的重要基地，应依托相关企业在勘探装备制造方面积极参与全国范围的页岩气投标和合作开发，力争在页岩气重大工程装备及其配套方面取得重大突破。

（3）积极谋划湖北现代服务业的产业布局

加快发展湖北现代服务业，必须在确定湖北现代服务业的发展目标和重点的基础上，明确发展路径和发展机制，选择加速发展的科学道路。坚持新型工业化不动摇，一手抓先进制造业，一手抓现代服务业，以工业化提供增长动力，以城市化拓展就业空间，以市场化注入发展活力，以信息化增强技术支撑，加快构筑高增值、多层次、广就业、强带动的现代服务业体系。

围绕城市圈、城镇区域和资源中心、产业中心统筹规划服务业和制造业发展，着力形成"三圈、四带"的服务业发展空间布局，加快提升制造业的发展水平，提升中心城市的服务能级，提升交通枢纽的服务功能。首先是依托"三圈、四带"产业布局，形成生产服务业发展聚集带。根据湖北现代制造业基地建设布局，在武汉城市圈、宜荆城市圈、襄十随城市圈，沿长江、沿汉江、沿京广线和汉十线，重点发展与制造业相适应的生产服务业，形成集约型产业发展模式，降低交易成本和商务成本，提高产业竞争力。[①] 重点是建设武汉城市圈高新技术产业服务聚集带，建设沿江基础产业服务聚集带和两江文化、旅游产业带。

其次是依托城市、重点开发区、主要交通枢纽，形成与生产生

---

① 李钢、廖建辉、向奕霓：《中国产业升级的方向与路径——中国第二产业占 GDP 的比例过高了吗》，《中国工业经济》2011 年第 10 期，第 16—26 页。

活配套的服务业集聚区。其中，在中心城区布局建设商务集聚区，大力发展金融和商务服务，具备条件的逐步向中央商务区过渡，重点建设中心商圈，集中发展特色一条街。最后是在城乡接合部和交通道口布局建设产品交易市场集聚区。

五　湖北经济创新能力提升与产业转型升级的战略选择

1. 抓住第四次工业革命机遇，深化"两化"融合迈向"工业4.0"

在新工业革命的浪潮中，制造业应当努力实现由低附加值向高附加值、由低技术密集向高技术密集、由粗放发展向精益制造、由大规模生产向大规模定制的全面战略转型，显著提升在全球制造业分工中的位势。为此要继续把"两化"深度融合作为主要着力点。"工业4.0"战略与我国提出的"两化"深度融合有很多相通之处。在某种程度上，"两化"融合可称为我国工业的3.0，"两化"深度融合可以说是我国工业的4.0。在新的发展背景下，只有将信息化的时代特征与湖北工业化历史进程紧密结合起来，把"两化"深度融合作为主线，才能为推动工业转型升级注入新的动力，也才能在向工业化迈进的过程中占得先机。

（1）用标准引领信息网络技术与工业融合

"工业4.0"战略的关键是建立一个人、机器、资源互联互通的网络化社会，各种终端设备、应用软件之间的数据信息交换、识别、处理、维护等必须基于一套标准化的体系。为了保障"工业4.0"的顺利实现，德国把标准化排在八项行动中的第一位，同时建议在"工业4.0"平台下成立一个工作小组，专门处理标准化和参考架构的问题。2013年12月，德国电气电子和信息技术协会发表了德国首个"工业4.0"标准化路线图。可以说，标准先行是"工业4.0"战略的突出特点。为此，湖北在推进信息网络技术与工业企业深度融合的具体实践中，也应高度重视发挥标准化工作在产业发展中的引领作用，及时制定出台"两化深度融合"标准化路线图，引导企业推进信息化建设。[①] 同时，还要着力实现标准的国际化，使得湖北制定的标准得到国际上的广泛采用，以夺取未来产业竞争的制高点和话语权。

（2）构建有利于工业转型升级的制度保障体系

德国"工业4.0"战略十分重视产业创新、组织创新与现有制度相冲突的问题。"工业4.0"一方面增加了管控的复杂性，技术标准的制定需要符合相应的法律法规；另一方面也需要制定相应的规章制度促进技术创新。"工业4.0"采取了一系列措施以加强制度保障，比如设立处理各类问题的专职工作组，制定和实施安全性支撑行动，建立培训和再教育制度等。湖北在推动工业转型升级的问题上，也同样面临着制度保障方面的相关问题。因此，非常有必要建立和完善有利于工业转型升级的长效机制，比如知识产权保护制度，节能环保、质量安全等重点领域的法律法规，人才培养和激励机制等，从而形成推动工业转型升级的制度保障。

2. 深入工业化进程，积极制定湖北制造业应对策略

湖北要深入工业化进程，坚持内外并重、技贸并举，既要吸收外部创新资源和创新成果，又要坚持自主创新，充分利用自身的创新资源；既要重视技术创新的引领作用，又要重视市场需求的拉动作用。

（1）传统领域变革

传统制造业领域应顺应新工业革命趋势特征，加大创新力度，提升信息化、智能化水平，培育先进制造技术创新和产业化主体，掌握产业话语权。应进一步深入实施工业强市（武汉市）战略和"工业倍增计划"，以千亿产业和百亿企业为重点，加快技术改造步伐，促进新兴产业与传统产业的结合，做大做强支柱产业，发展优势产业，加快建设全国重要的先进制造业中心。重点强化新材料、新能源在传统制造业领域的研发、应用，加快推进生产领域的数字

---

① 李健、徐海成：《技术进步与我国产业结构调整关系的实证研究》，《软科学》2011年第4期，第8—13页。

化、智能化改造，实现传统制造领域与产业革命基本趋势特征的对接、融合。①

（2）新兴领域培育

坚持自主创新，加大对数字化制造以及新材料领域的基础研究投入，帮助高等院校、科研院所跟踪和赶超数字化制造技术的前沿。坚持以企业为创新的主体，支持企业进行原始创新、集成创新、引进消化吸收再创新，着力帮助企业提升科技研发和技术创新能力，尽快在数字制造关键核心技术上取得突破，自主掌握数字化制造产业的核心专利。设立数字化制造专项发展基金、鼓励社会风险投资的投入，支持和培育创业型中小企业的发展，消除科技成果转化与产业化之间的障碍，促进创新成果的转化。积极引进国际数字制造领域的高端专业人才来中国创业，培育一批具有国际视野和国际水平的高技术企业。

（3）政策体系构建

构建基于先进制造技术的现代制造业体系，创造良好发展环境。针对第四次工业革命的新特点，有针对性地制定促进产业发展的财政、税收、信贷、进出口等方面的政策。围绕数字化制造产业链，加强公共研发平台、信息网络设施、园区基础设施、配套物流中心等方面的建设。以打造数字化制造产业链为中心，建设数字化制造专业化园区，吸引国内外数字化制造企业落户和科技成果的落地转化，促进产业集聚和配套产业发展，形成从研发、设备制造到设计、应用、营销、会展的完整的数字化制造产业链，形成研发基地、制造基地、总部基地和应用示范基地。

3. 抓住长江经济带建设与"一带一路"开发的历史机遇，加快产业集聚发展

中国新一轮的发展动力在于东西互动和南北统筹，湖北省在中国经济升级版中的战略定位和全局使命更加重要。第一，新型城镇

---

① 马晓河：《中国产业结构变动与产业政策演变》，中国计划出版社 2009 年版，第60—76 页。

化。中央城镇化工作会议明确了包括长江、京广沿线在内的"两横三纵"城市战略格局，长江中游城市群上升为国家战略，以武汉为中心的"中四角"，将成为带动中西部地区发展的重要增长极。第二，长江经济带。国家提出要依托长江黄金水道建设中国经济新支撑带，湖北处于长江经济带的重要位置，战略地位更高，发展空间更大。①

（1）利用"长江经济带"开发发展湖北省产业集群

在非均衡发展战略时期，我国一直把沿海地区作为经济增长极点，而忽略了内陆地区的经济发展。现在，在中央的政策支持下，经济发展重点向内陆地区转移，我国形成了从沿海到内地，从沿边到内陆的逐步推进整体开发格局，而湖北省作为中部地区的经济发展支点，被纳入国家的整体发展战略。湖北省是我国内地最大的交通枢纽。打造"长江经济带"城镇联合发展区，是把湖北省纳入国家战略的一大举措。而武汉又是湖北省的中心城市，推动武汉城市圈东部核心地区率先实现空间一体化发展，在湖北城镇化进程中充分发挥集聚和带动作用，构筑城镇协调发展区的发展模式，形成以大别山、幕阜山为基础的两翼生态发展区，以"湖北大别山革命老区经济社会发展试验区"为试点积极进行探索，发挥生态特色优势，实现功能优化和特色化发展。

（2）"一带一路"开发下加快湖北产业集群，承接沿海产业转移

随着我国与世界经济的接轨，我国东南沿海地区正处于产业升级的关键时期，面临劳动力价格上涨和资源紧缺紧张的局面，竞争十分激烈，迫切需要通过产业转移来"腾笼换鸟"。湖北省位于长江经济带中游，工业基础雄厚，劳动力密集，矿产能源和生态资源异常丰富，交通地理位置便利，优势产业门类较多，经济运行环境良好，在中部地区各省的发展中居于领先地位。因此湖北省是长江三角洲地区依托长江经济带，推动沿线有条件的城市承接武汉和国内外高水平的重化工产业转移的最好地点。湖北省应抢抓机遇，加

---

① 张其仔：《比较优势的演化与中国产业升级路径的选择》，《中国工业经济》2008年第9期，第58—68页。

快推进与沿海地区合作共建园区，加速承接产业转移的步伐。

（3）利用国家级自主创新示范基地发展高新技术辐射点

以东湖高新区为基地，以开放战略融入全球化，参与第四次工业革命的技术开发、规范制定与战略分工，不断拓展新的开放领域和发展空间。加强高新区研发平台和产业联盟建设。东湖高新区的比较优势在于区内科研院所和高校众多，知识和智力资源密集，合理地发掘和利用这些资源有利于打造高新区的科技创新能力。要进一步提升现有的大学、科研机构以及国家实验室、国家重点实验室、工程技术中心等研究机构的研究水平，突出基础研究和应用基础研究的战略性和前瞻性，与建设国际一流的国家光电子信息产业基地接轨、与未来高技术产业的培育接轨，重点加强光电材料、光电集成、化合物半导体和半导体照明、空间地理信息系统、纳米材料、生物技术和新医药等领域的前瞻性研究，力争取得一批世界性的研究成果和创新产品。积极打造产业技术联盟，通过（NVD）产业技术联盟、软件外包产业联盟、中国光纤到户产业联盟、激光行业协会等产业联盟，推进自主创新，制定行业标准，提升东湖高新区光电子信息产业的核心竞争力。

4. 将引进和培育领军型创新人才作为产业转型升级的突破口

围绕现有产业发展基础和产业转型升级目标，发挥企业在人才引进中的主体作用，大力引进和培育具有创业精神和创业能力的领军型创业人才。完善为创业者的服务，如配备行政助理，设立人力资源开发培训、权益保护等服务平台，促进海外创业者对政策的了解和文化融合。鼓励对重要科技和管理人员实施多种方式的股权和分红激励，进一步降低激励门槛，优化激励审批程序，对获股权形式奖励的激励对象给予递延纳税的优惠政策。增加可申请绿卡的国际人才拟任职单位种类，降低投资类国际人才申请永久居留条件，放宽3—5年长期居留许可条件。探索建立适用于海外高层次人才的医疗保险，完善社会保障、文化、教育等相关配套服务。

鼓励各类企业之间的合作研发与创新，采取多种手段提升关键零部件、核心设备的本地化率，营造企业群落内部知识交流与共享、共同进步的良好氛围。建立健全包括完善国有企业考核、加强知识产权保护、打破行业垄断、破除区域分割等在内的政策法规，强化执行力度，增强国有企业创新动力和压力，鼓励跨国公司加速将核心技术研发转移到中国，激发民营企业的创新活力。在努力培育领军企业的同时，加大扶持创新型中小企业力度，特别是具有核心竞争力的小微企业的发展，促进领军企业和中小型企业之间的配套协同发展。强化产业信息公开和风险预警机制，加强市场秩序规范，增强行业自律，引导各地区错位、特色发展。着力营造良好的生活与创业环境，改善政府服务水平，提高政府服务效率，减少对微观经济活动的直接干预，进一步发挥行业协会等中介机构在产业转型升级中的作用。

5. 实施创新驱动战略，推进湖北产业转型升级的具体建议措施

（1）加强湖北省重点工业企业的生产、组织及技术模式创新

一是生产模式创新。鼓励企业将原有内部产业链条上的部分非核心环节进行剥离和细分，鼓励开发精品或特定个性化产品，推动行业发展的专业化、个性化。推动综合集成、柔性生产、精密制造等先进技术融入设计、制造和营销的全过程。二是组织模式创新。建立涉及产品设计、制造、销售等各个环节的网络平台和互动机制，推动计算机辅助设计等技术及仿真实验、协同研发等新型工业研发模式在相关产业领域的深化应用。推动电子商务、供应链管理、产品生命周期管理等应用于企业管理。三是技术模式创新。构建以企业为主体、市场为导向、产学研结合的技术创新体系。引导和鼓励企业加大研发投入，支持企业利用全球科技资源，建立海外研发基地或收购海外科技和研发机构。四是积极培育"微观跨国公司"。重点培育一批基础较好、潜力较大、行业带动性较强的中小微企业，推动其发展国际业务，推动其在全球范围内的专业化生产、精准化管理、自主化创新、集约化经营和品牌化运作。①

---

① 张少军、刘志彪：《全球价值链模式的产业转移——动力、影响与对中国产业升级和区域协调发展的启示》，《中国工业经济》2009年第11期，第5—15页。

（2）加快发展适合湖北的现代产业体系

加快产业转型升级，核心是要提升产业价值链和产品附加值，根本途径是提升企业的研发和创新能力。为此，要通过放松管制、激活市场等制度创新，创造一个公平竞争的环境，倒逼市场主体强化创新驱动，改变供给低效和刚性，提高供给效率和弹性。为此应该做到：对于农业现代化，湖北省给予必要的支持，支持有条件的农业企业建设研发平台，没有条件的中小企业可以合作建设研发平台，强化企业在技术创新中的主体地位。对于服务业，拓展生产性服务业发展空间，以发展生产性服务业支撑制造业提升价值链。鼓励支持企业"走出去"建立生产基地，通过并购获取先进技术、研发团队和市场网络。引导资金、人才、技术等创新资源向企业集聚。提升战略性新兴产业的研发能力，把科技创新与构建现代产业体系结合起来。构建创新驱动的动力机制，加大知识产权保护和执行力度，加快生产要素市场化改革，创造公平竞争的市场环境。充分调动企业家创新的积极性，使越来越多的企业成为创新型企业。

第九章

湖北农地制度改革及新型
农业经营主体培育

20世纪80年代以来，家庭联产承包责任制的确立极大地释放了农业的生产力，但随着时间的推移，农业的这一体制性转型的"制度红利"已经释放殆尽。现今，分散经营的农业生产已经从农业生产力发展的形式，变成了农业生产力的发展桎梏。与快速推进的工业化和城镇化相比，我国农业的发展形成了极其鲜明并且令人惊叹的反差。正如有些学者所言，我国与美国等发达国家的主要差距更多地体现在涉农领域。农业的发展以及农业生产方式的革新在时空两个向度内都较为严重地偏离了生产力的发展。过去，作为农业领域重大改革的农业生产资料所有关系的调整——"家庭联产承包责任制"下的分田到户，极大地适应并释放了农业的生产力，可见，农业领域的生产关系的调整，特别是农地制度的改革已亟待破解。只有这一基础性工作的扎实推进，农业生产经营方式的变革才成为可能，农业的现代化才成为可能。

一 农地制度改革及问题

探讨农村领域的改革，无法回避农村农地制度的改革，而研究农地制度的改革，必须首先要探讨农地的职能以及现阶段农地的现状。

1. 农地职能及农地现状

农地作为一种特殊的生产要素，具有三重职能：首先，农地的基本生产资料的职能，即使用者或所有者将其作为维持生计和获取收入的基本手段；其次，农地的财产职能。作为一种财产，尽管土地不能像其他的生产性资产一样，在空间上可以自由移动，而且其作用的发挥也不得不受自然条件的制约，但其作为财产的各种权益却是可以分割、流转和交易的；最后，农地具有社会保障和失业保险职能，即土地可以在特殊的时期和特定环境下，发挥对其所有者的社会保障和失业保险职能。①

一句话，土地是民生之本，对绝大多数我国的农民来说，农地不仅是最基本的生产资料，也是最基本的生活保障。对农民个人而言，农民希望土地发挥何种职能受制于不同时期的经济发展水平，取决于农户所拥有的资源禀赋，获取主要收入的途径和方式，也就是说，土地职能的发挥取决于农户的家庭状况和经济结构。很显然，这一点既取决于我经济社会发展的总体状况，也取决于不同地区经济社会发展的差异，因为农户个人的经济结构依托于上述两者。这些因素直接决定着农民对其土地的态度。首先，在处于食品供给严重不足的时期，土地经营就是农户的全部，这时土地是农民维持生计和获取收入的唯一来源；其次，随着经济的发展，农户的经济结构发生变化，当其主要生存依赖或收入来源不再是土地的时候，土地的保险功能就会凸显出来，这时候农地所发挥的职能便是其对于农民的稳定器和蓄水池的作用；第三，在农民完全进入城市或者拥有完善的社会保障时，土地的财产职能便成为所用者或使用者最为关心的问题。②

就当前我国经济社会的发展总体水平看，尽管部分农民已经不再主要依赖土地维持其生存和提供收入，但却需要依靠土地来为其

---

① 陈剑波：《农地制度：所有权问题还是委托——代理问题?》，《经济研究》2006年第7期。

② 杨成林、何自力：《土地职能和土地产权制度选择——中国土地产权私有化有效性质疑》，《经济理论与经济管理》2011年第9期。

提供失业、养老等社会保障。我国大城市的周围和城乡接合部以及经济发达的东部沿海地区的大多数农民，便属于这一状况。很多农民已经基本脱离了土地，实现了非农就业，农业收入占农民总收入的比例不断地下降，并处于从属地位。这时土地的职能更多地体现为失业保险和社会保障职能。总体上看，目前我国大多数农民仍然需要土地作为其维持生存、获取收入及生活保障的主要手段。农地的这一职能由于两点而显得格外重要：首先，农村地区仍然存在巨大的人口基数，即使加快推进以人为核心的城镇化进程，这一客观事实也无法在短时间内改变；第二，在我国现有的经济社会发展水平之下，像城市居民一样的均等化的社会保障、公共服务还无法有效地覆盖农村居民。

农地职能的界定取决于土地对于一个国家或地区经济社会发展的相对重要程度和其自身相对稀缺性。就我国国家层面而言，农地所体现的第一位职能应是其基本生产资料的职能。其中，基本生产资料的职能按其相对重要性又依次分为：一，生产基本生活资料的生产要素职能，如生产粮食的职能；二，进行其他生产或经济活动的基本要素职能，如土地所体现的工业化和城市化核心要素的职能；农地的第二位职能是其肩负的社会保障和失业保险职能；最后，土地的第三位职能才应该是财产性职能。① 鉴于我国人多地少、可耕地比例低的基本国情，农地必须发挥基本的生产资料的职能，这也是农地发挥稳定器和蓄水池职能——社会保障和失业保险职能的前提。

从我省的经济发展水平看，尽管目前我省大多数农户家庭已经不再依赖经营农地提供主要的收入，或者说，由于农民能够实现非农就业，农地已经不再是他们的主要生存依赖（很多时候，农民不愿经营农业主要是经营收益太低，风险又高，而小规模的农业生产更是降低了农民经营农业的积极性）。但总体而言，对于我省绝大多数农户而言，农地仍需继续发挥其基本生产资料，以及

---

① 杨成林、何自力：《土地职能和土地产权制度选择——中国土地产权私有化有效性质疑》，《经济理论与经济管理》2011 年第 9 期。

社会保障和失业保险的职能。农地的这些职能具有内在的一致性，具体而言，能够使农地继续发挥基本生产资料的职能，也就必然会使农地继续发挥社会保障和失业保险的职能。"以代际分工为基础的半工半耕"的农业生产可以概括为以农户家庭为基本单位的就业结构，即年轻的家庭成员在非农领域就业，并赚取家庭所需收入的主要部分，而在家庭收入中占从属地位的农业经营收入由年长的家庭成员完成。在一个典型的由三代人组成的家庭中，祖辈照顾幼小，解决其子女的后顾之忧，并在乡村中经营农业补贴家用，而年轻的家庭成员负责在非农业部门获得收入，以支持整个家庭的消费支出。不难看出，这一农户家庭的分工结构并不是一成不变的，大约每隔一代人的时间，也即老人没有能力继续经营农业，而其子女由于年龄原因无法实现非农就业时，要回到农业中从事其父辈曾经从事的事情，与此同时，年轻的一代已经成长起来，在非农领域实现非农就业。只要这一过程延续下去，农地对农户而言，其基本生产资料以及社会保障和失业保险的职能就应该存续下去。

值得一提的是，作为国家级中心城市，中部地区崛起的重要增长极的武汉市，在推进工业化和城市化，打造国际大都市的过程中，能够创造大量适合农业人口从事的非农就业机会，但他们中的大多数仍无法在城市中生存下来，对于这一部分人群，必须给予他们推出城市的权利，特别是在一些特定情况下，比如，2008年由于经济危机而失业的农民工，所以，农地必须继续发挥稳定器和蓄水池的作用。最通俗地讲，在任何情况下，农民只要有一块土地在，无论是经济危机，还是其他事件，都不会由于农民的生存权出现真空，而转化为重大的政治和社会失序。

人多地少，可耕地占比低是我国的基本国情。从历史上看，农地可分割男性继承制度带来日益变小的家庭农业生产规模。这一农地的细碎化趋势被1952—1983年的农业集体化打破。然而，农民在1978年创造的及随后国家以制度的形式确定下来的"家庭联产承包责任制"，实现了这一我国千百年来农地制度常态的某种复归。①② 自再一次分田到户开始，农地细碎化以及由此决定的小规模农业生产一直持续至今。"人均一亩三分，户均不过十亩"的农地细碎化分配格局，以及小规模的农业生产是对这一状况的经典表述。

从我省的农村户数、人口数以及耕地总量看，2013 年，我省乡村户数为 1088.01 万，乡村人口数为 4092.19 万；2013 年（年末值），我省耕地资源存量为 3948.87 千公顷，其中，常用耕地面积为 3409.66 千公顷，临时性耕地面积为 539.21 千公顷。户均耕地面积为 0.36 公顷或 5.44 亩，户均常用耕地面积为 0.31 公顷或 4.7 亩，户均临时性耕地面积为 0.05 公顷或 0.74 亩。③ 可见，从我省乡村户均和乡村人均拥有农地的平均水平看，农地的细碎化程度较高，传统的小农生产在农业生产中仍然是主导性的生产方式。

2. 农地制度改革的总体目标

农地的细碎化被认为是农地流转、农业规模经营以及农业现代化的最紧约束，因为农地的"细碎化"是机械化、农业灌溉、作物保护以及相关农业投入的有效配置等的重大障碍。④ 世界各国农业发展的实践证明，农地流转、农业的适度规模经营是发展现代农业的必由之路。农地的流转和农业的适度规模经营不仅有利于优化农地资源配置和提高农业劳动生产率，有利于保障粮食安全和主要农产品的供给，而且有利于农业科学技术的推广应用，特别是农业增产、增效、农民的增收。

伴随着我省工业化、信息化和城镇化的推进，农村劳动力大量

---

① 夏永祥、殷杰：《改造传统农业：中国的历史经验、现实与对策》，《中国农村观察》2005 年第 5 期。

② 贺雪峰：《为什么土地承包制会有效率》，http://www.snzg.cn/article/2006/1031/article_525.html。

③ 数据来源：湖北省农业厅网站（湖北农业信息网），http://www.hbagri.gov.cn/tabid/1808/Default.aspx。

④ 林毅夫：《制度、技术与中国农业发展》，上海三联书店 2011 年版，第 80—83 页。

实现非农就业，农业生产力发展水平（主要是物质技术装备）不断提高，农户承包土地流转的速度（经营权）明显加快，流转的规模也不断地变大，因而发展适度规模经营已成为必然趋势。与快速推进的工业化、信息化和城镇化相比，农业的现代化则相对滞后，已经成为四化同步推进中的短板。此外，由于较高的农地细碎化程度，以及由此造成的较高的农业生产经营的机会成本，农业中普遍存在撂荒现象，老人（无法实现非农就业）农业、妇女农业较为突出，农业中缺乏坚实的经营主体。可见，农地的流转和集中，农业的适度规模经营是农业现代化的内在要求。

从农地的职能看，必须坚持农村土地集体所有制，依法维护农民土地承包经营权，必须坚持最严格的耕地保护制度，切实保护基本农田。这是保障国家粮食安全，实现农业增产、增效，实现农民的增收，保障农民的基本生存权的前提和基础，这也应是农地制度改革的前提和基础。因此，农地的集体所有权和集体经济组织成员的承包权保持不变，而在农地的经营权意义上流转农地，既能使农地发挥其基本生产资料、社会保障和失业保险的职能，又能使农地的经营权流转和集中，从而促进农业的适度规模经营。具体而言，坚持农村土地集体所有制，实现所有权、承包权、经营权三权分离，引导农地经营权有序流转，发展多种形式的适度规模经营。

在新一轮的农村改革中，农地制度的改革创新是重中之重，尤其是农地承包经营权的确权登记。建立健全承包合同取得权利、登记记载权利、证书证明权利的土地承包经营权登记制度，是稳定农村土地承包关系、促进土地经营权流转、发展适度规模经营的重要基础性工作（见《意见》）。

3. 农地制度的改革及问题

农地制度的改革目的是解决由谁来种地，进而如何种地的问题。换言之，改革的目标是使农业增产、增效，使农民增收。但是，我们在实地的调研和访谈中发现，在我省，尤其是武汉市的先行先试中存在大量的亟待破解的问题。这些问题的存在阻碍改革红利的释放，甚至是侵蚀改革中应有的增量。如果不及时加以解决，很可能会使改革偏离其初衷。

（1）农地确权中存在的问题

农地确权中的主要问题是存在大量的矛盾和纠纷，而且这些矛盾和纠纷是长期以来一直广泛存在的历史遗留问题。以稳定农地承包经营权长久不变为目的的确地、确权很容易使这些长期存在的问题短时间内集中地爆发。如果解决不好甚至有可能引起农村地区的不稳定，以及偏离改革的初衷。

我们通过一个具体的案例来分析这些问题。

　　杨姓出租车师傅，湖北省仙桃人，1997年举家搬出农村到城市打工。据杨师傅讲，搬出农村到城市打工的原因很简单，即农业生产效益太低，甚至有时经营农业是亏损的。两种状况的存在加剧其经营农业的困境：一是农地的细碎化；二是在农业生产收益本来就不高的情况下，仍要缴纳农业税（据历史资料，1998年时，我省农村亩均税费负担高达三四百元；同时粮价低迷，农民种地不赚钱，遇到灾害还赔钱。农民为避重赋宁愿退回承包地，甚至干脆撂荒，举家外迁。）。起初，杨师傅的父母（杨父1949年出生，今年65岁）留在农村经营农业，但2002年，其父母也搬出农村到城市打工，随后杨师傅家的农地被其所在村民小组其他村民种植。这里有一个重要的时间点，是杨师傅父母到城市时，农业税等涉农税目还没有被取消。因此，经营杨师傅家农地的其他村民替杨师傅家缴纳农业税。

　　2013年，由于年龄的原因，杨师傅父母返城回乡，想继续经营一块农地，以颐养天年。杨家找到村主任协商要回农地，但村主任说这事情办不了，你家的地已经没了，分给（发包给）了别人，并以别人替你家缴纳农业税为理由拒绝了杨家人的要求。1997年，杨师傅搬出农村时，将一块约2.4亩的土地流转给他的亲叔叔免费经营（这一块地上杨师傅建有蔬菜大棚，作价500元人民币给其叔父）。杨师傅父母仅想要回一小块地，种植蔬菜供老两口自己使用，但其叔父连一小块菜地也没有归还。无论杨师傅父母如何苦口婆心地和自己的亲弟弟商量，最终也没能如愿。至今杨家人的农地问题也没有得到解决，维系杨师傅父母生活的只有仅存的属于他们的宅基地及其房屋。

"在城市现在租住别人的房子，趁着年轻有力气时可以赚点钱，但早晚有老的一天，那时，城市中就不会提供给失去力气的农村劳动力以非农就业机会。一句话，在城市里打工生活只是暂时的，因为在城市里根本没办法生存下来，一旦失去了劳动能力，这一状况便会很残酷地凸显出来。所以，必然会像我父母一样，有一天回乡养老种田。""手里有粮，心不慌，等到了六七十岁没有力气的时候，在农村有一块地心里就有底，土地能保命。"杨师傅如是说！

杨师傅所在村民小组共有村民四十多户，其中，有十余户和杨师傅有类似的状况。应该说，这一比例是很大的，事实上，在我们的调研过程中，各地多多少少都存在这样的情况，不同的只是比例的问题。近年来，这一问题在我省各乡镇街都逐渐地凸显出来，尽管各地方政府采取了不同的措施，但无论是村民自主协商，还是政府调节，抑或是政府强制执行，都产生了大量的矛盾、纠纷和扯皮现象。

农地确权登记的目标之一是稳定承包经营关系，如果农地的承包经营权长久不变，那么，这一承包经营权在某种意义上就有了所有权的含义。过去是农地动得太多，太频，不利用农业的发展，现在，农地有的是谁的地就永远是谁的趋势。"增人不增地，减人不减地"的政策更是强化了这一趋势。然而，现实是"现在农民是人人要田，个个要地；在家的要地，外出打工的也要地；地少的要地，地多的也要地。"总而言之，矛盾很尖锐。

杨师傅的问题是必须予以解决的，与此同时，也必须妥善解决农户承包地块面积不准、四至不清等其他历史遗留问题。尽管，《意见》中强调，在工作中，各地要保持承包关系稳定，以现有承包台账、合同、证书为依据确认承包地归属，但是以1983 年第一轮原始发包（家庭承包），还是以 1997 年第一轮

(二次承包) 延包, 或是 2004 年完善二次承包为依据, 这必须在政策上予以廓清。关键在于, 如果集体经济组织成员拥有承包本集体农地的权利, 那么, 很显然, 杨师傅仍然是其村民小成员, 他只不过是暂时地离开, 其成员权的身份是一直存在的, 所以, 杨师傅仍然具有承包农地的权利。如果以现有承包台账、合同、证书为依据确认承包地归属, 那么, 在事实上, 这就排除了杨师傅作为一个农民所拥有的最为基本的权利。

近年来, 农地领域的纠纷、矛盾一直广泛存在, 这也是 2004 年完善二次承包的基本目的——彻查土地矛盾, 消灭土地纠纷隐患。显然, 农地领域的纠纷和矛盾仍然是大量地存在的, 就像杨师傅的案例一样。不难发现, 以稳定农地承包经营关系长久不变为目的的农地的确权、登记和发证必将使长期以来的矛盾和纠纷集中地爆发出来, 因为, 无地农民如果在不争取可能以后就不会拥有农地了。

当然, 农地的确权、登记及发证过程中也存在其他大量的亟待解决的问题。例如, 面积不准等问题。针对这些问题, 尽管《意见》中强调, 坚持分级负责, 强化县乡两级的责任, 但在调研中, 我们了解到县乡两级政府对农业领域的这一重大改革缺乏积极性。其中, 一个重要的原因是县乡两级政府对这项改革所带来的问题具有充分的预判, 事实上, 在农地确权、登记、颁证过程中也确实遇到了。所以, 在有些乡镇街权确了、证办了, 但不发证。原因就在于担忧本来就存在的矛盾和纠纷集中地爆发出来。毕竟, 再也没有乡镇街一级政府更了解地方的实际状况了。此外, 在宅基地和房产等确权、登记和发证的环节中也存在着大量的矛盾和纠纷, 必须给予重视。

除了上述原因外, 我们在调研中发现, 县乡, 特别是县 (区) 政府对于农村的确权登记缺乏积极性还有两个重要的原因: ①政府工作的重心不在于此, 而在于招商引资, 发展工业; ②政府担忧, 确权登记后影响征地、拆迁以及后续的开发; ③尽管农地承包经营权的确权登记经费中央政府给予补贴, 但工作经费纳入地方财政预算, 而事实上, 大规模确权登记将耗费大量的人力、物力、财力。

在某些地区，即使由地方的农村经营管理局牵头负责确权登记，但只是委托一个公司开展此项工作，甚至在某些乡镇村，村里面只有一个人知道此项工作，而其他村干部和村民对此并不知情。总之，上述成因的存在导致地方政府对农村涉农资源的确权登记缺乏积极性。

（2）农地细碎化硬化

在新一轮的农村改革中，农地的确权登记被视为是农地集体所有权、农地的承包权、农地的经营权三权分离，引导农地经营权有序流转，发展多种形式适度规模经营的基础性工作。完善承包合同，健全登记簿，颁发权属证书，强化土地承包经营权物权保护，为开展土地流转、调处土地纠纷、完善补贴政策、进行征地补偿和抵押担保提供重要依据（见《意见》）。

农村领域这一改革的有着重要的历史意义。然而，任何事情总是有其反面。具体而言，农地的确权登记即使旨在引导农地经营权的有序流转，但如果换位思考，农地的确权登记有可能在事实上阻碍农地的流转和集中，以及农业的规模经营。无论是从全国范围看，还是从我省省域的范围看，农地的细碎化都是特定的事实，这是我们分析农地制度以及探讨农地制度改革的前提。农地的确权登记强化了土地承包经营权物权（重要目的之一），在某种程度上导致了农地细碎化的硬化。之所以如此，是因为在农地的流转过程中存在大量的交易成本以及与此密切农地流转过程中的风险。而农地在地理空间上的不可移动性更是强化了存在的交易成本及风险，从而阻碍农地的流转和集中以及农业的规模经营。

一个简单的模型模拟便可以很好地理解这一困境。假设（合理的假设），我省的一个村民小组有 100 户农户，其中每户农户分别拥有一块农地，如下表所示，用 F_{xy} 表示（$x \leqslant 10$，$y \leqslant 10$）。若一个主体（受让方）（无论是企业、个人或是其他农业经营组织）想从事规模农业生产，必然要形成相毗连的连片土地。进一步假设，这个主体想要流转这个小组的全部农地。那么，这个受让方要和小组中所有 100 户农户进行谈判，目的是形成相关的价格及契约，使农民将自己的农地流转出来。从交易成本的视角看，受让方每次和一个农户谈判都要涉及几个方面的成本：①事前讨价还价的谈判；

②签订合同或契约所付出的成本；③事后的监督；④一旦农民违约的仲裁或采取其他方式付出的成本。很显然，无论谈判从这 100 农民中的哪一户开始，也无论谈判沿着何种路径进行，只要受让方想要流转 100 户农民的农地必然要付出这些成本，而总成本是单个谈判成本的加总。这里有一个很强的假设，即所有的谈判都成功地进行。[①]

表 9—1　　　　　　　　一个村民小组内毗连农地的细碎化分割

F_{11}	F_{12}	F_{13}	F_{14}	F_{15}	F_{16}	F_{17}	F_{18}	F_{19}	F_{110}
F_{21}	F_{22}	F_{23}	F_{24}	F_{25}	F_{26}	F_{27}	F_{28}	F_{29}	F_{210}
F_{31}	F_{32}	F_{33}	F_{34}	F_{35}	F_{36}	F_{37}	F_{38}	F_{39}	F_{310}
F_{41}	F_{42}	F_{43}	F_{44}	F_{45}	F_{46}	F_{47}	F_{48}	F_{49}	F_{410}
F_{51}	F_{52}	F_{53}	F_{54}	F_{55}	F_{56}	F_{57}	F_{58}	F_{59}	F_{510}
F_{61}	F_{62}	F_{63}	F_{64}	F_{65}	F_{66}	F_{67}	F_{68}	F_{69}	F_{610}
F_{71}	F_{72}	F_{73}	F_{74}	F_{75}	F_{76}	F_{77}	F_{78}	F_{79}	F_{710}
F_{81}	F_{82}	F_{83}	F_{84}	F_{85}	F_{86}	F_{87}	F_{88}	F_{89}	F_{810}
F_{91}	F_{92}	F_{93}	F_{94}	F_{95}	F_{96}	F_{97}	F_{98}	F_{99}	F_{910}
F_{101}	F_{102}	F_{103}	F_{104}	F_{105}	F_{106}	F_{107}	F_{108}	F_{109}	F_{1010}

然而，在现实中下列情况是很容易出现的，随着谈判的进行，无法预料是否会有下一户农民：①不向外流转农地；②流转农地可以，但必须提高流转的租金。如果第一种情况出现，直接的结果是农地无法连片，农业规模经营成为不可能。而之前付出的所有成本都将沉淀下来成为"沉淀成本"。第二种情况是典型的敲竹杠，而这是农民理性的选择，因为如果受让方不提高租金，那么，农户就不会把农地租给你，结果是农地无法连片，规模经营无法形成，并且之前所做的努力也会付诸东流。这种情况下，如果受让方提高租金，那么，最直接的结果是所有之前签订流转合同的农户都要求提

---

① 关于交易成本对农地流转和集中的影响，请参见杨成林《交易成本视角下农地流转的机制分析》，《中州学刊》2014 年第 6 期。

高租金。例如，如果表中 F_{55} 所代表的农户是以上两种状况中的任何一种，那么，一户的存在将会给农地流转、集中和连片造成很大的困难。当然，所有这 100 户农民都可能会出现以上两种情况，只不过在地理位置上居于中心区域的农户：①若出现第一种状况，对于农地的流转而言影响更大；②更多可能出现第二种状况，因为这些农户具有较大的威慑力和较强的敲竹杠能力。

如图 9—1 所示，农地流转的交易成本随着户数增加而成比例地增加（一个合理的假设），但只要上述两种情况中的任何一种出现，则农地流转的交易成本线就会出现拐点，直线向上，即成本将会骤增，从而阻碍农地的流转。这是一个连续的过程，即使普遍提高租金，这种情况也很可能会再次发生。总之，无论哪种情况出现，农地的流转和集中，以及农业的规模经营都会成为不可能。所以，农地的细碎化导致农地经营权在连片过程中存在大量的交易成本以及风险。

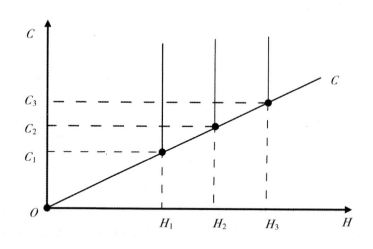

图 9—1　农地流转与交易成本

很显然，确权登记旨在强化农民农地承包经营权物权，即农民对农地承包经营权的实施权利。一个合理的推理是，农民对农地承包经营权的实施权力越大，农地流转中的交易成本可能就越大，与此相关的敲竹杠及违约的风险可能就会越大，从而导致农地的流转不畅，无法集中及规模经营。

在实际运作中，尽管受让方大多委托乡镇的涉农部门，或者是村集体（村干部）来协商流转农地，目的就是要解决这些难以承受的交易成本，以及可能出现的不确定性。但即使如此，农地的流转和集中，以及农业的规模经营仍然面临着同样的困境。首先，在第一种情况下，即使受让方可以节约大量的交易成本，因为通过委托第三方或其他代理人，将其一对多的大量交易成本外化，但仍然无法使农地流转成功；其次，若出现第二种情况，敲竹杠和违约的风险仍然是存在的，因为第三方无法解决转让方（农民）和受让方（承租者）之间的对接问题，而价格仍是对接或交易能否成功的关键。可见，第二种情况下，农地的流转和集中，农地的规模经营仍然面临着困境，所不同的是，像第一种情况一样，通过成本外化，节约大量的交易成本，因为这些成本不会大量沉淀下来成为"沉淀成本"。

针对这些问题，《意见》中特别提到农地承包经营权确权登记原则上确权到户到地，但在尊重农民意愿的前提下，也可以确权确股不确地。可见，如果确权确股不确地，那么，农地的调整等极易产生矛盾和纠纷的问题就会少很多。农地的流转和集中，特别是农地经营权的连片将相对容易得多。与此同时，这也有利于集体经济组织管理农地，例如，如果集体经济组织发挥生产性职能，即在组织内部提供农业生产的公共品和服务，特别是农田水利设施的时候，就会从整个集体组织的层面，形成依托于当地自然地理条件的布局合理的农田水利设施。相反，如果确权确地的话，就会因为通过强化农地的细碎化，导致集体理性和个体理性的冲突。因为，每个农户家庭不会因为集体经济组织利益愿意在自家的农田里修建灌溉设施等农业公共物品，尽管其自身也是受益者。

最后，还是说明农地确权登记的好处：有利于摸清农村的家底，特别是农地的家底；有利于农地流转走向规范化和市场化；有利于相关职能部门管理的规范化；有利于农业的增产、增效，农民的增收；有利于限制农地非农化、非粮化，特别是保障国家的粮食安全。

(3) 农村产权制度改革及交易平台建设

改革开放以来,我国农地流转的速度一直处于较低的水平,直到 1996 年农地流转总面积占整个承包地面积还不足 1%,这一数字在 2006 年变为 4%,2007 为 5%,2009 年为 8%,2010 年则达到 13%。[①] 数据显示,尽管农地流转的面积和速度在总体上呈现增加的趋势,但 2008 年是一个明显的转折点,即 2008 年后农地流转的规模和速度大幅上升。目前,农地流转面积大约占承包耕地总面积的 25%。其中,大部分是私下交易,而通过产权交易部门等正规交易场所进场交易的不到 10%。

武汉市作为全国农村改革试验区,在地方的先行先试中进行大量的改革创新,在农村的确权登记;信息系统的建设;市场体系的建设;评估体系的建设;抵押融资渠道及平台建设;新型农业经营主体的培育;农业产业园区建设;农村社会保障体系方面都做了大量的有益探索和创新,尤其是武汉市农村综合产权交易所建立。

2009 年 4 月,武汉农村产权综合交易所挂牌成立。自交易所成立以来,为推动农村产权有序流转交易,激发农村各种生产要素活力,交易所进行了大量的创新和实践。2014 年 7 月 22 日,习近平总书记来到武汉农村综合产权交易所视察,了解涉农产权交易尤其是土地流转交易情况。总书记说,这是有益探索。目前,武汉市共有耕地面积 299.16 万亩,全市耕地实际流转面积约 170 万亩,约占耕地总面积的 56%,其中,进场交易面积约为 110 万亩,约占耕地总面积的 37%;60 万亩为私下交易或进场之前交易,约占耕地总面积的 19%;进场交易(流转)占流转总面积的 65%。无论是从农地流转总量占比,还是进场交易占比,或是进场交易占农地流转总量的比例看,武汉市都居于全国前列。

农村产权综合交易所的建立,是整个农村产权市场化改革的关键环节,是盘活农村"三资"的重要制度创新,有利于"三农"问

---

① 赵阳:《城镇化背景下的农地产权制度及相关问题》,《经济社会体制比较》2011 年第 2 期。

题的解决，特别是农业的现代化。对于农地承包经营权的流转而言，交易所进场交易解决了如下问题：①解决了转出方和受让方的信息不对称，使供需双方的信息能够及时、准确地发布，降低了农地经营权流转中存在的搜寻和匹配成本；②解决了交易双方的对接问题，交易所是对接的市场平台，对于受让方而言，通过进场交易基本上节约农地流转中存在的大量的交易成本，并解决了与此相关的风险。在市场交易中，相比过去流转农地，特别是规模流转农地必须面对所有转出方农民——由农地的细碎化决定，现在，受让方是一对一进行交易，受让方只需要在市场中寻找适合自己的合意的（主要指交易价格、农地状况）主要是以村委会为供给主体的交易对象。很显然，原来的交易成本和风险在进场交易前，就已经外化给地方涉农部门、村委会以及集体经济组织了；③作为平台农村综合产权交易所有着重要的市场延伸功能。通过承包经营权的流转（承包经营权不可过户，仍属转出方农民所有），受让方（承包户）可获得虚拟权证——农村产权鉴证书。鉴证书＋所有权证（农业生产及基础设施）可申请抵押贷款，以解决融资问题；④正式的流转契约有利于事后的监督，特别是事后违约的情况出现时，可依据合同条款进行处理。

从农地流转的角度看，武汉农村产权综合交易所起到的作用是毋庸置疑的，但一项制度创新需要通过不断试错和调试，才能逐渐地完善起来。至少从现在看，以交易所为平台的农地承包经营权的进场交易还存在一些缺陷和不足，主要体现在以下几个方面：①虚拟权证——农村产权鉴证书不具有法律依据；②以鉴证书＋所有权证（授给农业生产设施）＋农地承办经营权进行抵押贷款在某种程度上会给授信银行带来较大的金融风险，因为，一方面：农业生产设施具有较高的资产专用性，若企业无法还款并以此作为抵押时，这些农业生产性资本基本无法转为他用，也不容易变现；另一方面：农地承办经营权的收益能力也无法充分发挥抵押物的作用（在调研中，我们了解到相关商业银行并无较强的授信意愿——在某种意义上，通过这种方式获得的涉农贷款可被视为地方性三农政策性贷款）；③进场交易受让方一般为规模经营主体，而且以企业居多。

这些规模经营主体通过办理鉴证书以及获得相关的资质证明能够申请农业项目，并获得较为可观的农业补贴，但这在实质上将小农排除在了农业项目及很多涉农补贴事项之外。对于小农经营来说，这是非常不公平的。④一旦流转成为事实，则在合同期内（一般为14年或15年，甚至更长）发包方将丧失了在（转出方）村集体中任何调整，甚至是微调农地的权利。

必须指出的是，武汉市农地承包经营权进场交易之所以活跃且交易量大，是源于其在我省省域经济中较为特殊的地位：①作为我省省会及中部地区重要的经济增长极，武汉市在工业化和城市化过程中创造了大量的非农就业，从而使得农业经营有着较高的机会成本，相比我省其他地市而言，武汉市农民具有较强的流转意愿；②武汉农业以打造大都市农业，特别是保障武汉菜篮子为目标。围绕都市农业的产业化、市场化，对农地流转的需求较大且规模流转较多也较为活跃。相比而言，我省其他地市无论是经济体量，还是工业化和城市化水平都与武汉有着较大的差距，而且农业发展的定位也与武汉不同，所以，无法像武汉一样组织大规模的进场交易。换言之，武汉农地的大规模进场流转是紧紧地依托于武汉市的经济社会发展水平及其都市农业定位的。

4. 农地承包经营权流转市场体系建设

尽管农地的确权、登记和颁证有可能通过强化农民对农地承包经营权的物权，使农地细碎化硬化，从而不利于或阻碍农地的流转和集中，进而影响农地的规模经营。但正如《意见》所指出的农地的确权、登记和颁证是农地集体所有权、承包权、经营权三权分离，引导农地经营权有序流转，发展多种形式适度规模经营的基础性工作。而这一基础性工作是通过农地流转的规范化和市场化体现出来的，即通过农地流转的进场交易来实现的。由此可见，农地的确权、登记和颁证是农地流转市场体系建立前提和基础，或是关键性的一环。也就是说，权利明晰的农地承包经营权是农地经营权流转交易市场化的核心。因为，明晰界定的产权是市场机制发挥资源配置作用的基础。

鉴于农地在空间上不可自由移动的特性（其作用的发挥也不得不受自然条件的制约），以及其作为经济中资源的各种权益可以分割、流转和交易的特性。在保障农地集体所有制不变，稳定农户农地承包经营权不变的情况下，即在"所有权、承包权和经营权"三权分离的前提下，实现农地经营权的流转是一种合意的选择。因此，通过农地承包经营权确权、登记和颁证的方式对农地"三权分置"实施确认，廓清围绕农地的相关主体及其权利的属性和范围，便是农地经营权市场化配置的前提和基础。与这一基础性工作相配合的，便是正规农地流转市场的建立。武汉市农村产权综合交易所就是一种有益的探索。实践证明，这一模式实现了农地经营权的规范化、有序化、规模化流转，因而，可依据各地区的实际状况和差异，因地制宜有序地加以推广。

2015年1月，国务院办公厅下发的《关于引导农村产权流转交易市场健康发展的意见》明确指出："农村产权流转交易市场既要发挥信息传递、价格发现、交易中介的基本功能，又要注意发挥贴近"三农"，为农户、农民合作社、农村集体经济组织等主体流转交易产权提供便利和制度保障的特殊功能。"而"县、乡农村土地承包经营权和林权等流转服务平台，是现阶段农村产权流转交易市场的主要形式和重要组成部分。利用好现有的各类农村产权流转服务平台，充分发挥其植根农村、贴近农户、熟悉农情的优势，做好县、乡范围内的农村产权流转交易服务工作。现阶段市场建设应以县域为主。"由此可见，首先，农地承包经营权的正式交易市场的建设，随着农地确权、登记和颁证的展开而推进，此二者是农地承包经营权流转市场及其体系建设的互为条件的不可或缺的要件；其次，与武汉这样的大城市不同，众多地市没有那么多，那么大的市场交易量（无论是交易总量，还是单笔流转规模都是如此）。正如上文所指出的，武汉市农地承包经营权进场交易之所以活跃且交易量大，是与武汉市的经济体量以及打造大都市农业相契合的。因而，像武汉这样"确有需要的地方，可以设立覆盖地（市）乃至省（区、市）地域范围的市场，承担更大范围的信息整合发布和大额流转交易。"（《关于引导农村产权流转交易市场健康发展的意见》）；第三，鉴于以上两点，农村产权（尤其是农地承包经营权）流转交易市场的建设，要充分体现各地方的差异性，需要因地制宜地形成高低搭配，满足不同形式的市场交易需求，进而形成多层次的市场交易体系。这就要求"各地要加强统筹协调，理顺县、乡农村产权流转服务平台与更高层级农村产权流转交易市场的关系，可以采取多种形式合作共建，也可以实行一体化运营，推动实现资源共享、优势互补、协同发展。"（《关于引导农村产权流转交易市场健康发展的意见》）

农地的确权、登记和颁证以及农地承包经营权市场体系的建设，有效地解决了农地流转过程中存在的信息不对称，节约了流转双方搜寻和匹配的成本、大量存在的交易成本以及与此密切相关的风险，有利于农地的流转和集中，进而影响农业的规模经营。也就是说，通过市场配置资源的方式解决农地细碎化的问题，使农地的承包经营权得以再配置——农业生产资料关系加以调整，从而促进了农业生产方式的变革——新型农业经营主体的生成。总之，市场化配置农地的承包经营权有利于农业生产关系的调整，从而适应并促进农业生产力的进一步发展，以及农业生产方式的变革。

二　新型农业经营主体的培育及存在的问题

农地及其制度的改革涉及农业生产关系的调整，而农业新型经营主体的培育涉及农业生产方式的变革和创新。农地及其制度的问题解决的是靠什么种粮的问题，而农地制度以及农业生产方式的变革解决的是如何种粮的问题。这两个问题是密切相关的，甚至可以说，只有解决了靠什么种粮问题，才能解决如何种粮的问题。但两者又是不尽相同的，谈论如何种粮的问题，首先必须明确的是，农业生产的根本特征是什么，否则，任何关于农业生产方式的变革，即新型农业经营主体的培育都不可能做到有的放矢。

1. 农业生产的根本特征

农业生产活动的根本特征——通过利用有构造的生命自然力进而利用其他自然力的活动。在农业生产活动中，无论是农业活动的载体动植物、土壤，还是其利用的人的自然形态的劳动等，都是农业活动所必须利用的有生命的自然力。由此可见，任何人类可控的自然力、技术力以至社会结构中的经济力，无论多么强大，进入农业过程时都不能代替它的核心构造的作用，都只能适应而绝不能违背农业有机界的规律。[①] 这是从事任何农业生产活动都必须遵循的基本规则。如果违反了这一根本规则就会遭遇失败，当然还有损失。

农业生产的根本特征决定了农业生产周期长、风险高，不仅无法实现工业生产领域的标准化，而且容易招致来自自然界不可抗力的自然灾害的冲击。具体而言，农业生产的根本特征可具体化为以下几个方面：（1）依托于有生命的自然力，农业生产的周期较长，特别是其生产环节，由于这个特征的存在，导致了家庭经营在农业生产中的特殊优势，尤其是在田间的日常生产管理方面，相比而言，依托于工业资本以雇佣劳动为主的农业生产，大多都会面临劳动监督，劳动付出测量等方面的问题，而后者是与农业工人的收入密切相关的，因而，以雇工为主的资本经营的农业生产普遍面临着劳动偷懒和怠工等问题；（2）生命自然力的存在导致农业生产无法像工业生产那样具有弹性，一方面：相比其他类型的生产，农业无法依据市场价格的变化适时地调整产量，是市场性较低的领域；另一方面：生命自然力的存在制约着农业生产产量的最高上限，任何科学技术能力和管理能力都无法在生产过程中替代生命自然力的核心作用，无法想象它们有多么强大；（3）依托于生命自然力的生产过程，使农业容易招致来自自然灾害的冲击，特别是干旱和水涝的冲击。然而，人们可以通过建设农田水利设施，改善水在时间和空间的配置，从而适应和改善生命自然力发挥作用的过程。由此可

[①] 周其仁：《家庭经营的再发现——论联产承包制引起的农业经营组织形式的变革》，《中国社会科学》1985年第2期。

见，完善的布局合理的农田水利设施对于农业生产而言具有极其重要的作用；（4）由于上述种种原因，在全世界范围内，农业生产整个分工体系中的生产环节基本上由家庭农户承担，就美国而言，无论农场的规模多大，农场的生产经营基本上是以家庭经营为主。此外，相比工业和服务业而言，农业的生产效率和效益都相对较低，所以，世界上各个国家普遍对农业给予补贴，甚至是巨额的财政补贴。

由于农业生产的特殊属性，以及其所肩负的粮食安全的职能。国家必须向农业中注入资源，考虑到过去国家从农业中抽取剩余，以供给工业和城市，现在，在工业反哺农业的大背景下，国家更应该向农业注入资源。特别地，在某种意义上，如果农业肩负保障粮食安全的职能，而安全公共品不能由私人，只能由国家提供，那么，国家就更应该向农业提供必要的资源。对于农业而言，什么才是最重要的呢？完善的农田水利和基础设施，这是农业生产的重要发生条件，也是当前农业生产的最紧约束。

新中国成立以来，我国在农业生产领域的政策抉择倾向于在非此即彼的两端选择。农业集体化时期，尽管国家最大限度地提取农业中本来就不多的能够用于农业生产性资本投资的剩余，以支持城市和工业，但是人民公社还是依靠其强有力的组织动员力，对再生性资本的投资实现了有效的劳动力对资金的替代。集体化时期农村一年四季都在搞农田水利建设，搞土地建设（投入当时大约1/3的劳动力）。1978年开始，分田到户后，原集体化时期投入大量资源所生成的农田水利设施等再生性资本不但没有得到有效的维护，反而遭到遗弃，甚至是破坏。从结果上看，这应该归咎于非此即彼的政策抉择。人民公社的解体，使其原来具有的社区管理、生产性、行政职能空心化。特别地，2005年农业税费取消后，原集体经济组织的农业提留一并被取消，致使集体经济组织完全丧失了发挥其生产性职能的基础性能力。迄今为止，集体经济组织职能的空心化导致了很严重的问题，如何在新的时代背景下，赋予其实质内容，使其真正发挥集体经济组织的作用，而不是名存实亡基层治理结构，是亟待破解的问题。

在农业生产领域，国家权力的退出，特别是国家在基层重要治理机构——集体经济组织职能空心化，致使最了解地方实际状况的基层组织无法、无依据，更没有能力提供农业中最为重要的农田水利设施等农业具有公共品性质的再生产性资本。例如，在水资源丰富的四季分明的长江冲积平原（主要农作物是水稻、油菜、小麦的地区），土地肥沃，河网密布，几乎所有耕地均有沟渠灌溉。但近二十年中，沟渠、抽水设施没有进行任何维修整治，沟渠变浅，水泵老化导致送水量逐年减少。更严重的是河道无人清淤，农田灌溉瓶颈已不是沟渠输送能力的问题，而变为河道中不是水质太差就是根本无水可抽。[①] 可见，农业存量的再生产性资本由于缺乏有效的管理和投入，最后失去了"再生产性"的功能。华中科技大学贺雪峰教授在其《新乡土中国》中提到了一个经典的案例，用以说明分散的农民对于作为再生性公共物品的农田水利设施需求的迫切性。2002年底，日本驻华大使馆准备在湖北省荆门市无偿援助兴建村庄公共事业。经设计对选定的5个村每年援助4万元人民币，连续援助5年，并让农民自己讨论决定建什么、怎么建。5个村分别召开村民代表大会，竟一致决定修建水利设施。5个村总共报了10个具体的工程项目，没有一个村不选择水利工程。村民在被问及其作此选择的原因时，他们的回答是：没有水利就不能生产，不能生产还怎么生活？不是不需要修建村庄其他公共工程，而是更需要修建迫在眉睫的水利工程。[②]

2. 农业生产经营方式改革的目标

解决农地撂荒、农地细碎化，进而由谁种地的问题，是新一轮农业生产领域改革的关键所在。这是农业生产领域生产资料所有制关系的调整，旨在适应农业生产力的发展，使生产关系是生产力发展的桎梏，再次成为生产力发展的形式。但农业生产关系，特别是

---

① 夏永祥、殷杰：《改造传统农业：中国的历史经验、现实与对策》，《中国农村观察》2005年第5期。

② 贺雪峰：《新乡土中国——转轨期乡村社会调查笔记》，广西师范大学出版社2003年版。

农业最为重要的生产资料，即农地如何调整，调整给谁，意义重大！因为农业生产关系+农业生产力＝农业生产方式，或农业生产经营方式，即解决的是如何种地的问题。

从总体的目标来看，以农业生产关系调整，即农地制度的新一轮变革为基础的农业生产方式的变革目标是，构建以农户家庭经营为基础、合作与联合为纽带、社会化服务为支撑的立体式复合型现代农业经营体系和走生产技术先进、经营规模适度、市场竞争力强、生态环境可持续的中国特色新型农业现代化道路的要求，以保障国家的粮食安全、促进农业的增效和农民的增收。（《意见》）其中，由于我国特殊的基本国情和所处的发展阶段，在今后相当长的一段时期内，必须坚持家庭经营的基础性地位，但在农地流转不断加快的条件下，也需要积极培育新型农业经营主体，发展多种形式的适度规模经营。到目前为止，出现在党和中央文件中的并且是地方在先行先试中积极培育的新型农业经营主体包括：专业大户、家庭农场、农民合作社、农业企业。《决定》中特别指出鼓励承包经营权向以上四种规模经营的新型农业经营主体流转。

3. 新型农业经营主体培育的现状及问题

我们在地方的调研和实地访谈中发现，新型经营主体培育过程中出现了大量的较为严重的，甚至已经影响了农业改革效果的问题（特别是各种类型的合作社和农业企业）。首先，对当前如何发展适合我国国情、我省省情和地方实际的农业生产存在认识上的偏差，片面追求高大上的农业生产，有追求跨越式农业发展的倾向；其次，与前者密切相关的是，新型农业经营主体的培育经常忽视农业生产的根本特征，存在为了规模经营（而不是为了真正的农业生产）而推动规模经营的问题，片面追求流转的规模和总量；再次，政府和农民之间存在信息的不对称和信息错配，导致政府涉农政策相对农民和农业的真正需要而言，出现了偏差（和前两者也是密切相关的）；最后，作为前三者的一个逻辑上的必然结果，政府的涉农资金过多地向规模经营主体倾斜，特别是向涉农工商业企业倾斜，导致资金使用效率低，不仅没有发挥其应有的作用，而且容易滋生腐败。

（1）专业大户、家庭农场

《意见》中指出，鼓励各地整合涉农资金建设连片高标准农田，并优先流向家庭农场、专业大户等规模经营农户。从目前我国的经济社会发展水平看，专门从事农业经营，并以农业经营收入为主要收入来源的"职业农民"正在出现，或者已经出现。在坚持家庭经营的基础上，家庭农场和专业大户确实是适度规模经营主体的合意选择。一方面，家庭农场和专业大户能够很好地解决由谁来种粮食的问题；另一方面，家庭农场和专业大户一旦从社会分工体系中分化出来，成为"职业农民"，并以农业收入作为主要收入来源，他们必将以收入最大化为原则解决好如何种粮食的问题。可见，如果家庭农场和专业大户发展顺利，不仅解决了谁来种粮的问题，而且也解决好如何种粮的问题，换言之，新型规模经营主体的培育必须以让真正想种粮食的人去种粮食为前提。

尽管，家庭农场和专业大户是未来合意的新型农业经营主体，但这并不意味着此二者在生成或培育的过程中不存在障碍或问题：①只要是规模经营，必然要求农地的流转、集中和连片，但如上文所言，这必然面临大量的交易成本及相关的风险，而农地的确权登记可能会强化农地流转的障碍；②即使是规模经营，其主体也无力承担农田水利设施等再生产性资本的投资建设（包括农地的平整），所以，规模经营仍然会面临较大的来自自然界自然灾害的意外冲击；③一旦部分农民分化出来成为"职业农民"，利润最大化就会成为其首要的原则，而我们特别提到农业生产领域是收益较低的，所以，要使农民中的部分人真正实现"职业化"，必然要使其农业经营收益大于或等于在非农领域投资经营收益，而这一点受到多种因素的影响。[①]

　　案例一　湖北省一个全国种粮能手，张祥（化名）。在访

---

　　① 杨成林：《中国式家庭农场形成机制研究——基于皖中地区"小大户"的案例分析》，《中国人口·资源与环境》2014年第5期。

谈中，我们和张祥进行深度的交谈。张祥从 20 世纪 90 年代初，通过流转承包地、四荒地（集体所有）、开始了规模经营农业。截止到 2014 年，他的经营总面积约为 1500 亩，涉及的经营项目有水稻种植，养殖虾蟹，养殖莲藕，年收入为 60 万—70 万元人民币。但据张讲，如果不是因为他的全国种粮能手的称号，他可能就不会种植水稻（事实上，他种植水稻基本上是雇工经营），为什么？一句话，种粮食不赚钱。从成本的组成看，种子约 70 元/亩，插秧约 210 元/亩，化肥和农药约 120 元/亩，打田约 70 元/亩，收割和晾晒等为 130—150 元/亩，抽水灌溉约 50 元/亩，人工支出（雇长工日常管理）约 200 元/亩，共计约 850 多元/亩。相比成本而言，正常年景一亩地的毛收入大约为 1200 元/亩。亩均盈利约为 350 元/亩。不难看出，如果将农地流转的租金考虑进来，那么，种植水稻基本上不赚钱。张祥之所以种植水稻还能盈利，是因为他流转的农地价格很低（主要是原来以很低价格承租的四荒地改造而来）。此外，如果再排除掉他作为全国种粮能手称号所获得的来自国家、省、市及地方政府的奖励和补贴，那么，张祥的种粮意愿可能会更低。也许不再种植水稻是其最优的选择。

上述案例向我们传递了很多信息：①粮食生产不适合雇工经营，特别是在生产环节，这不但有利于控制成本，而且有利于家庭精耕细作；②依据规模经营主体的差异性选择适度的经营规模。无论是家庭农场，还是专业大户，都不宜经营规模过大，否则，必然要雇佣农业劳动；③依据农地流转成本高，农业生产风险大的特点，需要帮助想种粮食并以种粮食为主业的农民，降低流转成本，化解经营风险；④提高整个农业生产经营体系的社会化和市场化服务水平，可以降低生产成本，从而提高生产效率。由此可见，以家庭成员为主要劳动力的具有适度规模的新型经营主体（适合农业生产的根本特征）应该是培育的重点，而有效的社会化和市场化农业生产经营服务有利于新型农业经营主体的培育和生成。

（2）农民合作社

从集体化的初衷来看，除了走社会主义道路的政治诉求外，促使农民，特别是不具备独立生产条件的贫雇农参加互助合作，改变农业生产分散落后的状态，是集体化的一个基本动因。[①] 尽管，今天的情况已经和过去有了很大的不同，但引导农民走合作化的道路，通过合作社提供农民个人无法提供的产品和服务，特别是一些具有公共品性质的产品和服务，仍然是改变农业分散落后的状态，提高农业生产经营体系效率的一种有效的方式。无论是在种子、化肥、农药以及农业机械设备等生产资料的购置上，还是在联合营销等方面，甚至是在生产环节上（例如，通过共同使用农业机械设备，农户不仅可以减少个人的重复投资，甚至可以开展全程托管或主要生产环节的托管，从而降低生产成本，提高生产效率），农民合作社都可以发挥重要的作用。

近年来，我省各地市都成立了很多农民合作社，但在实地的调查和访谈中，我们发现这些合作社大体可分为三类：①大多数合作社（大多是公司或企业成立，也有少数个人）都是空壳子，或者是有名无实，根本不挂牌，目的是套取国家的涉农资金；②有些合作社确实是为了解决问题而建立，但源于合作化组织极易产生矛盾和纠纷，其组织和协调成本很高，导致大多运行较差，效率较低；③很少一部分合作社运行得较好，即有效地帮助入社农民解决了一些问题。在我省某市某区大约有700家注册的农民合作社，其中，约70%是空壳子，而剩下的30%中只有很少的一部分在运行，更为重要的是，鲜有农民合作社运行有效，真正起到了帮助农民的合作化组织的作用。由此可见，即使从现实看，农民对彼此间的合作与联合确实存在需求，但农民间无法普遍自发形成合作和联合。因为，合作化组织极易产生的矛盾和纠纷，导致农户个体理性和集体理性之间的冲突无法协调。只有农民间合作产生的溢出收益大于合作社的组织和协调成本时，合作化组织才能运行下去，并有

---

① 杨成林：《中国式家庭农场：内涵、意义及变革依据》，《政治经济学评论》2015年第1期。

效地运行。

　　案例二　一个以种植西甜瓜为纽带的成功的农民合作社。
我省的某市某区某街有一个种植西甜瓜的农民合作社。合作社
起初由来自浙江的在本地租地种植西甜瓜的外地人发起，开始
时只有2—3户，现在已有30—40户的规模。合作社中的成员
都种植西甜瓜，社中日常管理由常设的管理人员负责，其中，
负责人有本地人也有外地人。合作社提供的服务主要包括：
①统一购置种子、农药和化肥；②农地流转由合作社统一协
调，即合作社帮助农民租地，因为西甜瓜对农地的要求较高，
一块地种植西甜瓜后，必须间隔6年才能再次种植（但可以种
植其他作物）；③提供产销环节的服务，帮助社民联系运输车
队（费用自出）以及与市场的对接。

　　不难看出，这一西甜瓜合作社发挥了其应有的作用，为社民提
供了应有的服务。在访谈中，我们了解到西甜瓜合作社不从事生产
环节的服务，特别是日常的生产管理由社民自行完成。这样做的好
处是，极大地减少了矛盾和纠纷，从而容易形成超越个人理性的集
体行动。此外，合作社的运行成本，或是日常运行费用主要来自国
家的扶持费用，换言之，这一部分费用（容易产生矛盾和纠纷以及
搭便车的问题）外化给了第三方——国家或政府。

　　农民间的合作与联合是现代立体式复合型农业经营体系的重要
组成部分。法国等实现了农业现代化的国家的农业发展实践已经充
分地证明了这一点。然而，与一个国家和地区的特定时期的农业生
产经营体系相契合的农民合作化组织的建立不是一蹴而就的，它是
一个动态的过程。而且农民合作社的建立，特别是其真正发挥作用
要受到多种条件的制约。总结地方在先行先试中的失败教训和成功
经验，特别是为什么合作社的运行存在如此多困境，是当前的首要
工作。切勿为了要组建合作社要农民走向合作和联合，要真正地了
解农民的合作需求，引导农民走向真正的合作和联合，防止国家和
政府涉农资金的错配。

（3）农业企业

在调研和访谈中，我们了解到在所有新型农业经营主体中农业企业是存在问题最多，也是最严重的主体。《意见》中特别指出的，"引导工商资本发展良种种苗繁育、高标准设施农业、规模化养殖等适合企业化经营的现代种养业，开发农村"四荒"资源发展多种经营。"正是对一些地方在先行先试中鼓励大规模资本下乡，所带来的一系列问题的反馈和矫正。《意见》的适时出台，为未来规范地引导资本的有序下乡提供了指导性的意见。

事实上，《意见》已经明确地指出了，工商资本下乡必须以适合农业生产的根本特征为前提，即从事适合企业化生产经营的领域。武汉市作为全国农村改革试验区，在引导工商企业下乡的过程中，虽取得了一定的成绩，但也存在大量的较为严重的问题。引导资本下乡的目的是，通过向农村注入外来资金，搞活农村经济，实现合理分工和互利共赢，但必须注意的是，资本的首要目的一定是获得利润，因此，下乡资本中有相当的部分具有较强投机性。根据这一特征，我们可以把下乡的工商资本分为三类：①确实投资于涉农领域的工商资本，主要是指良种种苗繁育、设施农业、规模化养殖等适合企业化经营的现代种养业，也包括农产品加工销售等延伸农业产业链条的领域。这些农业企业也可以分为两类：一类是原来就在涉农领域经营的农业企业；第二类是在国家政策利好的背景下新投资于涉农领域的企业；②一些工商资本流转农地，打着投资于农业的幌子，主要是套取国家和各级政府的涉农资金；③一些工商资本流转农地，投资农业的目的是下乡圈地，甚至是"以租代征"，当然，这些资本也能够获得农业项目及各种农业补贴。从我们了解的情况看，出现问题最多，也最严重的基本上都是第二类和第三类涉农企业，当然，由于经营不善等种种原因，第一类企业中的第二类也出现了很多的问题。

资本下乡带来的方方面面的问题，具体体现在以下几个方面：①大量资本根本不了解农业生产的根本特征，也不懂农业经营，因而，大多数资本经营的农业都亏损，甚至是很严重的亏损；②有些工商资本下乡流转农地并对农地进行相关投资，特别是平整农地，对原有的农田水利造成了破坏；③一些资本下乡带来先进技术，通常不是与民共享，而是与民争利，对当地的小农经营形成了打击；④有工商资本经营农业并生产大量的农产品，但既不雇佣当地的劳动力，也不在本地销售农产品（销往省外），而且还破坏了耕地及当地的农田水利；⑤与前三者密切相关的是，有些工商资本与当地的农民发生了冲突；⑥工商资本下乡普遍存在改变农业用途的现象——农地非农化、非粮化现象普遍存在；⑦资本下乡流转的农地使用率较低，普遍存在撂荒的现象，甚至出现了"反租倒包"的现象；⑧资本下乡后，通常通过办理产权鉴证书和设施经营权证，申请抵押贷款。由于农地承包经营权和农业生产性资本都具有很高的资产专用性，所以，一旦企业无法还贷，并以此作为抵押物时，授信银行无法将抵押物变现，从而形成呆坏账。目前，我省已有这样的情况出现，值得警惕！⑨有些工商业企业下乡流转农地的规模过于庞大，导致农地的过度集中；⑩由于一些工商资本下乡就是为了投机性盈利，所以其存在的形式根本不是实体，而是空壳子；⑪资本下乡流转农地进行规模经营，需投入大量的资本，进行农地的平整、基础设施的改造建设，以及相关设施的建设。但流转合同期终止时（一般为14—15年，也有时间较长的），若企业放弃经营，则农民由于企业经营时对农田水利设施及其他设施的专用性改造和投资，而无法继续经营，而且农田水利及其他设施的归属问题也容易产生纠纷；若企业继续经营，则可能导致农民长时期事实上丧失农地的承包经营权。

从总体上看，资本下乡解决不了种地的问题、菜篮子的问题、农民增收致富的问题，反而造成了大量的纠纷和矛盾，以及政府涉农资金的大量浪费。试想，从事房地产开发的企业下乡的目的是什么呢？经营农业获得收益，显然不是！即使房地产开发商会种粮食，也能种得好蔬菜，他也不会把资本投资于这些涉农领域，更何况他们根本种不好地，种不好蔬菜。但我们发现下乡的工商资本中存在较多的房地产企业。

原因何在？首先，政府和农民之间存在信息的不对称。政府认为农地有撂荒的现象，认为农民不种地，因而寄希望于资本来解决这些问题。但是，农民都不种的地，资本怎么可能会去经营呢！事实上，农民意愿流转的农地基本上都是离村庄较远，农业基础设施较差的无法耕种的农地。换言之，不是农民不种地，而是农民无法种地。在实际的运作中，土地抛荒较多的村基本上都流转给了经营休闲旅游的资本，而在流转农地的过程中，也出现了较多的流转农民事实上仍然在种植的农地；其次，有些政府官员缺乏对农业现状的了解，片面地认为只有资本下乡才能解决"三农"问题，特别是农业现代化的问题，因为资本能够进行大规模农业经营，从事实现农业的机械化、产业化、市场化以及现代化的问题，即寄希望通过资本的力量实现农业现代化的跨越式发展。以上两种状况的存在导致政府对农业的资金投入过于依赖企业，80%—90%的农业补贴都补给了工商企业。此外，这一状况的存在也导致了有些具体的农业项目变成了形象工程。

政府和农民之间信息的不对称、政府对于工商资本的盲目相信，以及此二者导致的政府涉农资金的严重错配导致较为严重的问题。一方面，政府涉农资金的错配导致农民和农业补贴不挂钩，有限的涉农资金没有用在农业真正需要的地方。结果是，农地流转供给虚高。如果补贴给工商企业的大量农业补贴用来改造农田水利设施，使过去无法耕种的土地能够被耕种，则会极大地降低农民流转农地的意愿，当然，也会减少农地撂荒的现象；另一方面，鼓励资本下乡，鼓励资本申请农业项目并给予农业补贴，导致下乡资本中的相当部分属投机性下乡，而不是真正地下乡经营农业。结果是，农地流转的需求虚高。试想，如果不是这样的错配，就不会有那么多的农民流转其农地，也不会有那么多的资本下乡流转农地。从我们的调查及分析的情况来看，武汉农村综合产权交易所本不应该有那么大的农地进场交易总量及占耕地总量的比例，但由于上述错配现象的存在，导致了事实上的农地流转总量及比例的放大。

对于下乡的资本必须审慎地对待，这不是源于对资本的歧视。资本逐利的本性，导致世界很多国家，特别是发达的资本主义国家都审慎地对待资本的下乡。例如，在美国，基本不存在涉农领域的工商资本介入生产环节，因为在生产的效率和效益方面，企业经营都不如家庭经营。所以，介入生产环节的资本一定有其他的目的。这就是《意见》中为什么特别强调，"引导工商资本发展良种种苗繁育、高标准设施农业、规模化养殖等适合企业化经营的现代种养业，开发农村"四荒"资源发展多种经营。"此外，工商资本在延伸农业产业链，即农产品的精加工等方面也可以大有作为。依据《意见》并以此为依据建立相关的产业名录，建立严格的事前审查机制，事中事后的监督机制，以及惩罚及退出机制，鼓励和引导资本有序下乡，让资本到其可以真正发挥作用的领域中去，实现合理的分工，实现资本和农民的互利共赢。

三 政策建议

农业领域的改革及农业现代化进程的推进，要打破农业现代化必须依托资本力量实现跨越式发展的迷途。改革的首要任务是解放思想，实事求是，一切从实际出发，从人民群众的实践出发。坚持家庭经营的基础性地位，认清小农经济长期存在的必然性，适时推动新型农业经营主体的发展。通过实地的调研、访谈以及结合我国基本国情和我省省情的深入分析，我们得出如下政策建议：

1. 关于农地制度改革的政策建议

（1）关于农地的确权、登记和发证中存在的矛盾和纠纷

对此政府必须给予充分的重视，否则，很容易导致改革偏离其目标和初衷。建议进一步地廓清《意见》中的相关条款，从而使矛盾和纠纷的解决有据可依。原则是村民内部协商和政府调节相结合，如果前两者无法解决，可由政府强制执行。

农地领域矛盾和纠纷的存在是广泛的且大多是历史遗留问题，建议依据我省各地区的不同状况实施差异化的策略，支持基层先行先试，鼓励创新，并允许改革创新中错误的存在。改革创新是一个不断试错并积累经验教训的过程。否则，就像我们在调研中所了解到的，有些地方政府怕犯错误，因而不敢动，不敢改，不敢创新。

此外，这些农地领域的矛盾和纠纷之所以长期存在，原因就在于不容易化解，而随着农地整体价值的增高，这些矛盾和纠纷有增无减。所以，在有据可依的前提下，需要各级政府共同努力在实践的过程中有序地化解，避免一蹴而就。切实保障农民集体经济组织成员权权利，允许地方根据实际情况适时地调整土地，保障土地在集体经济组织内部公平分配，保障农民工城市退出权。

（2）关于农地细碎化硬化的问题

大量存在的成本及风险阻碍了农地的流转、集中及农业的规模经营，这是由农业生产的根本特征决定的，而农地的确权登记更是强化了农地的细碎化程度，从而可能在事实上阻碍农地的流转和集中。

为了解决这个问题，使农地（连片）有序地流转到真正想经营农地的主体手中。建议依据《意见》中提到的"农地承包经营权确权登记原则上确权到户到地，但在尊重农民意愿的前提下，也可以确权确股不确地，"在我省的一些地区，积极探索确权确股不确地的实现形式。建议引导农民通过两种方式流转农地：第一，切实保障本集体经济组织成员享有土地流转的优先权，鼓励农民在自愿的前提下通过互换并地的方式使农地连片，以解决细碎化的问题；第二，鼓励任何类型的农业经营主体通过农村产权交易平台进场交易，不人为地设置过高的流转规模下限，让真正想种粮、种菜的农民不至于因为过高的流转成本及相关风险，流转不到农地；第三，针对目前农村产权交易平台整体上业务量较少的情况，建议适时推动平台的建设和发展，防止强迫命令和行政瞎指挥。

（3）关于农村综合产权交易平台建设的相关建议

武汉市农村综合产权交易所在盘活农村资源，使涉农资源恢复市场要素职能，在信息的发布、共享，在农地承包经营权抵押贷款市场功能延伸等各个方面都发挥了重要的作用，但如报告中提到的，我们在调研和访谈中也发现了一些问题，具体建议如下：第一，建议政府部门出台相关的文件，给予产权鉴证书最终的解释权，特别是赋予其法律效力；第二，建议依据《意见》的十六条，出台相关的法律法规和文件。建立健全资格审查、项目审核、风险保障金制度，对租地条件、经营范围和违规处罚等做出规定；第三，实行分级备案，严格准入门槛，加强事中事后监管，防止浪费农地资源、损害农民土地权益，防范承包农户因流入方违约或经营不善遭受损失。上述事项主要针对农民合作社，特别是进场交易的下乡的工商业企业；第四，建议依据《关于引导农村产权流转交易市场健康发展的意见》，以武汉市农村产权交易平台为样板，在我省各县（区）因地制宜地打造县（区）、乡镇（街）农村农地承包经营权流转服务平台，尤其是以县域（区）为主的农地承包经营权流转服务平台，切实为农户、农民合作社、农村集体经济组织等主体流转农地提供便利和制度保障；第五，鉴于我国及我省的农村产权交易平台的建设尚处于起步阶段，建议政府给予资金上的支持，特别是及时出台相应的法律法规规范和完善市场的发展；第六，加强交易平台的监管，建立统一的专门的监管机制及机构。

2. 关于新型农业经营主体培育的政策建议

任何类型新型农业经营主体的培育都必须以农业生产的根本特征——通过利用有构造的生命自然力进而利用其他自然力的活动为前提。农业生产的根本特征决定了农业生产周期长、风险高。建议政府涉农资金向农田水利设施等农业再生产性公共品领域倾斜，使农业生产更好地利用生命自然力。

（1）关于专业大户和家庭农场的相关建议

鼓励和引导一部分农民从现有的社会分工体系中分化出来成为"职业农民"。第一，建议政府建立公益性农民培养培训制度，强化农民的农业技能和经营管理能力；第二，建议加大对专业大户和家庭农场的支持力度。

（2）关于农民合作社的相关建议

首先可以肯定的是农民之间具有合作和联合的实际需求，但由于农民合作化组织容易产生矛盾和纠纷，进而提高了组织和协调成本，导致现实中绝大多数合作社无法运行。第一，建议政府建立合作社资格审查、项目审核制度。实行分类备案管理，严格准入门槛，加强事中事后监管，防止虚假合作社骗取国家和政府的涉农资金。建立合作社退出机制；第二，鉴于农民对于合作和联合的实际需求，建议政府恢复村级或集体经济组织的生产性职能。村集体或集体经济组织能够为村民提供较多的服务，有发挥合作化组织职能的天然优势。真正发挥集体经济组织在"统分结合的双层经营体制"中的"统"的功能。

（3）关于农业企业的相关建议

鉴于工商资本的逐利本性，第一，建议政府建立适合工商企业经营的涉农产业名录，引导工商资本进入良种种苗繁育、设施农业、现代养殖业，以及农产品物流，深加工等适合企业化经营的领域；第二，建议建立涉农工商企业退出和惩罚机制。强化资格审查，严格准入门槛，加强事中事后监管，杜绝工商资本下乡套取国家和政府的涉农资金，下乡圈地，下乡与民争利。

3. 总的政策建议

鉴于我国及我省积弊已深的"三农"问题，尤其是近年来农村地区资金、人才等不断外流的严峻现状，建议实施"一台发动机，双轮驱动战略"。一台发动机是指工业化和城镇化。双轮驱动是指政府向农村地区注入资源，以及合理引导社会资本（工商资本）下乡，即通过政府注入和社会资本引入的方式向农村地区注入解决"三农"问题，尤其是农业现代化的资金、技术、人才等资源。

实践表明，解决"三农"问题，特别是农业现代化问题，必须依托于工业化和城镇化这台发动机。从我省的工业化和城镇化水平看，这台发动机现在正在发挥巨大的推动力，而且在可预见的未来仍将继续发挥巨大作用。因而，要大力推进我省的工业化和城镇化水平，从而为农业的现代化提供强大的动力。然而，从农村、农民和农业的现状看，一台发动机仍不足以解决"三农"问题，尤其是农业的现代化问题，因为农村地区缺乏实现现代化的资源积累。可见，除了工业化和城镇化为实现"三农"现代化提供强大的牵引力外，必须通过政府和市场双轮驱动的方式向农村地区注入资源。一方面，政府要发挥"看得见的手"的作用，主要向农村地区提供急需的公共物品和服务，尤其是农业生产条件的农田水利设施等再生产性资本，以及有利于实现三农现代化的相关制度和法律法规；另一方面，发挥市场配置资源的作用，合理有序地引导工商资本下乡，向农村地区注入资金、技术、人才和管理经验等，搞活农村经济，实现工商资本和农民合理分工和互利共赢，推动三农现代化的加快实现。

解放思想，实事求是是新一轮农村综合改革的首要工作。改革要避免盲目性，避免超越事实的跨越式发展，改革一定要基于我国的基本国情和我省的省情。从政策实践上看，我省在新一轮的农村改革中存在一定的政策错配现象，这种政策错配不仅影响了改革的效果，有时甚至出现了好心办坏事的问题。关键的问题仍在于，如何发挥政府这只"看得见的手"的作用，找到政府和市场的边界。政府应该帮助农民解决无法种地的问题，帮助江夏区南二村的小菜农解决市场对接的问题（农田里的包菜才6分钱/斤，而正是千万个像南二村小菜农一样的农民，提供了武汉市60%—70%的菜篮子），而不是通过政策错配以及由此导致的激励扭曲，盲目地鼓励大规模的资本下乡，为一些资本套取政府的涉农资金提供便利。

最后，改革必须使农业增产、增效，使农民增收，切实保障国家的粮食安全！

第十章

湖北省新型城镇化问题研究

移民研究所指向的国际人口流动与迁移是近些年来国际学术界关注的热点话题之一，其现实基础即是伴随着现代化、全球化进程的世界范围内的人口流动与迁移现象。我国国内人口流动与迁移的主要群体分别是农民工群体、大学生群体、参军退伍群体、因自身或其配偶工作调动的群体。这其中农民工群体因其数量庞大，变动性最为复杂，引起的社会关注和学术探讨相对较多。事实上，虽然因不同统计口径，对流入到各地城镇的农民工数量有不同的估算。但据较为保守的统计口径，"目前全国约有 1.4 亿的流动人口，其中 1.2 亿是农民工，约 60% 的农民工进入大中城市就业，即大中城市的农民移民约有 7200 万，另外约 2400 万农民工流入小城市，其余的约 2400 万农民工主要分布于东南沿海地区已工业化或半都市化的乡村地区"（李春玲，2007），数量巨大的农民工流动到城市，其出路问题——城市化问题引起了国内学界的广泛关注。

一 新型城镇化道路与农民工迁移意愿

1. 何谓"新型城镇化战略"？

2012 年 11 月 8 日，胡锦涛在中国共产党第十八次全国代表大会上所作报告中，对当前困扰我国经济、社会中长期发展的城镇化问题做出了重要阐述，对我国城镇化现状的评价是"城镇化水平明显提高"，对今后工作的总体目标要求是"城镇化质量明显提高"，其具体体现是"促进区域协调发展、推进城镇化为重点，着力解决制约经济持续健康发展的重大结构性问题。……科学规划城市群规模和布局，增强中小城市和小城镇产业发展、公共服务、吸纳就业、人口集聚功能。加快改革户籍制度，有序推进农业转移人口市民化，努力实现城镇基本公共服务常住人口全覆盖"。① 十八届三中全会以来，新一届政府尤其是李克强多次强调"城镇化是最大的内需潜力所在，……要推进以人为核心的新型城镇化"，"新型城镇化要突出统筹城乡，根本前提是要尊重农民意愿、保护农民利益、保障粮食安全。这样才能使城镇化成果真正惠及农民，这根弦一定要绷紧。……推进新型城镇化，就是要以人为核心，以质量为关键，以改革为动力，使城镇真正成为人们的安居之处、乐业之地"。②

事实上，从20世纪80年代到90年代，以费孝通载于《江海学刊》1984年第1期的《小城镇、大问题》一文为契机，理论界先后出现了"小城镇论""大城市论""中等城市论""大中小城市并举论"等四种具有典型代表性的城镇化道路争论。③ 这之后，立足于此基础之上的各种"变形"观点，基本上都没有超出这四种城镇化道路观点所涵盖的关注太远。那么，在这种理论背景下，"新型城镇化"的"新型"如何体现，与以往我国的城镇化理论有什么联系和区别，与我国以往的城镇化历史实践有什么联系和区别，将是理论界和实践界必须重视和回答的一个重要问题。否则，新型城镇化极有可能类似无源之水，存在无以寄托、无法实现的风险。

笔者认为，有别于一般外文文献中常见的"城市化"，"城镇化"这一概念具有典型的中国特色，因为，它将费孝通等人率先提出的小城镇发展道路纳入其中，而不是仅仅强调"城市"这一发展趋向。在本文中，"城镇化"这一概念更多的是基于"城镇化"与

---

① 胡锦涛：《坚定不移沿着中国特色社会主义道路前进，为全面建成小康社会而奋斗——在中国共产党第十八次全国代表大会上的报告》，《人民日报》2012年11月9日第2版。

② 李克强：《让新型城镇化路子走好走顺》，人民网，2014年2月11日。

③ 赵新平、周一星：《改革以来中国城市化道路及城市化理论研究述评》，《中国社会科学》2002年第2期，第132—138页。

"城市化"这两个概念的相近之处而不是分歧之处来使用，在下文中，为避免混淆，笔者将统一使用城镇化来进行论述，强调的是人口从低密度地理区域向高密度地理区域的不断集中。

在人文社会科学学科群中，不同的学科对于城镇化的着眼点存在着相当差别，人类学、人口学、经济学等学科分别关注城镇化过程中的生活方式转变、城市所占人口比例变化、工业化水平等不一而论。就社会学而言，它极其注重在工业化、现代化进程中，人群的社会结构、生活方式和行为方式从以乡村为主向以城市为主的变化过程，[1] 换言之，社会学对于城镇化进程中"人"的关注是其学科特色之一，这与新型城镇化中"以人为核心"的提法异曲同工。那么，从社会学的学科视角来分析这一提法的理论含义和政策含义，相信能够为未来的城镇化道路建设有所裨益。本章节，笔者就试图分析"人"——作为城镇化重要主体的农民工迁移意愿对新型城镇化道路的重要影响。

2. 不同社会发展阶段的城镇化与作为城镇化重要主体的农民工

（1）结构驱使的城镇化与个体参与的城镇化

不论是新型城镇化的"以人为核心"还是所谓"城市化的社会伦理学"[2]，体现的都是对城镇化进程中的主体——人群——的关注。事实上，也正是来自于不同学科关注出发点对城镇化进程中人群的重视程度不同，目前各界对我国城镇化水平的估算才会存在不同口径差异，如果按户籍人口计算，2013 年我国的城镇化率仅35%左右，但如果以城市人口占全国人口的比例，2012 年我国的城镇化水平已达 52.6%。对于人群在城市中的不同定义，产生了这一重大差异，这一差异指向的是城镇化这一概念指向的多重含义。

纵观新中国成立以来我国的城镇化历史，城镇化水平并不像一般所想象的，随着工业化、现代化水平的变化而同步变化。相反，

---

[1] 王春光：《中国城市化与社会结构变迁》，《中国农业大学学报》（社会科学版）2008 年第 3 期，第 55—67 页。

[2] 赵新平、周一星：《改革以来中国城市化道路及城市化理论研究述评》，《中国社会科学》2002 年第 2 期，第 132—138 页。

因为新中国成立以来历次重大政治、经济事件的影响，在 1981 年回复至新中国成立以来城市人口占全国人口的最高点 20.16% 以前，若单以城市人口所占比例而言，城镇化率则多次出现了上下波动，在 1981 年政治、经济局势相继相对平稳之后，城镇化率才一路上升 30 余年。

必须认识到，在人类城市发展的历史中，也在人类社会早期的城镇化率不断上升的历史中，结构性因素驱使下的城镇化（以下简称为结构驱使的城镇化）占据着最为重要的位置。类如重大技术变革带来的产业升级换代、国家间力量对比变化、国家政治事件等结构性因素，都会给一国的城镇化率带来显著的影响。新中国成立以来，三线建设、支农、上山下乡、知青返城等历次政治、经济事件的影响，无不是这一规律的体现。在中外具体的迁移历史事件中，无论是 20 世纪 90 年代中期南方各省为了预防民工潮大规模涌入城市，而和农民工流出地各省一起加强对"外出务工人员就业登记表"和"暂住证"的审查，还是 1882 年 5 月 6 日美国政府针对华人劳工颁布的《Chinese Exclusion Law》，也都是结构驱使的城镇化力量的体现。在结构驱使的城镇化中，社会个体在其中的选择权利是非常有限的，相对可以忽视。无论此时的社会个体是出于主动，还是出于被动，都不可避免地被城镇化的浪潮所卷入或阻隔。

但是城镇化的早期发展动力并不代表着城镇化的全部发展动力，社会个体在城镇化早期发展阶段的相对被动，并未代表这一规律会贯穿于城镇化历史的始终。在一国城镇化率达到一定水平后，在政治、经济局势相对稳定的形势下，社会个体对于是否主动参与城镇化，采取何种方式参与城镇化，将会拥有一定的社会选择权利。换言之，此时不同人群的个体性因素将会影响他们在城镇化中的参与形式。在目前城镇化水平较高的美国、英国、德国、日本等国家，这一趋势已经体现尤为明显（下文也将以美国为例详述之）。而在目前我国的城镇化率已经达到一定程度的状况下，社会个体在其中的选择权利也相应凸显，类似于"逃离北上广""重回北上广""富人向海外移民""民工荒"等，正是个体参与城镇化选择权利增强趋势的显著体现，这也是笔者所谈个体参与的城镇化所指。

（2）作为城镇化重要主体的农民工

目前，我国总体城镇化率已经达到发展中国家一般水平，虽然离城镇化率已经到80%以上的美国、英国、德国、日本等发达国家仍有一段距离，但是因为我国东、中、西不同区域经济、社会发展的极不平衡，东中部的一些区域和城市的城镇化率已经较高，这也就意味着在城镇化发展初期占据绝对统治地位的结构驱使的城镇化，将会留给个体参与的城镇化以一席之地。

笔者认为，从目前我国不同的社会群体来看，群体规模较大、可能对我国城镇化率影响较大的群体分别是：农民工群体、大学生群体、参军退伍群体、因自身或其配偶工作调动的群体，而这其中，变动可能性最大，群体规模也最大的就是农民工群体。虽然根据不同的农民工定义，产生了不同的农民工数量统计，但据一般的统计口径，"目前全国约有1.4亿的流动人口，其中1.2亿是农民工，约60%的农民工进入大中城市就业，即大中城市的农民移民约有7200万，另外约2400万农民工流入小城市，其余的约2400万农民工主要分布于东南沿海地区已工业化或半都市化的乡村地区"，① 农民工群体在城镇化进程中的个体参与——他们的迁移意愿将成为影响我国城镇化下一步走向的重要变量。大学生群体的迁移意愿虽然也会对我国城镇化的走向产生重要影响，但因其与农民工的迁移机制之间具有完全不同的特点，留待专文论述。

理论界和政府相关部门对放开大中城市的户籍准入抱有相当谨慎立场的一个重要预判是，担心大量的人口涌入增加大中城市的城市负担，造成中大型城市的危机。但实际上这一预判可以说是过高估计了农民工向大中城市迁移的意愿。根据笔者参与组织调查的2005年国家哲学社会科学重大招标课题"城市化进程中的农民工问题"对珠三角九城市3086位农民工的问卷调查结果（参见表10—1），

---

① 李春玲：《城乡移民与社会流动》，《江苏社会科学》2007年第2期，第88—94页。

表示既愿意放弃土地，又愿意迁移户口到打工所在城市的仅为25%。这一比例与农民工的分散就业特征，说明了新的城镇化道路在如何包容农民工的迁移意愿，防止政府部门的城镇化道路与个体参与的城镇化意愿之间产生隔阂，从而避免陆续出现的各地城市规划新城变成"空城""鬼城"，也避免在各地农村县城陆续出现的"空心化"问题，需做出妥善筹划。

表 10—1   **珠三角农民工迁移意愿**（N = 3086）

		是否愿意把户口迁移到打工城市			
		不愿意迁移	N	愿意迁移	N
是否愿意 放弃土地	愿意放弃	30.6%	943	25.0%	773
	不愿意放弃	29.2%	901	14.5%	447
在其中一项或两项不清楚或漏答		0.7%		22	

3. 与发达国家城镇化的对比：以美国为例

一般认为，我国 50% 左右的城镇化率虽然已经达到发展中国家城镇化率的一般水平，但是离发达国家超出 80% 的城市化率还有相当差距，[1] 因此，我国的城镇化还将处于持续的发展阶段，只有到达或接近发达国家的城镇化率时，城镇化的速度才会逐渐放缓。笔者基本认可这一判断，但是在我国的城镇化道路中，结构驱使的城镇化和个体参与的城镇化是否与西方发达国家的城镇化发展历史保持完全一致，则抱充分怀疑态度。

我们以美国为例来分析发达国家历史上，结构驱使的城镇化与个体参与的城镇化在不同时期的具体体现。从相关学者对美国城镇化历程的归纳来看，[2] 美国城镇化的 5 个阶段中，除去被称为帆船、马车时代的第一阶段（1790—1830 年），因为这一阶段其独立的城市体系才刚刚初步形成，具体体现是美国人口从不到 400 万人增加

---

① 宋金平、李香芹：《美国的城市化历程及对我国的启示》，《城市问题》2006 年第 1 期，第 88—93 页。

② 王春艳：《美国城市化的历史、特征及启示》，《城市问题》2007 年第 6 期，第 92—98 页。

到 1300 万人。1830 年，美国 2500 人以上的城市数目为 90 个，城市人口占总人口的比例约为 8%，中间的三个阶段分别为蒸汽机和铁路时代（1830—1870 年）、蒸汽机和钢铁时代（1870—1920 年）和汽车和飞机时代（1920—1970 年）。这三个阶段的典型特征分别是：1830—1870 年，城市人口占总人口的比例从约 8% 增加到 23% 左右。10 万人以上的城市数目从 1 个增加到 9 个，总人口呈指数增长，1860 年时达到 3200 万人；1870—1920 年，工业资本的集聚、交通与通信网络效率的提高使城市之间的分工合作加强，城市经济专门化程度提高，形成联系更加紧密的整体。城市增长与发展受工业区位影响。1870 年，由波士顿、纽约、费城、巴尔的摩、匹兹堡、克利夫兰、底特律、芝加哥等城市组成的制造业带已初具雏形；1920—1970 年，城市的空间发展趋势是由交通的发展推动的，包括汽车的普及与州际高速公路的建设。

从学者对这三个阶段的归纳来看，我们不难看出，从独立的城市体系形成，到蒸汽机、铁路、钢铁、汽车、飞机等，都是"技术变革主导下的工业化"这一结构性因素对美国城镇化速度和方向决定性影响作用的生动体现。

再来看被称为疏散时代的 1970 年至今，美国城市人口从 20 世纪 50 年代和 60 年代开始向大都市区域迁移转变为向非大城市区域迁移，这种现象也被称为"逆城市化"。而与这一现象同时发生的，是相关学者研究所归纳的 1970 年后美国人口流动的 5 个显著特征[1]：第一，南部、西部地区人口数量超过东北部和中西部；第二，流向南部、西部的人口文化水平普遍较高；第三，流向南部、西部的人口大部分是年轻未婚者，朝气蓬勃；第四，流向南部、西部的人口主要是白人；第五，流向南部、西部的人口还有退休和退伍军人。

笔者认为，影响美国城镇化第五阶段人口流动特征形成的首要规律当是，个体参与的城镇化取代结构驱使的城镇化，成为影响美

---

① 张利萍：《战后美国人口流动的新变化及对我国的启示》，《山西大学学报》（哲学社会科学版）2008 年第 4 期，第 96—101 页。

国人口流动的首要因素。这一时期，更为适宜的生活环境、更好的就业机会、更优美的养老环境、更为便利的社会网络等往往成为影响社会个体流动迁移的重要因素。这也就造成了美国传统上的人口密集区——东北部和中西部的"冷冻地带"，逐渐让位于南部、西部的"阳光地带"，不再成为美国人口密度最高的区域。但这并不意味着不再有大量的人口流入冷冻地带。恰恰相反，这一时期冷冻地带也有大量人口迁入，只是与之同时进行的也有大量人口迁出，才会导致阳光地带的人口净增长速度超过冷冻地带，及阳光地带的人口数量逐渐超过冷冻地带人口数量的结果。

作为后发发展中国家的中国是否仍然会复制美国城镇化的这一道路，笔者的看法是不会。当前中国的经济、社会发展体现为处于工业化早期、工业化中期、工业化后期的多区域并存，处于工业化中期的区域占据主要地位，处于工业化初期、工业化后期的区域只占较少部分。经济、社会发展的递进阶段和高度不平衡性，将影响今后我国的城镇化，使得不同于美国城镇化的历史，当前及今后一段时期内，我国城镇化的特征将是结构驱使下的城镇化和个体参与下的城镇化并举。而不是城镇化到达西方发达国家的80%左右，再进入个体参与的城镇化逐渐取代结构驱使的城镇化这一大的转变时期，这是中国的城镇化道路与美国等西方国家城镇化历程的最大不同。而这一差别，对我国新型城镇化道路具有重要引申意义。

4. 农民工迁移意愿对新型城镇化道路的理论与实践启发

正因为当前中国的城镇化道路与美国等西方国家城镇化的发展历程会出现一定差异，这就提醒无论是理论工作者还是实践工作者，不能等到我国的城镇化率上升到80%左右，再来考虑将不同人群的迁移意愿纳入城镇化的理论分析和实践对策中，这样才能避免相关学者指出的，"从（改革开放）30年来中国的国家发展战略及相应的制度安排变迁看，对农民工的城市化进程、定位、路径安排等在总体上缺乏整体性规划和布局，有关农民工的政策基本上是回应性而非前瞻性，是问题导向型而非预防引导型。农民工始终被当作是城市经济发展所需要的劳动力而非需要市民化的公民对待"这一根本性问题。①

　　无论是将目前常见的农民工采取的家庭分离、四处流动迁移的务工策略，看作是农民工群体在以往制度结构条件约束下出于"家庭风险分散化"考量下的主动选择，还是看作他们无法在个体层面突破城乡二元体制约束后的被动适应，都必须承认，农民工的这种务工方式，确实在改革开放的三十年里，极大地支撑着中国的经济腾飞乃至社会发展。而目前在理论分析和实践对策安排中亟须得到回应的是，农民工的这种务工策略还能继续持续下去吗？

　　回答的可能性显见地偏向于"不"。农民工家庭分离务工策略引发的家庭内部的三种主要问题，即与上一代分离引起的农村老人独居缺乏养老支持和相关健康保障的问题，与夫（妻）分离带来的婚姻质量、婚姻风险问题，与下一代分离引起的子女教育、亲子关系及安全问题等，已经引起了理论研究层面和实践对策层面的相当关注。与此同时，这种家庭分离务工策略引起的农民工自身精神健康问题也成为近些年研究者的关注之一，② 2010 年年度内深圳市宝安区观澜"富士康十三连跳事件"成为这一问题的最好注脚。

　　除此之外，更为关键的，以"90 后"为代表，追求自我实现的新一代农民工与以"60 后"为代表，忍辱负重寻求家庭经济收入的老一代农民工的重大差别，会成为影响农民工迁移意愿与城镇化道路之间关系的另一重要变量。个体意识的觉醒和个体权利的主张——农民工代际变化这一重要变量，置于宏观背景下我国社会发展阶段变化中去考察，更可以发现农民工迁移意愿在我国新型城镇化道路中将要产生的重要影响，农民工迁移意愿——他们在城镇化进程中的个体参与——对城镇化的谋篇布局将起着前所未有的影响作用。对此，需加以前瞻性的通盘考虑，新型城市化的道路才能有的放矢，有所寄托。

　　在新型城镇化道路与农民工迁移意愿的理论分析中，理论工作

---

　　①　刘爱玉：《城市化过程中的农民工市民化问题》，《中国行政管理》2012 年第 1 期，第 112—118 页。

　　②　聂伟、风笑天：《农民工的城市融入与精神健康——基于珠三角外来农民工的实证调查》，《南京农业大学学报》（社会科学版）2013 年第 5 期，第 32—40 页。

者需要在探讨农民工城市社会融入、城市认同等邻近议题的基础上向前拓展，[①] 直接将理论研究与实践问题对接，分析诸如农民工的个体人力资本、社会网络资源、面临的制度结构约束对他们迁移意愿的影响。进城务工的农民工已经出现了群体分化，持有制度性永久迁移意愿的较少，而持有非制度性永久迁移意愿、循环性迁移意愿、非确定性迁移意愿则占相当比例。同时，农民工的迁移意愿在未来定居地是务工所在城市、家乡所在省会城市、家乡所在地级市、家乡所在县还是家乡所在镇等迁移目的地的分化状况也是研究者需要进一步厘清的。概括而言，农民工会在各自出于对个体人力资本、社会网络资源、面临的制度结构约束的不同考虑下，选择不同的迁移目的地，这一问题中的相关关系是研究者需要具体回答的，它有助于其后的实践对策制定。

近年来农民工的实际经济活动中，他们中以"家庭"为单位外出务工形式的比例越来越多，同时，三十岁以下的年轻人选择就近务工的越来越多，即已意味着农民工群体自身的实践逻辑的重大变化。[②] 同时，这种实践逻辑的变化，也必然要求相应的能够容纳农民工迁移意愿的实践对策变化。2010 年起，广东省政府出台了《关于开展农民工积分制入户城镇工作的指导意见》，佛山、深圳、广州、东莞等地已经相继开始试行"外来务工人员积分入户政策"，但积分入户的具体条件与所针对的目标对象不吻合、不匹配，导致有关政府部门的良好预期很难与农民工的迁移意愿进行对接的问题业已出现。换言之，在有关城市意图实现劳动力的有效补充这一宏观结构化考量，与农民工出于个体或家庭因素的盘算这一个体化意愿之间，出现了一定落差，这也就是相关政策的落地机制需要更多精细考量的现实原因。

与农村劳动力通过户籍制度改革向大中型城市转移的实践对策有关的，是农村劳动力流动迁移而非户籍变动影响下带来的农村县

---

① 蔡禾、曹志刚：《农民工的城市认同及影响因素》，《中山大学学报》（社会科学版）2009 年第 1 期，第 148—158 页。

② 李强：《论农民和农民工的主动市民化与被动市民化》，《河北学刊》2013 年第 4 期，第 86—93 页。

域城市空心化、乡村基层治理的衰落，①② 因为此时，农民工的经济生产活动主要是在务工所在地进行的，他们在家乡县域经济、乡村基层治理中的参与只在有限的返乡时间中体现——典型的是春节期间。而目前，在与改革开放初期城镇化发展尚嫌不足截然不同的社会发展阶段，要求从中央政府层面到地方政府层面对城镇化的必要成本问题，即农民工迁移到城市带来的社会成本问题进行通盘统筹，既避免给大中型城市过大社会成本压力，又有效回应农民工在城镇化进程中的个体参与意愿。这样，农民工围绕迁移意愿产生的分化，与大中型城市对劳动力的持续供给需求、县域经济发展对返乡人群深度参与经济活动的需求、乡村基层治理对回流精英分子的吸纳需求，都有可能实现妥善对接。在新型城镇化道路中，以农民工迁移意愿为政策基础，制定合理有效的实践对策，从而消解以户籍制度为代表的城乡二元体制对农民工城镇化的不利影响，既是新型城镇化的必要内容，也是实现社会公正的应有之义。

二　新型城镇化与农民工的梯度转移

自 2012 年年底以来，党和国家的多位重要领导人提出并相继强调了要推进"以人为核心的新型城镇化"，这一表述与以前中国城市化相关理论研究和政策实践表述具有明显区别。笔者认为，"城镇化"与"城市化"的表述在都肯定了大中型城市在其中的重要性之外，最重要的差别是"小城镇"在其中的差别，前者相对于后者对"小城镇"的关注明显要高得多。这一政策表述的差别加上"以人为核心"的新认识，已经给当前和今后相当一段时间内的相关理论研究和政策实践定下了基本基调和总体原则，但是，如何在具体的理论研究和政策实践中实现重视以"小城镇"和"以人为核

---

① 李培林：《小城镇依然是大问题》，《甘肃社会科学》2013 年第 3 期，第 1—4 页。

② 沈关宝：《"小城镇、大问题"与当前的城镇化发展》，《社会学研究》2014 年第 1 期，第 1—9 页。

心"为主要特征的"新型城镇化",仍需要更为具体的中观层次的研究,以承载新型城镇化的理论创新研究及政策落地机制。有鉴于此,笔者已有文提出了关于农民工迁移意愿与新型城镇化的一些基本观点。本文,笔者在前文的基础上,进一步阐述农民工的梯度转移在新型城镇化中的重要作用和意义。

1. 新型城镇化在城市化阶段中的历史定位

1984 年费孝通先生在《江海学刊》第一期的《小城镇、大问题》开启了改革开放之后学者们对中国城市化路径的理论探讨,[①]在 20 世纪 80 年代到 90 年代,理论界先后出现了"小城镇论""大城市论""中等城市论""大中小城市并举论"等四种具有典型代表性的城镇化道路争论。[②] 当我们回过头来再看当时的这些争论,可以重新发现这些争论在目前阶段新的借鉴意义。"小城镇论"和"大城市论"从其主张来看,无疑是这四种观点中最具代表性的两种,前者看重的是农民工就近城镇化可以以"离土不离乡"的形式节约社会成本和激发更大范围的社会活力,后者则更多地从经济学的角度,看重大型城市在社会分工中的集聚效应和集约化生产中的资源使用效率优势。从后面中国的城市化历史过程来看,因为乡镇企业发展过程中的波折和当时城市化水平不高背景下大中型城市尤其是大城市在国家、社会发展中的标杆效应,"大城市论"的主张无疑在现实中得到了更多的实现。

面向大中型城市的城市化在其历史历程中显示出了两个不同方面的内容。一方面,从 1978 年开启的改革开放之初中国城镇人口占全部人口的 17.9%,到 2000 年中国城镇人口占全部人口的 36.2%,再到 2012 年中国城镇人口占全部人口的 52.6%,中国的城市化终于摆脱了新中国成立后三十年里的低迷不振,城市化率终于走在了发展中国家的前列,体现了改革开放三十年之后国家经济、社会发展的巨大成就。另一方面,近来的城市化负面后果也使

---

① 费孝通:《小城镇、大问题》,《江海学刊》1984 年第 1 期,第 6—26 页。
② 赵新平、周一星:《改革以来中国城市化道路及城市化理论研究述评》,《中国社会科学》2002 年第 2 期,第 132—138 页。

我们逐渐意识到城市化的巨大代价，大城市大规模人口聚集带来的巨大人口容纳压力体现在交通、能源、公共医疗、卫生、教育等几乎市民生活的各个方面，自然资源的破坏和能源的逐步紧张，都使得当前我国大城市的发展面临巨大的瓶颈压力。

但这些现象似乎仍只是问题的表面，问题的实质需要面对的核心关键是，什么是人类社会的城市化？城市生活是一种在价值观序列中高于乡村生活的生活方式吗？归根结底，城市在政治上是人类抵抗其他人群入侵的军事设施，在经济上有利于社会分工和生产效率的提高，因此才会在文化上产生一种如芝加哥城市学派学者路易斯·沃思（Louis Wirth）和赫伯特·甘斯（Herbert Gans）所说的，表现截然不同的城乡心理结构。与此同时，在目前现代国家已经形成，城市的政治属性主要被现代国家所替代的大背景下，城市的经济、文化意义才是其不同于乡村的主要差别所在。

作为后发展中国家之一，面临巨大发展压力的中国，在城市化发展的早期阶段通过将人力资源、物质资源等集中在若干主要城市的形式，发挥了城市尤其是大中型城市经济生产、文化更新中的效率优势，引领着改革开放三十年中国经济、社会发展的巨大腾飞。在现在城市化面临的新历史关口，需要重新认识到城市的本质属性，而不是迷惑于城市在经济生产、文化更新中的效率优势，在价值观序列中视城市高于乡村。换言之，如果回归到城市的起源和本质，城市和乡村只是人类宏观历史中的两种不同生活方式，它们之间并不具有价值观中的优劣关系。

如果说，在改革开放初期，因为当时落后的经济、社会发展形势，考虑到全球化经济、政治竞争对现代国家经济运行效率的"冲击—回应"压力要求，需要将城市尤其是大中型城市置于国民经济发展的优先位置，将资源集中于城市，从而给城市蒙上了一层"优越"和"先进"的幻象。那么，在当前城市化率超过52.6%的新历史时期，重新审视城市和乡村的本质，更对中国的城市化发展路径做出符合历史阶段的调整，当是"新型城镇化"这一命题提法背后的重大历史含义。

对新型城镇化在我国城市化新时期的历史定位及重新发现城市

的起源和本质，就意味着，新型城镇化所强调的"城镇化"而不是"城市化"并没有否定前一历史时期城市化在我国经济、社会发展的重要历史贡献。换言之，如果没有前一历史时期城市化成果，当前面向新型城镇化的转型将缺乏必要现实基础的支撑。同时，还需要认识到，从原来的强调"城市"转移到强调"城镇"，并不是退而求其次，而是在处于新的发展阶段，对城市（镇）化发展提出的更高层次要求，不迷信城市尤其是大中型城市发展的幻象，才体现着现代国家的真正强大和兴盛。欧美国家的城市化历史实践证明了这一基本规律，我国的城市（镇）化历史仍将继续验证这一基本规律。

如果承认这一论述逻辑，必然产生的一个思考就是，在面向新型城镇化的转型中，如果不把城市（镇）化进程当作是"不同人群"——这一主观能动性因素的单方面被动卷入，而是认识到不同人群参与其中，会给新型城镇化的具体实践和实现带来重大影响。农民工的迁移意愿，在当前我国城市化发展战略发生重大转型的独特历史阶段，对新型城镇化所能起到的重大影响作用，是在以往的城市（镇）化历史阶段中不可想象，更难发生的。分析农民工这一人群在我国新型城镇化进程中扮演的重要角色，即是本文行文的主要关注所在。

2. 梯度转移与农民工的迁移意愿

梯度转移理论最初是美国哈佛大学经济学家雷蒙德·弗农（Raymond Vernon）等人用来解释区域经济发展过程中产业结构与地区经济部门之间关系的区域经济学理论，它描述了因为经济技术发展的地区基础性差异。主导产业处于创新阶段和发展阶段的高梯度地区的产业，会逐步向主导产业处于成熟阶段后期和衰退阶段的地区逐步转移，这种转移会呈坡度梯次展开，不断在处于不同梯次位置的地区之间发生，[1] 不同地区经济技术发展的比较优势在这一

---

[1] 胡宇辰：《产业集群对梯度转移理论的挑战》，《江西财经大学学报》2007年第5期，第28—31页。

过程中一览无遗。

在目前我国农民工的进城务工线路图中，人口流动的基本规律正是像梯度转移理论所描述的那样，沿着特大型城市、沿海大城市、东中部大城市、省会城市等寻求劳动机会，尽可能在经济发展程度较高的城市争取劳动机会和发展空间。自 2006 年以来，长三角地区城市相对珠三角地区城市对外来农民工的吸引力逐渐呈反超之势，在相当程度上正是因为长三角地区的产业结构升级带来的对农民工吸引力增强。这些都反映了农民工的人口流动与地区经济发展之间的关系。

近些年来，在我们的研究中同时还发现的另一个规律是，随着近三十年农民工参与市场经济的程度逐步深入，伴随着农民工的新—老代际变化，围绕农民工城市务工的未来规划问题，农民工的迁移意愿呈现多元化的局面，他们并不像学者想象的那样有着在务工所在地定居的强烈意愿。相反，他们以农村土地、务工所在地户籍为核心的迁移意愿是高度分化的。家乡没有土地、文化程度较高、熟悉务工所在地语言、感觉社会地位上升、制度不公平感较深、希望政府给自己在当地的工作和生活更多帮助的这些农民工才容易产生对务工所在地的制度性永久迁移意愿（即愿意放弃家乡土地和愿意迁移户口到务工所在地城市）；家乡拥有土地、文化程度较低、不熟悉务工所在地语言、制度不公平感较深、对政府给自己在当地的工作和生活帮助信心不足的农民工，对务工所在地更多的是持有循环性迁移意愿（不愿意放弃家乡土地和不愿意迁移户口到务工所在地城市）；家乡拥有土地、熟悉务工所在地语言、认为重新找工作困难、感觉生活艰难、制度不公平感较强、认为当地人好相处、希望政府给自己在当地的工作和生活更多帮助的这些农民工更多地持有不确定性迁移意愿（不愿意放弃家乡土地和愿意迁移户口到务工所在地城市）；在家乡没有土地、拥有职业技能证书、不熟悉务工所在地语言、不感觉社会地位上升、不感觉生活艰难、制度公平感不深、对政府给自己在当地的工作和生活帮助信心不足的农民工，对务工所在地更多的是持有非制度性永久迁移意愿（愿意放弃家乡土地和不愿意迁移户口到务工所在地城市）。虽然这一研究结论还有待于今后同类研究的进一步检验，但就目前而言，农民工基于城市务工和生活实践经验，围绕家乡土地处置、迁移目的地和是否迁移户口的未来生活预期已经产生明显高度分化应该可以被看作是一个基本的社会事实。

　　一方面，农民工在城市中的务工和生活实践经验中得到了体会，他们所期盼的大城市生活，不仅仅意味着更优厚的工资、更多的工作机会、更多的休闲方式、更好的医疗卫生条件等，也以切身经验感知了大城市生活的高强度和压力工作、更激烈的竞争关系、更恶劣的空气和水资源状况，更复杂的人际关系等；另一方面，随着城市化的逐步推进，他们的乡村户籍及因此占有的土地承包权、宅基地使用权，在城市高昂的房价及可能被征地的未来预期面前，都具有相较以前更大的吸引力，使他们不再单纯向往大城市的工作和生活，而是对未来的发展预期有着极尽社会理性的综合考量。

　　这些综合性因素的作用，使得农民工的迁移意愿分化呈现出了梯度转移的基本特征，此即是他们的迁移意愿在特大城市、省会城市、地级市、县城、中心集镇、乡村等产生了高度的分化，这一分化既有他们在城市务工的竞争能力、适应状况和两地收益比较等客观原因，也有他们基于城乡生活经验的感知和乡土情结等主观原因。笔者需要强调的是，笔者所指的农民工迁移意愿分化的梯度转移基本特征，是农民工围绕在城市等级体系中不同位置目的地的分化特征，而不是指农民工必须因其城市务工竞争能力、适应状况选择迁移目的地，因为造成他们目的地选择差异的，除了这一客观原因之外，还有前述主观原因。而正是农民工迁移意愿的梯度转移特征，与"新型城镇化"所指向的，在我国城市化率已有相当基础之时，反思城市的本质属性，调整过往的追赶型城市化过程中的部分问题，具有深切的相容可能。

3. 农民工在不同城市（镇）中实现梯度转移的重大意义

　　依据农民工的城镇化目的地分类，笔者将特大城市、省会城市及部分较发达的市划为第一层级，将一般的市、较发达的县城和一般的县城划为第二层级，将落后的县城、中心集镇、乡镇划为第三层级，可以看到农民工在这三种层级城市（镇）实现梯度转移的重大意义。对不同城市（镇）持有不同迁移意愿的农民工，不再只是单纯聚集在大城市尤其是少数特大城市，不论是对当前中国整体的城镇化和城市整体结构布局，还是对处于不同层级的城镇，都具有重大意义。

第一，从整体上讲，它在扭转我们对什么是农民工从农村向城市（镇）的转移这一问题的认识上，具有相当重要的原则性指导意义，对这一认识影响下的城市整体结构布局的发展也有相当指导作用。这种新型城镇化的思路不再从结构主义的视野，单纯从国家整体的角度过分强调城市化率的高低，片面肯定城市化对一国经济、社会发展水平的代表性意义，而是从符合一国现实经济、社会综合发展水平的基础上来看待城镇化。

城镇化不仅仅意味着居住方式、工作类别、交通方式、消费形态等的变化，它的背后往往需要更深层次的心理、文化结构的变迁与之相匹配。例如，在我国乡村的新农村建设不能只是农民工从平房搬到楼房居住，它需要农民以变革的生活方式适应这一新的居住方式；交通方式的多样化、便利化也意味着需要更多与汽车、地铁、高铁甚至飞机相适应的交通文明；消费形态的多样化同时也要求参与消费的人群树立不同于短缺经济时代的消费习惯和消费文明……这些，都将是一个非常长期的过程，而不是伴随着人口流动到城市就能够同步发生。换言之，这将是目前中国从形式上的快速城市化转向实质上的均衡城镇化的关键时期，它在为未来中国城镇化的质量提升夯实基础。当前中国的许多城市问题，如城市环境卫生、交通秩序、餐桌奢侈浪费、社区邻里矛盾……都与城市化过程中快速的经济、社会变革与居民中缓慢的心理、文化变革之间的差距有着密切的关系。

第二，对于经济、社会发展水平较高的第一层级城市而言，农民工的梯度转移意味着，这些城市展开的关于农民工市民化的相关对策，可以以更为精确的目标导向展开。第一层次城市的相关制度变革，聚焦于主观和客观两方面具备向其迁移可能性的这一部分农民工，既减少了第一层次城市相关制度变革的复杂性与利益纠葛，又能以更妥善的对接方式满足这一部分农民工的迁移意愿，还能更好地为第一层次城市的人力资源储备打下基础。愿意迁移到这些城市的农民工，往往在主观（城市生活感受等）和客观（工作和收入状况、社会适应状况等）两个方面相对其他农民工具有更好地向城市永久迁移的基础。第一层级的城市除了更为丰富的资源和机会，也意味着高昂的生活成本和积累的社会竞争，如果农民工几乎都在丰富的资源和机会吸引下流向这些城市，它在给城市带来巨大人力资源的同时，也会带来巨大的资源压力以及由资源和机会竞争产生的"受挫者"给城市带来大量恶性社会问题的压力。面向城市的人口集中往往是劳动分工和效率提升的必要前提，但是过量人口集中带来相关问题的负面效应往往抵消着它们所带来的正面效应。

面向于主观和客观两个方面具有更好现实基础农民工的户籍制度改革及相关制度变革，能够以更符合这些农民工特征的方式来给他们迁移到城市提供必要制度支持和帮助。而不是在这些城市中人为制造"城里人"和"外来人口"的群体社会冲突。近年来，类似于广州增城市新塘事件这样由城里人和外来人口个体性冲突演变为群体性冲突的事件数见不鲜，某种程度上正是因为社会资源在两种人群之间的分配和流通不畅引起的，只有妥善解决好农民工在这些城市的城市化问题，适当开放给这些农民工获取更为丰富的资源和机会的社会空间，给他们以适当的向上社会流动的机会，这些城市才能既拥有大量的人力资源储备，又能避免恶性社会问题的发生，同时也能继续保持它们在城市整体格局中的引导力。

第三，对于经济、社会发展水平一般的第二层级城市而言，农民工的梯度转移意味着，从城市布局的结构来看，第一层级城市有着更为有利的后备城市支撑体系，农民工也能以更小的成本和可能性实现其迁移意愿。它意味着，农民工从乡村到城市的转移，并不一定以增加大城市发展风险尤其是增加大城市病风险的方式进行。农民工涌入大城市对优势资源的争夺带来的对大城市的巨大压力和由此造成的对群体自身的巨大压力，可以由其他方式来妥善解决。

发展中国家的城市首位度过高已经引起了经济学家、社会学家的广泛关注，因为发展中国家的后发劣势，这些国家中的极少数城市才能直接参与全球经济分工体系，国内的其他城市只能沦为这极少数城市产业转移的配角。在我国，北、上、广、深等少数城市的领先发展和其他城市的相对落后形成了鲜明对比，在各个省份中，个别较发达的城市（主要是省会城市）和其他城镇之间也形成了鲜明对比，它在使城市结构失衡、后续发展乏力的同时，也使城市与城市之间产生了对立关系而不是良性互动关系。

农民工面向流出地省内一般的市、较发达的县城和一般的县城的城镇化，具有多重含义。首先是这些农民工在第一层级不同城市所习得的生产技术、管理制度……甚至是未完全完成的心理、文化再社会化，也会对第二层级城市的经济生产和社会变革带来积极的引导作用。其次是这与他们面向第一层级城市的城市化而言，他们需要跨越的社会等级距离更近，他们面对的竞争和压力更小，有着更为现实的实现可能。再次是这些农民工迁移所需要承担的成本更低。这些成本并不仅仅是指他们在迁移目的地的购房成本、找工作成本、生活成本等，还包括一般不常认识到的与乡土生活隔绝，与大家庭、宗族其他成员分离的心理成本等其他社会成本，后一因素有时候甚至对农民工的迁移决策起着决定性的影响作用，在心理上，他们可能很难一下子完全脱离乡村生活时代形成的生活方式。

第四，对于经济、社会发展水平较为落后的第三层级城市而言，农民工的梯度转移意味着，这种城镇化是以"离土不离乡"的特征实现的，除了以往论及的离土不离乡的优势之外，这一城镇化方式尊重了相当一部分农民工的迁移意愿，有利于化解农村小城镇在当前发展中的"空洞化"风险。农民工在城市中务工，有可能只是为了"子女读书""建房""娶亲""还债"等家庭重大事件展开，也有可能在长期的城市务工和生活中在心理、文化认同上很难接受城市的生活方式，也有可能因为文化程度低、没有核心职业技能和技术在大城市中缺乏足够竞争力，还有可能是希望保留的农村户籍及由此而保有的土地承包权和宅基地使用权……如果这部分农民工能够在就近的县城、中心集镇甚至是一般乡镇部分实现其收入增长，他们是极其不情愿"背井离乡"到大城市务工和生活的，大城市的工作和生活对他们来说是一种糟糕的社会经历。

同时，近年来农村人口因为大中型城市的资源和机会优势，不得不到城市中谋求工作和发展机会，一般乡镇、中心集镇甚至是少数县城的发展都面临空洞化的风险，农村中仅剩下"386199"人群，缺乏必要的人力资源对附近城镇的经济、社会发展提供支撑。这样，当地农民工的收入增长期望和当地城镇的发展处于错位之中，只有借助于部分农民工以离土不离乡的形式参与城镇化，才能理顺农民工的收入增长期望和当地城镇发展之间的关系，使农民工的产业转移服务于当地城镇化，也能尊重部分农民工在长期生活经历中的心理、文化习惯，把他们的城镇化纳入到更长的时间中去实现。

概括而言，只有在当前我国城市化已经达到一定水平之时，反思这种追赶型城市化在快速实现的过程中可能产生的经济、社会快速变迁与心理、文化缓慢变迁之间的落差问题，同时，回归到城市的起源，认识到城市的本质，才能妥善理解新型城镇化在城市化阶段中的历史定位问题。在具体实现新型城镇化的道路上，需要认识到农民工的梯度转移在实现新型城镇化中的重大意义，无论是对于我国城镇化布局的整体结构而言，还是对于处于三个不同层级的城市而言，相关理论研究和对策实践都必须妥善将农民工的迁移意愿纳入其中。只有这样，新型城镇化才能真正实现。

三　湖北新型城镇化问题研究政策启示

1. 新型城镇化问题与城镇化阶段的历史转向

（1）反思城市在国家和社会生活中的角色

以往的国家城镇化战略下，面向大中型城市的城镇化在其历史历程中显示出了两个不同方面的后果。一方面，中国城镇人口占全部人口的比例，从 1978 年的 17.9% 到 2000 年的 36.2% 再到 2012 年的 52.6%，终于摆脱了新中国成立后三十年里的低迷不振，走在了发展中国家的前列。另一方面，前一阶段的城镇化主要以人口向大中城市尤其是大城市集中为特征，大规模人口聚集带来的巨大人口容纳压力体现在交通、能源、公共医疗、卫生、教育等几乎市民生活的各个方面，当前我国大城市的发展面临巨大的瓶颈压力。

归根结底，回到城市的起源，城市在军事、政治上是人类抵抗其他人群入侵的军事设施，在经济上有利于社会分工和生产效率的提高，才会在文化上产生截然不同的城乡心理结构。但目前现代国家已经形成，城市的军事、政治属性主要被现代国家所替代，城市的经济、文化意义才是其不同于乡村的主要差别所在。同时，考虑到近三十年来随着交通技术、信息技术等的快速更新换代，回归到城市的起源和本质，城市和乡村只是人类宏观历史中的两种不同生活方式，它们之间并不具有价值观中的优劣关系。

因此，既需要肯定新中国成立后各种稀缺资源在大中城市的集中，能够有效发挥大中城市在资源配置中的集约化优势及其历史贡献，也需要认识到这一战略可能带来的历史风险，在新的历史发展阶段，做好大中城市、小城镇、乡村在国民生活中的谋篇布局。

（2）从结构化因素主导下的城镇化转向个体性因素参与下的城镇化

结构化因素主导下的城镇化所指的是，国家政治局势、经济发展战略、产业升级换代等结构性因素对人口流入或流出城市的影响；个体性因素参与下的城镇化所指的是在一国城镇化率达到相当水平之后，在政治、经济局势相对稳定的形势下，社会个体对于是否主动参与城镇化，采取何种方式参与城镇化，将会拥有一定的社会选择权利。

近十年来关于国内"民工荒"的大量研究业已表明，民工荒更多的是农民工在不同地域用工市场中的流动带来的结构性错位，和农民工的代际差别带来的务工期望转变，而不是绝对数量的缺口问题。这在另一个角度也证实了，在目前的城镇化水平上，个体性因素相对于结构性因素，对于农民工的流入目的地选择有着越来越大的分量。

（3）从乡土时代到移民时代

以往的社会发展阶段及经济发展水平的限制下，在大部分的时间段中，人口流动只是小范围、短距离、占人口比例较少人群中发生的一种社会现象。但目前的社会发展阶段及经济发展水平下，无论是国际范围内的人口流动，还是其他发达国家、发展中国家内部的人口流动都成为了一种非常普遍的现象。

我国的社会控制手段及相关社会制度设置，这包括户籍制度、医疗保障制度、社会保障制度等，大都基于较低人口流动率而制定，更适合乡土时代的人口特征。但在课题组从 2005 年到 2014 年组织的省内外多次大规模问卷调查中，除了农民工面向不同类型城市的迁移意愿之外，农民工的高流动率和持续的流动意愿也是理论界和实务界必须关注的一个重要现象，移民时代的社会治理相对于乡土时代的社会治理显然需要相对不同的治理思路。

2. 农民工迁移意愿的分化与湖北省内不同类型城市（镇）的布局结构

第一，农民工在多年的务工经历中，基于自身在城市中的市场竞争能力、社会交往状况、制度不公平感等综合性的因素而非单一性的经济理性考虑，出现了迁移意愿的分化。

对于农民工城市化可能给城市尤其是大城市带来的社会成本压力，不应过于高估。课题组结合自身多次调查数据和其他研究数据认为，[①] 不超过 25% 的农民工有在我省大城市永久性定居的意愿。同时，有 20% 左右的农民工仍然会回归家乡的乡镇甚至乡村生活。有将近 15% 的农民工会选择前往省内中小城市定居。超过 30% 的农民工目前不会选择在前述任一地方定居，他们会在不同的城市持续流动，借此寻求更多、更好的社会流动机会。同时，剩下近 10% 的农民工可能会往配偶家乡所在省份的不同类型城镇甚至其他省份的城镇定居。省内城镇化政策的制定和户籍制度的相应改革，需要更好地与农民工迁移意愿的分化对接。

第二，在课题组 2014 年 9 月份投出，12 月份刊出的研究论文《新型城镇化与农民工的梯度转移》中，提出了对国内、省内不同

---

① 本节中如无特殊说明，使用的数据均从 2013 年国家卫计委流动人口动态监测数据中武汉市数据及笔者主持的相关调查数据分析而来，在此表示感谢！

类型城镇分类的新思路，略早于 2014 年 11 月 20 日国务院发布的《关于调整城市规模划分标准的通知》。

国内北京、上海、广州、深圳等特大型城市首位度过高，超出城市资源负载能力且给居民带来过于激烈的社会竞争等相关问题，在省内也多有体现。武汉市作为省内唯一常住人口超过 1000 万的大城市，因其在国内、省内城市格局中的重要地位和它对流动人口的吸引力，使他实际上已不同于一般性的省会城市，需要区别对待。省内宜昌市、襄阳市等也与一般的地级市有所区别。而省内部分城区人口较少、经济发展程度、对县域内人口吸纳能力较少的县，实际上可以看作与该县内其他中心集镇属于同一个层次的城镇。

因此，有必要对省内城镇进行重新分类，其分类依据应当是复合的，包括人口指标、经济指标、社会发展指标、资源指标、环境承载指标、区位关系结构等，需要更多基于客观性指标而非主观愿景。

3．移民时代的社会治理

（1）人口流动已经成为我省一个常态性的社会现象

目前在我省各城市务工的农民工中约 70% 来自于省内农村，剩余 30% 来自于国内其他省份农村；超过 30% 的农民工目前不会选择在省内任一城市定居，他们会在不同的城市持续流动，借此寻求更多、更好的社会流动机会；同时，近 10% 的农民工可能会往配偶家乡所在省份的不同类型城镇甚至其他省份的城镇定居；有超过 35% 的农民工虽然有在省内务工所在地城市长久定居的意愿，但这些农民工中近 3 成仍然更愿意回家乡农村养老。

除此之外，因为我省省域经济发展的居中性和地域位置的便利性，有相当数量的农民工会选择中短期在省内各城镇流动。这些都说明人口流动不再是一个短期的、局部性的社会现象，而是一个常态的、地位重要的社会现象。

（2）移民时代的社会治理超出以往的社会治理难度

以往在控制人口流动方面最重要的社会控制制度主要是以户籍制度、暂住证制度等为代表的一系列相关制度，其主要特点是"分片管理、守土有责"。但在人口流动已经成为我省一个常态性社会现象的社会背景下，原有的社会治理手段很可能不能很好地适应现阶段社会形势。

课题组认为，流动人口服务不只是管理而应当成为今后一段时间政府工作的重点内容。其中相当一部分服务内容可以交由社会中介组织来承担。在国际上人口净流入量较大的美国、加拿大都有专门的国家移民局，社区有移民服务的专门服务人员和服务项目，力图帮助流动人口在流入地更好、更快地实现社会适应。

在我省的城镇中，应针对流动人口设立相对应服务项目和岗位，针对城镇中的流入人口，在相关服务项目中增加他们的学习能力、就业能力、社会适应能力、向新生活方式的转换能力、获取相关社会政策支持的能力、资源链接能力、面对更大社会竞争的能力，以降低其犯罪风险。对回流到家乡所在地城镇的农民工也应该提供类似服务，以更好帮助回流农民工实现将其在外出务工期间积累的工作经验、资金、社会阅历等，转换为对流出地经济、社会发展的带动能力。

第十一章

湖北省地方高校转型与
区域经济协同发展

我国高等教育经过多年的发展，尤其是高等教育大众化以来取得了举世瞩目的成就。根据 2013 年全国教育事业发展统计公报，全国各类高等教育在学总规模达到 3460 万人，高等教育毛入学率达到 34.5%。我国本科人才的培养已从精英教育阶段走向大众化教育阶段并朝普及化阶段发展。全国共有普通高等学校 2491 所（含独立学院 292 所），普通高校中本科院校 1170 所，高职（专科）院校 1321 所。普通高等教育本专科共招生 699.83 万人，在校生 2468.07 万人，本专科学校数和招生数基本达到 1∶1。而据教育部 2012 年高校就业率统计：我国高校就业率，排在第一位的是 985 高校，以下依次是高职院校、211 大学、独立学院、科研院所，第六位是地方普通高校。地方高校尤其是 1999 年实施高等教育大众化以来升格的三百多所本科院校和三百多所独立学院，都感到自己"上不着天、下不着地"，处于"学术向左、应用向右"的纠结与焦虑之中。这一大批院校，面临着从传统的学术型人才培养向满足社会多样化需求和民众谋生就业的应用技术型人才培养的转型。2014 年 6 月，国务院印发《关于加快发展现代职业教育的决定》，指出"引导普通本科高等学校转型发展。采取试点推动、示范引导等方式，引导一批普通本科高等学校向应用技术类型高等学校转型，重点举办本科职业教育。"

一 地方高校转型发展的背景与意义

引导一大批本科高校向应用技术型高等教育转型发展，不仅是国务院常务会议、全国职业教育工作会议的明确要求，是我省深入推进高等教育综合改革的重要内容，也是加快应用技术人才培养、提升高等教育服务区域经济社会发展能力服务、促进高校特色发展和支撑地方产业升级和技术进步的重要举措。促进湖北省地方高校的成功转型发展，对我省经济与社会发展有着重要影响。

1. 是我国社会经济发展新阶段的需要

随着我国经济发展方式的持续转变、产业结构的不断升级，社会对人才的培养规格和需求也在不断发生变化。在这种"新常态"下，最为关键的就是如何把经济增长的动力转到创新驱动上，如何完成"科学研究、实验开发和推广应用"这样一个三级跳，如何按照产业链来部署创新链。这对我国的高等教育、职业教育的整个人才培养格局、人才培养方式，都提出了新的要求。要按中央经济工作会议提出的更加注重教育和人力资本质量，提高人力资本质量和对经济发展的适应性，为国家实施创新驱动发展战略做出贡献。1月22日至23日，2015年全国教育工作会议在京召开。会议强调要将调整教育结构，提高教育质量，为经济转型升级提供强有力的人才和智力支撑作为重要工作来抓。

2. 是高等教育结构战略性调整和现代职业教育体系的重要突破口

虽然高等教育大众化的发展进一步扩大了高等教育规模，高校毕业生人数增加，但却无法满足市场需求。目前社会上普遍存在着大学生"就业难"和企业"用工荒"的现象，从本质上来说是高等学校培养的毕业生与社会对人才的需求之间的错位对接造成的。从我国高等教育专业设置和人才培养来看，我国高校多年来一直沿袭传统办学思路，闭门办学，学科布局和专业设置脱离社会需求，不注重学生实际能力的培养，造成大学生就业出现结构性矛盾。面对高等教育功能失调，不能很好地为地方经济发展需要以及社会转型发展要求服务这一困境，高等教育的结构调整势在必行。而我国地方本科院校数量最多，招生规模最大，人才培养也最多,是高等教育的主力军。因此,调整的切入点首先是地方本科院校的转型发展。地方高校必须走出传统办学模式,把培养区域社会急需的应用型技术技能人才作为核心价值和追求,走以应用型人才培养为核心的内涵式发展道路,实现与地方经济社会发展的良性互动。

3. 是适应湖北经济发展方式转变的客观需要

众所周知,地方政府是地方高校投资和管理的主体,为地方经济社会发展服务是地方高校立校之根本,因此,其学科专业布局与和层次定位必须符合地方社会经济发展的要求,在服务面向上要突出区域性。当前,我省正处在加快转变经济发展方式的关键时期。中央经济工作会议对于区域发展明确了三大区域发展战略:一个是"京津冀一体化发展",一个是"长江经济带",一个是"一带一路"。如何把湖北省在"中部崛起"和发挥"长江经济带"中的战略作用结合起来,高等教育发展的水平,以及高等教育对人才培养和科技贡献的水平,起着关键的作用。就湖北省来看,作为教育大省,湖北共有126所高等院校,其中部属院校有普通本科院校有8所,高职高专54所,其他都为地方本科院校,占据半壁江山。长期以来,地方高校在产出和会集人才、推动经济结构调整中发挥了重要作用,但与经济社会发展要求相比,湖北省地方高校还存在"三个有差距":人才培养质量与经济社会发展的要求有差距;学科专业结构与产业转型升级的要求有差距;自主创新能力与区域创新体系建设的要求有差距。[①] 经济发展方式的转变对高等教育形成"倒逼机制":迫切需要地方高校提供更好的人才保障和智力支撑,迫切需要地方高校促进产业转型升级,迫切需要地方高校引领推动提高社会文明程度,迫切需要地方高校支撑提升经济社会综合竞争力。

---

① 刘传铁:《深入推进高等教育综合改革 全面推动湖北地方高校内涵式发展》,《高等教育研究》2014年第8期,第67页。

二   地方高校转型的目标与内容

1. 地方高校转型的目标

地方本科高校转型发展的主要目标是引导一批本科院校和专业（集群）向应用技术型高等教育发展，以培养产业转型升级和公共服务发展需要的高层次技术技能人才为主要目标，以推进产教融合、校企合作为主要路径，完善现代职业教育体系，促进高等教育特色发展，推动学习型社会建设。转型的重要目的是提高地方高等教育支撑产业升级、技术进步和社会管理创新的能力。具体来说，其转型目标体现在三个方面：一是实现办学类型的转型，从教学型向应用型的转变。如果以传统的基于高校科研能力划分标准，似乎教学型与应用型并不是逻辑上对立或对称的范畴。但高校分类也有一种知识逻辑的分类标准，这种分类标准认为，高校的逻辑起点是"高深学问"，就是知识，在高校知识生产全链条上，可以分为创新知识、应用知识和传播知识几个阶段和任务，以传播知识为主的高校就属于教学型，以应用知识为主就属于应用型，以创新知识为主就属于研究型。二是实现办学功能的转型，从单一人才培养向人才培养与科技服务并重转型。强调知识的应用，就是必须强调高校的科学研究职能，不仅要重视人才培养，更要比之前更加重视科学研究，以科学研究实力及其成果直接服务区域经济社会发展。三是实现办学模式的转型，实现从封闭办学到协同发展的转型。要求新建本科院校从以自我为中心到以他方为中心，从封闭式的人才培养到产学研合作教育，从资源约束到需求约束与资源约束相结合的发展，成为与地方发展相互支持的"相互作用大学"，真正融入社会，既作为"象牙塔"而保存社会的"良心"，又作为"服务站"加速社会的进步。

2. 地方高校转型发展的主要内容

地方高校转型发展就是瞄准区域经济社会发展的需求，从人才培养目标、培养模式、学生来源、培养方案、师资队伍、人才评价等方面进行全方位的人才培养体制改革。

（1）准确定位人才培养目标

应用型大学培养的人才在知识结构、能力结构和素质培养方面有不同的侧重和要求，即重应用、重技术、重技能、重职业。应用技术大学与企业紧密合作，培养学生的创新能力和实践能力，侧重技术的开发应用能力的培养，使之成为明天的工程师和企业家。例如，德国应用科技大学是一种"为职业实践而进行科学教育，而不是带有某些理论的职业教育"，人才培养目标是以"通过对学生进行必要的基础理论教育和充分的职业训练，使其成为在某一领域具有独立从事职业活动能力的中高级技术人才"。可见，德国应用科技大学是新型科学教育，而非传统的职业教育。尽管应用技术大学的毕业生在理论方面要低于一般大学的毕业生，但他们长于实践和技术应用与开发，德国经济界和工商管理界把他们称为把理论知识转化为实际应用技术的"桥梁式的职业人才"。应用科技大学一般要求学生达到以下三个方面的目标：解决来自生产和生活实际中的具体问题；能完成新的科研与技术开发项目；引进、优化和监控新方法、新工艺的使用。

（2）专业建设与人才培养模式改革

适应区域经济"转方式、调结构"需要，专业设置体现地方特色和产业需求，突出应用性和针对性；适应现代产业体系建设需要和企业人才需求变化，不断调整优化专业结构；人才培养模式注重产学研结合，突出注重实践导向和校企合作；参照某一职业的中高级技术人才任职资格制订培养方案，课程、课题、项目与工作实际需求紧密结合；课程在保证本科教育水平的同时，突出应用技术和工程技术教育；教学强调理论与实践的结合，推行行动导向的教学模式；加强与企业的联系，探索校企合作育人的体制机制；建立双导师制，学生的毕业设计（论文）选题与企业生产的革新或技术难题相结合；吸纳行业企业参与人才培养与评价，将就业水平、企业满意度作为衡量人才培养质量的核心指标，建立健全质量保障体系，全面提高人才培养质量。

（3）建设专兼结合师资队伍

应用技术大学的教师队伍与传统大学的教师队伍有明显的区别。为此，要转变教职员工观念，树立技术立校、应用为本的办学理念；加强领导班子和干部队伍建设，树立服务应用型人才培养的理念，加强应用科技大学知识的学习，提升服务地方经济和学校转型发展能力。建立专业教师与企业工程技术人员双向交流或流动的机制，充分满足应用技术大学对教师实践能力的要求；大量聘任来自企业界或其他社会单位具有丰富实践经验的专业技术人员任教，满足实践教学的需要和毕业设计环节双导师制的要求，逐步建立实践教学由企业技术人员主导的机制；教师加强与企业的联系，注重帮助企业解决实际问题，引导学生能借助理论科学方法，解决来自生产和生活实际中的具体问题，提高应用型人才培养的实效性和针对性。

（4）校企合作建立实践教学机制

为了培养学生的技术应用与开发能力，应用技术大学要高度重视实践教学，加大实践教学的比例，实践教学要突出实验教学、企业实践、项目教学和毕业设计等环节。实践教学要突出企业的作用，形成政府主导、行业指导、企业参与的办学体制机制，发挥各自在产业规划、经费筹措、先进技术应用、兼职教师聘任（聘用）、企业实习和吸纳学生就业等方面的优势，促进校企深度合作，增强学校办学活力；深化学校内部人事管理制度改革，落实教师密切联系企业的责任，引导和激励教师主动为企业和社会服务，开展技术研发，促进科技成果转化，实现互利共赢。

（5）提高服务社会能力

地方高校转型发展，一要牢固树立主动为社会服务的意识，全方位开展服务，促进区域经济社会发展；二是不断提高自身服务社会的能力和功能，面向区域产业发展培养急需人才，面向行业企业开展技术服务，参与企业技术创新和研发，加强应用技术的研究与推广，与企业建立产学研共同体或应用技术研究机构，加强科研成果转化，直接为当地经济发展服务。面向区域开展技术技能和新技术培训，为企业职工和社会成员提供多样化继续教育，增强服务国家和区域发展战略的能力。

在转型过程中，有效澄清争论的矛盾需要明确以下几个问题：一是应用型本科与学术型本科是等值的。从国外来看，应用技术大学与学术型大学是等值的，不存在谁高谁低的问题。1996 年初，德国、奥地利、瑞士企业领导人对 3 国 155 所设置工程科系的高校进行了评估，在前 20 名中德国应用科技大学占了 7 名。二是消除应用型人才好培养的观念。长期以来，人们的观念中认为应用型人才好培养，学术型人才难培养，因此就产生了重点大学培养学术型人才，非重点的地方高校就去培养应用型人才的观念。实际上这种认识是片面的，应用型人才的培养难度不亚于学术型，其办学要求的条件甚至比学术型人才高。从欧洲应用科技大学产生的时间来看，大多在 20 世纪七八十年代，有的甚至是 90 年代以后，这并不是说高层次应用型人才到了这个时期才需要，而是社会发展到这个阶段才有能力支撑应用型科技大学的办学。三是转型发展是转变发展方式，重在内涵建设。高等教育分类办学，并不是对高等教育的一种简单分类，高等院校简单的翻牌，而是构建起体现应用型本科自身特色的人才培养模式，其中重要的是建立起校企合作的机制、双师型的教师队伍、实践导向的课程体系、培养学生具有解决实际问题的应用研究能力等办学特色。四是应用型人才培养需要构筑相关的社会环境，尤其是企业参与人才培养的社会制度。由此可见，当前地方高校转型发展，不是争论是否有无的问题，而是如何根据应用型人才自身的要求来加强内涵建设。

事实上我国已开始了相关的改革试验。2010 年教育部实施的"卓越工程师教育培养计划"就是一个突出人才培养应用型的项目，项目以工科类院校为背景，参与的学校从清华大学到地方独立学院，培养过程要求行业企业深度参与，学校按通用标准和行业标准培养工程人才，强化培养学生的工程能力和创新能力。遵循"行业指导、校企合作、分类实施、形式多样"的原则。在企业设立一批国家级"工程实践教育中心"，学生在企业学习一年，"真刀真枪"做毕业设计。"卓越工程师教育培养计划"可以说初步对应用型人才培养模式作了新的诠释，但如果高等教育不从根本上实行分类改革，不从国家制度层面创建应用型人才培养的社会环境和氛围，势必出现路径依赖的现象而影响改革的进程和效果。

总之，地方高校转型发展的目的是促使地方高校办学更能体现区域特色，人才培养更加适应区域经济社会发展的需要，人才培养模式更加适合地方高校，科学研究更能紧密结合区域产业结构转型升级的要求，办学效益能够满足政府和公众的愿望，人才培养质量更能满足社会发展和学生就业。特别是在深化教育教学改革、创新人才培养模式、建设高水平专兼结合师资队伍、提高社会服务能力和创建办学特色等方面发挥示范引领作用，推动高等教育加快分类改革，逐步形成结构合理、功能完善、质量优良的高等教育体系，满足国家技术技能积累、系统化培养技术技能人才和建立现代职业教育体系的战略要求，使高等教育人才培养与产业结构转型升级紧密结合，促进地方高等教育与区域经济社会发展高度融合。转型发展工程是教育部力主实施的旨在推动我国新建本科院校应用科技型院校战略改革的重大项目。通过项目推动，我国新建本科院校在办学定位上，实现从学术型向应用型的转型；在发展思路上，实现从规模扩张向内涵建设与特色发展的转型；在服务面向上，实现从面向全国向服务地方的转型；在人才培养目标上，实现从培养学术理论型人才向培养技术技能型人才的转型；在人才培养模式上，实现从以课堂教学为主向以工学结合教学为主的转型；在教学内容上，实现从讲授课本知识为主向传授专业前沿知识为主的转型；在教学方法上，实现从以教师讲解为主向以项目化教学为主的转型；在毕业论文指导上，实现从理论研究、单一导师制向应用设计、双导师制的转型；在师资队伍结构上，实现从教学型为主向双师型为主的转型；在科研导向上，实现从基础理论研究为主向应用技术研究为主的转型；在学科专业设置上，实现从以传统学科专业为主向服务地方行业学科专业为主的转型；在课程教材体系上，实现从传统课程教材体系向应用课程教材体系的转型；在招生制度上，实现从高中毕业生招生向高中、高职毕业生招生的转型；在文化建设上，实现从校园文化向大学文化的转型。总之，改革后新建本科院校的毕业生在找工作时，不仅要有一张毕业文凭，同时还应拥有发明专利、技术革新、技术设计、管理设计或文化创意创新产品等，拥有区域行业、企业发展所急需的实实在在的技术技能。

三　湖北省地方高校转型与经济发展的现状及问题

区域高等教育结构调整要促使高等教育从教育跑道进入社会跑道，从高等教育圈内进入社会、经济领域、产业圈，也即从外部视角来布局高校内部的学科、专业、课程，来思考人才培养及其创新的问题。

1. 湖北省产业发展现状及趋势

（1）湖北省经济发展的传统支柱产业及存在问题

近年来，湖北省在大力推进工业兴省战略中，将产业集群的发展与培育特色主导产业、延伸产业链条、提升产业和区域竞争力等有机结合起来，形成了以钢铁、汽车、石化、食品、纺织和光电子信息六大产业集群为主体的一批各具特色的产业集群。

第一，钢铁产业。湖北是传统的老工业基地，拥有武钢、鄂钢、新冶钢等一批国有大型钢铁企业，钢铁工业是全省经济发展的主要支柱之一。目前湖北已形成武汉—襄樊—十堰汽车工业走廊，汽车生产已形成重中轻相结合，零部件配套完整的生产系列。

第二，汽车产业依托东风本田、东风日产、神龙等龙头企业，发展一批汽车配件、汽车改装企业，湖北省形成了武汉—随州—襄樊—十堰汽车走廊，汽车工业成为全省重要的支柱产业。依托东风公司等骨干企业，湖北各地发展协作配套企业，形成关联产业链，培育了一批龙头骨干企业带动型的产业集群。

第三，石化产业。湖北省扩大武汉石化、荆门石化原油加工能力，延伸产业链，建成中部地区重要的石化工业基地，培育了一批像兴发、宜化、洋丰等大型骨干企业和集团公司，形成了宜昌、荆门、保康产业带和磷化工产业集群，已成为全省销售额突破百亿的重点产业。

第四，电力信息产业。湖北省电子信息产业在全国具有较强的竞争力，近年来发展较快，尤其是光纤、光缆、数据与设备以及计算机软件等方面，不仅具有较强的技术研究开发实力，而且具有较强的产业基础。以武汉光谷为主要基地，鄂州—黄石—黄冈、荆门—荆州—宜昌、孝感—随州—襄樊—十堰为辐射线，初步形成"一点三线"沿江（长江、汉江）高技术产业带。

第五，食品产业。湖北省食品工业近几年来发展迅猛，在武汉、宜昌、黄石、十堰等地以统一、汇源、娃哈哈、农夫山泉、双汇、银欣、长友等企业为龙头，形成了较具规模的农产品加工食品生产基地。全省食品工业已初步呈现出集群发展的特征。武汉市东西湖区、宜昌、恩施、十堰等地都已初步形成各具特色的产业集群。

第六，纺织产业。纺织工业是湖北省国民经济的支柱产业，已形成包括棉纺织、毛纺织、麻纺织、染整、针织、色织、丝绸、化纤、服装、鞋帽、纺机纺器在内的较为完整的产业体系，综合能力位居全国前列（第五位）。

但进一步分析，湖北产业发展存在很多问题：一是总量规模不大。据湖北省官方数据，2009 年，湖北规模以上企业工业增加值虽达到了 4742.23 亿元，[①] 但仅为山东的 25.16%、广东的 26.42%、江苏的 28.35%。且其占国内生产总值的比重（扣除建筑业后），也比山东、江苏、广东分别低 18.8、12.16、8.97 个百分点。二是产业结构不优。2009 年，湖北轻重工业的比重为 30.9∶69.1，[②] 虽呈改善趋势，但长期以来"重工重，轻工轻"的局面没有得到根本改变。三是产品档次不高。湖北除一些特殊产品和具有领先地位的高科技产品外，传统产业产品档次不高、附加值低的问题依然存在。四是产业链较短。湖北多数产业的产业链条过短，产品生产配套能力不强，上下游和外围服务企业配套不紧密，整体市场竞争优势不

---

① 湖北省教育厅：《湖北教育年鉴》，湖北人民出版社 2009 年版。
② 同上。

突出。大多数企业生产主要集中在产业链的中、低端节点，产品单一，结构雷同，系列化产品不多，产业链条延伸不够。五是创新能力不强。湖北虽有着强大的高教资源和丰富的科研资源，但成果难以产业化，科研与生产"两张皮"现象严重，人才总量、结构和素质还不能适应新兴产业快速发展的需要。

（2）湖北省战略性新兴产业发展重点方向及产业布局

湖北省经济转型与产业升级的任务颇为艰巨。战略性新兴产业发展重点方向的选择尤为重要，主要有：

第一，新一代信息技术产业。提高系统集成能力，完善产业链，壮大产业群，从外围向核心推进，从加工装配向研发制造转型，着力突破核心关键技术，推进网络、技术和产业融合发展，积极培育信息服务新业态，促进我省新一代信息技术产业持续快速健康发展。

第二，高端装备制造产业。贯彻落实国家装备制造业调整和振兴规划，面向国际、国内市场，承接转移，扩大需求；推进重大技术装备成套化、自主化工作；加大技术改造投入，增强企业自主创新能力，着力突破一批关键共性技术，大幅度提高基础配套件和基础工艺水平；引进战略投资者，培育一批重点企业和重点产品，提高本地配套水平，努力把我省建设成技术自主化、制造集约化、设备成套化、服务网络化的全国重要先进装备制造业基地。

第三，新材料产业。围绕我省新材料优势和特色领域，充分发挥科研优势，在功能材料、复合材料等战略性材料领域，突破一批关键技术和产品，积极抢占产业制高点，培育形成新的产业增长点。以量大面广和重大基础设施急需的高性能材料为突破口，加快新型冶金材料、新型化工材料的开发，加强纳米、超导、智能等前沿新材料研发和产业化，培育一批具有较强竞争力的龙头企业与产业集群，增强我省新材料产业自主发展能力，实现产业突破性发展。

第四，生物产业。把握世界新科技革命和产业革命的历史机遇，面向经济社会发展的重大需求，以培育龙头企业为重点，优化资源配置，营造良好发展环境，充分发挥我省特有的资源和技术优势，以武汉国家生物产业基地及宜昌生物产业园为重要载体，重点发展生物医药、生物农业，加快发展生物制造、生物能源和生物环保等新兴产业，努力实现关键技术和重要产品研制的新突破，全面提升我省生物产业的竞争力。

第五，节能环保产业。围绕节能减排，发展绿色经济和循环经济，坚持以市场为导向，以企业为主体，以重点工程为依托，以提高节能、环保及资源循环利用领域重大技术装备、工艺、产品及服务水平为重点，加强宏观指导，强化政策支持，加大资金投入，突出自主创新，培育规范市场，增强节能环保产业竞争力，加快形成新兴支柱产业，推动资源节约型和环境友好型社会建设。

第六，新能源产业。加快发展核能、太阳能、风能、生物质能等新能源，优化能源结构，推进能源生产和利用方式变革。增强能源科技自主创新能力，加快新能源技术推广应用，促进新能源装备产业做大做强。

第七，新能源汽车产业。抓住国家开展"节能与新能源汽车示范推广"的良好机遇，瞄准领先、支持研发、推进产业、鼓励应用、加强配套，以优势企业为龙头，以插电式混合动力汽车、纯电动汽车为主攻方向，以"三电"（电池、电机、电控）关键零部件为突破口，加快抢占技术制高点和市场增长点，形成国内领先、具有国际竞争能力的新能源汽车自主产业体系和产业集群，把我省建成世界一流的新能源汽车产业基地。

为突出重点和特色，加强分类指导，湖北省政府在推进战略性新兴产业发展的同时，合理引导区域发展分工与合作，优化空间布局，推进区域协调发展。一是促进武汉东湖国家自主创新示范区率先发展战略性新兴产业。推动形成以光电子信息为核心产业，以生物、节能环保、高端装备制造为战略产业，以高技术服务业为先导产业的"131"产业架构，成为代表我省参与全球高技术产业竞争、提升我省在全国新兴产业布局地位的核心载体，成为率先发展、辐射周边、联动全国、面向世界的科技经济引擎。二是提升中心城市战略性新兴产业发展水平。发挥武汉、襄阳、宜昌"一主两副"中心城市产业基础好、知识技术密集的优势，加强创新基础条件和平台建设，着力培养和凝聚人才，完善区域创新体系，形成一批具有较强国际竞争力的战略性新兴产业创新基地和研发中心，发挥示范引领作用，促进区域整体优势的发挥和区域竞争力的提升。加强大中城市产业配套能力建设，以龙头企业为依托，培育一批战略性新兴产业生产制造基地。三是支持有关市（县）和省级（省管）工业园区发展特色新兴产业。鼓励和支持有关市（县）、省级（省管）工业园区结合资源及产业基础优势，走特色化道路，实现差异化发展，推动形成具有区域优势的新兴产业集群。

2. 湖北省地方高校转型现状及主要问题

经湖北省政府同意，2014 年，我省已正式启动省属高校转型发展试点工作，并在首批 33 所申请试点的高校（其中公办高校 14 所，民办高校 19 所）中经专家评审，2014 年 9 月，批准在湖北医药学院、湖北师范学院、黄冈师范学院、湖北理工学院、荆楚理工学院、武汉商学院等 6 所公办高校和武汉东湖学院、武汉生物工程学院、武汉工程科技学院、华中师范大学武汉传媒学院、湖北大学知行学院等 5 所民办高校开展首批试点工作。① 2014 年 12 月，又启动了第二批省属地方院校转型发展试点工作，第二批共有 25 所院校申请（其中公办高校 8 所，民办高校 17 所）。根据第一批、第二批申请试点高校提交的转型发展试点方案，我们在综合分析市场产业集群和高校专业集群等因素的基础上，归纳出 12 个产业集群，分别是电子电气与计算机技术、纺织轻工工艺品、行政管理、化工能源环保、机械装备制造、教育培训、经济管理、旅游及服务、生物及医药、土木工程建设、文化产业、现代农业。并结合申请试点高校的转型专业与 12 个产业集群一一对应，将转型发展试点院校转型专业与产业集群进行对照（具体见表 11—1、表 11—2）。

总体上看，部分申请试点高校的办学定位较为准确，转型发展

① 省教育厅：《省教育厅关于同意武汉商学院等 11 所本科高校开展转型发展试点工作的通知》，鄂教发〔2014〕5 号，2014 年 9 月 15 日。

的目标比较清晰，体现了转型发展的指导思想和改革方向。但也存在一些问题：一是部分高校认识没有到位，转型发展态度不坚决，存在观望和犹豫心理。二是部分高校对转型发展的重点环节和关键问题认识不清楚，没有和所在区域的经济发展与产业链对接起来，方案的针对性不强。三是部分高校的方案过于简略，缺乏相应的制度保障，操作性不强。因此，如何引导和推进第一批试点院校转型发展，并建立一批转型示范高校带动其他高校转型，是我省高等教育目前亟待解决的问题。

表 11—1　　湖北省省属地方院校第一批转型发展试点院校转型专业及对接产业集群

序号	试点学校	所在地区	转型专业集群	
			专业集群名称	对接产业集群
1	湖北医药学院	十堰市	五年制临床医学类专业群	生物及医药
			四年制医学相关专业群	生物及医药
			药学专业群	生物及医药
2	黄冈师范学院	黄冈市	化工制药专业集群	化工、能源、环保
			车辆工程专业集群	机械装备制造
			生物应用技术专业集群	生物及医药
			教育技术与数字媒体技术集群	教育、培训/文化/电子电气与计算机技术
			经济类专业集群	经济管理
			管理类专业集群	经济管理
			机械工程专业集群	机械装备制造
			电气工程专业集群	电子电气与计算机技术/机械装备制造/化工、能源、环保
			工程造价类专业集群	土木工程建设

续表

序号	试点学校	所在地区	转型专业集群	
			专业集群名称	对接产业集群
3	湖北理工学院	黄石市	环境科学与工程学院	化工、能源、环保
			机电工程学院	机械、装备、制造
			化学与材料工程学院	化工、能源、环保
			医学院	生物及医药
			电气与电子信息工程学院	电子电气与计算机技术
4	湖北师范学院	黄石市	信息与通信专业集群	电子电气与计算机技术
			光电信息专业集群	电子电气与计算机技术
			艺术专业集群	文化产业
5	荆楚理工学院	荆门市	现代农业专业集群	现代农业
			资源与循环专业集群	化工、能源、环保
			高端装备制造专业集群	机械装备制造/电子电气与计算机技术
			健康与养老产业专业集群	生物及医药
			信息与传媒专业集群	文化产业/电子电气与计算机技术
6	武汉商学院	武汉市	商贸物流类	经济管理
			工商管理类	经济管理
			食品工程类	生物及医药
			旅游酒店类	旅游及服务
			机电汽车类	机械装备制造
			休闲体育类	旅游及服务
			信息技术类	电子电气与计算机技术
			应用艺术类	文化产业
7	湖北大学知行学院			

续表

序号	试点学校	所在地区	转型专业集群	
			专业集群名称	对接产业集群
8	华中师范大学武汉传媒学院	武汉市	文化产业管理专业集群	文化产业/经济管理
			传媒艺术类专业集群	文化产业
			传媒 IT 技术专业集群	电子电气与计算机技术/文化产业
9	武汉东湖学院	武汉市	电子信息类专业集群	电子电气与计算机技术
			装备制造类专业集群	机械装备制造/电子电气与计算机技术
			生物化工类专业集群	生物及医药/化工、能源、环保
			管理经济类专业集群	电子电气与计算机技术/经济管理
			新闻传播类专业集群	文化产业
			艺术设计类专业集群	文化产业
10	武汉工程科技学院	武汉市	地学类专业集群	土木工程建设
			珠宝类专业集群	纺织、轻工、工艺品
			机电类专业集群	机械装备制造/电子电气与计算机技术
			经管类专业集群	经济管理
11	武汉生物工程学院	武汉市	生物产业类专业集群	生物及医药
			信息产业类专业集群	电子电气与计算机技术
			装备制造类专业集群	机械装备制造
			管理类专业集群	经济管理
			建筑行业类专业集群	土木工程建设

数据来源：湖北省省属地方院校第一批转型发展试点院校申请试点方案。

表 11—2　　　　**湖北省省属地方院校第二批转型发展试点**

申报院校转型专业及对接产业集群

序号	申报学校	学校所在地	转型专业集群	对接产业集群
1	湖北科技学院	咸宁市	机电专业集群	电子电气与计算机技术/机械装备制造
			文化产业专业集群	文化产业
			五年制临床医学类专业群	生物及医药
			教师教育类	教育、培训
2	湖北汽车工业学院	十堰市	专业学位研究生教育	电子电气与计算机技术
			汽车信息化类专业集群	电子电气与计算机技术/机械装备制造
			工商管理类专业群（本科/专硕：工程管理）	经济管理
3	华中科技大学武昌分校	武汉市	信息工程类专业集群	电子电气与计算机技术
			装备制造类专业集群	机械装备制造
			建设工程类专业集群	土木工程建设
			环保技术类专业集群	化工、能源、环保
			经济管理类专业集群	经济管理
			新闻传播学专业集群	文化产业
			艺术设计类专业集群	土木工程建设/文化产业
4	三峡大学科技学院	宜昌市	工程建设类专业群	土木工程建设
			财务金融类专业群	经济管理
			电气及电子信息类专业群	电子电气与计算机技术
5	湖北民族学院科技学院	恩施州	护理、临床及中医	生物及医药
			电气工程及自动化专业	电子电气与计算机技术
			旅游管理专业	文化产业
			市场营销专业	经济管理

续表

序号	申报学校	学校所在地	转型专业集群	对接产业集群
6	湖北医药学院药护学院	十堰市	五年制临床医学类专业群	生物及医药
			四年制医学相关专业群	生物及医药
7	武汉理工大学华夏学院	武汉市	化工与制药专业集群	化工、能源、环保/生物及医药
			汽车工程专业集群	机械装备制造
			机电工程专业集群	机械装备制造
			土建类应用技术型专业集群	土木工程建设
			信息技术工程应用专业集群	电子电气与计算机技术
			文化创意类专业集群	文化产业
8	武汉工商学院	武汉市	现代物流与电子商务专业集群	电子电气与计算机技术/经济管理
			环境与生物工程专业集群	化工、能源、环保/生物及医药
			信息工程专业集群	电子电气与计算机技术
			现代商务服务专业集群	经济管理/旅游及服务/文化产业
9	湖北工程学院	孝感市	生命科学技术学院（农学院）	生物及医药/土木工程建设
10	湖北工业大学工程技术学院	武汉市	机械制造类专业集群	机械装备制造
			电子信息类专业集群	电子电气与计算机技术
			生化工程类专业集群	化工、能源、环保
			土木工程类专业集群	土木工程建设
			经济管理类专业集群	经济管理/电子电气与计算机技术
			艺术设计类专业集群	文化产业

续表

序号	申报学校	学校所在地	转型专业集群	对接产业集群
11	湖北工业大学商贸学院	武汉市	旅游专业集群	旅游及服务/经济管理
			信息类专业集群（本科）	电子电气与计算机技术
			土木类专业集群（本科）	土木工程建设
			艺术设计类专业（本科）	文化产业
			外语语言应用类专业（本科）	文化产业
			机电类专业（本科）	机械装备制造
12	湖北大学	武汉市	教育硕士专业学位研究生教育	教育、培训
			计算机技术领域工程硕士专业学位研究生教育	电子电气与计算机技术
13	武昌工学院	武汉市		
14	武汉工程大学邮电与信息工程学院	武汉市	信息通信类专业集群	电子电气与计算机技术
			自动化专业集群	电子电气与计算机技术/机械装备制造
			化工类专业集群	化工、能源、环保/生物及医药
15	华中农业大学楚天学院	武汉市	食品与生物专业集群	生物及医药
			环境设计专业集群	土木工程建设
			影视传媒专业集群	文化产业/电子电气与计算机技术
16	江汉大学文理学院	武汉市		

续表

序号	申报学校	学校所在地	转型专业集群	对接产业集群
17	文华学院	武汉市	三维数字化设计及制造专业群	机械装备制造/电子电气与计算机技术/化工、能源、环保
			基于移动互联大数据处理与应用开发技术专业群	电子电气与计算机技术
			建筑工程与环境健康安全检测专业群	土木工程建设
			新媒体新闻与品牌传播专业群	文化产业
			国际商务和金融服务专业群	经济管理
18	长江大学文理学院	荆州市	人居环境设计专业集群	土木工程建设
			经济与管理专业集群	经济管理
			装备制造专业集群	机械装备制造/电子电气与计算机技术
			商务外语专业集群	经济管理
			文化与传媒专业集群	文化产业
			医学与护理专业集群	生物及医药
19	湖北第二师范学院	武汉市	信息技术专业群	电子电气与计算机技术
			新闻传播专业集群	文化产业
			教师教育专业集群	教育、培训
20	武汉大学珞珈学院	武汉市	计算机技术类专业	电子电气与计算机技术
			管理类专业	经济管理
21	湖北工业大学	武汉市	职业技术师范学院	机械装备制造/电子电气与计算机技术/土木工程建设/文化产业
22	湖北文理学院	襄阳市	机械工程类专业群	机械装备制造
			电子信息类专业群	电子电气与计算机技术
			土建类专业群	土木工程建设

续表

序号	申报学校	学校所在地	转型专业集群	对接产业集群
23	武汉轻工业大学	武汉市	计算机技术领域工程硕士专业学位研究生教育	电子电气与计算机技术
			农村与区域发展领域农业推广硕士专业学位研究生教育	现代农业
			护理硕士专业学位研究生教育	生物及医药
24	长江大学工程技术学院	荆州市	石油化工专业集群	化工、能源、环保
			信息工程专业集群	电子电气与计算机技术
			机械工程专业集群	机械装备制造
			建筑工程专业集群	土木工程建设
			文管专业集群	经济管理
25	湖北汽车工业学院科技学院	十堰市	中德双元制学院	机械装备制造

数据来源：湖北省省属地方院校第二批转型发展试点院校申请试点方案。

为进一步了解地方经济对高等教育人才市场的需求，以更有针对性地指导地方院校转型发展，促进转型专业群与产业链的对接，让高校更好地为区域经济发展服务，2014年10月，教育厅发展规划处收集了湖北省15个地市（州）的1000多个用人单位在近些年的人才需求及规模，具体包括鄂州市、恩施州、黄冈市、荆门市、荆州市、潜江市、十堰市、随州市、天门市、武汉市、仙桃市、咸宁市、襄阳市、孝感市、宜昌市等15个地市（州）。同样地，我们将地方人才科技需求的需求类别与12个产业集群——对应，形成地方人才市场需求与产业集群对接，最后我们将转型院校及其转型专业集群与产业需求进行了相关统计与分析。具体如下表11—3：

表 11—3　　　　　　　　　**地方产业需求与转型学校规模**

序号	地方产业需求	人才需求		科技需求			转型学校	
		规模（单位数）	规模（人数）	地区（个）	规模（单位数）	地区（个）	第一批转型学校（所）	第二批申请转型学校（所）
1	电子电气与计算机技术	71	6128	12	40	10	8	18
2	纺织、轻工、工艺品	34	1364	9	32	11	1	
3	行政管理	103	3794	11	10	7	1	
4	化工、能源、环保	83	1008	14	133	13	4	6
5	机械装备制造	136	5630	12	168	12	8	10
6	教育、培训	50	6104	11	1	1	1	3
7	经济管理	126	17962	14	6	2	6	15
8	旅游及服务	37	2482	12	2	2	2	4
9	生物及医药	106	10862	15	100	12	8	12
10	土木工程建设	82	2699	13	10	6	3	13
11	文化产业	31	370	10	2	2	6	11
12	现代农业	118	11151	13	141	12	1	1

　　数据来源：教育厅发展规划处收集的"湖北省地方经济社会发展对人才需求汇总表"中得到。

从转型学校的改革方案看，目前存在很多问题，主要体现在：

第一，大部分院校还是闭门造车，所进行的转型改革方案只考虑了学校目前的学科与专业基础，并未对区域经济发展需求和产业升级趋势进行调研和分析，未能从高等教育圈进入社会、经济领域、产业圈，分析和布局高校的结构定位、学科专业、课程设置，思考人才培养及其创新问题。随着经济转型改革方案的展开，近年来湖北省已经形成了以钢铁、汽车、石化、食品、纺织和光电子信息6大产业集群为主体的特色产业集群，并且将信息技术，高端装备制造，新材料，生物、节能、环保和新能源等战略性新兴产业作为发展重点。而学校的转型主要集中在电子电气与计算机技术、机械装备制造和经济管理等基础扎实的传统专业上，未能涉及新兴产业的对接专业集群设置，高校的科研创新和成果转化能力有待提高。

第二，申请转型的高校一半以上都是独立学院，传统的老牌地方本科院校态度不积极，而这一批院校面临着转设、归口和其他出路问题，它们的转型可能更多的是出于对自身生存的一种考虑。第一批共有33所申请试点的高校，其中有公办高校14所，民办高校19所；第二批共有25所院校申请，其中公办高校8所，民办高校17所（见表11—1，表11—2）。在所有申请院校中，民办高校的比例为62%，相较之于公办学校，民办学校转型的态度更积极。

第三，与湖北省高等教育资源高度集中在武汉一致，申请转型学校也主要集中在武汉市，这与湖北省区域经济协调发展不相匹配。此次转型学校分别分布在湖北省的武汉、宜昌、鄂州、荆门、荆州、黄冈、仙桃、咸宁、恩施、随州、十堰、孝感、襄阳、潜江、天门等15个地区，其中分布在武汉的转型学校有21所，占总数的58%；其次是十堰市有4所，占总数的11%；而随州、仙桃、鄂州、天门、潜江等地区的转型学校数量为0（见图11—1）。人才需求量最大的地区在黄冈和宜昌，各占总量的14%，随州、仙桃、鄂州、天门和潜江等5个地区的需求量一共占总量的10%，但没有转型学校，与区域经济的发展不协调（见图11—2）。

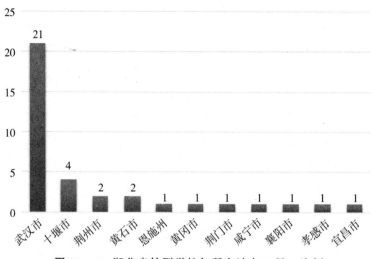

图11—1　湖北省转型学校与所在地市（州）比例

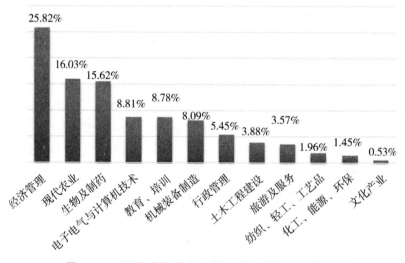

图11—2　湖北省各地市（州）对人才需求数量比例

　　第四，转型院校专业集群过于集中，有些产业需求很大的领域如现代农业、生物及医药等行业则寥寥无几。就市场方面而言，地方对接产业集群的人才需求量最大的是经济管理，占总需求量的26%；其次是现代农业和生物及医药，各占总需求量的16%；比较而言，文化产业，化工、能源、环保和纺织、轻工、工艺品等产业集群对人才的需求量较小（见图11—3）。就学校方面而言，电子电气与计算机技术专业集群转型的学校数量最多，第一批有8所学校，第二批有18所学校，在第二批转型专业集群中经济管理与土木工程建设受重视程度增加，分别有15所和13所学校转型；而比较薄弱的现代农业、行政管理和纺织、轻工、工艺品等专业集群都只各有1所学校转型（见图11—4）。可见，地方产业需求与学校转型专业集群并没有很好地对接起来，这也是目前大学生"就业难"与企业"用工荒"结构性错位的根源所在。

第五，转型学校对市场人才需求层次定位不准。参照湖北省教育厅收集的湖北省地方经济社会对人才、科技需求的信息表，可以看出，湖北省地方经济对人才的需求层次较高，大部分企事业单位需求的都是本科以上学历的人才，更有一大部分单位需要的是硕士与博士学历的高层次人才。而根据申请转型学校的改革方案，学校转型没有考虑到这一点，只是停留在本科专业的转型上，很少涉及研究生教育的转型（见表11—1、表11—2）。

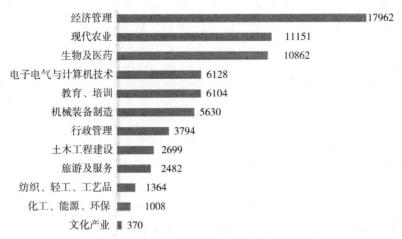

图11—3　湖北省地方对接产业集群的人才需求量

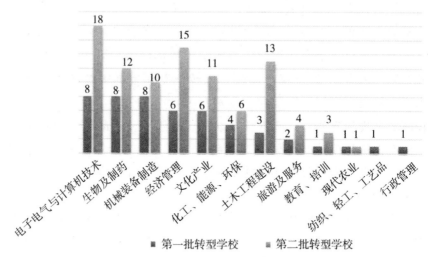

图11—4　湖北省地方产业集群与转型学校数量对比

四　欧洲应用技术型大学发展对我国（湖北省）地方高校转型的启示与借鉴意义

目前，我国职业教育还没有完全实现从层次向类型的转变。主要面临着技术技能人才培养体系不完善，职业教育"断头教育"和终结性教育的特征还没有得到根本性转变，缺乏技术技能人才成长的通道等问题。特别是现代产业体系发展需要的高技术应用人才和复合型、创新型技术技能人才的需求长期得不到满足，也间接降低了职业教育的吸引力。湖北省自改革开放以来，在经济转型与产业升级方面取得了显著的成效，大力推进战略新兴产业，形成了一批具有特色的产业集群，主要集中在钢铁、汽车、石化等传统支柱产业上，新能源产业、高端装备制造产业等高新技术产业发展不足，相应的人才总量、人才需求和人才质量比较薄弱。因此，湖北省地方转型高校可以借鉴其他国家职业教育的改革方式和发展经验，根据湖北省地区产业结构调整专业集群，培养符合市场需求的复合型人才。

欧洲发达国家的职业教育体系相对成熟，应用技术型人才培养数量在高等教育中占绝大部分。这些国家的应用技术型大学是基于地区经济发展需求，以职业岗位能力为目标的专业人才培养体系，与偏重理论和基础研究的传统大学学术型人才培养体系，构成了平行并逐渐贯通的普通高等教育体系和职业技术教育体系，进一步完善了高等教育结构，形成了相对完整的现代高等教育系统。① 从 20世纪 60 年代中期开始，德国、瑞士、奥地利、荷兰和芬兰等欧洲国家陆续将职业型院校合并升格为应用型大学，形成了与普通大学相互补充、共同发展的双元格局。② 这些国家在全球经济危机的冲击下仍然后劲十足，大部分得益于其应用科技大学对实体经济的大力支持，他们将学术型大学和技能型大学放在同等重要的位置，在创办应用技术大学的过程中积累了宝贵的经验。

1. 改变传统观念，明确办学定位

我国应用技术大学转型的主体是部分地方本科院校和新建本科院校。湖北省 2014 年首批申请转型试点的高校有 33 所，其中有 14所公办高校，19 所民办高校，经评审批准 11 所高校开展转型试点工作。③ 这些学校基本上都是从原来地方所举办的高职高专或中职中专升格、合并、转型而来。④ 我国传统文化中职业教育"低人一等"的观念根深蒂固。因此，在实施高等教育过程中，普遍存在看重学术研究而偏离实践能力培养的现象，社会上也习惯性地采取单一的偏学术标准将高校分为三六九等，偏技能训练的高职高专便排在了最末端。受到这些传统思想的禁锢，地方本科院校转型或发展成应用技术型大学在短时间内让人难以接受。

实现地方本科高校向应用技术型大学的成功转型，首先要转变传统观念，在办学定位上确立两类高校的同等价值，改变以往

---

① 焦新：《对话孟庆国：地方本科高校转型发展呼唤顶层设计》，《中国教育报》2014 年 1 月 6 日第 4 版。

② 中国教育科学研究院课题组：《欧洲应用技术大学（UAS）国别研究报告》，中国教育科学研究院，2013 年。

③ 省教育厅：《省教育厅关于同意武汉商学院等 11 所本科高校开展转型发展试点工作的通知》，鄂教发〔2014〕5 号，2014 年 9 月 15 日。

④ 董立平：《地方高校转型发展与建设应用技术大学》，《教育研究》2014 年第 8期，第 67 页。

统一采用学术性评价标准评价一切高校、将偏重技能型人才培养的高校定在排行榜最底层的不当举措，以服务地方经济的发展需求和应用技术大学自身的特点为依据，在教育行政管理部门的指挥下，制定适合应用技术大学特点的评价标准。[1] 例如，意大利在1990年将职业教育导向的大学文凭制纳入高等教育体系，使职业学位与大学学位平行。德国的普通综合性大学是培养研究型人才，而应用技术型大学的任务是培养经济社会、行业企业等实际部门工作需要的人才，两类大学在高等教育体系中具有同等的价值与地位。[2]

其次是明确办学目标。我国的应用技术型大学确立了以经济社会发展需求为导向的人才培养模式，[3] 并在改革过程中进一步明确培养目标，结合地方产业特色，突出人才培养的应用性和针对性。湖北省部分申请高校的办学定位及发展目标都比较明确，但部分高校也存在着转型态度不坚决，对应用技术型大学的定位及目标的认识比较模糊，持有观望心理。而欧洲各国应用技术大学以"培养具备良好理论知识和文化基础，同时又具有专业技能和实践能力的高层次应用型人才"[4] 为培养目标，突出应用性和实践性，直接面向社会经济生活，为社会经济发展服务。例如，瑞士应用科技大学主要培训未来的专业技术人才、管理者和艺术家；爱尔兰理工学院直接面向经济生活，培养社会经济建设急需的实用型、创造型人才，从技术员到高级工程师都是在其培养目标之列。

2. 调整专业结构，创建实训与教学平台

应用技术大学是区别于学术性、研究型大学的一种新型大学体系。不同类型大学的办学定位与目标是通过学科、专业与课程的定

---

① 万娇、石丽君：《关于地方本科高校向应用技术大学转型的思考》，《高教研究》2014年第3期，第21—22页。

② 同上书，第21页。

③ 邓朝喜、谭文魁、皇甫涛：《关于应用技术型大学理论与实践的思考》，《民办高等教育研究》2014年第3期，第21页。

④ 中国教育科学研究院课题组：《欧洲应用技术大学（UAS）国别研究报告》，中国教育科学研究院，2013年。

位与目标来实现的。① 应用技术型大学的专业集群设置与市场的产业链发展是紧密相连的。湖北是我国的老工业基地，已经形成了比较完善的产业体系，不论是经济规模，产业能力，还是技术水平都在全国处于重要地位，但其产业结构不合理问题日益凸显。如轻重工业比例失衡，传统工业和新兴产业之间的断层扩大，产业内市场集中度低等。② 产业结构的不合理使得高校培养人才导向出现问题：一方面，部分高校的改革往往还停留在学校办学理念的层面上，还没有把自身的改革贯彻到学科专业层面、课程层面、课堂层面及其人才培养的一切相关的人与活动层面；另一方面，往往关注了发展应用性的专业，却忽略了专业群的可持续发展，阻碍了资源共享与学生专业群体的相互影响、和谐发展。

我们可以借鉴欧洲应用技术大学根据社会需求来进行专业结构调整，打造特色专业（集群），创建校企合作教学平台。欧洲的应用技术型大学专业设置重视符合社会经济发展需求，具有显著的应用性特色和职业导向。例如，芬兰应用科技大学注重学科专业设置与区域产业结构对接，人才培养与社会、经济和就业市场需求对接，重点发展现代信息技术产业、生物技术产业和森工产业，形成了明显的竞争优势。奥地利应用科技大学的学科和专业设置紧紧围绕国家需要，学科设置涉及经济和商业管理、旅游、工程科学、计算机科学和信息技术、传媒设计、卫生和福利、新闻业和军事服务等领域。

此外，欧洲应用科技大学的人才培养注重学生的多样化需求，重视培养学生理论联系实际的能力，因此其培养模式通常采用理论学习与实践实习并重的方式。德国应用科技大学的课程设置包括大量的实践性课程和案例课程，强调学生应用理论知识解决实际问题的能力。在学生培养方案中安排有一至两个学期的"实习学期"，期间学生需要进入企业或其他工作单位参与实际工作，积累实践经

---

① 董立平：《地方高校转型发展与建设应用技术大学》，《教育研究》2014 年第 8 期，第 70—71 页。

② 蔡春：《湖北省产业竞争力研究》，武汉理工大学 2006 年版，第 22—23 页。

验。芬兰应用科技大学的课程结构分为 5 个板块：基础学习、专业学习、选修课、实训和学位论文，其中基础学习占教学时间 50%、专业学习 25%、选修课 6.25%、实训 12.5%、学位论文 6.25%。① 英国"新建大学"四年制教学模式则采用工读交替的"三明治"方式，即学生在企业和学校交替接受教育和培训，主要是"1+2+1"和"2+1+1"等模式。毕业考核同样重视实际问题的解决。如德国应用科技大学有 60%—70% 的学生选择在实习企业中完成自己的毕业设计或毕业论文，选题通常就是该企业中的一项具体工作或一个具体问题的解决方案。② 荷兰应用科技大学和英国多科技术学院学生毕业设计的大多数课题也都来自企业正在进行的工程项目。

3. 优化师资队伍，提高教育质量

师资队伍建设是提高教育质量的关键。在我国高等职业教育改革与发展过程中，"双师型"教师队伍建设是其重要内容。王义澄首先在国内指出"双师型"教师主要承担"参与学生实习过程、选派教师到工厂实习、参与重大教学科研工作、多承担技术项目"的角色③，对"双师型"教师的素质要求做出了解释。2006 年教育部明确提出职业院校应"逐步建立双师型教师资格认证体系，研究制定高等职业院校教师任职标准和准入制度"。④ 湖北省职业学校"双师型"教师中 82% 是学校毕业直接任教，18% 是从企业或其他单位调入；81% 是本科学历，16% 是专科学历，只有 3% 是硕士及以上学历。"双师型"教师的来源结构单一，达到硕士及以上的高等学历教师数量很少。⑤

---

① 中国教育科学研究院课题组：《欧洲应用技术大学（UAS）国别研究报告》，中国教育科学研究院，2013 年。

② 中国教育科学研究院课题组：《欧洲应用技术大学（UAS）国别研究报告》，中国教育科学研究院，2013 年。

③ 王义澄：《建设"双师型"专科教师队伍》，《中国教育报》1990 年 12 月 5 日第 3 版。

④ 教育部：《关于全面提高高等职业教育教学质量的若干意见》，教高〔2006〕16 号。

⑤ 罗莉：《湖北省职业院校"双师型"教师队伍建设对策研究》，硕士学位论文，湖北工业大学，2010 年。

欧洲应用技术大学对教师招聘的基本条件十分明确，对教师队伍的质量要求非常高。奥地利在发展职业教育过程中格外重视职业教育师资的培养。奥地利应用技术大学的教师中，31%获得博士学位，54%获得硕士学位，本科及其他学历者仅占15%。在德国应用科技大学中，专职教授占40%，兼职教师比例占到60%。① 兼职教授主要是来自各企业的专业技术工程师、研发人员和管理人员，通过技术讲座将企业的技术发展状况、新产品的研发动向、市场的需求等介绍给学生。德国《高等教育总法》规定，应聘为应用科技大学教授，一般必须具备两个基本条件：一是必须获得博士学位（艺术类专业除外）；二是应在本专业有至少5年以上（其中3年在高等学校外）的实际工作经验。而且，在任教期间，应用科技大学教授每四年享受一次为期半年的"研究休假"，到校外的对口单位从事实际工作或实用研究，以了解实际工作中的最新问题和动态，更新和扩充知识。这样将最新的生产技术理论和知识引入教学，增强应用科技大学与社会和产业界的联系，避免教学中理论与实际相脱离的问题。

4. 扩大招生范围，增加办学自主权

在我国高等教育体系中，地方本科院校招生规模最大。但目前普遍存在的高考招生、分层录取的入学制度与扩大招收有技术技能基础的学生和发展职业继续教育的矛盾成为限制地方本科高校转型的因素之一。② 随着地方高校转型试点工作的展开，湖北省教育厅指出会给予试点高校办学自主权，除了可自行设置专业、聘请师资外，学校还拥有自主招生权，可适度扩大普通"专升本"招生规模，招收的中高职毕业生比例要逐步达到15%以上，还可以从一线劳动者中选拔一定比例的对象接受本科教育。③ 学校改革在探索中

① 中国教育科学研究院课题组：《欧洲应用技术大学（UAS）国别研究报告》，中国教育科学研究院，2013年。

② 焦新：《对话孟庆国：地方本科高校转型发展呼唤顶层设计》，《中国教育报》2014年1月6日第4版。

③ 陈慕迪：《部分湖北省属本科院校将向应用技术大学转型》，《湖北日报》2014年5月8日。

前进，改革的范围仍需要继续扩大。

欧洲应用科技大学的统一特点是学生来源多样化，招生兼顾职业教育和普通教育两类学生，为职业教育和普通教育的贯通开辟了道路。例如，德国应用科技大学的生源包括综合文理高中毕业生、职业高中毕业生和其他职业学校毕业并补修完相关课程的学生；奥地利应用科技大学的生源包括高中毕业生、学徒和中等职业学校毕业生；荷兰应用科技大学对所有拥有普通中等教育、中等职业教育和大学预备教育文凭及任何同等资格的学生开放，该开放式入学的唯一限制就是入学限制条款，条款适用于部分学习项目，主要是与医疗、旅游、记者和社会司法等相关职业；芬兰应用科技大学不仅招收普通高中毕业生，也招收职业高中毕业生，在大学的头两年教育中，教学计划有针对性地弥补两类生源知识基础和结构上的差异，普高生源适当加强专业基础课学习，而职高生源则适当加强文化课学习。

此外，在学校管理体系中，奥地利拥有高度自治权，根据《应用技术大学修业法》的规定，奥地利应用技术大学的举办者不是联邦政府，而是各省、直辖市政府或私人团体，他们负责学校的建设、设备的配置等固定资产成本费用。同时，奥地利应用技术大学的专业课考试标准由各校自行确定，不受联邦政府管理。在这样的组织架构下，随着工商业界需求的变化，应用技术大学提供的专业数量与内容也必然随之调整，以满足社会的需求。[1]

5. 鼓励应用性研发，加强校企合作

湖北省部分地方职业院校已逐步建立了校企合作机制，探索工学结合新途径。例如，武汉铁路职业学院在改革发展过程中与铁路产业联合起来，乘势谋发展，坚持实践产学结合。但是目前校企双方也存在着合作理念与意向缺失、管理制度不健全、资金需求制约以及合作机制不完善等问题。[2] 因此，需要加强企业与高校的价值

---

① 中国教育科学研究院课题组：《欧洲应用技术大学（UAS）国别研究报告》，中国教育科学研究院，2013 年。

② 陈新民：《新建本科院校校企合作中的问题与对策》，《中国大学教学》2013 年第 7 期，第 18 页。

观念融合，提高认识，完善合作机制。我国地方本科院校转型过程中需要提高创新研究能力，加强应用性成果研发，与地方需求产业链结合，服务地方经济。企业也要积极参与校企合作，履行社会责任。在这些方面，可以借鉴欧洲应用技术大学的成功经验。

荷兰应用技术大学除了提供高质量的高等职业教育项目，还正成为地区、国家乃至国际职业实践的知识生产合作者，展开应用性研究，推动创新型经济发展。目前，荷兰已经建立一些制度，提供资金支持一些研究项目，促进应用技术大学与中小型企业的发展和知识转化。芬兰应用科技大学研发创新活动建立了由地方政府、企业、组织和国内外高等教育机构组成的发展网络，形成长期稳定的发展合作伙伴关系，区域发展研发项目与教学和人才培养相融合，通过建立国际合作网络和开展国际项目，培养具有创新能力的国际化人才。[1]

6. 增加经费支持，提供法律保障

《湖北省教育厅关于在省属本科高校中开展转型发展试点工作的通知》（鄂教发〔2014〕5 号）中明确指出"中央和省级财政支持地方高等教育的专项资金，将对试点高校予以倾斜，重点用于试点高校支撑当地产业升级重点专业（集群）建设"。[2] 在地方高校转型过程中，国家和政府要提供良好的条件。首先，政府要提供经费保障，中央财政和地方财政要共同设立转型示范学校专项资金。欧洲各国应用技术型大学办学经费多来源于政府机构，荷兰应用科技大学办学经费包括政府拨款、学生学费及其他合同收入（包括教学合同、科研合同等），其中政府拨款是最主要的经费来源。芬兰应用科技大学的经费中，中央政府投入达57%，地方占43%。[3] 其次，转型也离不开强有力的政策环境和完善的立法制度，借鉴德国

---

① 中国教育科学研究院课题组：《欧洲应用技术大学（UAS）国别研究报告》，中国教育科学研究院，2013 年。

② 教育厅：《湖北省教育厅关于在省属本科高校中开展转型发展试点工作的通知》，鄂教发〔2014〕5 号，2014 年。

③ 中国教育科学研究院课题组：《欧洲应用技术大学（UAS）国别研究报告》，中国教育科学研究院，2013 年。

《德国高等教育法》、英国《应用技术学院和其他学院发展计划》、荷兰《高等职业教育法案》、奥地利《应用技术大学法案》等在应用技术大学上建立体系完备的法律法规的成功经验，我国需要通过立法、出台政策，建立健全与完善国家地方各级政府的法律法规体系、政策支持与体制保障体系。①

地方本科高校转向应用技术型大学是一项长期而艰难的尝试，不能一蹴而就，仅凭高校自身的理论是无法实现的，政府、高校、企业和社会必须共同合作，结合本国、本省实际并借鉴国外办学经验不断调整和改革，为地方经济社会的发展输送高素质的应用技能型人才。

五　推进湖北省地方高校成功转型与地方经济协同发展的建议

近年来，有一批地方本科院校在自身发展过程中，实际上都在探索"应用型"的转型发展道路，只是这种转型发展尚处于自发自为的初始阶段，面临办学经费短缺、学科专业调整困难、应用型师资队伍建设薄弱、行业企业参与合作育人的积极性不高等诸多困境。因此，由政府主导、自上而下组织实施新建本科院校转型发展工程，必将极大加快我国应用技术型院校战略改革的进程。

本课题通过在中外相关文献研究的基础上，分析湖北省经济发展与产业结构升级现状与问题，以湖北省首批转型发展试点院校和第二批申报转型院校的改革方案为参照，借鉴欧洲一些国家（如瑞士、芬兰、德国、荷兰）通过高等教育促进国家产业升级转型的成功经验，对其发展定位、结构与规划提出合理的改进措施与建议，以更好地引导高校找准办学定位和发展空间，通过地方高校与行业产业的统筹，促进地方高校成功转型和地方产业升级发展的良性互动。

1. 充分认识地方高校转型发展的必要性和紧迫性

地方政府应充分认识地方高校转型发展的现实意义，应用型人

① 董立平：《地方高校转型发展与建设应用技术大学》，《教育研究》2014 年第 8 期，第 73 页。

才是高等教育大众化进入提高阶段的必然产物，是科学技术转化成现实生产力的极为重要的人力资源，是建设创新型国家、实现经济社会"转方式、调结构"、发展实体经济、提高中产阶级比例、避免出现中等收入陷阱、优化人力资源结构、提高高等教育办学效益的重要举措，必须高度重视，把促进地方高校转型发展作为地方高等院校改革的抓手，加大改革试验的力度，把发展应用技术大学与促进区域经济社会发展统筹规划，实现地方高校与区域经济社会协同发展。

2. 发挥省级政府统筹管理职能，引领高校找准办学定位和发展空间

政府应对地方高校进行分类管理，要重点抓好"三个统筹"——区域范围内高校和行业产业的统筹；区域范围内高校之间的统筹；区域范围内学科专业的统筹。紧紧围绕市场，对行业类院校，继续强化原有学科优势，同时寻找新的学科专业增长点；对待老本科高校，继续加强教学科研的优势；对于新建本科院校和一批独立学校，要努力寻找与市场的接合点。强化特色发展，要突出服务的"地方性"，人才培养的"应用型"，最终实现"人无我有，人有我优，人优我强，人强我特"，努力形成"各安其位，百花齐放"的局面。要注重将优质高等教育资源辐射到市场需求旺盛但高等教育资源较为稀缺的地市州，促进高等教育资源与区域经济发展的良性互动。

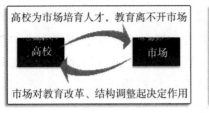 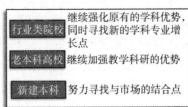

图 11—5

3. 要注重制度的引导，以法制规范转型

地方政府应将地方高校转型发展纳入本地区产业结构转型升级

发展规划，研究出台进一步推进转型发展的支持政策。加快政府管理体制改革，简政放权，给予学校在专业设置、人才引进等方面更大的办学自主权；制定相关政策，优先安排招生录取批次，保证生源质量；支持技术应用型院校开展对口招收高职生和技术技能人才的考试制度改革，探索"知识+技能测试"等选拔录取机制。支持转型院校根据经济社会发展需要灵活设置专业，提高服务社会的能力。制定减免税收等优惠政策，鼓励企业参与应用型人才培养；支持转型院校广泛吸引企业和社会机构共同建设实训基地，建立应用科研机构，逐步形成产学研结合的长效机制；支持应用技术大学和企业联合开展应用性科学研究项目，促进校企深度合作。对转型院校教师专业技术职务评聘制定特殊的政策，加强专兼结合专业教师队伍建设。建立应用技术型院校转型专项经费，加强基础能力建设，积极探索应用技术型院校生均拨款标准，保证应用性人才培养所需的经费要求。建立和完善地方高校转型发展制度。建议将引导省属本科高校转型发展，纳入湖北省政府即将出台的《关于加强发展现代职业教育的决定》和省教育综合改革的整体方案。

4. 资源先行，以经费保障转型

政府部门要从全局的角度，立足实际资源条件进行思考规划，运用好经费、项目等资源调配杠杆，引导高校转型。一是通过财政手段引导转型高校的招生、"双师型"教师队伍建设以及重点专业集群建设；二是把高校新建、改扩建工程、实训基地建设等纳入到国家或地方重点项目加强建设，进一步满足教育教学和发展需要；三是积极拓宽高等教育经费筹措渠道，如在不改变学校原有公办学校性质的前提下，支持试点高校由政府举办转为政府主导下多方联合办学、实行混合所有制。允许试点高校二级学院实行校企合作、公办民助（或公立民办）的改革探索。

5. 创建平台，营造地方高校转型发展的良好生态

地方院校转型发展是一个系统工程，需要政府协调以及宏观管理和引导。政府实施转型发展项目，切实增强转型发展的能力，推

动地方高校与区域经济社会发展形成紧密联系、相互促进的和谐局面，使地方高等学校真正成为区域经济社会发展的有力支撑。首先，应引导建立高校转型发展联盟，为高校、政府部门、科研机构、企事业单位、有关团体等利益攸关方搭建一个交流协作的平台，实现应用技术技能人才培养与市场需求的无缝对接；其次，加强与国外应用科技大学联盟（协会）的交流与合作，积极引进国外应用科技大学成功的办学经验，开展中外学校之间的交流与合作；再次，要建设公共管理平台，健全管理机构，建立信息采集与绩效监控系统，保证改革试点取得实效，提高资金使用效益。

6. 创设有利于校企合作的制度环境

欧洲应用科技大学的产生既有发展实体经济的客观要求，也与其长期重视校企合作的社会制度环境有很大关系，如德国、瑞士和奥地利等形成了"双元制"的职业教育，这一制度环境为应用科技大学发展提供了肥沃的土壤。要充分认识企业在培养应用型人才中的基础性和先导性作用，把企业看作是培养应用型人才的重要组成部分。政府要站在人力资源开发的高度来认识学校和企业在培养应用型人才中的地位作用和相互关系，把企业参与应用型人才培养看作是企业的一种责任，要加大立法的力度，通过法律的强制性来促进二者有机融合。如 2009 年和 2012 年浙江宁波市、河南省政府相继出台了《职业教育校企合作促进办法》等，来进一步明确政府、行业、企业和学校各利益主体在发展职业教育中的责任和地位。

7. 探索合理的评估标准，以评估引导转型

要在高校转型试点院校改革方案评审指标体系基础上，以方案评审为抓手促进高校合理定位、科学转型。隔段聘请教育部知名专家学者、部门主管领导相关行业企业负责人等组成专家组，对第一批试点院校各项改革项目进行考核评估，并公布其进展。帮助其分析问题和总结经验，为转型院校提供借鉴，也为第二批试点院校的评审和推进积累经验。此外，建立"高校服务湖北经济社会发展的综合考评制度"。要从人才支撑、服务能力、服务成效三个方面各项

图11—6　校企合作的7个特征

指标对高校进行全面考核、定期表彰。此外，应针对地方高校转型发展的热点难点问题，开展战略性研究，切实解决应用技术型院校发展中的一些瓶颈问题。

8. 发挥试点转型院校的示范作用，以试点带动整体转型

对于第一批11所试点转型院校，要在适时的时候选取典型，加强对转型院校改革发展所取得成效的宣传力度，为其发展创设良好的社会氛围。如武汉东湖学院或某个院校改革比较成功的转型专业集群，对其改革做法经验进行总结和推广，以点带面，促进湖北省地方高校的整体科学转型。

参考文献

《习近平论治国理政》，外文出版社 2014 年版。

《马克思恩格斯选集》（第 4 卷），人民出版社 1995 年版。

《列宁选集》（第 2 卷），人民出版社 1960 年版。

俞可平：《论国家治理现代化》，社会科学文献出版社 2014 年版。

连玉明：《中国社会管理创新报告》，社会科学文献出版社 2012 年版。

张文显：《法理学》，法律出版社 2007 年版。

黄远：《人民代表大会制与总统制比较研究——以中国和美国为例》，福建师范大学出版社 2012 年版。

邱本：《市场法治论》，中国检察出版社 2002 年版。

高新军：《美国地方政府治理——案例调查与制度研究》，西北大学出版社 2007 年版。

吴量福：《运作、决策、信息与应急管理——美国地方政府管理实例研究》，天津人民出版社 2004 年版。

谢庆奎等：《中国地方政府体制概论》，中国广播电视出版社 1998 年版。

周振超：《当代中国政府"条块关系"研究》，天津人民出版社 2009 年版。

茶洪旺、李健美：《区域经济管理概论》，中国人民大学出版社 2006 年版。

陈瑞莲、刘亚平等：《区域治理研究：国际比较的视角》，中央编译出版社 2013 年版。

张可云：《区域经济发展》，商务印书馆 2005 年版。

王绍光：《中国·治道》，中国人民大学出版社 2014 年版。

景枫、武占江等：《中国治理文化研究》，中国社会科学出版社 2012 年版。

张伟然：《湖北北历史地理文化研究》，湖北教育出版社 2000 年版。

刘伟：《晚清督抚政治：中央与地方关系研究》，湖北教育出版社 2003 年版。

《张之洞全集》，河北人民出版社 1998 年版。

罗福惠：《湖北通史·晚清卷》，华中师范大学出版社 1999 年版。

顾朝林等：《中国城市地理》，商务印书馆 1999 年版。

赵冈：《中国城市发展史论集》，新星出版社 2006 年版。

傅衣凌：《明代江南市民经济试探》，上海人民出版社 1957 年版。

钱端升等：《民国政制史》，上海人民出版社 2008 年版。

朱英：《晚清经济政策与改革措施》，华中师范大学出版社 1996 年版。

易江波：《汉口码头工人与行会立法研究：1912—1937》，中南财经政法大学出版社 2011 年版。

邓中夏：《中国职工运动简史（1919—1926）》，人民出版社 1949 年版。

中国第二历史档案馆编：《中华民国档案资料汇编》（第五辑），江苏古籍出版社 1991 年版。

孙中山：《建国方略》，正中书局 1935 年版。

陈宝良：《中国的社与会》，浙江人民出版社 1996 年版。

俞可平、徐秀丽：《中国农村治理的历史与现状：以顶线，邹平和江宁为例》，社科文献出版社 2003 年版。

水野幸吉：《汉口：中央支那情事》，上海昌明公司 1908 年版。

杨念群：《再造病人：中西医冲突下的空间政治（1832—1985）》，中国人民大学出版社 2006 年版。

何增科等：《中国政治体制改革研究》，中央编译出版社 2004 年版。

陈清泰：《自主创新和产业升级》，中信出版社 2011 年版。

马晓河：《中国产业结构变动与产业政策演变》，中国计划出版社 2009 年版。

贺雪峰：《新乡土中国——转轨期乡村社会调查笔记》，广西师范大学出版社 2003 年版。

［美］乔尔·S. 米格代尔：《强社会与弱国家》，张长东、朱海雷等译，江苏人民出版社 2012 年版。

［德］哈贝马斯：《合法化危机》，上海人民出版社 2000 年版。

［美］埃米·古特曼、丹尼斯·汤普森：《审议民主》，谈火生译，江苏人民出版社 2007 年版。

［美］詹姆斯·博曼、威廉·雷吉：《协商民主：论理性与政治》，陈家刚等译，中央编译出版社 2006 年版。

［美］博登海默：《法理学：法律哲学与法律方法》，邓正来译，中国政法大学出版社 1999 年版。

［美］林达·约翰逊：《帝国晚期的江南城市》，成一农译，上海人民出版社 2005 年版。

［美］乔治·萨拜因：《政治学说史》（上册），邓正来译，上海人民出版社 2008 年版。

［美］阿尔蒙德：《公民文化》，浙江人民出版社 1989 年版。

［美］罗伯特·昂格尔：《现代社会中的法律》，吴玉章、周汉华译，译林出版社 2001 年版。

［美］文森特·奥斯特罗姆：《美国联邦主义》，王建勋译，生活·读书·新知三联书店 2003 年版。

［法］卢梭：《社会契约论》，何兆武译，商务印书馆 1996 年版。

［意］马基雅维利：《君主论》，刘志伟等译，商务印书馆 1985 年版。

［美］拉塞尔·M. 林登：《无缝隙政府：公共部门再造指南》，汪大海等译，中国人民大学出版社 2002 年版。